SV

D1865601

Gunnar Myrdal

Asiatisches Drama

Eine Untersuchung über die Armut der Nationen

Eine Studie des Twentieth Century Fund in der Kurzfassung von Seth S. King

Suhrkamp Verlag

Titel der Originalausgabe: *Asian Drama. An Inquiry into the Poverty of Nations.* An Abridgment by Seth S. King of The Twentieth Century Fund Study. Pantheon Books, New York 1972
Aus dem Englischen von Nils Lindquist

Der *Twentieth Century Fund* ist eine Forschungsstiftung, die aktuelle, kritische und analytische Untersuchungen über wichtige ökonomische, politische und gesellschaftliche Institutionen und Probleme durchführt. Er arbeitet ohne Profit und überparteilich und wurde 1919 von Edward A. Filene gegründet und ausgestattet.

Kuratoren:

James Rowe, Präsident
Morris B. Abram
Peter A. A. Berle
Jonathan B. Bingham
Arthur F. Burns
Erwin D. Canham
Hodding Carter III
Benjamin V. Cohen
Robert Coles
J. Kenneth Galbraith
Michael Harrington
Patricia Roberts Harris
August Heckscher
Vernon E. Jordan, Jr.
David E. Lilienthal
Georges-Henri Martin
Lawrence K. Miller
Don K. Price
Arthur M. Schlesinger, Jr.
Herman W. Steinkraus
Charles P. Taft
David B. Truman
Direktor: M. J. Rossant

Erste Auflage 1973
© 1971 by The Twentieth Century Fund
© der deutschen Ausgabe: Suhrkamp Verlag Frankfurt am Main 1973
Alle Rechte vorbehalten
Satz und Druck: MZ-Verlagsdruckerei GmbH, Memmingen
Printed in Germany

Inhalt

Vorwort

Noch bevor Gunnar Myrdals monumentale Studie *The Asian Drama* 1968 publiziert wurde, hatte der *Twentieth Century Fund* beschlossen, davon eine Kurzfassung zu erstellen. In der Praxis der Stiftung gab es dafür Präzedenzfälle. Der Fond machte häufig die Erfahrung, daß die Ergebnisse wichtiger Grundlagenforschungen in sehr ausführlicher Form den Wissenschaftlern und Spezialisten zugänglich gemacht werden mußten. Um ihre größte Wirkung zu erreichen, muß eine solche Arbeit aber auch der großen Öffentlichkeit in einer kürzeren, lesbaren Form zugänglich gemacht werden. So folgte auf Jean Gottmanns wichtige, 810 Seiten lange Studie *Megalopolis* eine populäre Fassung von 128 Seiten Großformat unter dem Titel *The Challenge of Megalopolis*. Auch andere Studien des Fonds wurden in gekürzter Fassung publiziert.

Im Fall des *Asian Drama* kam noch ein weiterer wichtiger Faktor hinzu. Der Preis für ein dreibändiges Werk hätte dessen effektiven Gebrauch in den unterentwickelten Ländern Südasiens und in anderen Regionen, denen es gerade helfen sollte, ernstlich beeinträchtigt. Daher beschlossen die Treuhänder des *Twentieth Century Fund*, eine einbändige Ausgabe zu fördern, welche den Kern der Analysen und Empfehlungen Professor Myrdals enthält.

Die Zusammenfassung einer Studie von beinah 2300 Seiten, der Arbeit eines Jahrzehnts, war eine Aufgabe, die ungeheure Anforderungen stellte. Seth S. King, ein gewissenhafter, erfahrener Autor, erwies sich als der richtige Mann für diese Arbeit. Nicht nur kannte er Südasien aus eigener Erfahrung, sondern er hegte auch große Bewunderung für Gunnar Myrdals erschöpfende Untersuchung dieser Region. Statt neues oder eigenes Material beizusteuern, versuchte er die Grundzüge des *Asian Drama* in den Griff zu bekommen. In Erkenntnis der einzigartigen Arbeit, die Professor Myrdal bei seiner Darstellung der für die Entwicklung ausschlaggebenden Faktoren – Bevölkerungszahl, Politik, soziale Traditionen – geleistet hatte, suchte er in verdichteter Form die Grundzüge dieser Studie wiederzugeben. Er war sich auch bewußt, daß die von Professor Myrdal aufgestellten zentralen Begriffe und ihre wechselseitigen Beziehungen auch angesichts eines schnellen Wandels Gültigkeit und Relevanz behielten. Und noch ein weiterer Vorteil kam ihm zustatten – die wohlwollende Anleitung Professor Myrdals.

Doch eine solche Zusammenfassung war nicht ohne rigoroses Selektieren zu erreichen, und dies bedeutete eine Vernachlässigung vieler wichtiger Details sowie gewisse Veränderungen in der Betonung. Die Entscheidung, welches Material vernachlässigt und wie die verbleibende Substanz am besten dargestellt werden sollte, blieb hauptsächlich Mr. King überlassen. Seine Version des *Asian Drama* ist eher eine eigenständige Arbeit als ein kollaboratives Produkt. Sie ist jedoch der Auffassung Gunnar Myrdals verpflichtet, daß der Prozeß der wirtschaftlichen Entwicklung nicht verstanden werden kann, solange er nicht in einem breiten Rahmen politischer und sozialer Bezüge untersucht wird.

Eine Zusammenfassung kann zwar nicht die volle Spannweite des Originals wiedergeben, doch ich glaube, daß es Mr. King gelungen ist, viele der spezifischen Befunde des *Asian Drama* wiederzugeben. Seine Arbeit ist von dem kühnen, unorthodoxen Geist der Vorlage und deren realistischer Einschätzung der für die Entwicklung hinderlichen Bedingungen getragen. Jeder, der sich für die Zukunft der wirtschaftlichen Entwicklung interessiert, wird sie mit großem Nutzen lesen. Aber ich hoffe, daß die Leser von Mr. Kings Kurzfassung angeregt werden, auch Professor Myrdals reichhaltige Studie selbst heranzuziehen.

Soweit auf die Ereignisse und Entwicklungen in Südasien und der übrigen Welt Bezug genommen wird, endet der im Original des *Asian Drama* untersuchte Zeitraum am 1. Januar 1966. Im vorliegenden Band wird nicht versucht, den Inhalt auf den neuesten Stand zu bringen. Auch wenn die grundlegenden Tatsachen und die zwischen diesen bestehenden Beziehungen unverändert gültig sind, haben doch manche neue, wichtige Entwicklungen stattgefunden – so etwa die »grüne Revolution« in der Landwirtschaft. Eine weitere Studie Gunnar Myrdals, *The Challenge of World Poverty: A World Anti-Poverty Program in Outline* (Pantheon Books, New York 1970; deutsche Ausgabe: *Politisches Manifest über die Armut in der Welt*, Suhrkamp, Frankfurt 1970), berücksichtigt diese späteren Entwicklungen.

Die Stiftung dankt Professor Myrdal, daß er sich die Zeit nahm, Mr. Kings Arbeit zu lesen und zu kommentieren. Sie spricht ihre

Anerkennung für Mr. Kings Genauigkeit, seine Hingabe und seinen Einsatz aus. Das Ergebnis, davon bin ich überzeugt, wird zu einem besseren Verständnis für die Ursachen der Armut der Nationen beitragen.

M. J. Rossant, Direktor
The Twentieth Century Fund
Mai 1971

Erster Teil

Einleitung

1. Der Balken in unserem Auge

In den Jahren seit Ende des Zweiten Weltkrieges sind die Dimensionen der Welt geschrumpft. Wenn es möglich ist, innerhalb von vierundzwanzig Stunden praktisch jeden Teil der Erde zu erreichen, dann gibt es nichts mehr, was noch weit entfernt wäre. Und während sich der Umfang der Welt – bildlich gesprochen – zusammenzog, entstand gleichzeitig ein neues Interesse für das Schicksal der Bevölkerung dieser Welt. Diese Sorge richtete sich besonders auf die mit jeder Generation sich erweiternde Kluft zwischen den Reichen und den Armen. Eine Woge von Forschungsarbeiten und Untersuchungen überspülte die unterentwickelten Länder der Erde.

Ein großer Teil der Kräfte unserer Sozialwissenschaften wird für diese Studien eingesetzt. Die Flut steigt, und wir Ökonomen reiten auf dem Kamm der Welle. Vor dem Krieg wurde die intensivste Arbeit in den unterentwickelten Ländern von Kulturanthropologen geleistet, die von den Zentren der Gelehrsamkeit in den reichen Ländern des Westens dorthin entsandt worden waren. Sie schilderten uns, für gewöhnlich in statischen Begriffen, die Struktur der Institutionen und Einstellungen, nach denen die Menschen in diesen Ländern lebten, arbeiteten und überlebten. Veränderungen wurden meist als »Störungen« analysiert. Nunmehr ist die Führung den Wirtschaftswissenschaftlern zugefallen, die die dynamischen Probleme der Unterentwicklung, Entwicklung und Entwicklungsplanung erforschen.

Diese gewaltige Neuorientierung unserer Arbeit war keine autonome, spontane Entwicklung der Sozialwissenschaft, sondern das Ergebnis weitreichender politischer Veränderungen. Dazu gehörte die schnelle Liquidierung der kolonialen Machtstruktur, begleitet vom Verlangen nach Entwicklung in den unterentwickelten Ländern selbst oder, genauer gesagt, bei denen, die in ihrem Namen denken und handeln. Und schließlich haben internationale Spannungen, die im Kalten Krieg kulminierten, dazu geführt, daß das Schicksal der unterentwickelten Länder in den entwickelten Ländern zum Gegenstand außenpolitischen Interesses wurde.

Soweit die westlichen Länder, ihre Wissenschaftler und ihre wissenschaftlichen Institutionen betroffen sind, ist es klar, daß vor allem diese dritte Ursache die Beschäftigung mit den Problemen der unterentwickelten Länder angeregt hat. In den unterentwickelten Ländern selbst verstehen die einheimischen Intellektuellen ganz genau – und geben dem auch gelegentlich in zynischen Kommentaren Ausdruck –, daß die Bereitschaft, ihnen zu helfen, ja, noch allgemeiner, das Interesse für ihre Verhältnisse und Probleme auf seiten des Westens wie auch der Sowjetunion weitgehend durch die weltpolitischen Spannungen bedingt ist, welche den inneren Angelegenheiten der unterentwickelten Nationen internationales Gewicht verleihen.

Man sollte nicht vergessen, daß die wirtschaftlichen und sozialen Verhältnisse in den Ländern Südasiens heute nicht sehr verschieden von denen sind, die vor der Auflösung der Kolonialmacht bestanden. Die einzige wichtige Veränderung ist die jüngste rapide Akzeleration der Bevölkerungszuwachsrate. Aber das wissenschaftliche Interesse für ihre wirtschaftlichen Probleme ging dieser Akzeleration, und erst recht unserer vollen Erkenntnis derselben voraus. Insgesamt waren die Massen in Südasien in der Vorkriegszeit genauso arm und ihr Leben war genauso elend wie heute.

Ihre Armut und ihr Elend veranlaßten jedoch die Wirtschaftswissenschaftler keineswegs, besonderen Anteil an ihrer Situation zu nehmen, geschweige denn ihre Aufmerksamkeit der Frage zu widmen, wie durch wirtschaftliche Planung und koordinierte, umfangreiche staatliche Intervention eine Entwicklung eingeleitet werden könne. Ein praktisches Handeln in dieser Richtung lag damals nicht im Bereich des politisch Möglichen. Und erst recht fehlte das Gefühl für die Notwendigkeit solchen Handelns.

In diesem Mangel an Interesse bei den Sozialwissenschaftlern, besonders den Wirtschaftswissenschaftlern, kam eindeutig die damalige weltpolitische Situation zum Ausdruck. Genauer gesagt, dieser Mangel an Interesse war charakteristisch für die Kolonialregime und ihre Auswirkungen sowohl auf uns als auch auf die betroffenen Völker. Diesen Regimen war nicht an umfangreichen Forschungen über die wirtschaftliche Unterentwicklung gelegen, und sie maßen diesen Problemen keine politische Bedeutung bei. Für das Selbstverständnis des Sozialwissenschaftlers ist es eine ernüchternde und nützliche Erfahrung, sich einmal klarzumachen, in welchem Maß die Richtung unserer wissenschaftlichen Bemühungen, besonders in der Wirtschaftswissenschaft, durch die Gesellschaft, in der wir leben, ja ganz direkt durch deren politisches Klima bestimmt wird. Die großen Neuerungen des ökonomischen Denkens, die wir mit den Namen von Adam Smith, Malthus, Ricardo, List, Marx, John Stuart Mill, Jevons und Walras, Wicksell und Keynes verbinden, waren stets Reaktionen auf die sich wandelnden politischen Verhältnisse und Möglichkeiten.

Um ein ausgewogeneres Bild von der Forschung in den Sozialwissenschaften zu erhalten, müssen wir uns in erster Linie bewußt machen, daß die veränderte weltpolitische Situation dafür verantwortlich ist, wenn wir heute mehr Nachdruck auf die Probleme der unterentwickelten Länder legen. Sobald wir die Bedeutung dieses Einflusses zugeben, müssen wir weiterhin fragen, ob er sich nicht auch auf die Art, wie die Forschung durchgeführt wird, sowie auf die Wahl des jeweiligen Forschungsgebietes erstreckt. Obgleich sich in diesem Wechsel des *Feldes* eine rationale Anpassung unserer Arbeit an die Bedürfnisse unserer Gesellschaft ausdrückt, müssen wir argwöhnen, daß dieser Einfluß auf unseren Forschungs*ansatz* irrationale Vorurteile zeitigen kann.
Die weltpolitische Situation seit dem Zweiten Weltkrieg ist gekennzeichnet durch die beinah vollständige Liquidierung der Kolonialherrschaft. An die Stelle der Kolonien sind unabhängige Staaten getreten, in denen einflußreiche Gruppen mit wechselndem Erfolg auf eine staatliche Planung hinarbeiten, um eine wirtschaftliche Entwicklung einzuleiten, die ihre Länder aus der Stagnation und der Armut herausführen soll. Mit diesen beiden großen Umschwüngen ging eine Reihe anderer Veränderungen einher: der Machtzuwachs der Sowjetunion; die phantastischen Territorial- und Bevölkerungsgewinne der kommunistisch regierten Länder, besonders das Auftauchen des kommunistischen China; und der daraus folgende Kalte Krieg. Für beide am Weltkonflikt beteiligten Seiten ist die politische Gefolgschaft – oder zumindest die Neutralität – der unterentwickelten Länder ein wesentlicher Faktor im Kampf um Sicherheit und Macht geworden. Auch bleibt diese Bedeutung nicht auf die Außenpolitik der unterentwickelten Länder beschränkt. Ihre Bemühungen um nationale Konsolidierung und wirtschaftliche Entwicklung sind auch in dem Sinn Aspekte des Kalten Krieges, daß die Effektivität, das Tempo und erst recht die Richtung ihrer Reformen für

die rivalisierenden Machtblöcke politisches Gewicht gewonnen haben.

Da also immense Interessen auf dem Spiel stehen, ist es nur natürlich, daß die nationalen Behörden, die Institutionen, welche die Forschung fördern und finanzieren, und tatsächlich auch die öffentliche Meinung im Westen übereinstimmend Studien über die Probleme der unterentwickelten Länder fordern. Dieses lautstarke Verlangen nach wissenschaftlicher Forschung ist völlig berechtigt, da diese Probleme von zunehmender politischer Bedeutung für die westlichen Länder selbst sind. Es wird aber von diesen Studien auch erwartet, daß sie zu günstigen Schlußfolgerungen gelangen und in einer Form erscheinen, welche als vorteilhaft oder zumindest nicht als nachteilig für die offiziellen und populären nationalen Interessen angesehen werden. Dieselbe Sorge um das nationale Interesse finden wir auch in den unterentwickelten Ländern selbst. Ihre Institutionen und ihre gebildeten Schichten werden immer empfindlicher im Hinblick auf Fragen der Sozialwissenschaft.

Die Folge ist, daß Studien über die Probleme der unterentwikkelten Länder heute oft mit einem Seitenblick auf die zufälligen, engen politischen oder strategischen Interessen eines Landes oder eines Blocks, statt unter dem Gesichtspunkt der universellen und zeitlosen Werte, die unser Vermächtnis der Aufklärung sind, durchgeführt werden. Untersuchungen aller Art sind nunmehr durch ihren Beitrag zur »Sicherheit« der Vereinigten Staaten oder der Westmächte gerechtfertigt.

So liegt in dem politischen und militärischen Interesse des Westens, die armen Länder vor dem Kommunismus zu bewahren, eine wichtige Quelle des Vorurteils, die sich in vielen wissenschaftlichen Untersuchungen über die armen Länder und ihre Schwierigkeiten auswirkt. Das Einhalten eines Außenseiterstandpunkts bedingt an sich noch keinen Fehler der wissenschaftlichen Methodologie. Entscheidend ist, daß ein solches Vorgehen eindeutig durch eine Reihe expliziter Wertprämissen belegt wird. Statt dessen geht eine solche Methode für gewöhnlich Hand in Hand mit der Abkehr von wissenschaftlichen Maßstäben, was unkontrollierte Vorurteile und Parteinahmen ins Spiel bringt – und dies wiederum gibt Anlaß zu Argwohn und Beunruhigung in den unterentwickelten Ländern. Das politische und militärische Interesse des Westens, die unterentwickelten Länder vor dem Kommunismus zu bewahren, beeinträchtigt zum Beispiel auch die Feststellung und Untersuchung der Versäumnisse von politischen Regimen, sobald diese Regierungen dem Westen freundlich gegenüberstehen. Ein Zeichen solch fehlerhafter Argumentation, die sich zur optimistischen Manipulation der Fakten hergibt, ist der Gebrauch von Schlagwörtern wie »die freie Welt« oder »die freien Länder Asiens« sogar in gelehrten Abhandlungen, was nicht besagt, daß die Leute im üblichen Sinn des Wortes frei sind, sondern lediglich die negative Tatsache zum Ausdruck bringt, daß die Außenpolitik eines Landes sich nicht an der des kommunistischen Blocks orientiert.

Gewiß hat der Kalte Krieg erhebliche Auswirkungen auf die Ereignisse in den unterentwickelten Ländern Südasiens gezeitigt. Ihre politische Orientierung oder ihre Neutralität kann sogar die Form ihres Strebens nach Entwicklung beeinflussen. Ein unterentwickeltes Land, das, ganz gleich aus welchen Gründen, unter kommunistische Herrschaft gerät, wird sehr wahrscheinlich sowjetische Methoden der wirtschaftlichen Entwicklungsplanung einsetzen. Ähnlich kann die Abhängigkeit eines Landes von Krediten und von der Unterstützung aus dem westlichen Lager sehr wohl seine Haltung und seine Innenpolitik beeinflussen. Aber eine Feststellung dieser Kausalbeziehungen besagt nicht, daß das Interesse des Westens, die unterentwickelten Länder zu Verbündeten zu gewinnen oder sie zumindest neutral zu halten, eine adäquate Wertprämisse für das Studium ihrer Entwicklungsprobleme sei, am allerwenigsten, wenn dieses nicht explizit begründet wird.

Die politischen Einflüsse, denen die westliche Sozialforschung unterliegt, führen für gewöhnlich nicht zu einer nachteiligen Behandlung der unterentwickelten Länder – solange sie nicht hoffnungslos an den Feind verloren sind. Im Gegenteil, was die nationalen Gemeinschaften mehr oder minder offen von ihren Sozialwissenschaftlern fordern, sind Abhandlungen über eine praktische Diplomatie, die bestimmte außen- und innenpolitische Anweisungen und die solide, gelehrte Begründungen für solche Anweisungen enthalten.

Diese Neigung zu diplomatischem Denken und Handeln bei der Auseinandersetzung mit den Problemen der unterentwickelten Länder in Südasien ist in der neuen Ära der Unabhängigkeit zum Gegenstück der »Bürde des weißen Mannes« aus der Kolo-

nialzeit geworden. Niemand, der kritisch zu denken vermag, kann die Augen vor diesem Trend verschließen. Ich selbst kann bestätigen, daß britische, amerikanische und andere westliche Wissenschaftler, wenn sie »unter sich« waren, zugaben, daß es notwendig sei, sich bei der Diskussion über die Verhältnisse in den unterentwickelten Ländern »zurückzuhalten«. Wissenschaftler wie Politiker entschuldigen sich bei öffentlichen Auftritten häufig, wenn sie auch nur im entferntesten abträgliche Bemerkungen machen. Genauso taktvoll wird ein russischer Wissenschaftler einem südasiatischen Publikum gegenübertreten – nun da die Sowjetunion gegenüber den »bourgeois-nationalistischen« Regimen in dieser Region eine freundliche Politik verfolgt.
Damit will ich mich überhaupt nicht gegen die Diplomatie aussprechen – außer in der wissenschaftlichen Forschung. Ein Wissenschaftler sollte keine andere Verpflichtung kennen als die gegenüber der Wahrheit, so wie er sie erkennt. Aber anscheinend fällt es vielen leichter, in einem reichen Land wie den Vereinigten Staaten kühne Reden zu halten, als dies in den unterentwickelten Ländern zu tun. Man sollte sich vergegenwärtigen, daß eine solche Diplomatie der Herablassung gleichkommt, während man, wenn man frei und unbefangen spricht, diese Länder als gleichberechtigt behandelt. Würden die Südasiaten dies erkennen, dann würden sie sich durch eine solche Diplomatie beleidigt fühlen.
Ein Anzeichen dafür, wie weit unser Denken schon mit Vorurteilen in dieser Richtung behaftet ist, ist die Flucht in eine Terminologie, die man für diplomatischer hält als den normalen Sprachgebrauch, so zum Beispiel wenn dem Ausdruck »unterentwickelte Länder« der eine oder andere Euphemismus vorgezogen wird. Ein solcher diplomatischer Euphemismus ist die heute vielfach gebrauchte Phrase von den »sich entwickelnden Ländern«. Mit wenigen Ausnahmen entwickeln sich die fraglichen Länder nicht sehr schnell – wenn überhaupt –, während die reichen westlichen Länder sich beständig in schnellen Raten entwickeln. Daher ist dieser Ausdruck nicht geeignet zur Bezeichnung der sehr armen Länder, in deren Namen die Forderung nach Entwicklung erhoben wird. Auch wird bei der Verwendung eines Ausdrucks, der unterstellt, daß diese sehr armen Länder sich tatsächlich entwickeln, in einem wichtigen Punkt von falschen Voraussetzungen ausgegangen. Denn es ist ja gerade der Zweck der

Forschung, festzustellen, ob eine Entwicklung stattfindet oder ob ein Land reale Chancen für eine künftige Entwicklung hat. Definitive Antworten auf diese Fragen sollten nicht *a priori* durch die verfälschende Definition der gegenwärtigen Situation eines Landes vorentschieden werden.

Eine andere wichtige Quelle des Vorurteils ist eher mechanischer Art; sie ergibt sich aus dem Tempo, mit dem wir auf einem zuvor unbestellten Feld massive Forschungen angestellt haben. Da die Forschung notwendig von einer Theorie, einem System von analytischen Voraussetzungen ausgehen muß, lag die Versuchung nahe, von jenen Werkzeugen Gebrauch zu machen, die im Westen entwickelt worden waren, ohne sie sorgfältig auf ihre Eignung für Südasien zu untersuchen. Dies jedoch muß, wie wir an vielen Stellen dieses Buches ausführlich erörtern werden, als eine vorurteilsbehaftete Methode angesehen werden.

Mehr als andere Sozialwissenschaftler neigten die Wirtschaftstheoretiker lange dazu, allgemeine Behauptungen aufzustellen und sie dann als gültig für jede Zeit, jeden Ort und jede Kultur zu postulieren. Wir haben einen Schatz von Theorien von der klassischen Ökonomie übernommen und in der Folge weiterentwickelt, die in der Regel mit allgemeinerem Anspruch postuliert werden, als sie es verdienen. Solange ihr Gebrauch auf unseren Teil der Welt beschränkt bleibt, mag dieser Allgemeinheitsanspruch wenig Schaden anrichten. Aber wenn sie beim Studium der unterentwickelten Länder Südasiens eingesetzt werden, wo sie nicht hinpassen, dann hat dies schwerwiegende Konsequenzen. Wenn wir Wirtschaftswissenschaftler, die wir im Rahmen unserer zählebigen, wenn auch vielgestaltigen und flexiblen, zugegebenermaßen auf unsere eigenen Verhältnisse nicht gar zu schlecht abgestimmten Tradition von vorgefaßten Meinungen arbeiten, uns plötzlich Ländern zuwenden, in denen radikal andere Verhältnisse herrschen, dann ist das Risiko grundlegender Fehler außerordentlich hoch.

Dieses Risiko wird noch verschärft durch die Knappheit der empirischen Daten über die soziale Realität in den unterentwickelten Ländern. Doch wiederum ist dieses Problem mit einer anderen Konsequenz aus der Methode vermischt, die sich in der Nachkriegszeit eingebürgert hat. Wenn neue Daten erhoben werden – zum Beispiel wenn die zu geringe Ausnutzung der

Arbeitskräfte in den südasiatischen Ländern nach westlichen Vorstellungen von Arbeitslosigkeit, verschleierter Arbeitslosigkeit und Unterbeschäftigung analysiert wird –, dann sind die dabei verwendeten begrifflichen Kategorien den herrschenden Verhältnissen nicht angemessen. Die daraus resultierenden Zahlenberge haben entweder keinen Sinn oder einen anderen als den ihnen unterstellten.

Vor allem geht es um folgendes: Im Westen mag eine Analyse in »ökonomischen« Begriffen wie Märkte und Preise, Beschäftigung und Arbeitslosigkeit, Konsumtion und Ersparnis, Investition und Output, die von den Lebensformen und -standards sowie von den Einstellungen, Institutionen und kulturellen Bedingungen abstrahiert, sinnvoll sein und zu gültigen Schlußfolgerungen führen; dies ist jedoch bei der Anwendung eines ähnlichen Verfahrens auf die unterentwickelten Länder einfach nicht der Fall. Dort lassen sich solche Abstraktionen nicht anstellen; eine realistische Analyse muß die Probleme unter dem Gesichtspunkt von Einstellungen und Institutionen angehen und die Konsequenzen eines sehr niedrigen Lebens- und Zivilisationsstandards für die Entwicklung in Rechnung stellen.

Aber die westliche Einstellung gegenüber der südasiatischen Entwicklung findet noch aus einem anderen, subtileren Grund Anklang. Sie abstrahiert von einem großen Teil der Bedingungen, die nicht nur den Ländern Südasiens eigentümlich, sondern sogar für ihre Unterentwicklung und für die besonderen Schwierigkeiten, die einer Entwicklung im Weg stehen, verantwortlich sind. Diese Verhältnisse und Schwierigkeiten sind sämtlich so beschaffen, daß die Südasiaten und ihre ausländischen Gönner den Wunsch haben müssen, sie zu vergessen. Denn sie waren die Merkmale der Sozialstruktur, die im Denken der europäischen Kolonialherren, in ihren Stereotypen wie auch in ihren anspruchsvolleren Argumenten verankert waren. Eine übertriebene Betonung dieser Entwicklungshemmnisse kam ihrem Bedürfnis nach Rationalisierung entgegen. Dadurch wurde ihre Verantwortung für die Rückständigkeit der Kolonialvölker und ihre Unfähigkeit, die Zustände zu verbessern, hinwegerklärt. Die Ideologien der Befreiungsbewegungen wie auch die nach-kolonialen Ideologien waren zutiefst vom Protest gegen dieses Denken geprägt. Und daher schwang das Pendel der Vorurteile von einem Extrem ins andere. Die Intellektuellen dieser Länder wollen im entgegengesetzten Sinn rationalisieren, und es kommt ihren Bedürfnissen entgegen, wenn sie mit den von den westlichen Ökonomen angestellten Abstraktionen arbeiten.

Optimismus, und mithin Methoden, die den Optimismus realistischer erscheinen lassen, sind daher ein natürliches Bedürfnis für die Intellektuellen in Südasien. Daß jegliche Planung in der Region zu einem falschen Optimismus tendiert, dürfte ohne weiteres einleuchten. Auch der in den westlichen Ländern verbreitete Hang zu diplomatischer Zurückhaltung paßt gut zu dem von ihren Ökonomen vertretenen Vorurteil in Richtung auf einen ungerechtfertigten Optimismus. In den westlichen Ländern, besonders in Amerika, wird der Optimismus sogar als Voraussetzung für Unternehmungsgeist und Mut gepriesen; er ist geradezu ein Teil des überkommenen kulturellen Musters – was George F. Kennan einst die »große amerikanische Fähigkeit zu Enthusiasmus und Selbsthypnose« nannte. Im Kampf um die Seelen hält man es für im Interesse des Westens gelegen, daß die unterentwickelten Länder außerhalb der kommunistischen Hemisphäre eine Entwicklung haben und dazu gebracht werden, an diese zu glauben.

Aber ganz abgesehen vom Kalten Krieg und den sich aus ihm ergebenden opportunistischen Tendenzen sind wir im Westen traditionell bereit, Menschen in Not freundlich zu begegnen, sobald wir anfangen, uns für ihren Zustand zu interessieren. Und unbeschadet unserer eigennützigen Interessen hoffen wir aufrichtig, daß ihr Streben nach Entwicklung Erfolg haben möge. Daß wir es gerne sähen, wenn sie sich zu nationalen Gemeinschaften entwickelten, die den unseren möglichst ähnlich sind, ist ein natürlicher ethnozentrischer Impuls, der sich sogar in der friedlichsten Weltsituation bemerkbar machen würde.

Trotzdem dürfen wir unsere Wahrnehmung der Fakten nicht durch diese verständlichen und genuinen Gefühle beeinträchtigen lassen. Es ist das Ethos der wissenschaftlichen Forschung, daß die Wahrheit und das offene Aussprechen der Wahrheit heilsam sind, und daß Illusionen, einschließlich jener, die durch Wohltätigkeit und guten Willen inspiriert sind, immer schädlich sind. Illusionen hemmen die Suche nach Wissen, und sie vereiteln notwendig die Bemühungen, die Entwicklungsplanung zum Erfolg zu führen. Aus diesem Grund beabsichtigt das vorliegende Buch, undiplomatisch zu sein. In unserer Studie wollen wir uns, solange wir arbeiten, außerhalb des Dramas stellen. Wir erkennen keinerlei Forderungen an den Wissenschaftler an, irgend jemandes Gefühle zu schonen. Die Tatsachen sollten nackt und unbeschönigt festgestellt werden: Untertreibungen wie Übertreibungen repräsentieren Vorurteile.

Noch ein Punkt soll erwähnt werden, bevor wir diesen Versuch einer kurzen Charakterisierung jener Kräfte, die zum Entstehen von Vorurteilen in der wissenschaftlichen Erforschung der Entwicklungsprobleme in Südasien beitragen, beschließen. Da diese Vorurteile ein zu optimistisches Bild der Aussichten für eine Entwicklung hervorrufen, wirken sie manchmal ermutigend; vor allem aber sind sie geeignet, eine unberechtigte Selbstzufriedenheit zu fördern. Eine realistischere Auffassung stellt jedenfalls klar, daß *die Entwicklung gesteigerte Anstrengungen erfordert: schnellere und erfolgreichere Reformen in Südasien und mehr Interesse im Westen.*

Unsere Kritik an der Art, wie nach dem Krieg die Verhältnisse und Probleme der unterentwickelten Länder Südasiens untersucht wurden, sollte nicht so verstanden werden, als wollten wir die Berechtigung oder gar die Notwendigkeit leugnen, dabei von theoretischen Unterstellungen hinsichtlich dessen, wie die Dinge sein sollten, auszugehen. Solche Fragen gehen notwendig den Antworten voraus, und man kann sich keine Antworten vorstellen, die nicht Antworten auf Fragen wären.

Streng logisch ist daher ein nicht theoretischer Ansatz in der wissenschaftlichen Arbeit unmöglich; und jede Theorie enthält den Keim eines *a priori*-Gedankens. Wenn diese Theorie explizit formuliert wird, dann können wir ihre innere Konsistenz überprüfen. Die Theorie muß nicht nur einer immanenten Kritik unter dem Gesichtspunkt logischer Konsistenz standhalten, sondern sie muß auch dauernd an der Realität gemessen und entsprechend angepaßt werden.

Die beiden Verfahren sind untrennbar miteinander verbunden. Während wir den Umfang unserer Beobachtungsdaten erweitern, zu denen wir durch unsere analytischen Unterstellungen geführt werden, müssen wir unsere ursprünglichen Theorien überholen, damit sie die Daten verständlich machen und erklären. Dies ist die Krux aller Wissenschaft: Sie beginnt immer *a priori*, muß aber dauernd nach einer empirischen Fundierung des Wissens streben und sich damit der untersuchten Realität anpassen. Dies ist auch der Grund, warum wir nie Vollkommenheit erreichen können, sondern immer nur eine Annäherung der Theorie an die Fakten. Aber es gibt Unterschiede hinsichtlich dessen, wie weit wir uns den Fakten annähern können. In den unterentwickelten Ländern Südasiens allerdings sind die einschlägigen Fakten zumeist mangelhaft und unzuverlässig.

Die Theorie ist also nicht mehr als ein korreliertes System von Fragen an die untersuchte soziale Realität. Es muß hervorgehoben werden, *daß alles Wissen, wie auch alle Unkenntnis, zum Opportunismus tendiert,* und dies um so mehr, je weniger es durch eine gründliche Erforschung der empirischen Fakten überprüft und überholt wird. Unter langfristiger Perspektive sehe ich keinen Grund zum Pessimismus hinsichtlich des Studiums der unterentwickelten Länder in Südasien. Gewissenhafter Forschung wohnt eine selbstkorrigierende, reinigende Kraft inne, die sich schließlich durchsetzen wird.

Da wir alles andere als zufrieden mit der konventionellen Behandlung der Entwicklungsprobleme in Südasien sind, obliegt es uns, eine alternative Theorie zu skizzieren, die dieser Untersuchung als analytischer Rahmen dienen kann.

In der Realität gibt es keine ausschließlich »ökonomischen« Probleme. Es gibt lediglich Probleme, und die Unterscheidung zwischen »ökonomischen« und »nicht-ökonomischen« Faktoren ist mithin bestenfalls künstlich. Bereits eine Klärung dessen, was wir unter »ökonomischen« Problemen oder »ökonomischen« Faktoren verstehen, impliziert eine Analyse, die auch die »nichtökonomischen« Determinanten einschließt. Die einzig lohnende Abgrenzung – und zugleich die einzige, die logisch vertretbar ist – ist die zwischen relevanten und weniger relevanten Faktoren, und diese Grenzlinie wird je nach den Merkmalen der untersuchten Umwelt variieren.

Wir sollten von der unbestrittenen Tatsache ausgehen, daß die grundlegende soziale und ökonomische Struktur der Länder Südasiens sich von der in den fortgeschrittenen westlichen oder kommunistischen Ländern bestehenden radikal unterscheidet. Die Verhältnisse in den entwickelten Ländern sind heute so, daß, allgemein gesprochen, die soziale Matrix gegenüber der wirtschaftlichen Entwicklung permissiv ist, oder daß sie, wo dies nicht der

Fall ist, sich schnell wieder anpaßt, um dieser keine größeren Hindernisse in den Weg zu legen. Dies ist der Grund, warum eine Analyse in »ökonomischen« Begriffen, die von dieser sozialen Matrix abstrahiert, gültige und nützliche Ergebnisse zeitigen kann. Aber diese Feststellung läßt sich nicht ohne weiteres auf die südasiatischen Verhältnisse übertragen. Nicht nur unterscheidet sich deren soziale und institutionelle Struktur von jener, die in den entwickelten Ländern entstanden ist, sondern, was noch wichtiger ist, in Südasien besteht das Entwicklungsproblem gerade darin, daß Veränderungen dieser sozialen und institutionellen Struktur eingeleitet werden müssen, da sie die wirtschaftliche Entwicklung hemmt und sich nicht spontan oder in nennenswertem Umfang als Reaktion auf Maßnahmen, die auf den »ökonomischen« Sektor beschränkt bleiben, verändert.

Der erste wichtige Schritt zum Verständnis der Entwicklungsprobleme in den Ländern Südasiens besteht also darin, daß man untersucht, wie sie tatsächlich funktionieren und welche Mechanismen in ihnen regulierend wirksam sind. Wenn die Analyse nicht fest auf diese Realitäten gegründet ist, dann lassen sich weder Verzerrungen in der Forschung noch Fehler in der Planung vermeiden. Unsere Methode ist daher weitgehend eine »institutionelle«, und wir plädieren für erheblich verstärkte Forschungsanstrengungen in dieser Richtung. Um wirklich fruchtbar zu sein, muß diese neue Methode mehr beinhalten als nur die Berücksichtigung der Dinge, die von der konventionellen ökonomischen Analyse vernachlässigt wurden. Da gerade die in einer solchen Analyse verwendeten Theorien und Begriffe diese von den »nicht-ökonomischen« Faktoren wegführen, ist ein völlig anderer theoretischer und begrifflicher Bezugsrahmen notwendig, der für diese Gesellschaften realistischer ist.

Es geht uns mithin um das ambitiösere Ziel, die konventionellen Theorien und Begriffe durch andere, neue zu ersetzen, die der Realität dieser Länder angemessener sind. Und wir müssen nicht nur die Mechanismen feststellen, welche die einmaligen Eigenschaften dieser Volkswirtschaften erklären, sondern auch ein analytisches System aufbauen, das den dynamischen Problemen der Entwicklung und Entwicklungsplanung angemessen ist.

Die Wirtschaftswissenschaftler sind schnell mit allgemeinen Vorbehalten hinsichtlich der Bedeutung dieser »nicht-ökonomischen« Faktoren zur Hand, ohne daß sie sich dadurch veranlaßt sähen, ihre Methoden zu ändern. Wir sollten auch festhalten, daß die in der Region aufgestellten Entwicklungspläne häufig Aktionsprogramme beinhalten, die sich auf das gesamte Feld der sozialen Beziehungen erstrecken. Diese Einschließlichkeit der allgemeinen Planung steht jedoch in scharfem Gegensatz zu der Tendenz, hauptsächlich die ökonomischen Faktoren zu betonen, so wie sie durch die westlichen Vorstellungen von Märkten und Preisen, Beschäftigung, Ersparnis, Investition und Output erfaßt werden.

Voraussetzung für die Einleitung und Beschleunigung der Entwicklung ist, daß die herbeigeführten Veränderungen aller sozialen Verhältnisse und Beziehungen instrumentell sind oder sogar eine strategische Rolle bei der kumulativen Verursachung eines Entwicklungsprozesses spielen. Diese Überzeugungen haben zwar die Methode bestimmt, nach der die Probleme in dieser Studie behandelt werden, doch wir können nicht behaupten, daß uns die Aufgabe, einen allgemeinen analytischen Bezugsrahmen aufzustellen, vollkommen geglückt sei. *Im wesentlichen bleibt dies eine Untersuchung der wichtigsten ökonomischen Probleme in Südasien, obgleich wir uns dauernd des größeren Zusammenhangs dieser Fragen bewußt bleiben.*

Wir haben absichtlich unsere Fragestellung auf die Analyse, auf die Klärung der Probleme abgestellt. Wir haben versucht, tief genug in die empirischen Details einzudringen, um zu verhindern, daß wir uns verirren, wenn wir nach Antworten auf relevante Fragen hinsichtlich allgemeiner Zusammenhänge und Tendenzen suchen. Aber viele der relevanten Fakten sind schwer zu fassen und nicht dokumentiert, und in vielen Punkten ist das empirische Material widersprüchlich. Oft haben wir Schlußfolgerungen gezogen, die nur Hinweise oder Vorschläge sein sollen, und die zuweilen auf unseren Eindrücken beim Beobachten der Verhältnisse und beim Gespräch mit den Menschen beruhen. Die gewonnenen Schlußfolgerungen und die unterstützenden Argumente sind daher weitgehend Mutmaßungen, was wir dem Leser häufig ins Gedächtnis rufen werden. Dennoch ist es eine lohnende wissenschaftliche Aufgabe, eindeutig festzustellen, was nicht bekannt ist, aber bekannt sein sollte, um das, was geschieht, zu verstehen. Tatsächlich ist es eine Hauptabsicht dieses Buches, auf Wissenslücken hinzuweisen und in einiger Ausführlichkeit ein System rationaler Hypothesen für die künftige Forschung aufzu-

stellen; und dies ist nur durch eine konjekturale Argumentation zu leisten.
In diesem Buch vertreten wir die Auffassung, daß nicht nur Einschränkungen und Vorbehalte, sondern eine grundsätzliche Änderung des Ansatzes erforderlich ist. Wenn wir nicht irren, dann gibt es Raum für mehr interdisziplinäre Forschung, und wir sollten die Bemühungen der Soziologen und anderen begrüßen, die unser System von Theorien und Begriffen verbessern. Viele werden sie in Frage stellen. Dies ist heilsam. Denn ein wesentlicher Bestandteil des Fortschritts zu einem Vertändnis der komplexen Bedingungen der Entwicklung ist der Dialog, in dem Verallgemeinerungen vorgetragen, in Frage gestellt und daraufhin modifiziert und berichtigt werden. Auf diese Weise lassen sich die Ursachen voneinander abweichender Interpretationen und Schlußfolgerungen isolieren und überprüfen. Diese Funktion der Verallgemeinerungen sollte der Leser dieses Buches sich vergegenwärtigen. Der Text ist zwar nicht mit Fragezeichen übersät, sondern der Bequemlichkeit halber in der Aussageform geschrieben. Dies sollte aber nicht die Rolle und Funktion der hier vorgelegten Verallgemeinerungen undeutlich werden lassen.

An diesem Punkt müssen wir die Frage der Objektivität in der Forschung als logisches Problem aufwerfen. Im Prinzip erscheint es ganz einfach, die Regeln für eine objektive Erforschung der südasiatischen Länder zu bestimmen. Der Wissenschaftler sollte keine anderweitigen, verdeckten Motive haben. Er sollte sich auf die Suche nach der Wahrheit beschränken und so frei wie möglich von den Zwängen der Tradition, der ihn umgebenden Gesellschaft und seiner eigenen Bedürfnisse sein. In seiner wissenschaftlichen Arbeit sollte er nicht die Absicht verfolgen, die politische Haltung seiner Leser zu beeinflussen, weder in den Ländern, die er untersucht, noch außerhalb. Dies sind lobenswerte Prinzipien, die es wohl wert sind ausgesprochen zu werden, aber sie lösen nicht das methodologische Problem der Vermeidung von Vorurteilen.
Das Problem der Objektivität in der Forschung läßt sich nicht einfach dadurch umgehen, daß man Wertungen auszuschalten versucht. Im Gegenteil; jede Untersuchung eines sozialen Problems ist und muß durch Wertungen bestimmt sein. Eine »interessenfreie Sozialwissenschaft« hat es nie gegeben und wird es nie

geben. Der Versuch, sich Wertungen zu entziehen, ist vergeblich und sogar schädlich. Die Wertungen sind in uns, auch wenn wir sie verdrängen, und sie leiten unsere Arbeit.
Wir befürworten die Explikation der Wertprämissen, damit die Forschung »objektiv« sein kann (in dem einzig möglichen Sinn dieses Begriffs). Wir müssen sie aber auch zu einem anderen, allgemeineren Zweck spezifizieren: nämlich um der Klarheit und Schlüssigkeit der wissenschaftlichen Argumentation willen. Damit berühren wir eines der Hauptprobleme der Philosophie des Wissens. Zwischen diesem und der Wissenssoziologie besteht ein Zusammenhang, der in diesem Kapitel im Mittelpunkt des Interesses stand. Wir meinen die Tatsache, daß die Erhellung unserer allgemeinen Ansichten und die Definition unserer spezifischen Wertprämissen eindeutiger, zwingender und zugleich einfacher wird, sobald wir erkennen, daß wir nicht naiv erwarten dürfen, unsere Ideen wären, selbst in der wissenschaftlichen Forschung, durch nichts anderes als unser Streben nach der Wahrheit bestimmt.

Der Titel des Buches, *Asiatisches Drama*, wurde gewählt, um die vom Autor vertretene Auffassung von den Ereignissen in Südasien zum Ausdruck zu bringen, von der er bei Beginn seiner Arbeit ausging und die sich im Verlauf der Untersuchung bestätigte. Hinter allen Komplexitäten und Verschiedenheiten erkennen wir, wie in einem Drama, einen klar umrissenen Zyklus von Konflikten und ein gemeinsames Thema. Die Handlung dieses Dramas nähert sich rasch dem Höhepunkt. Die Spannung auf sozialem, ökonomischem und politischem Gebiet nimmt zu.
In gewissem Umfang sind wir alle an diesem Drama beteiligt. Es ist, als hätte sich die Bühne, die ursprünglich auf Südasien beschränkt war, erweitert und bezöge die ganze Welt ein, so daß niemand nur Zuschauer bleiben kann. Doch die Hauptpersonen dieses Dramas sind die Menschen in Südasien selbst, unter ihnen besonders die gebildeten Schichten. Das Mitwirken Außenstehender durch Forschung, Gewährung finanzieller Hilfe und andere Mittel ist nur eine Nebenhandlung, die für das schließliche Ergebnis von geringerer Bedeutung ist.
Die Einheit dieses Dramas ist durch eine Reihe von inneren Konflikten gewährleistet, die auf das Bewußtsein der Menschen einwirken: es sind Konflikte zwischen ihren hochgespannten Er-

wartungen und der bitteren Erfahrung einer harten Realität; zwischen dem Verlangen nach Veränderung und Verbesserung und den mentalen Vorbehalten und Hemmungen, die Konsequenzen zu akzeptieren und den Preis zu entrichten. Solche Konflikte gehören zu allen Zeiten und allerorts zum menschlichen Leben. Doch in den hier untersuchten Ländern sind sie von außerordentlicher, steigender Intensität und nehmen einmalige Formen an.

In Südasien können wir uns nicht von dem Gefühl befreien, daß das, was wir beobachten, genau der Entfaltung eines Dramas im klassischen Sinn entspricht. Dieses betrifft Millionen von Menschen. Aber durch all seine Komplexität und Verschiedenartigkeit zieht sich, wie im klassischen Drama, ein im wesentlichen einfaches Thema.

Im klassischen Begriff des Dramas – wie in der theoretischen Phase einer wissenschaftlichen Untersuchung – bleibt der Wille des Akteurs in den Ketten des Determinismus befangen. Das Ergebnis beim letzten Vorhang ist schon durch die Eröffnung des Dramas im ersten Akt vorherbestimmt, in dem alle Bedingungen und Ursachen der späteren Entwicklung angelegt sind. Das Schicksal des Protagonisten ist letzten Endes in seiner Seele beschlossen, während er um seine Bestimmung ringt.

Doch im wirklichen Leben halten wir im Verlauf des Dramas den Willen, innerhalb bestimmter Grenzen, für frei, zwischen Alternativen des Handelns zu wählen. Die Geschichte ist daher nicht als prädeterminiert anzusehen. Vielmehr liegt es in der Macht des Menschen, sie zu formen. Und das Drama, von dem wir sprachen, muß nicht notwendig eine Tragödie werden.

2. Die Region

Im folgenden soll unsere Analyse sich im Rahmen der Region bewegen, die wir als »Südasien« bezeichnen. Tatsächlich ist der regionale Ansatz nicht zwingend gerechtfertigt. Geografische Nähe zeichnet sich nicht durch mystische Qualitäten aus, die benachbarte Nationen zu einer »Einheit« im kulturellen, politischen oder wirtschaftlichen Sinn zusammenfassen. Im spezifischen Fall der südasiatischen Länder wirkte eine Reihe von Umständen zusammen, um ihre heutigen wechselseitigen Beziehungen zu schwächen. Die wirtschaftliche Planung und tatsächlich die gesamte Wirtschaftspolitik in den Ländern, die wir untersuchen, beschränken sich auf einen engen nationalistischen Horizont, und in den letzten Jahren bestand die Tendenz zu einer weiteren Verringerung des Umfangs ihrer wirtschaftlichen Wechselbeziehungen.

Wenn diese Untersuchung sich auf die ganze Region bezieht, so ist dies zum Teil durch den Versuch gerechtfertigt, analytische Vergleiche zwischen den Ländern Südasiens anzustellen. Diese Länder zeigen in ihren fundamentalen Bedingungen genügend Ähnlichkeiten, um solche Vergleiche relevant zu machen, und genügend Unterschiede, um aufgrund von Vergleichen eine lohnende Analyse der wichtigsten Kausalbeziehungen zu erlauben.

Wir haben versucht, die für ganz Südasien wesentlichen Fakten in Verbindung mit jedem abgehandelten Problem darzustellen. Aber die Dürftigkeit zuverlässiger Informationen hat in vielen Fällen unsere Möglichkeit, sinnvolle Vergleiche zwischen den einzelnen Ländern anzustellen, beschränkt. Daher dreht sich die Diskussion häufig nur um ein Land oder einige Länder, oder sogar nur um Gebiete eines Landes, die besonders interessante Merkmale aufweisen, oder in denen das verfügbare Material befriedigender ist. Da wir eher von analytischem als von bloß deskriptivem Interesse geleitet sind, fühlen wir uns nicht verpflichtet, erschöpfende Einzeldaten vorzulegen oder die Diskussion einheitlich auf die verschiedenen Länder Südasiens zu verteilen. Indien nimmt wegen seiner riesigen Bevölkerung und seiner politischen Bedeutung für Südasien wie für die Welt in der Untersuchung weit mehr Raum ein als andere Länder. Auch gibt es dort seit der Kolonialzeit eine reichhaltigere Literatur und mehr politische Auseinandersetzung als in den anderen Ländern. Würde man behaupten, daß dieses Buch hauptsächlich von Indien handelt, wobei häufige und systematische Vergleiche mit anderen Ländern Südasiens angestellt werden, dann wäre man nicht weit von der Wahrheit entfernt.

Auch Indiens Nachbarländer, Pakistan, Ceylon und in gewissem Umfang auch Burma, erfuhren eine recht ausführliche Behandlung. Wegen der Dürftigkeit des Materials blieben Afghanistan und Nepal – sowie Sikkim und Bhutan – außer Betracht. In Südostasien ist Indonesien ein großes, sehr wichtiges Land, und wir haben versucht, seine Probleme häufig in den Mittelpunkt unserer Studie zu stellen, wenn es uns auch nicht gelungen ist, sie so gründlich zu behandeln, wie wir es gewünscht hätten. Für Thailand, Malaya (nicht die neugebildete Föderation Malaysia) und die Philippinen war das verfügbare Material reichhaltiger. Die Probleme von Singapur sind so ungewöhnlich, daß sie zumeist außerhalb des unmittelbaren Interesses bleiben mußten. Widerstrebend haben wir unsere ursprüngliche Absicht aufgegeben, die nach dem Zusammenbruch des französisch-indochinesischen Kolonialreichs entstandenen Länder – Nord- und Südvietnam, Laos und Kambodscha – einzubeziehen, da einige von ihnen noch sehr primitiv sind und die Verhältnisse in allen noch im Fluß sind. Gelegentlich kommen wir auf eines der drei letzteren zu sprechen, soweit interessante Informationen zur Verfügung standen.

»Südasien« oder die »Region« umfaßt in dieser Untersuchung also Pakistan, Indien, Ceylon, Burma, Malaya, Thailand, Indonesien und die Philippinen sowie mitunter Südvietnam, Kambodscha und auch Laos. Aus der Subregion Südostasien sind Indien, Pakistan und Ceylon ausgeschlossen. Die Formulierungen »die westlichen Länder« oder »die westliche Welt« beziehen sich in dieser Studie auf die hochentwickelten Länder Nordwest- und Zentral-Westeuropas (nicht jedoch auf Ost- und Südeuropa), auf die Vereinigten Staaten und die von europäischen Abkömmlingen bevölkerten britischen Dominions (Kanada, Australien und Neuseeland). Letztere werden manchmal als die »weißen Dominions« bezeichnet. Südafrika stellt eine Anomalie dar und wird in diese Klassifikation nicht einbezogen.

Vergleiche mit der übrigen Welt bleiben generell auf Westeuropa beschränkt. Dieses Verfahren ist in gewissem Maß rational, denn im überwiegenden Teil Südasiens übte noch bis vor kurzem die Herrschaft der westeuropäischen Nationen tiefgreifende kommerzielle, soziale und kulturelle Einflüsse aus.

Die Länder, mit denen wir uns befassen, zeichnen sich durch räumliche Nähe zueinander aus. Sie alle liegen innerhalb der tropischen oder subtropischen Zone, unerachtet der erheblichen Unterschiede zwischen den einzelnen Ländern und sogar in ihrem Innern. In allen ist die Bevölkerung »farbig« oder, da dieser Ausdruck in Südasien außer Gebrauch gerät, »nicht weiß«. Obgleich diese Tatsache heute in diesen Ländern wie auch im Ausland für gewöhnlich heruntergespielt wird, beeinflußt sie doch wesentlich ihr Denken über sich selbst und über ihre Beziehungen zur übrigen Welt. Es ist bemerkenswert, daß ihre Proteste gegen den Kolonialismus regelmäßig das Wort »Rassismus« beinhalten.

Aber das stärkste Band, das diese Länder vereint, ist wohl ihre gemeinsame historische Erfahrung sowie deren Auswirkungen auf ihre Auffassung politischer Probleme und Vorgänge. Alle außer Thailand sind ehemalige Kolonien. Die Phase der Kolonialherrschaft, obgleich in den einzelnen Ländern unterschiedlich lang, war von solcher Dauer und Intensität, daß sie fast allen Aspekten ihrer Existenz einen definitiven Stempel aufprägte. Sogar Thailand lebte im Schatten des Kolonialismus, und auch sein Geschick wurde durch die koloniale Intervention geprägt.

Die vor kurzem stattgefundene Befreiung dieser Länder war von ungeheurer Bedeutung für ihr ganzes nationales Leben. Diese Befreiung erfolgte als Ergebnis einer weltweiten Entwicklung, bei der die Völker Südasiens selbst eine sekundäre Rolle spielten. Für alle diese Länder trifft jedoch zu, daß die Unabhängigkeit schließlich durch die Angehörigen der kleinen, artikulierten Elitegruppen innerhalb der gebildeten Schicht – »gebildet« in dem besonderen Sinn, der diesem Begriff in Südasien zukommt – herbeigeführt wurde, die nur einen geringen Prozentsatz der Gesamtbevölkerung stellen. Diese Elitegruppen tragen nun die Verantwortung für die Konsolidierung der neuen Nationalstaaten. Unter ihnen gibt es jedoch, hinter dem gemeinsamen Streben nach Konsolidierung, unterschiedliche Grade des Zusammenhalts und der inneren Einheit.

Nach Beendigung der Kolonialherrschaft hat die Erkenntnis, daß die Menschen ihr eigenes Geschick formen können und sogar dazu verpflichtet sind, alle Beziehungen innerhalb der Gesellschaften in Frage gestellt. Dieser instabile Zustand wurde oft als eine »Revolution der steigenden Erwartungen« charakterisiert. Die Tatsache, daß dieser Einstellungswandel bislang hauptsächlich die gebildete Klasse erfaßt und die niedrigeren Schichten kaum berührt hat, läßt sie in Ländern, wo diese Klasse faktisch dominiert, nicht weniger wichtig erscheinen. Diese Erwartungen werden mit der Zeit zwangsläufig steigen und dabei auf breitere Kreise der Bevölkerung übergreifen. Im politischen Sinn werden die heute vorherrschenden Erwartungen in den Begriffen des modernen Wohlfahrtsstaats der reichen westlichen Länder formuliert. Tatsächlich liegen ihre Wurzeln in der Epoche der Aufklärung, die die amerikanische und die französische Revolution inspiriert hatte. Es ist eine Ironie der Geschichte, daß diese Ideen und Ideale vor allem durch den Kolonialismus in die Länder Südasiens gelangten, der dadurch unfreiwillig und unbewußt seine eigenen Grundlagen zerstörte.

Anfangs bekundeten all diese Länder die Absicht, ihre konstitutionelle und staatliche Struktur nach dem Muster der parlamentarischen Demokratie aufzubauen und sie auf freie Wahlen, das Wahlrecht für Männer und Frauen sowie einen umfangreichen Katalog bürgerlicher Freiheiten zu begründen. Aber in keinem der Länder Südasiens wurde das Experiment mit der ultramodernen politischen Demokratie zu einem vollen Erfolg; viele von ihnen kamen unter ein autoritäres Regime der einen oder anderen Schattierung, und diese Tendenz dürfte gegenwärtig noch zunehmen.

Die wirtschaftlichen Verhältnisse der südasiatischen Länder sind grundsätzlich ähnlich. Sie alle sind arm, und im allgemeinen sind die größten zugleich auch die ärmsten. Es herrscht eine extreme soziale und wirtschaftliche Ungleichheit, die in den ärmsten Ländern am prononciertesten in Erscheinung tritt. Sie alle haben eine lange Stagnation großer Teile ihrer Wirtschaft durchgemacht, und der Lebensstandard der Massen ist in Südasien heute niedriger oder doch nicht wesentlich höher als zur Zeit vor dem Zweiten Weltkrieg.

Alle jungen Nationen Südasiens sind heute auf die Förderung ihrer wirtschaftlichen Entwicklung durch geplante und koordi-

nierte Anstrengungen ihrer Regierungen eingeschworen. Aber nur wenige haben nennenswerte Erfolge in dieser Richtung zu verzeichnen. Der schnellen wirtschaftlichen Expansion stehen ungeheure Hindernisse im Weg, deren Bedeutung nicht zu gering veranschlagt werden darf. Hauptsächlich wurzeln diese in der Ineffektivität, Rigidität und Ungleichheit der etablierten Institutionen und Einstellungen sowie in den ökonomischen und sozialen Machtverhältnissen, die sich in diesem Rahmen von Institutionen und Einstellungen verkörpern. Wiederum gibt es in dieser Hinsicht Gradunterschiede zwischen den einzelnen Ländern, doch muß man festhalten, daß ein grundlegender Unterschied zwischen den wirtschaftlichen Verhältnissen in Südasien und denen in den fortgeschrittenen westlichen Ländern besteht.
Es ist eines der Hauptanliegen dieses Buches, eine gründliche Analyse der Ursachen für diesen dramatischen Kontrast zwischen der Entwicklung in Südasien und derjenigen in den westlichen und osteuropäischen Ländern vorzunehmen. Alle neuen Regierungen in Südasien sind der Idee verpflichtet, die Massenarmut durch staatliche Maßnahmen zu überwinden, die durch eine staatliche Planung koordiniert werden sollen. Die in der vorliegenden Studie durchgängig eingehaltene Perspektive und Methode bestimmen sich durch die Tatsache, daß die politisch artikulierten Kreise dieser Länder bestrebt sind, durch die Modernisierung ihrer Wirtschaft und Gesellschaft eine ökonomische Entwicklung einzuleiten.

Unsere Analyse muß daher von einer Untersuchung des Charakters jener Staaten ausgehen, die in der wirtschaftlichen Entwicklung Südasiens eine so zentrale Rolle spielen. Wie sind diese Staaten entstanden? Wie wurden sie durch das Vermächtnis der Kolonialherrschaft beeinflußt? Und welche sozialen Kräfte haben seither ihren Charakter und ihr Handeln bestimmt?
Streng chronologisch betrachtet, erlangten die Philippinen 1946 als erste die volle politische Unabhängigkeit. Dies war jedoch kein plötzliches oder unerwartetes Ereignis; es war bereits seit mehr als zehn Jahren von den USA vorbereitet worden.
Als 1947 die britische Herrschaft über Indien friedlich beendigt wurde und die Indische Union und die Republik Pakistan als Nachfolgestaaten geschaffen wurden, war die erste große Bresche in die Mauer der Kolonialherrschaft geschlagen. 1948 folgte die

politische Unabhängigkeit Burmas und Ceylons. Da die Holländer und Franzosen die Herrschaft über ihre Territorien mit Gewalt aufrechtzuerhalten suchten, erreichte Indonesien die volle Unabhängigkeit erst 1949, und die konstituierenden Teile der französisch-indochinesischen Union wurden nicht vor 1954 unabhängig. Die Malayische Föderation wurde erst 1957 ein unabhängiger Staat, was durch die relativ langsame Entstehung seines politischen Nationalbewußtseins und die britische Militärintervention zur Niederwerfung eines kommunistischen Aufstands bedingt war. Singapur blieb bis 1959 uneingeschränkt unter britischer Herrschaft und erhielt erst dann die Selbstverwaltung. Vier Jahre später wurde es mit Malaya und zwei weiteren britischen Kolonien auf Borneo, Sarawak und Sabah zur Föderation Malaysia vereinigt. Singapur wiederum wurde eine unabhängige Einheit, als es 1965 aus Malaysia ausgeschlossen wurde. Thailand war es gelungen, als Pufferstaat zwischen den Grenzen des britischen und französischen Imperialismus eine formale Unabhängigkeit zu wahren, obgleich es diesen Mächten mehrere territoriale Zugeständnisse machen mußte und seine Wirtschaft von ausländischen Interessen dominiert wurde.

Wie die Vormacht zur See den Europäern die Eroberung Asiens ermöglicht hatte, so untergrub die überlegene Flottenmacht Japans schließlich die militärische Basis des europäischen Imperialismus in Südasien. Schon seit dem japanischen Sieg über Rußland 1905 war das Menetekel sichtbar gewesen. Es ist kein zufälliges Zusammentreffen, daß die nationalistischen Kräfte in verschiedenen Teilen der Region ein militanteres Gepräge annahmen. Der Zweite Weltkrieg gilt mit Recht als Katalysator, der die Auflösung der Kolonialreiche in Südasien in Gang setzte. Aber ein so heftiger politischer Umschwung hätte nicht stattfinden können, wenn die Situation nicht schon reif für radikale Veränderungen gewesen wäre.

Dazu trug in erster Linie die Tatsache bei, daß die imperialistischen Mächte selbst eine gebildete Klasse zur Wahrnehmung administrativer und professioneller Funktionen in den Kolonien herangebildet hatten. Diese Klasse war nicht das Produkt einer ökonomischen Entwicklung, sondern von Rechts-, Verwaltungs- und Ausbildungsstrukturen, die aufgebaut worden waren, um die Kolonien gemäß den Interessen und Idealen der Metropolen regieren und lenken zu können. Besonders in der Zeit zwischen den beiden Weltkriegen war es vielen Angehörigen dieser Elite möglich gewesen, sich in relativ hohen Verwaltungsfunktionen zu qualifizieren, und die Kolonialregierungen begannen, die Eingeborenen an der Macht zu beteiligen, indem sie konsultative Gremien mit gewählten oder kooptierten Mitgliedern einberiefen. In dem Maß, wie diese Elite wuchs, drängte sie nach mehr Positionen für ihre Angehörigen und nach mehr Verantwortung auf höherem Niveau. Die wichtigste Feststellung, die sich in diesem Zusammenhang über diese, in den verschiedenen Ländern unterschiedlich schnell verlaufene Entwicklung treffen läßt, ist, daß sie einen der Kolonialherrschaft entgegengesetzten Trend einleitete. Durch ihre Ausbildung waren die Angehörigen der Elite mit den westlichen Idealen der Gerechtigkeit, Freiheit und Chancengleichheit in Berührung gekommen. In den westlichen Ländern selbst konnten diese Ideale ebensowenig mit dem Kolonialismus wie mit der harten politischen, sozialen und ökonomischen Ungleichheit im Mutterland vereinbart werden.

Im Rückblick kommt man schwerlich um die Schlußfolgerung herum, daß die Auflösung der Kolonialherrschaft in Südasien unvermeidlich war. Aber in den Kolonien war das Erringen der Unabhängigkeit eine traumatische Erfahrung, die sich berechtigterweise als politische Revolution bezeichnen läßt. Alle neuen Staaten mußten sich mit der Tatsache auseinandersetzen, daß die Unabhängigkeit nicht automatisch zu einem Zustand der nationalen Konsolidierung führte. Tatsächlich stand jeder neue Staat sofort vor der Aufgabe, seine Autorität über das ihm zugefallene Territorium zu festigen.

Die physischen Grenzen der südasiatischen Nationen, so wie sie heute bestehen, sind fast ausschließlich das Ergebnis kolonialer Gegebenheiten, die wiederum aus der Rivalität zwischen den westeuropäischen Ländern entstanden waren. Die grundlegende Struktur Südasiens ist weder auf historische noch auf ethnische Notwendigkeiten begründet. Wenn die Engländer nicht nach den napoleonischen Kriegen die holländischen Besitzungen in Ostindien wiederhergestellt hätten, wären die zu beiden Seiten der Straße von Malakka gelegenen Territorien unter die Herrschaft einer einzigen Kolonialmacht geraten, und womöglich hätten wir es heute in Südasien mit einem großen malayischen Staat zu tun, der nicht nur die hundert Millionen Menschen des heutigen Indonesien, sondern auch die zehn Millionen, die kürzlich in der Föderation Malaysia vereinigt wurden, umfassen würde. Hätten die Briten seinerzeit beschlossen, engere Verbindungen zwischen ihren südasiatischen Territorien einzuführen, dann wären vielleicht Ceylon und Burma nach demselben Muster geprägt worden wie Indien.

Dies trat jedoch nicht ein, und so sind die Umrisse der Nationen Südasiens im allgemeinen eine Fortsetzung des *Status quo,* wie er zu dem Zeitpunkt bestand, als diese die Unabhängigkeit erlangten. Darüber hinaus haben sie alle zwingende Gründe, am *Status quo* festzuhalten. Sobald die Souveränität an den neuen Staat übergegangen war, mußte er seine Autorität auf seinem gesamten Territorium etablieren, und es wurde zu einer Frage des Nationalstolzes oder -prestiges, eine Aufteilung dessen, was vormals als eine Einheit verwaltet worden war, zu vermeiden. Dieser nationalistische Appell jedoch war nicht stark genug, um schwerwiegende innere Spaltungen und Rebellionen zu verhindern. Auch wurde die Unverletzlichkeit des territorialen Erbes aus der Kolonialzeit nicht immer auf beiden Seiten einer Grenze akzeptiert. Doch es war die erste und nahezu instinktive Reaktion jeder neuen Regierung, am ihr zugefallenen Territorium unnachgiebig festzuhalten. Was die frühere Kolonialmacht regiert hatte, sollte auch der neue Staat regieren.

Eine wichtige Ausnahme hiervon bildet selbstverständlich der Fall Indiens und Pakistans. Er stellt jedoch keine eindeutige Ausnahme dar, denn abgesehen von Kashmir wurde die Trennlinie zwischen Indien und Pakistan – wie auch die Prinzipien, nach denen diese gezogen wurde – noch unter britischer Führung festgelegt. Die Abtrennung Singapurs von Malaya mag als eine weitere Abweichung von unserer allgemeinen Auffassung über das Fortbestehen der politischen Einheiten in Südasien erscheinen; wie Ost- und Westdeutschland oder Nord- und Südkorea stellt sie lediglich eine zeitweilige Gegebenheit des Kalten Krieges dar, die für keinen der Beteiligten irgend befriedigend ist. Eine Ausnahme dürfte jedoch der Zusammenschluß von Sarawak und Sabah in der Föderation Malaysia darstellen. Die beiden Territorien erlangten nur durch diese Einverleibung ihre Freiheit von der Kolonialherrschaft.

In den meisten Fällen führte die Kolonialherrschaft zur Schaffung größerer politischer Einheiten, als sie in vorkolonialer Zeit bestanden hatten. Sie brachte diesen neuen Gebilden auch ein gewisses Maß an innerer Konsolidierung. In Indien wie in Pakistan wird inzwischen allgemein anerkannt, daß nicht nur die Vereinigung Britisch-Indiens, sondern auch das Maß an politischer Integration, welches die Schaffung zweier unabhängiger Staaten ermöglichte, das Ergebnis der vergangenen mehr als zweihundert Jahre britischer Herrschaft waren. Ähnlich von außen eingeführte Veränderungen waren auch in anderen Gebieten Südasiens wirksam, und auch dort förderten sie die politische Einigung. Uneingeschränkt kann man feststellen, daß die Konzeption des indonesischen Archipels als Nationalstaat auf die holländische Hegemonie während der Kolonialzeit sowie auf die damit verbundenen Versuche, die Inseln politisch, administrativ und in gewissem Umfang auch wirtschaftlich miteinander zu verbinden, zurückgeht. Obgleich dieses Territorium seit der Vertreibung der Holländer im Zweiten Weltkrieg eine gefährliche Entwicklung durchgemacht hat, ist ein politisches Klima entstanden, in dem der Appell an die nationale Einheit Indonesiens eine wesentliche Rolle spielt. Ein ganz ähnlicher Prozeß fand auf den Philippinen und in den Staaten des südostasiatischen Kontinents statt, wenn auch die letzteren geografisch kleiner blieben und ein geringeres Maß an innerer Einheit erreichten.

3. Wertprämissen und Wertungen

Bei einer sozialwissenschaftlichen Untersuchung wie der vorliegenden ergibt sich stets die Notwendigkeit, klar und explizit die Wertprämissen darzustellen, die nicht nur unsere Begriffe von Anfang an prägen und den Rahmen unserer Forschungsarbeit umschreiben, sondern es uns auch ermöglichen, verborgene Wertungen zu vermeiden, die sonst zu wissenschaftlichen Vorurteilen führen würden. Im Sinn der Relevanz, Effektivität und Objektivität der Forschung ist dies unabdingbar. Sozialwissenschaft zielt immer, auch auf theoretischem Niveau, wo Fakten und Kausalbeziehungen festgestellt werden, auf praktische Maßnahmen ab, das heißt, sie unterstellt die Erwünschtheit sozialer Veränderungen in einer bestimmten Richtung.

In der vorliegenden Studie haben wir uns bemüht, die Probleme der Länder Südasiens so zu betrachten, wie sie unter dem Gesichtspunkt der Interessen, Ideale, Normen und Ziele, die in diesen Ländern selbst relevant und signifikant sind, erscheinen. Die Interessen des Auslands bleiben, soweit es um die Wertprämissen geht, vollkommen außer Betracht.

Die Spezifizierung der relevanten und signifikanten Wertprämissen, die in den von den Menschen selbst vertretenen Wertungen verankert sind, ist eine äußerst schwierige und anspruchsvolle Aufgabe – und dies weit mehr als ähnliche Bemühungen in westlichen Ländern. Ein Grund dafür ist, daß wir nicht wissen, wie die Menschen in den verschiedenen Berufen, in den sozialen und ökonomischen Schichten und in den verschiedenen Regionen tatsächlich empfinden, wie intensiv und dauerhaft ihre Gefühle sind und in welchem Umfang diese sich durch politische Maßnahmen beeinflussen lassen, die darauf abzielen, sie zu verändern. Schon in den westlichen Ländern ist unsere Kenntnis dieser Dinge sehr lückenhaft; was wir über die öffentlichen Wertungen feststellen können, ist oft nur vage und ungewiß. Doch zwischen dem, was wir in einem westlichen Land über diese Wertungen wissen, und dem, was wir darüber in einem der südasiatischen Länder in Erfahrung bringen können, besteht selbstverständlich ein gewaltiger Unterschied.

Eine zweite Schwierigkeit ergibt sich aus dem fließenden, ungewissen und unter einem egalitären Gesichtspunkt verzerrenden Charakter der politischen Entscheidungsprozesse in Südasien. Abgesehen von der gebildeten Schicht ist die Beteiligung der »Bürger« in der ganzen Region gering. An sich scheint dieser Umstand die Bestimmung der relevanten und signifikanten Wertungen zu erleichtern, da man sich nur auf die kleinen Gruppen zu beschränken brauchte, die an der Macht sind. Aber alle Regierungen der Region, auch die Militärjuntas, müssen sich danach richten, was die Bevölkerung verlangt und zu tolerieren bereit ist. Die Massen mögen gegenüber den politischen Entscheidungen in Passivität verharren, doch auch im Rahmen dieser Passivität gibt es häufig einen Widerstand gegen die Durchführung der politischen Maßnahmen. Jedes Regime muß mit der Möglichkeit rechnen, daß seine Bevölkerung Widerstand gegen die Maßnahmen leistet, die es ihr aufdrängen will. Die Nichtbeteiligung des Volkes stellt daher ein großes Problem dar und bedingt eine erhebliche Unsicherheit.

Doch noch ein dritter Umstand erschwert es, die tatsächlichen Wertungen der Bevölkerung offenzulegen: nämlich deren ungeheure Heterogenität. Im Zuge des »Großen Erwachens«, das nach dem Krieg auf das Ende des Kolonialismus und den Beginn der Unabhängigkeit als Nation hin einsetzte, gab es in den verschiedenen Bereichen der Gesellschaften eine Explosion der Erwartungen, Interessen und Ideale, für deren systematische kulturelle und wirtschaftliche Integration dort keine Voraussetzungen gegeben waren. Eine Folge dieses verkehrten und verschachtelten historischen Ablaufs der sozialen und wirtschaftlichen Entwicklung der Region ist, daß die Menschen in den verschiedenen Schichten der Gesellschaft sehr unterschiedliche Lebensformen haben und folglich sehr verschiedene Weltanschauungen vertreten. Tatsächlich hegen die meisten Menschen selbst heftig konfligierende Wertungen.

Auch in den westlichen Ländern gibt es solche Unterschiede. Aber durch einen langen Prozeß der nationalen Konsolidierung oder durch das, was in Indien die »emotionale Integration« genannt wird, wurden diese Unterschiede abgeschwächt. Die modernen demokratischen Wohlfahrtsstaaten, die sich im letzten halben Jahrhundert im Westen entwickelt haben, weisen ein hohes Maß an »geschaffener Harmonie« der Interessen und Ideale auf. Dadurch war es möglich, die Probleme der westlichen Länder unter

Voraussetzung eines recht explizit formulierten nationalen Glaubensbekenntnisses zu untersuchen, das die langfristigen Bestrebungen der Menschen, wenn nicht ihren täglichen Lebensrhythmus bestimmt. Dies trifft sogar dort zu, wo es um Abweichungen von diesem Glaubensbekenntnis geht, wie bei der Diskriminierung der Neger oder, vor allem früher, der Juden und anderer Einwanderergruppen in den USA. In den Ländern Südasiens besteht selbstverständlich eine völlig andere Situation. Keines von ihnen hat ein Maß an nationaler Konsolidierung und emotionaler Integration erreicht, das dem der westlichen Länder – sei es heute oder am Vorabend ihrer industriellen Revolution – vergleichbar wäre.

Da die tatsächlich in den südasiatischen Ländern vertretenen Wertungen so heterogen sind und da wir so wenig über sie und über die wirklichen Machtverhältnisse wissen, ist es um so wichtiger, auf klar formulierten Wertprämissen zu insistieren. Es ist unabdingbar, daß wir jene Wertprämissen, die die Methode einer wissenschaftlichen Untersuchung leiten, explizit darstellen und es ihnen damit ermöglichen, ihre Funktion zu erfüllen. Um welche Wertprämissen es sich auch handeln mag und wie immer sie erreicht wurden – die methodologische Klarheit verlangt vor allem ihre Erläuterung. Aus dem Gesagten wird deutlich, daß erhebliche Zweifel bestehen bleiben, ob die in dieser Studie gewählten Wertprämissen tatsächlich relevant und signifikant sind. Diese Zweifel sollten der Autor wie die Leser im Gedächtnis behalten.

Unter all den verschiedenen, konfligierenden Wertungen, die in den Ländern der Region bestehen, haben wir willkürlich die neueren, an der »Modernisierung« orientierten, ausgewählt. Diese Wertungen, die wir der Kürze halber als »Modernisierungsideale« bezeichnen wollen, wurden der Region im Zuge des Großen Erwachens, das auf die Unabhängigkeit folgte, aufgepfropft, wiewohl die gebildeten und artikulierten Bevölkerungsschichten schon während der Kolonialzeit durch Einflüsse aus dem Westen und in jüngerer Zeit durch Einflüsse aus der Sowjetunion eine allmähliche Prägung erhielten. Sie wurden zum offiziellen Glaubensbekenntnis, beinah zu einer nationalen Religion, und sie sind eines der mächtigen Fundamente des »neuen Nationalismus«. Sie erscheinen nunmehr als die Hauptziele der

Entwicklungspläne, die in allen Ländern der Region bestehen, und sie fehlen auch nicht in den Einführungen zu Berichten öffentlicher Kommissionen, die sich mit Fragen der Großen Reform befassen. Wenn wir diese Ideale als Wertprämissen einsetzen, dann nehmen wir gewissermaßen diese Nationen beim Wort.

Zwischen den Ländern der Region und den Gruppen innerhalb der einzelnen Länder gibt es erhebliche Unterschiede. In Indien, Pakistan, Ceylon und den Philippinen werden die Modernisierungsideale klarer artikuliert als in Indonesien oder Burma. Vor allem werden die einzelnen Elemente dieses modernen Glaubensbekenntnisses unterschiedlich stark betont. Im Sinn der konventionellen westlichen Unterscheidung zwischen *konservativ* und *radikal* sind die Modernisierungsideale in Pakistan, Malaya, Thailand und den Philippinen eher konservativ geprägt, während das offizielle Credo in Indien, Ceylon, Burma und Indonesien eher radikal ist. Es gibt auch zeitliche Verschiebungen entlang diesem Kontinuum. Insgesamt hat Ceylon sich nach links bewegt. Burma, das zeitweilig nach rechts tendierte, rückte in jüngerer Zeit nach links, während Indonesien sich umgekehrt wieder nach rechts bewegte. In Indien besteht in den öffentlichen Verlautbarungen immer noch eine Linkstendenz, wenn auch nicht in der praktischen Politik.

Im Licht der herrschenden Verhältnisse betrachtet, ist dieses Glaubensbekenntnis jedoch in der ganzen Region ein radikales, denn selbst die bescheidenste Verwirklichung dieser Ideale würde zu drastischen Veränderungen der wirtschaftlichen, sozialen und politischen Bedingungen führen. Dieses offizielle Credo der südasiatischen Länder setzt sich tatsächlich aus Idealen zusammen, die im Westen lange als das Erbe der Aufklärung gepriesen und in jüngerer Zeit weitgehend in Gestalt der »geschaffenen Harmonie« des Wohlfahrtsstaates verwirklicht worden sind.

In Südasien sind diese Ideale immer noch ungewöhnlich vage und zuweilen in sich inkonsistent. Diese logischen Mängel gehören zu der Wirklichkeit, mit der wir es zu tun haben; sie lassen sich nicht durch begriffliche Tricks hinwegdiskutieren. Sie weisen darauf hin, daß der wertende Standpunkt weniger ein bestimmter Punkt als vielmehr ein begrenzter Bereich ist, innerhalb dessen sich die Schlüsselbegriffe häufig überschneiden. Außerdem sind die Modernisierungsideale vor allem die Ideologie der gebildeten und politisch artikulierten Teile der Bevölkerung – besonders der intellektuellen Eliten. Die folgenden Feststellungen beziehen sich mithin auf die Meinungen dieser Gruppen. Doch auch die Neigungen der breiteren Gesellschaftsschichten beeinflussen die Aussichten auf die Einführung und Verwirklichung einer Politik, die mit den Modernisierungsidealen übereinstimmt. Zumindest können die Massen sich unpopulären Maßnahmen widersetzen und ihnen Hindernisse in den Weg legen. Auch sollten wir uns bewußt bleiben, daß die Modernisierungsideale im Wettbewerb mit traditionellen, seit Jahrhunderten eingefahrenen und häufig durch die Religion sanktionierten Wertungen stehen. Selbst politisch aufgeschlossene und aktive Angehörige der gebildeten Klasse stehen häufig in einem Bewußtseinskonflikt und lassen sich auf abstoßende und frustrierende geistige Kompromisse ein. Auch wenn solche Konflikte überall für Ideologien dieser Art charakteristisch sind, werden sie doch in Südasien durch den großen Abstand zwischen den Idealen noch verstärkt.

Selbstverständlich wäre die Wahl eines solchen Systems von Wertprämissen besser gerechtfertigt, wenn unsere Studie den Nachweis erbrächte, daß die künftige Entwicklung mit einiger Wahrscheinlichkeit zu ihrer Verwirklichung führen wird. Dies konnten wir jedoch nicht feststellen. Aber wir sind der Überzeugung, daß, besonders angesichts der beschleunigten Bevölkerungszunahme, schnelle Schritte zur Verwirklichung der Modernisierungsideale erfolgen müssen, wenn eine zunehmende Verelendung und soziale Revolten vermieden werden sollen. All diesen Idealen ist ein Grundprinzip gemeinsam. Auch sollten wir nicht vergessen, daß diese Länder gewissermaßen den Punkt, jenseits dessen es keine Umkehr mehr gibt, schon überschritten haben, denn die Modernisierungsideale sind in Südasien zumindest schon in dem Maß wirksam, daß es diesen Ländern unmöglich ist, ungestört zu ihrem traditionellen Zustand zurückzukehren. Und dies ist es, was unserer Auswahl von Wertprämissen oder, besser gesagt, einer unter diesem Gesichtspunkt durchgeführten Untersuchung der Länder der Region praktische Bedeutung verleiht.

Der Autor muß auch aufrichtig einräumen, daß die ausgeprägte Aura der Aufklärung, die diese Ideale in Südasien umgibt, ihm und seinen Mitarbeitern kongenial ist, die wir in unseren moralischen Bindungen konservativ und persönlich diesen ererbten radikalen Idealen tief verpflichtet sind. Diese Haltung erleichter-

te es uns zweifellos, mit diesem System von Wertprämissen zu arbeiten und ihnen treu zu bleiben. Diese Prämissen wurden gleichwohl nicht aus persönlichen Gründen, vielmehr wegen ihrer Relevanz und Signifikanz für Südasien ausgewählt.
In abstrakter Form sind die Modernisierungsideale, aus denen sich die modernen Glaubensartikel der Region zusammensetzen, in unterschiedlichem Maß zum Ausdruck gekommen. Wir möchten darauf hinweisen, daß die Rolle, die sie nunmehr in den südasiatischen Ländern spielen, völlig andere »Ausgangsbedingungen« schafft, als sie in den westlichen Ländern in den frühen Phasen ihrer Entwicklung bestanden.

Zum großen Teil überschneiden sich die Modernisierungsideale in Südasien. Doch sie bewegen sich alle in einem gemeinsamen Bezugsrahmen. Daher können wir diese grundlegenden Ideale, die unsere Studie geleitet haben, wie folgt umreißen:
A. *Rationalität.* In der öffentlichen Auseinandersetzung wird für gewöhnlich unterstellt, daß Politik auf rationalen Erwägungen basieren sollte. Auch gilt es als eine feststehende und häufig betonte Tatsache, daß dies einen Bruch mit der Tradition darstellt. Abergläubische Überzeugungen und unlogische Argumente sollten ausgeschaltet werden. Eine solche Wertung wird zuweilen explizit zum Ausdruck gebracht, zum Beispiel in der Feststellung, daß die Nation nunmehr in das »wissenschaftliche Zeitalter« eintrete. Ein wichtiges Element dieser Wertung ist das Bestreben, die Produktivität durch den Einsatz modernster Technologie zu steigern, doch erfährt sie eine weit umfassendere Interpretation, die alle wirtschaftlichen und gesellschaftlichen Verhältnisse einbegreift. Geschichte, Tradition, autochthone Einstellungen und Institutionen werden prinzipiell nur aus dem rationalen Grund berücksichtigt, daß dies für das Erreichen bestimmter Ziele praktisch sei. Niemand wird öffentlich Ansichten vertreten, die er als irrational erkannt hat.
B. *Entwicklung und Entwicklungsplanung.* Die Notwendigkeit von Entwicklung und Entwicklungsplanung entspringt unmittelbar dem Trachten nach Rationalität und stellt im wirtschaftlichen wie im sozialen Bereich den allumfassenden und vollkommenen Ausdruck der Modernisierungsideale dar. Entwicklung bedeutet Verbesserung einer Vielzahl nachteiliger Bedingungen und Gegebenheiten im Sozialsystem, welche den Status der

Unterentwicklung perpetuieren. Planung ist die Suche nach einem rational koordinierten System von politischen Maßnahmen, die geeignet sind, eine Entwicklung einzuleiten.

C. *Steigerung der Produktivität.* Ein allgemein vertretenes Ziel der Entwicklungsplanung ist die Steigerung der Pro-Kopf-Produktivität der Bevölkerung bzw. der Arbeitskraft. Wie allgemein angenommen, läßt sich dies durch verbesserte Techniken und eine gesteigerte Kapitalintensität in allen Produktionszweigen sowie durch eine Verbesserung dessen, was wir als Produktionsweisen bezeichnen wollen, erreichen. Dies wiederum ist abhängig von der Hebung des Lebensstandards, von verbesserten Einstellungen und Institutionen, von der nationalen Konsolidierung und gewiß auch von der Verwirklichung der oben genannten Wertprämissen.

D. *Hebung des Lebensstandards.* Daß diese Wertung allgemein akzeptiert wird, überrascht nicht angesichts des äußerst niedrigen Lebensstandards der Massen in Südasien, besonders in den größeren und ärmeren Ländern. Einer der Hauptgründe dafür, daß eine Steigerung der Pro-Kopf-Erträge gefordert wird, ist, daß dies eine Hebung des Lebensstandards bewirken würde. Man nimmt jedoch allgemein an, daß die Einführung substantieller Verbesserungen des Lebensstandards noch einige Zeit aufgeschoben werden muß, um durch entsprechende Kapitalakkumulation eine höhere Produktivität und einen höheren Lebensstandard für die Zukunft zu ermöglichen. Diese Notwendigkeit bedingt, zumindest auf kurze Sicht, einen partiellen Konflikt zwischen den Zielen der Konsumtionssteigerung und der Produktionssteigerung. Es besteht aber auch eine positive Beziehung zwischen diesen Bedingungen, auf die wir noch öfter hinweisen werden; denn ein verbesserter Lebensstandard ist die Voraussetzung eines höheren Arbeitsinputs und größerer Arbeitsleistung und bewirkt ganz allgemein eine Veränderung der Fähigkeiten und Einstellungen, die sich vorteilhaft auf die Steigerung der Produktivität auswirkt. Dieser Zusammenhang zwischen Produktivität und Lebensstandard ist in den Ländern Südasiens viel stärker als in den westlichen Ländern, obgleich er durch die nach dem Krieg üblich gewordene Anwendung der konventionellen Methode der ökonomischen Analyse auf die Entwicklungsprobleme Südasiens, die wir im ersten Kapitel kritisierten, zumeist verschleiert wird.

E. *Soziale und wirtschaftliche Gleichstellung.* In allen Ländern

Südasiens wird das Ideal, daß die soziale und ökonomische Schichtung im Sinn einer Angleichung des Status, der Chancen, des Besitzes, der Einkommen und des Lebensstandards verändert werden sollte, in der öffentlichen Diskussion über die Ziele der Planung und der Politik im allgemeinen weitgehend akzeptiert. Gelegentlich wird die Tatsache, daß dieses Gleichheitsideal nicht verwirklicht wurde, mit dem Hinweis auf die Priorität der Ertragsmaximierung dürftig entschuldigt. Diese Erklärung impliziert einen Konflikt zwischen den unter C. und D. aufgeführten Idealen. Aber auch das Gegenteil wird zuweilen behauptet: daß nämlich unter den in Südasien herrschenden Verhältnissen eine stärkere Gleichstellung die Voraussetzung für die Beschleunigung der Produktion und der Entwicklung sei. Unsere Untersuchung berechtigt zu der Annahme, daß letzteres zutrifft.

F. *Verbesserung der Institutionen und Einstellungen.* Man nimmt allgemein an, daß die sozialen und ökonomischen Institutionen und Einstellungen verändert werden müssen, um die Arbeitsleistung, den effektiven Wettbewerb, die Mobilität und den Unternehmungsgeist zu steigern; um mehr Produktivität und Wohlstand zu ermöglichen; und um ganz allgemein die Entwicklung zu fördern. In allen Ländern der Region werden diese wünschenswerten Veränderungen sogar als soziale und ökonomische »Revolution« bezeichnet und es wird behauptet, daß eine solche Revolution notwendig für die Entwicklung sei.

Zu den Institutionen, welche die Modernisierungsideale vorsehen, gehört eine geeinte und integrierte nationale Gemeinschaft, in der es Solidarität und »freien Wettbewerb« in einem viel weiteren Sinn gibt, als letzterer Begriff im Rahmen der ökonomischen Analyse besagt. In einer solchen nationalen Gemeinschaft würden die sozialen und kulturellen Schranken beseitigt. Es soll eine Nation mit bemerkenswerter sozialer und ökonomischer Gleichheit und Mobilität entstehen, in der es den Menschen möglich wäre, sich frei zwischen den geografischen Bereichen wie zwischen den wirtschaftlichen Schichten zu bewegen. Die Forderung nach einer solchen »Modernisierung« der Institutionen kommt am klarsten in Indien zum Ausdruck, wo ironischerweise der freie Wettbewerb im umfassenderen Sinn den stärksten und hartnäckigsten Beschränkungen unterliegt.

Der moderne Wohlfahrtsstaat der reichen westlichen Länder ist einer Verwirklichung dieses Ideals selbstverständlich viel näher, und dies gilt auch für die niedrigen, aber im Steigen begriffenen Lebensstandards der kommunistischen Länder. Unter dem Gesichtspunkt der nationalen Konsolidierung sind alle südasiatischen Länder weitaus amorpher und zersplitterter. Als ideales System gilt ein geeinter und integrierter Nationalstaat, der sich in kleinere Gemeinschaften verzweigt, welche durch ihre Loyalität zum Nationalstaat zusammengehalten werden. In der Realität überschneidet sich dieser soziale und politische Rahmen jedoch mit Interessen und Loyalitäten anderer Art, die sich der Idealordnung nicht einfügen, sondern ihr zuwiderlaufen.

Von den Einstellungen wiederum wird angenommen, daß sie von den einzuführenden Institutionen gestützt würden und diese gleichzeitig tragen sollten. In bezug auf die Einstellungen wird das allgemeine Ideal einer sozialen Revolution gewöhnlich als die Schaffung des »neuen Menschen«, des »modernen Menschen«, des »Bürgers eines neuen Staates«, des »Menschen des wissenschaftlichen Zeitalters«, des »industriellen Menschen« usw. charakterisiert. Was darunter zu verstehen sei, soll wie folgt verdeutlicht werden, obgleich diese Zusammenstellung nicht als vollständig gelten kann und auch die einzelnen Punkte nicht unabhängig voneinander betrachtet werden dürfen:

1. Leistung;
2. Fleiß;
3. Ordentlichkeit;
4. Pünktlichkeit;
5. Sparsamkeit;
6. Gewissenhafte Ehrlichkeit (die sich auf lange Sicht bezahlt macht und eine Vorbedingung der Leistungssteigerung in allen sozialen und ökonomischen Bereichen ist);
7. Rationalität in den auf das Handeln bezogenen Entscheidungen (Abkehr vom Vertrauen auf statische Gepflogenheiten, von Gruppenzugehörigkeiten, vom Nepotismus, von abergläubischen Ansichten und Vorurteilen; Hinwendung zum Ideal des rational kalkulierenden »ökonomischen Menschen« der liberalen Ideologie des Westens);
8. Bereitschaft zur Veränderung (zum Experimentieren nach neuen Richtlinien sowie zur räumlichen, wirtschaftlichen und gesellschaftlichen Mobilität);
9. Aufgeschlossenheit für die Möglichkeiten einer im Wandel begriffenen Welt;

10. Energischer Unternehmungsgeist;
11. Integrität und Selbstvertrauen;
12. Kooperationsbereitschaft (welche den Egoismus nicht einschränkt, sondern in eine sozial zuträgliche Richtung kanalisiert); Übernahme der Verantwortung für das Wohl der Gemeinschaft;
13. Bereitschaft zur Planung auf lange Sicht (und zum Verzicht auf kurzfristigen Profit; sowie die Bereitschaft, die Spekulation der Investition, und Kommerz und Finanzen der Produktion nachzuordnen, usw.).

Die Notwendigkeit eines Einstellungswandels wird, obwohl allgemein anerkannt, in der öffentlichen Debatte heruntergespielt. Kaum je wird in der Diskussion die Forderung nach spezifischen politischen Maßnahmen erhoben, die direkt auf eine Veränderung der Einstellungen abzielen würden. Selbst in bildungspolitischen Formulierungen wird über den Einstellungswandel hinweggegangen. Die Lebensformen und -standards, die Einstellungen und Institutionen bilden gemeinsam ein komplexes Sozialsystem, das sich nur schwer verändern läßt, besonders da alle diese Länder vor dem Einsatz von Zwangsmitteln zurückscheuen. Diesem Ausweichen vor einer Beschäftigung mit den Institutionen und Einstellungen leistet die Anwendung jener konventionellen Nachkriegsmethode Vorschub, die lediglich die »ökonomischen« Faktoren berücksichtigt.

G. *Nationale Konsolidierung.* Im Idealfall bedeutet die nationale Konsolidierung ein soziales System von Exekutive, Legislative und Administration, das effektiv arbeitet, inneren Zusammenhalt aufweist und einheitliche Ziele verfolgt und dessen Autorität über alle Grenzen des Staates unbestritten ist.

In ganz Asien ist die Idee der nationalen Konsolidierung, auch im engeren Sinn, immer noch umkämpft. In jedem Land gibt es Gruppen, die sich von der bestehenden nationalen Einheit abspalten wollen. Sie fordern die Autonomie oder zumindest mehr Unabhängigkeit, als mit einem vernünftigen Maß an nationaler Konsolidierung vereinbar ist. Abgesehen von solchen Bestrebungen gibt es auch noch Schranken der Kultur, der Religion, der Kaste und der wirtschaftlichen Interessen, die einer nationalen Konsolidierung entgegenwirken.

H. *Nationale Unabhängigkeit.* Dieses Ideal ist wohl am wenigsten umstritten und findet unter allen Idealen den explizitesten Ausdruck. Die nationale Unabhängigkeit nimmt, ebenso wie eine vernünftige nationale Konsolidierung, eine Schlüsselstellung unter den Modernisierungsidealen ein. In gewissem Sinn bilden sogar die Rebellionen keine Ausnahme von diesem allgemeinen Streben nach nationaler Unabhängigkeit. Die Rebellengruppen in Südasien verfolgen nicht die Ziele eines anderen Landes, sondern sie kämpfen für eine autonome Existenz.

I. *Politische Demokratie.* Alle Länder Südasiens begannen ihre unabhängige Existenz, indem sie sich zu dem Ziel bekannten, demokratische Nationalstaaten zu werden; sie erklärten, daß sie Verfassungen und repräsentative Versammlungen hätten, die auf freien Wahlen und dem allgemeinen Wahlrecht beruhten. Sie versuchten auch, rechtliche Garantien für die bürgerlichen Freiheiten einzuführen und diese sehr umfassend zu interpretieren. Zum Teil wurden diese anfänglichen Bemühungen modifiziert und liefen auf bestimmte alternative Ideale wie die »gesteuerte Demokratie« in Indonesien hinaus. Aber es blieb genug von den Idealen der Demokratie und der Bürgerrechte erhalten, um die Annahme zu rechtfertigen, daß das jeweilige Nationalregime sich nicht nur in Übereinstimmung mit den Interessen des Volkes befindet, sondern auch von der großen Mehrheit der Bevölkerung freiwillig akzeptiert wird, und daß es die allgemeine Freiheit des Denkens und Handelns gestattet, selbst wenn es eine gewisse Unterdrückung der öffentlichen Opposition ausüben sollte.

Und doch darf man bezweifeln, ob dieses Ideal der politischen Demokratie – mit seiner auf freien Wahlen begründeten politischen Macht und mit Versammlungs- und Pressefreiheit sowie anderen bürgerlichen Rechten – eine besondere Hervorhebung bei der Aufstellung der Modernisierungsideale verdient. Wertprämissen stellen lediglich einen Gesichtspunkt dar, unter dem die tatsächlichen Verhältnisse betrachtet werden, und brauchen in diesem Sinn nicht »realistisch« zu sein; viele der oben erwähnten sind dies nicht. Aber die Erfahrung lehrt, daß dieses Ideal, anders als die übrigen Wertprämissen, nicht unabdingbar für ein System ist, welches die übrigen Modernisierungsideale beinhaltet. Diese können auch von einem autoritären Regime vertreten werden, das sich bemüht, sie zu verwirklichen. Andererseits gibt die Einsetzung eines autoritären Regimes an Stelle eines demokratischen keine Gewähr, daß die Politik nunmehr die Verwirklichung dieser Ideale bezwecken wird oder, wenn dies geschieht, wirksamer wäre. Dem Autor mag die Bemerkung gestattet sein, daß ihm im Licht seiner eigenen persönlichen Wertungen kein Ergebnis dieser Untersuchung mehr beunruhigt hat als die Schlußfolgerung, daß die politische Demokratie kein notwendiger Bestandteil der Modernisierungsideale ist.

J. *Volksverbundene Demokratie.* Etwas unabhängiger von den politischen Formen und der Machtbasis einer nationalen Regierung ist das Maß, in dem die Verantwortung für die inneren Angelegenheiten an lokale und Distriktgemeinschaften delegiert und von den Menschen in diesen kleineren Gemeinschaften akzeptiert wird. Dieses Ideal der Selbstverwaltung und Kooperation auf lokaler und Distriktebene steht in engem Zusammenhang mit dem Ideal der Veränderung von Institutionen und Einstellungen. Die südasiatischen Regierungen müssen heute für die wirtschaftliche Entwicklung arbeiten, und eine erfolgreiche Entwicklung setzt ein hohes Maß an öffentlicher Billigung der Entwicklungsziele voraus. Jede effektive Regierung, sei sie demokratisch oder autoritär, muß ein gewisses Maß an sozialer Disziplin erzwingen; aber selbst ein autoritäres Regime kann keine größeren Erfolge verzeichnen, wenn es ihm nicht irgendwie gelingt, die Zustimmung, Teilnahme und Kooperation der Bevölkerung zu gewinnen.

Daher überrascht es wenig, daß dieses Ideal, das in Südasien als »Dezentralisierung« oder »demokratische Planung« bezeichnet wird und das die Voraussetzungen für die öffentliche Kooperation und gemeinsame Verantwortung innerhalb der Nation schaffen soll, eine Wertung ist, die – allgemein – in größerem Umfang akzeptiert wird als jedes andere Modernisierungsideal, mit Ausnahme des Strebens nach Unabhängigkeit.

K. *Soziale Disziplin versus »Demokratische Planung«.* Bei all diesen Ländern handelt es sich um »weiche Staaten« in dem Sinn, daß entweder die beschlossenen politischen Maßnahmen, wenn überhaupt in Angriff genommen, nicht durchgeführt werden oder die Behörden, selbst wenn sie den Rahmen der Politik abstecken, davon Abstand nehmen, den Menschen Verpflichtungen aufzuerlegen. »Demokratische Planung« bedeutet, daß die politischen Maßnahmen durch gewisse demokratische politische Verfahren (siehe oben I.) beschlossen und, so weit wie möglich, unter der Kooperation und Mitverantwortung von örtlichen und Distriktgemeinschaften (siehe oben J.) durchgeführt werden. Genauer gesagt bedeutet dies, daß die politischen Maßnahmen keinen Zwang erfordern, und darin wird häufig der fundamentale Unterschied zu den Gepflogenheiten der kommunistischen Länder gesehen. Der Verzicht auf Zwangsmittel wird mithin als Bestandteil der Modernisierungsideale kaschiert.

Diese Interpretation des Ideals der demokratischen Planung gehört nicht zu den Wertprämissen unserer Untersuchung. Im Gegenteil, eine erfolgreiche Entwicklungsplanung setzt die Bereitschaft voraus, den Menschen in allen sozialen Schichten weit umfangreichere Verpflichtungen aufzuerlegen, als dies heute in einem der südasiatischen Länder geschieht. Wir können nicht behaupten, daß dieses Ideal einer disziplinierteren Nation von vielen Menschen vertreten würde, nicht einmal unter der intellektuellen Elite Südasiens. Dies ist ein weiteres Beispiel dafür, wie der Fortgang unserer Untersuchung uns zwang, eine Wertprämisse zu wählen, die keine breite Zustimmung genießt, um unserem System von Wertprämissen einen inneren Zusammenhang zu geben und es in Übereinstimmung mit dem Streben nach Rationalität und Entwicklungsplanung zu bringen.

Auch wenn diese Wertprämisse im Prinzip nicht dem Ideal der Demokratie widerspricht, so tut sie es doch häufig in der Praxis. So entstehen Konflikte, wenn die Idealisierungsideale von sich aus nicht stark genug sind, um die Menschen, einschließlich der intellektuellen Elite, zu veranlassen, sich freiwillig und nachdrücklich für ihre Verwirklichung einzusetzen oder andere, konfligierende Wertungen aufzugeben. Dieses schwerwiegende Problem sollte nicht verheimlicht werden, denn unter den heute in Südasien herrschenden Verhältnissen ist eine Entwicklung ohne ein Mehr an sozialer Disziplin, als das heute in der Region geläufige Verständnis von Demokratie es zuläßt, nicht zu verwirklichen.

L. *Abgeleitete Wertprämissen.* Wie wir feststellten, können die Modernisierungsideale nicht völlig unabhängig und a priori existieren. Sie hängen zum Teil vom Ergebnis der Untersuchung ab, in die sie als Wertprämissen eingegangen sind. In gewissem Sinn sind alle Modernisierungsideale im Ideal der Rationalität und Planung enthalten und von diesem abgeleitet. Daraus folgt, daß, sobald wir uns konkreten Problemen zuwenden, viele spezifischere Wertprämissen auftreten werden, denen wir Rechnung tragen müssen. Daher haben wir eine Reihe von abgeleiteten

Wertprämissen eingeführt – zum Beispiel, daß nicht-diskriminierende Kontrollen diskriminierenden administrativen Kontrollen vorzuziehen sind, und daß die öffentliche Erziehung und Alphabetisierung im Ausbildungswesen und bei den Reformen eine führende Rolle spielen sollte. Auch setzen wir als Wertprämisse voraus, daß innerhalb praktischer Grenzen alles getan werden sollte, um die gesundheitlichen Verhältnisse zu verbessern und die frühe Sterblichkeit zu bekämpfen: letzere Wertprämisse ist nicht abgeleitet; sie ist ein moralischer Imperativ.

Außerhalb der Sphäre der Modernisierungsideale befinden sich alle übrigen relevanten und signifikanten Wertungen, denen Rechnung getragen werden muß, um unsere gewählten Wertprämissen ins rechte Licht zu rücken. Nicht alle diese anderen Wertungen konfligieren mit den Modernisierungsidealen: Tatsächlich unterstützen manche sie sogar; manche sind neutral, und manche sind ambivalent und lassen sich für wie gegen den Versuch, diese Ideale zu verwirklichen, einsetzen.
Insofern diese anderen Wertungen mit den Modernisierungsidealen kollidieren, verhalten sie sich hinsichtlich ihrer Auswirkung auf die Entwicklungsplanung als *Hemmungen,* wenn sie von Mitgliedern der Regierung oder von Personen, die an der Gestaltung und Durchführung der Regierungspolitik beteiligt sind, vertreten werden. Wenn sie nur unter der Mehrheit der Menschen gelten, die nicht aktiv an der Gestaltung und Durchführung der Politik beteiligt sind, dann wirken sich diese konfligierenden Wertungen als *Hindernisse* aus. Als solchen gebührt ihnen in der Analyse prinzipiell derselbe Stellenwert wie anderen Hindernissen, zum Beispiel den klimatischen Schwierigkeiten oder einem Rückgang der Nachfrage nach den Exportgütern eines Landes.
Diese anderen Wertungen, die von den Massen und zum Teil auch von der intellektuellen Elite vertreten werden, sind hauptsächlich traditioneller Art: Sie sind Teil einer ererbten Kultur, die seit langem mit einer stagnierenden Gesellschaft identifiziert wird. In allen südasiatischen Ländern sind die Modernisierungsideale bei der artikulierten Elite so fest verankert, daß Rationalität und Entwicklungsplanung die anerkannten Maximen der Politik sind, wie erfolglos die Planungsbemühungen in der Praxis

auch sein mögen. Nicht einmal den Traditionalisten, die die Ideale bekämpfen, ist es gelungen, einen eigenen, reaktionären »Plan« vorzulegen, denn dies würde voraussetzen, daß sie ihre Wertungen auf die Prinzipien der Rationalität gründeten.

Für die jungen Nationen Südasiens schaffen manche Wertungen, welche die Nachkriegsideale unterstützten, zwar Hemmungen, sind jedoch sowohl rational als auch notwendig. Ein Beispiel dafür ist der Wert der einheimischen Sprache. Die Förderung der Modernisierungsideale erfordert einen weitgehenderen Gebrauch der einheimischen Sprachen. Solange die in der Administration tätigen Angehörigen der dünnen Oberschicht in einer europäischen Sprache kommunizieren und die Massen nur die Landessprache sprechen, gibt es keine wirkliche emotionale Integration der neuen Nationen und mithin keine gesicherte nationale Konsolidierung. Aus rationalen Gründen muß daher der zunehmende Gebrauch der einheimischen Sprache in allen südasiatischen Ländern Teil der Planung sein. Aber in vielen Ländern gibt es nicht nur *eine* einheimische Sprache, die die Massen sprechen oder als offizielle Sprache zu akzeptieren bereit wären. In manchen südasiatischen Ländern befürchten diejenigen, die eine Regionalsprache oder einen Dialekt sprechen, den Verlust ihrer wirtschaftlichen Chancen, wenn eine andere Regionalsprache oder ein anderer Dialekt zur offiziellen Sprache erhoben wird. Diese Situation kompliziert sich zusätzlich durch den Gebrauch verschiedener Schriftsysteme, in denen die Regionalsprachen geschrieben werden.

In Malaya und auf den Philippinen, in Ceylon und in Indien wurden Schritte unternommen, um eine offizielle einheimische Sprache und Schrift einzuführen. Aber in Malaya und auf den Philippinen konnte dies nur gegen einigen Widerstand durchgesetzt werden, und in Ceylon und Indien gab es deswegen mitunter Aufstände und Blutvergießen. Dennoch ist dies eine Wertprämisse, die von den Verantwortlichen mit einigem Mut vertreten werden muß. In Indien zum Beispiel bleibt die nationale Politik, solange die Debatten im Parlament der Union auf Englisch geführt werden, ein dem Volk entfremdetes Klassenmonopol.

Es gibt noch weitere spezifische traditionelle Wertungen, die so weit verbreitet sind und so systematisch artikuliert werden, daß sie ohne weiteres nachweisbar sind. Sie konfligieren häufig mit den Nachkriegsidealen und stellen mithin Hemmungen und Hindernisse für die Entwicklungsplanung dar. Unter praktischem Gesichtspunkt ist die wichtigste dieser Wertungen das hinduistische Tabu, Tiere zu töten, das sich ausdrückt in dem Verbot, Kühe zu schlachten. Der Rinderbestand in Indien nahm in letzter Zeit stark zu, und es besteht die Gefahr, daß die nutzlosen und unproduktiven Rinder sich in dem Maß, wie örtliche Hungersnöte unter Kontrolle gebracht und die veterinärmedizinischen Maßnahmen verbessert werden, noch schneller vermehren werden. Doch das religiöse Tabu, welches das Leben eines Rindes mit dem menschlichen Leben auf eine Stufe stellt, findet im ganzen Land in der Gesetzgebung Ausdruck.

Es ist eine einfache Tatsache, daß es in Indien keine rationale politische Planung für die Landwirtschaft geben kann, solange die Rinder nicht in dem Umfang und in dem Alter, wie es wirtschaftlich am vorteilhaftesten ist, selektiv getötet werden dürfen. Es ist ein Widerspruch in sich, sowohl eine rationale Landwirtschaft als auch das Verbot, Kühe zu schlachten, zu fordern, und dieses Verbot bedingt einen sehr schwerwiegenden Komplex von Hemmungen und Hindernissen für die Planung.

Der Konflikt zwischen den artikulierten, spezifischen traditionellen Wertungen und den Nachkriegsidealen geht auf Kosten der letzteren, und dies läßt sich in Form vergeudeter Möglichkeiten ausdrücken. Im Fall des indischen Verbots, Kühe zu schlachten, sind diese Kosten sehr hoch, wenn sie auch niemals berechnet wurden.

Doch mit wenigen Ausnahmen, unter denen das Verbot, Kühe zu schlachten, sowie die Sprachenfrage praktisch die wichtigsten sind, beherrschen die Modernisierungsideale der Nachkriegszeit die öffentliche Diskussion und die offenen politischen Entscheidungsprozesse in Südasien.

Es gibt beträchtliche systematische Unterschiede hinsichtlich der Verhältnisse in den verschiedenen südasiatischen Ländern, und mithin kann man zweifellos von einem »Nationalcharakter« sprechen. Und da es zwischen diesen Ländern insgesamt und der westlichen Welt noch tiefgreifendere Unterschiede gibt, dürfte auch der Begriff eines »asiatischen« oder »südasiatischen« Bewußtseins angebracht sein. Aber diese Ausdrücke sind nicht für den wissenschaftlichen Gebrauch geeignet. Sie wurden dadurch entwertet, daß sie – in Südasien wie auch in der westlichen Welt – in den Dienst nationalistischer, aggressiver oder auch apologetischer Ideologien gestellt wurden. Zweckdienlicherweise wollen wir diese Werte als »asiatische Werte« bezeichnen; wenn wir sie kritisieren, dann denken wir an die Verhältnisse in Südasien und besonders in Indien.

Man nimmt häufig an, daß die Menschen in Asien geistiger und weniger materialistisch eingestellt seien als die Menschen im Westen. Sie seien jenseitig orientiert, sagt man, selbstlos und bereit, auf Reichtum und materiellen Komfort zu verzichten. Armut ertrügen sie gleichmütig und sähen in ihr sogar eine Tugend. Sie hätten eine besondere Hochachtung vor der Gelehrsamkeit und die Fähigkeit zur Kontemplation und Meditation. Ihre Einstellung gegenüber der Umwelt sei meist zeitlos, formlos und daher sorglos und sogar fatalistisch. Solche Stereotype sind in der Literatur zahlreich, und Behauptungen über solche gemeinsamen Merkmale finden sich in beinah allen öffentlichen Verlautbarungen über die asiatischen Länder, ihre Probleme und ihre Politik. Aber schon die oberflächlichste Untersuchung zeigt, daß die angeblichen kulturellen und Persönlichkeitsmerkmale nur wenig Ähnlichkeit mit der Realität aufweisen – so wenig wie ihre Gegenstücke in der westlichen Welt. Zum Beispiel stehen die Mildtätigkeit und Toleranz, die den Indern häufig zugesprochen werden, in direktem Widerspruch zur extremen Intoleranz, die durch eine rigide soziale Schichtung hervorgebracht wird, und zur Gleichgültigkeit gegenüber Angehörigen einer niedrigeren Schicht, die wir bei fast allen kultivierten Indern finden und die auch von Menschen aus dem Westen übernommen wird, sobald sie eine gewisse Zeit in Indien leben.

Die allgemein verbreitete Vorstellung, daß die Asiaten dazu neigen, Streitigkeiten friedlich, im gegenseitigen Einvernehmen und ohne den Einsatz juristischer Mittel beizulegen, wird widerlegt durch die Popularität, derer sich das Prozeßführen in allen südasiatischen Ländern erfreut, sobald die Gerichte für jedermann zugänglich sind. Der Behauptung, daß die Menschen in Asien besonders geistig und nicht-materialistisch eingestellt seien, muß die allgemeine Feststellung entgegengehalten werden, daß es in allen sozialen Schichten einen Hang zu engherzigem Materialismus gibt – was nicht weiter überrascht, bedenkt man die weit verbreitete Armut und die Belastungen durch die soziale Ungleichheit. Äußerliche Genügsamkeit auch bei denen, die sich Luxus leisten könnten, wurde von Gandhi propagiert und eingehalten, und dies gewiß in Übereinstimmung mit seinen persönlichen Idealen. Aber offensichtlich ist z. B. die Sitte einer einfachen, volkstümlichen Kleidung, die beinah zur Uniform der populären Führer geworden ist, eher ein symbolisches Ritual und ein politisches Hilfsmittel als das Zeichen einer grundlegenden Einstellung.

Wenn diese Bemerkungen – ausgehend von persönlichen Beobachtungen und den Kommentaren von Journalisten und anderen, die nicht den Anspruch erheben, als professionelle Sozialwissenschaftler zu schreiben – geringschätzig und unfreundlich erscheinen, so ist dieser Eindruck ungerechtfertigt. Sie scheinen dies nur zu sein im Vergleich zu den völlig unrealistischen Ansichten, die gemeinhin als defensive Schutzbehauptungen vorgebracht werden.

Wollen wir mehr tun als nur an der Oberfläche kratzen, dann müssen wir alle bewußtseinsmäßigen Anlagen untersuchen, die das Verhalten der Völker in Südasien bestimmen. Diese breitere Kategorie wollen wir mit dem allgemein akzeptierten Ausdruck »Einstellungen« bezeichnen, worunter wir die Gesamtheit der Glaubensinhalte und Wertungen verstehen, die das Verhalten zu dem machen, was es ist. Diese Einstellungen stehen hinter all der Unkenntnis und den protektiven und rationalisierenden Vorsichtsmaßnahmen; es sind Einstellungen, die durch eine lange spirituelle und materielle Geschichte geformt wurden und die in ursächlicher Beziehung zum Lebensstandard und zum gesamten institutionellen Rahmen stehen.

Die Religion ist selbstverständlich wichtig, aber nicht in Form der Interpretation alter Schriften und der erhabenen Philosophien und Theologien, welche eine jahrhundertealte Spekulation entwickelte. Es ist tatsächlich erstaunlich, wie westliche, aber auch südasiatische Autoren glauben, sie würden wunder welche Erkenntnisse über die Völker der Region mitteilen, wenn sie pauschal auf die Auswirkungen des Buddhismus, Hinduismus oder Islam hinweisen – Religionen, die sie für allgemeine, oft intellektuelle und tiefgründige Konzeptionen halten. Die Religion sollte als das genommen werden, was sie wirklich für das Volk darstellt: nämlich ein ritualisierter und stratifizierter Komplex höchst emotionaler Glaubensinhalte und Wertungen, welche den überkommenen institutionellen Verhältnissen, Lebensformen und Einstellungen die Sanktion der Heiligkeit, des Tabus und der Unwandelbarkeit verleihen. In diesem realistischen und vernünftigen Sinn begriffen, erweist sich Religion für gewöhnlich als mächtiger Faktor sozialer Trägheit. Der Autor kennt kein Beispiel aus dem heutigen Südasien, wo die Religion zur sozialen Veränderung beigetragen hätte. Am allerwenigsten fördert sie die Verwirklichung der Modernisierungsideale. Unter dem Gesichtspunkt der Planung muß diese der Religion eigentümliche Trägheit, wie andere Hindernisse auch, durch politische Maßnahmen überwunden werden, will man Veränderungen einleiten und Entwicklungspläne aufstellen. Aber die religiös sanktionierten Glaubensinhalte und Wertungen wirken nicht nur als Hindernisse, wenn es darum geht, die Zustimmung des Volkes für die Planung zu gewinnen, sondern auch als Hemmungen bei den Planern selbst, sofern sie sich zu ihnen bekennen oder nicht den Mut haben, ihnen zuwiderzuhandeln.

Bei den Massen sind diese religiös sanktionierten traditionellen Glaubensinhalte und Wertungen normalerweise irrational, denn sie nehmen die Form des Aberglaubens an und setzen eher ein mystisches als ein logisches Denken voraus. Die religiösen Vorstellungen sind so irrational, wie sie es im Westen seit Jahrhunderten nicht mehr waren. In erheblich geringerem Maß finden sich die von der Religion sanktionierten Glaubensinhalte auch unter den Gebildeten. Selbst der Islam und der Buddhismus, die auf einem verfeinerten, »höheren« Niveau so rational und frei von Ikonodulie und Magie sind, wurden in den Formen, in denen sie tatsächlich das Leben und die sozialen Verhältnisse beeinflußten, weitgehend zur Ideologie und sind von Tabus, Magie und Mystizismus durchdrungen. Vor allem die soziale Schichtung genießt die Sanktion der Religion. Die Einstellungen und Institutionen, die Formen des Lebens und der Arbeit, die diese Stratifikation ausmachen, stellen sehr reale Hemmungen und Hindernisse für die Planung dar. Wie stark diese Stratifikation ist, erweist sich darin, daß die unterprivilegierten und ausgebeuteten unteren Schichten nicht bereit sind, sie in Frage zu stellen. Statt dessen akzeptieren sie sie weitgehend als ein von den Göttern und dem ganzen Beiwerk der übernatürlichen Kräfte zugewiesenes Schicksal. Dieses Gefühl hält z. B. auch die Unberührbaren in Indien davon ab, in die Tempel einzudringen und aus den Brunnen der höheren Kasten zu trinken.

Wohlgemerkt, es ist unter dem Gesichtspunkt der Modernisierungsideale lediglich nötig, den Ballast der irrationalen Glaubensinhalte und ähnlicher Wertungen zu beseitigen. Religion auf höherem Niveau braucht keineswegs in Konflikt mit den Modernisierungsidealen zu geraten. Aber da die Religion pauschal zum Gesamtkomplex der Glaubensinhalte und Wertungen des Volkes gehört, muß sie reformiert werden, damit die Hemmungen und Hindernisse, welche die Entwicklung beeinträchtigen, überwunden werden können.

Bemerkenswerterweise greift heute so gut wie niemand in Südasien die Religion an. Auch gibt es kaum begründete Versuche, die Religion zu reformieren. Selbst die Kommunisten stellen sich in keinem der südasiatischen Länder gegen die Religion. Vielmehr behaupten und predigen jene geistigen Führer, die die Modernisierungsideale unterstützten, unausgesetzt, daß die Religion auf das Privatleben beschränkt bleiben sollte und im öffentlichen Leben nichts zu suchen habe. Die allgemeine Tendenz, Auseinandersetzungen mit den öffentlichen Einrichtungen zu vermeiden, hat eine gewisse pragmatische Begründung. Wichtige Rechtsreformen – z. B. in bezug auf das Ehe-, Erbschafts- oder Familienrecht – werden durchgeführt und finden Unterstützung durch die »höheren« Formen der Religion, die heute unter der intellektuellen Elite verbreitet sind, während über die Tatsache, daß die populäre Religion ganz anders geartet ist, Stillschweigen bewahrt wird. Es besteht die Hoffnung, daß durch diese und andere Reformen sowie durch die Bildung eine religiöse Reformation ohne einen frontalen Angriff stattfinden wird. Es bleiben jedoch die dringenden Fragen bestehen, ob der »Kommunalismus« ausgerottet werden kann; ob die Reformgesetzgebung in der Praxis eingehalten werden wird; ob die Menschen ganz allgemein zur Veränderung entsprechend den Erfordernissen der Planung bereit sind; und ob all diese Veränderungen ohne willkürliche Reformation der populären Religion schnell genug eintreten werden.

Wenn wir die populäre Religion als einen Faktor der Trägheit und Irrationalität charakterisieren, der das ganze System des Lebens und der Arbeit, der Einstellungen und Institutionen sanktioniert, dann meinen wir damit tatsächlich einen wichtigen

Aspekt der Unterentwicklung: nämlich den Widerstand dieses Systems gegen geplante induzierte Veränderungen nach Maßgabe der Modernisierungsideale. Wenn der Sozialwissenschaftler eine so allgemeine Definition der populären Religion verwendet, so ist dies vertretbar, da eine engere Definition willkürlich wäre und die Realität vergewaltigen würde.
Die dem traditionellen Denken eigentümliche Irrationalität trägt zweifellos zu dem unter Gebildeten und Intellektuellen verbreiteten Mangel an Interesse für Tatsachen und eine auf Tatsachen fußende Argumentation bei, der sich gemeinhin als Charakteristikum der Region feststellen läßt. Es erhebt sich aber die wichtigere Frage, ob nicht gerade die südasiatischen Attitüden und Institutionen durch die in Südasien herrschende Armut und den niedrigen Lebensstandard bedingt sind. So könnte das nur auf das Überleben ausgerichtete Denken der Menschen, ihre Gleichgültigkeit gegenüber Möglichkeiten der Verbesserung, ihre Verachtung für manuelle Arbeit, besonders für abhängige Arbeit, auf die jahrhundertelange hoffnungslose Armut zurückgehen. Besonders die inegalitäre soziale Stratifikation ist wohl zum Teil das Ergebnis der Stagnation in Armut. Für die weitere Forschung sollte man von der Hypothese ausgehen, daß die Menschen in dieser Region sich nicht wesentlich von den Menschen anderswo unterscheiden, daß sie aber unter Bedingungen leben, die sehr verschieden von denen sind, die in der westlichen Welt herrschen, und daß dieses Leben an ihnen körperliche und geistige Spuren hinterlassen hat. Die Religion ist also zum emotionalen Gefäß dieser ganzen Lebens- und Arbeitsweise geworden und hat sie durch ihre Sanktionierung rigide und resistent gegen Veränderungen gemacht.

Seit der Erringung der Unabhängigkeit im Lauf der letzten zwei Jahrzehnte haben sich die Kräfte und Faktoren, die auf einen dynamischen sozialen Wandel hinarbeiten, ständig verstärkt. In der Literatur finden wir immer wieder die Behauptung, daß wir es mit einer »Revolution der steigenden Erwartungen« zu tun haben. Selbst wenn dies für den gegenwärtigen Zeitpunkt bedeutete, daß die Kluft zwischen den Erwartungen und den Möglichkeiten zur Verwirklichung sich erweitert, so wäre dies doch unter dem Gesichtspunkt der Modernisierungsideale nicht nachteilig, und diese Auffassung vertreten offenbar auch jene

Angehörigen der intellektuellen Elite, die sich für die Entwicklungsplanung einsetzen.

Aber der Begriff »steigende Erwartungen« ist ziemlich pauschal und grenzt an Bedeutungslosigkeit, wenn er nicht quantitativ belegt wird. Das Wort Revolution beinhaltet, daß eine umfassende und schnelle Veränderung der Einstellungen stattfindet. In diesem Zusammenhang mag eine nur vorläufige Bemerkung genügen. Zweifellos ist die Ansicht, daß die steigenden Erwartungen als revolutionäre Bewegung von den Massen Besitz ergriffen hätten, weitgehend eine falsche Rationalisierung. Darin reflektieren sich die Vorstellungen des westlichen Beobachters oder des einheimischen Intellektuellen, wie er reagieren würde, wenn er in der entsetzlichen Armut der Massen leben müßte, sowie sein schlechtes Gewissen angesichts dieser extremen Ungleichheit. Unter anderem läßt sich der radikale Ton der meisten politischen Proklamationen in Südasien kaum verstehen, wenn man nicht weiß, daß hier Mitglieder einer privilegierten Klasse sprechen, die sich mit ihrer Nation identifizieren wollen und die sich, trotz der großen sozialen Distanz, des Elends der breiten Schichten bewußt sind. Darin drückt sich die Vorstellung aus, wie sie selbst reagieren würden, wenn sie unter ähnlichen Umständen leben müßten. Aber die tatsächlichen Gefühle der Massen lassen sich nur feststellen, wenn man die Einstellungen dieser Menschen mit einem Minimum an Sentimentalität und Vorurteilen untersucht. Und dies geschieht bislang kaum. In diesem Zusammenhang fällt auf, daß in keinem südasiatischen Land ein politisches Regime durch einen Volksaufstand gestürzt wurde.

Aber unsere Untersuchung hat uns immer mehr zu der Überzeugung geführt, *daß es häufig nicht schwieriger, sondern leichter ist, eine große Veränderung anzustreben, als kleine Veränderungen allmählich herbeizuführen.* Und diese Frage hängt mit einer weiteren zusammen: nämlich, welche politischen Maßnahmen zur Verfügung stehen, um Reformen durchzuführen. Im Bereich des Unverbindlichen fehlt es in den südasiatischen Ländern keineswegs an Verlautbarungen, die die Notwendigkeit einer sozialen Revolution behaupten. Untersucht man die tatsächlichen Verhältnisse, so kann man dieser Auffassung nur beipflichten. Doch in der Praxis sind die Maßnahmen, die ergriffen werden, Stückwerk und werden häufig extrem langsam verwirklicht, und alle diese Länder bleiben »weiche Staaten«.

Angesichts der Realitäten in diesen »weichen Staaten« sind die Wissenschaftler aus den entwickelten Ländern zudem meist bereit, ihre Feststellungen diplomatisch zu entschärfen. Besonders im Fall der Wirtschaftswissenschaftler wird diese Neigung durch den konventionellen Nachkriegsansatz begünstigt, der gerade von den sozialen Faktoren abstrahiert, die sich einer Veränderung widersetzen: den Lebensformen, Einstellungen und Institutionen. Man hält die südasiatischen Länder für unfähig, eine Politik der schnellen Veränderungen einzuleiten, es sei denn, sie griffen zu totalitären und monolithischen Methoden. Die auf Überzeugung beruhende »demokratische Planung« wird daher rationalisiert, um eine Entschuldigung für den Verzicht auf radikale Reformen durch eine Veränderung der Institutionen zu finden.
Und daher bleiben die südasiatischen Planer in ihrer widersprüchlichen Situation befangen: in allgemeiner und unverbindlicher Form proklamieren sie bereitwillig, ja sogar leidenschaftlich die Notwendigkeit eines radikalen ökonomischen und sozialen Wandels, während sie bei der Planung konkreter Maßnahmen sehr behutsam vorgehen, um nicht die traditionelle Sozialordnung zu zerstören. Und wenn sie per Gesetz radikale institutionelle Reformen veranlassen – wie z. B. in der Steuergesetzgebung oder im Hinblick auf die Eigentumsrechte in den Dörfern –, dann lassen sie es zu, daß die Gesetze Schlupflöcher aller Art enthalten oder gar nicht erst durchgesetzt werden.

Die traditionellen Wertungen, die sich in Südasien angesichts der eingetretenen Veränderungen halten konnten, finden ihre emotionale Begründung in der Religion. Die damit konkurrierenden Modernisierungsideale stützen sich auf den Nationalismus, und manche dieser Ideale sind geradezu auf nationalistische Emotionen angewiesen, um verstanden zu werden. Die Menschen müssen eine Vorstellung von der Nation als ganzer haben und mit diesem Ideal positive Wertungen verbinden, bevor sie die Überzeugung gewinnen können, daß die nationale Unabhängigkeit und die nationale Konsolidierung Ziele sind, für die es lohnt, sich einzusetzen, und daß die übrigen Modernisierungsideale nur in der Umwelt einer unabhängigen und konsolidierten Nation verwirklicht werden können. Zum Teil rührt die emotionale Attraktivität der Modernisierungsideale von der Erwartung her, daß der Nationalstaat in dem Maß, wie sie verwirklicht werden,

BOCK & SEIP

BS Gegr. 1872

BUCHHANDLUNG SAARBRUCKEN

TELEFON 3 50 71 / 72

FUTTERSTRASSE 2
(BAHNHOFSTRASSE - MITTE)

Anz.	Datum	Einzelpreis	DM	Pf
1			5	80
1			18	–
			23	80

Bezahlt
- 1. MRZ. 1977
Bock & Seip
Saarbrücken

........% MWSt. = DM .... enthalten

04964- 3	Verk.:	Sa.:	

Bei Irrtum oder Umtausch bitte diesen Kassenzettel vorlegen

In unserer Buchhandlung finden Sie:

Erdgeschoß

Romane und Sachbücher
Aktuelle Politik
Geschenkliteratur für alle Gelegenheiten
Reiseführer · Karten · Wörterbücher

Zwischenstock

Kinder- und Jugendbücher
Bilderbücher und Spiele
Schulbücher für alle Schulen

1. Stock

Alle Wissenschaftsgebiete
Kunst- und Fachbücher

Taschenbuchladen

Deutsche, Französische
und Englische Taschenbücher

Lieferung aller Zeitschriften des In- und Auslandes

GECO IDAR-OBERSTEIN

stärker, geeinter und konsolidierter werde. Der Nationalismus wird daher von allen Angehörigen der intellektuellen Elite, die sich für eine Planungspolitik im Sinn der Entwicklung einsetzen, als eine Kraft des Guten angesehen. Sie glauben, daß sie, wenn sie den Nationalismus fördern, die Möglichkeit finden, die Hemmnisse und Hindernisse zu beseitigen.

Aber die Entwicklung des Nationalismus, die in Europa Jahrhunderte umfaßte und Schritt für Schritt erfolgte, wird in Südasien gewaltsam gerafft und erscheint daher konfus und chaotisch, da die Ereignisse und Situationen sich ohne jede historische Rangordnung überstürzen. Die Staaten Südasiens wurden – zum Teil infolge des wachsenden Nationalismus – neu geschaffen. Sie erhielten sofort eine vorgefertigte demokratische Ideologie, wenn dem auch kaum eine demokratische Realität gegenüberstand. Südasien steht also vor folgenden praktischen Problemen: Wie lassen sich die neu geschaffenen Staaten, die ihre Existenz dem unter dem Ansturm des Nationalismus erfolgten Zusammenbruch des kolonialen Machtsystems verdanken, konsolidieren und stärken? Wie können gleichzeitig die Regierungen in diesen neuen, nicht sehr fortgeschrittenen Staaten Stabilität und Effektivität gewinnen? Und wie läßt sich all dies inmitten der nationalistischen Unruhe bewerkstelligen, wenn gleichzeitig ein gewisses Maß an Demokratie eingehalten und das, was wir »volksverbundene Demokratie« nannten, verwirklicht werden soll? Eine Entwicklung, die sich in Europa wie eine große Symphonie mit aufeinanderfolgenden Sätzen entfalten konnte, wird in Südasien beinah zu einer Kakophonie synkopiert.

Sicher gibt es auch innerhalb des südasiatischen Nationalismus – über dem lärmenden Chaos schwebend – die klare Melodie progressiver und rationaler Ideen. Es ist dies ein Nationalismus, der an die Einheit appelliert und jeden räumlichen, religiösen und sozialen Partikularismus verurteilt. Er vertritt die Rationalität gegen den Aberglauben und bekundet den Willen, die Gesellschaft zu modernisieren und eine wirtschaftliche Entwicklung einzuleiten. Aber dies ist nicht die einzige – und in vielen Ländern und in mancher Hinsicht nicht einmal die dominierende – Komponente des südasiatischen Nationalismus. Denn auch wenn einzelne Gruppen, die durch Religion, Sprache oder ethnische Herkunft zusammengehalten werden, einander bekämpfen, ist dies eine Spielart des Nationalismus.

In allen Ländern Südasiens gibt es innerhalb der intellektuellen Elite Führer und Gruppen, die sich der Notwendigkeit bewußt sind, die nationalistischen Emotionen in progressive Kanäle umzuleiten. Wie weit solchen Bemühungen Erfolg beschieden sein wird, ist ungewiß, aber sie sind eine wesentliche Phase des Dramas, das sich in diesen Ländern abspielt, und werden dessen Ergebnis bestimmen.

Zweiter Teil

Ökonomische Realitäten

4. Unterschiedliche Ausgangsbedingungen

In jeder Untersuchung der Unterentwicklung, Entwicklung und Entwicklungsplanung in Südasien sind Vergleiche zwischen dieser Region und den hochentwickelten westlichen Ländern berechtigt und wichtig. Die gegenwärtigen Verhältnisse können dabei entweder mit den gegenwärtigen Verhältnissen in den westlichen Ländern verglichen werden – oder mit den Zuständen, wie sie in den westlichen Ländern am Vorabend ihrer raschen wirtschaftlichen Entwicklung, besonders ihrer Industrialisierung, bestanden. Vor allem um diesen letzteren Vergleich geht es in diesem Kapitel. Wir werden versuchen, die wichtigsten Unterschiede hinsichtlich der »Ausgangsbedingungen« für die wirtschaftliche Entwicklung zwischen den südasiatischen Ländern und den Ländern des Westens festzustellen – ein Vergleich, der für das Problem der Aufstellung wirtschaftlicher Programme in den Ländern Südasiens bedeutsam ist. Die Länder dieser Region erkennen, daß sie unterentwickelt sind und daß sie eine Entwicklung brauchen. Ihre Pläne gehen von der Notwendigkeit der Modernisierung, besonders der Industrialisierung aus, und man darf wohl annehmen, daß sie sehr viel aus den Erfahrungen der entwickelten Länder lernen können.

Es gibt sehr erhebliche Unterschiede hinsichtlich der Ausgangsbedingungen, und sie bedeuten in der Regel eine Benachteiligung Südasiens. In vielen Fällen sind diese Unterschiede so groß, daß sie ein Wachstumsschema, wie wir es aus den westlichen Ländern kennen, ausschließen. Es ist wichtig, auf die Neuartigkeit der Entwicklungsprobleme hinzuweisen, mit denen Südasien es heute zu tun hat, denn es besteht die Tendenz, sich über ihre Einmaligkeit hinwegzusetzen, eine Tendenz, die nicht nur ein entsprechendes Vorurteil in die Forschung einbringt, sondern auch die Planung und ganz allgemein die öffentliche Debatte beherrscht.

Bei der nach dem Krieg üblichen konventionellen Behandlung der ökonomischen Probleme der südasiatischen Länder werden Vergleiche angestellt zwischen diesen und dem Westen, so wie er sich heute darstellt oder wie er zur Zeit seiner industriellen Revolution aussah, und dabei wird unterstellt, daß die offensichtlichen Unterschiede lediglich eine zeitliche Verzögerung der Entwicklung bedeuteten. Diese Konzeption einer zeitlichen Verzögerung besagt, daß es in der Geschichte des Westens eine Zeit gegeben habe – sie wird für die einzelnen Länder jeweils verschieden datiert –, in der die Bedingungen im wesentlichen den heute in Südasien bestehenden vergleichbar waren, und zwar wiederum mit individuellen Variationen von Land zu Land. Dabei wird weiter unterstellt, daß es möglich sei, eine ziemlich einheitliche Entwicklung aller Länder zu postulieren, was wiederum voraussetzt, daß die für die Entwicklung relevanten Bedingungen sich mit einem gewissen Maß an innerer Harmonie entfalten. Und schließlich impliziert die Konzeption einer zeitlichen Verzögerung, daß die heutige Weltsituation, wenn sie schon nicht mit derjenigen identisch ist, die in dem zum Vergleich herangezogenen Zeitraum für die westlichen Länder bestand, doch zumindest nicht so ungünstig sei, daß sie die Entwicklung Südasiens blockieren oder ernsthaft verzögern würde.

Die logische Schwäche dieser Theorie erweist sich jedoch, sobald wir versuchen, die Zeit zu bestimmen, in welcher die westlichen Nationen in dem Sinn unterentwickelt waren, wie es Südasien heute ist, und in der ihre Entwicklung einsetzte. Eines ist gewiß: als das einsetzte, was wir als die industrielle Revolution der westlichen Länder bezeichnen, hatte diese bereits viele Jahre – in manchen Fällen Jahrhunderte – der sozialen, politischen und in Ansätzen auch ökonomischen Entwicklung hinter sich. In mancher Hinsicht waren die westlichen Länder damals schon in einer für die weitere Entwicklung wesentlich günstigeren Situation, als es Südasien heute ist, und entsprechend müßte man den Vergleichszeitraum denn schon Jahrhunderte vor die industriellen Revolutionen im Westen datieren. In anderer Hinsicht wiederum bestehen heute in Südasien Verhältnisse, die jenen, wie sie im Westen in der ganzen jüngeren Geschichte bestanden, vergleichbar sind. Die Versuche, den Zeitpunkt des »Abhebens« in den westlichen Ländern zu bestimmen, gehen von einer grundsätzlichen Ähnlichkeit der Ausgangsbedingungen und des Entwicklungsverlaufs in diesen Ländern aus – eine zumindest fragwürdige Unterstellung. Wenn man dieses westliche Konzept eines »Abhebens« verwenden will und versucht, auf einer angenommenen allgemeinen Entwicklungslinie das »Stadium« zu bestimmen, in dem ein bestimmtes südasiatisches Land sich heute befindet, dann tut man den Fakten Gewalt an. Daher wollen wir den zum Vergleich herangezogenen Zeitraum in der Geschichte der westlichen Länder absichtlich unbestimmt lassen. (In manchen Fällen, wie etwa in bezug auf das Klima, die Bevölkerungszahl und die Rohstoffvorkommen, sind die Unterschiede zwischen Südasien und der westlichen Welt zeitlich konstant.)

Südasien als Region ist schwach mit Rohstoffen ausgestattet. Nur Indien besitzt genügend Kohle und Eisenerz, um eine Schwerindustrie zu betreiben. Mit Ausnahme Indonesiens gibt es offenbar nur wenig Öl in der Region. Auch der Boden ist häufig nur wenig nutzbar, entweder weil er dies von Anfang an war, oder weil er durch die Übervölkerung und das Klima ruiniert wurde. In dieser Hinsicht gibt es jedoch Ausnahmen. Ceylon hat in beschränktem Umfang hervorragende Böden für den Anbau von Tee, Kokosnüssen und Kautschuk. Auch Malaya und Indonesien haben hervorragende und weniger beschränkte Böden für den Kautschukanbau. In Malaya, Thailand, Burma, Ceylon und auf den Philippinen gibt es große, bislang noch nicht voll genutzte Waldgebiete.

Auch das Klima in Südasien könnte zu den natürlichen Ressourcen hinzugerechnet werden. Aber da es andererseits auch die Arbeitsproduktivität beeinträchtigt, ist es richtiger, es als eine separate Bedingung zu behandeln. Obwohl wir wenig Genaues darüber wissen, wie das Klima sich auf die Entwicklung auswirkt, stellt dieses einen der Hauptunterschiede zwischen Südasien und der westlichen Welt dar. Tatsache ist, daß in neuerer Zeit alle erfolgreiche Industrialisierung, auch in Japan, in der Sowjetunion und sogar in China, in den gemäßigten Zonen stattgefunden hat. Die südasiatischen Länder liegen in den tropischen oder subtropischen Zonen, wie in der Tat die meisten unterentwickelten Länder der Erde.

Auch wenn die Bedeutung der klimatischen Verhältnisse für die Entwicklung bislang noch wenig untersucht wurde, ist es doch klar, daß die in den meisten südasiatischen Ländern vorherrschenden extremen Hitze- und Feuchtigkeitsgrade zur Zerstörung des Bodens und anderer materieller Güter beitragen, daß sie zum Teil für die niedrige Produktivität bestimmter Getreidesorten, Hölzer und Tiere verantwortlich sind, und daß sie nicht nur die Arbeit erschweren, sondern auch die Gesundheit der Arbeitskräfte beeinträchtigen und damit eine verminderte Arbeitsbeteiligung, -dauer und -effektivität bewirken. Es ist möglich, die klimatischen Bedingungen geringfügig zu verändern; wichtiger ist jedoch, daß die Auswirkungen des Klimas auf die Produktivität sich in mancher Hinsicht verändern lassen und daß sowohl die Produktion als auch die Konsumtion besser an das Klima angepaßt werden können. Dies erfordert allerdings Ausgaben, häufig in Form von Investitionen.

In vorindustriellen Zeiten wuchs die Bevölkerung im Westen vergleichsweise langsam. Im Gegensatz dazu nahm die Bevölkerung in Südasien schon seit langem stetig zu und wächst heute noch schneller. Die Folge ist, daß die dicht besiedelten Gebiete heute von einem erheblich ungünstigeren Verhältnis der Bevölkerung zur Bodenfläche ausgehen müssen als damals die europäischen Länder. Hinzu gerechnet werden müssen die Auswirkungen der Bevölkerungsexplosion; die gegenwärtige Bevölkerungsdichte und die absehbare, sehr schnelle Bevölkerungszunahme stellen einen weiteren Unterschied zwischen den Ausgangsbedingungen in Südasien und denen im Westen dar.

Es wird allgemein anerkannt, daß bei der Entwicklung der westlichen Länder die Expansion ihrer Exportmärkte eine erhebliche Rolle spielte. Seit dem Ende des Ersten Weltkriegs mußten die südasiatischen Länder es erleben, daß die Nachfrage nach ihren Exportgütern im Verhältnis zur Entwicklung des Welthandels schrumpfte. Auch die Zukunftsaussichten für ihre Exporte sind nicht sehr günstig. Ja, seit dem 19. Jahrhundert, einer Epoche unvergleichlicher Freizügigkeit des internationalen Handels, hat sich das ganze Klima für eine wirtschaftliche Entwicklung durch den Handel grundlegend verändert. Die westlichen Länder, die praktisch unbeschränkte Handlungsfreiheit besaßen, beuteten die Bodenschätze und die Menschen in den riesigen rückständigen Gebieten der Welt aus und hielten sie in politischer und wirtschaftlicher Abhängigkeit. Heute, da diese großen Gebiete die politische und wirtschaftliche Bühne betreten wollen, können sie nicht einfach die Entwicklung der fortgeschrittenen Länder wiederholen.

Für jene westlichen Länder, die irgendwie zu spät kamen, stand genügend Kapital zu niedrigen Zinssätzen zur Verfügung. Aber der alte, wettbewerbsorientierte internationale Kapitalmarkt ist so gut wie verschwunden. Als neues Element ist die Kapitalbewegung in Form von Subventionen und Krediten aus dem Ausland und von internationalen Organisationen aufgetreten. Da aber heute die Tendenz besteht, diese Unterstützung in Form von Krediten zu gewähren, wird die Zahlungsbilanz der südasiatischen Länder in Zukunft durch Zinsen und Tilgungsraten zusätzlich belastet.

Wollte man das Problem der Kapitalinvestitionen etwas phantasievoller angehen, dann dürfte es nicht schwer fallen, Maßnahmen ins Auge zu fassen, welche die nachteiligen kommerziellen und finanziellen Bedingungen, unter denen Südasien heute leidet, verbessern würden. Man könnte den südasiatischen Ländern günstigere Handelsbedingungen einräumen, um ihre Exporte zu stimulieren. Die westlichen Länder könnten ihre heimische Produktion auf Gebieten drosseln, auf denen die südasiatischen Länder die besten Aussichten haben, wettbewerbsfähig zu werden. Sie könnten den südasiatischen Ländern mehr Subventionen oder Darlehen bei geringen oder gar keinen Zinsen zur Verfügung stellen. Solche Schritte sind zwar für die übersehbare Zukunft noch nicht zu erwarten, aber die Möglichkeit, einige der schwerwiegendsten Benachteiligungen der südasiatischen Länder auf dem Gebiet des Handels und der Kapitalbeschaffung zu beseitigen, ist ohne weiteres gegeben. Bis dahin müssen die stark voneinander abhängigen Trends auf dem Gebiet des Handels und der Kapitalbewegungen als ein weiterer Unterschied in bezug auf die Ausgangsbedingungen angesehen werden, der sich sehr zum Nachteil der südasiatischen Länder auswirkt.

Es wurden heroische Anstrengungen unternommen, das Niveau der Pro-Kopf-Einkommen in den südasiatischen Ländern heute mit dem in den westlichen Ländern in vorindustriellen Zeiten zu vergleichen. Aber logisch betrachtet erweist sich ein solcher zahlenmäßiger Gesamtindex als sinnlos. Unser allgemeiner Eindruck ist, daß die Massen auf dem indischen Subkontinent in schlimmerer Armut leben, als sie dies in den westeuropäischen Ländern irgendwann in den Jahrhunderten vor der industriellen Revolution taten. In Malaya andererseits mag das durchschnittliche Einkommen höher sein als in den westeuropäischen Ländern zu der Zeit, als deren industrielle Revolution einsetzte. Die übrigen südasiatischen Länder rangieren irgendwo dazwischen.

Doch welche Bedeutung hat die Höhe der Einkommen auf die Entwicklungsaussichten? Wenn in der Literatur zeitliche oder räumliche Einkommensunterschiede erwähnt werden, dann nimmt man allgemein an, daß das Einkommensniveau sich direkt auf die Fähigkeit eines Landes auswirkt, die Ersparnisse aufzubringen, welche die für die Entwicklung wichtigen Investitionen erfordern. Aber die Ersparnisse spielen für die Entwicklung nicht die einzigartige Rolle, die ihnen in der Literatur über Südasien großenteils zugeschrieben wird. Die Einstellungen und Institutionen sind wichtiger als das Einkommensniveau *per se*. Der gesparte Anteil des Einkommens hängt sehr weitgehend von der Wirksamkeit der Regierungspolitik ab. Tatsächlich aber behindern niedrige Einkommen die Entwicklung eher dadurch, daß sie die Konsumtion niedrig halten, als durch eine Begrenzung der Ersparnisse, denn mindere Lebensbedingungen setzen die Arbeitsleistung herab. Seltsamerweise wird dieser Umstand in den meisten Abhandlungen über die Auswirkungen des niedrigen Einkommensniveaus in Südasien übersehen.

Wenn das niedrige Einkommensniveau derart in den Vordergrund gestellt wird, wenn schiefe Vergleiche mit dem Einkommensniveau der westlichen Länder in früheren Zeiten gezogen werden, und wenn der konventionelle Nachkriegsansatz auf die Frage der Einkommen angewendet wird, so sind dies Versuche, eine vereinfachte und beschränkte Formel auf einen schwierigen Komplex von sozialen, ökonomischen und sogar politischen Gegebenheiten anzuwenden, welche alle die Entwicklung beeinträchtigen.

Aber auch wenn wir die ersparnisorientierte Auffassung zurückweisen und gegenüber dem damit verbundenen interregionalen Vergleich Skepsis bewahren, bleibt die Tatsache bestehen, daß die große Armut in Südasien, besonders in jenen Ländern, in denen die Masse der Bevölkerung lebt, an und für sich ein Haupthindernis der Entwicklung ist. Außerdem wird der absehbare Bevölkerungszuwachs in Zukunft den Lebensstandard noch weiter sinken lassen, wenn nicht eine resolute Entwicklungspolitik verfolgt wird, und dieser Trend bedingt einen weiteren, für alle südasiatischen Länder nachteiligen Unterschied der Ausgangsbedingungen. Und obgleich wir wenig Informationen besitzen, anhand derer wir beurteilen könnten, ob heute in Südasien mehr wirtschaftliche Ungleichheit herrscht als im Westen vor der industriellen Revolution, ist es sehr wahrscheinlich, daß die soziale Ungleichheit auf dem indischen Subkontinent heute weiter verbreitet und für den freien Wettbewerb im erweiterten Sinn des

Wortes schädlicher ist, als sie es in den letzten Jahrhunderten im Westen war. Insgesamt gesehen glauben wir, daß die Einstellungen und Institutionen, besonders die politischen Institutionen in den südasiatischen Ländern der Entwicklung heute weniger günstig sind, als sie es in den nunmehr entwickelten westlichen Ländern zu Beginn ihrer industriellen Revolutionen und sogar in den Jahrhunderten davor waren. Offensichtlich versucht man in Südasien eine klaffende Lücke in den Einstellungen und Institutionen zu schließen. In dieser wie in anderer Hinsicht waren auch jene westlichen Länder, die seinerzeit relativ spät mit der Industrialisierung anfingen, in einer vorteilhafteren Position.

Alle bislang erwähnten Unterschiede in den Ausgangsbedingungen tragen dazu bei, daß die Nationen Südasiens sich heute mit der wirtschaftlichen Entwicklung viel schwerer tun als seinerzeit die westlichen Länder. Es gibt allerdings einen Unterschied, der dies ausgleichen könnte: Seit dem 19. Jahrhundert hat die Technologie gewaltige Fortschritte gemacht. Die südasiatischen Länder können sich daher den langen, mühsamen Weg der Experimente ersparen. Wie Edward S. Mason in seinem Buch *Economic Planning in Underdeveloped Areas* feststellt, »steht den Kredit nehmenden Ländern eine hochentwickelte Produktionstechnik zur Verfügung«. Auch den westeuropäischen Ländern, die ihre Entwicklung spät begannen, kam der Vorteil zustatten, daß sie über mehr und besseres technisches Wissen geboten. Daraus folgt aber nicht ohne weiteres, daß die hochentwickelte Technologie eine ähnliche Hilfe für die heute Zuspätkommenden bedeutet. Häufig ist es so, daß die fortgeschrittene Technologie einen höheren Güterausstoß ermöglicht, als die beschränkten Inlandsmärkte aufzunehmen vermögen. Noch bedeutsamer ist dieser Umstand im Licht der fehlenden Kooperation innerhalb der Region und angesichts der allgemein schlechten Exportaussichten.
Ein weiteres, mit der modernen Technologie verbundenes Problem ist die Tatsache, daß sie hohe Anfangsinvestitionen erfordert. Da die heutige Technologie vor allem das Ergebnis einer Wirtschaft ist, die sich durch Arbeitskräftemangel und einen relativen Kapitalüberfluß auszeichnet, ist sie tendenziell arbeitssparend und kapitalintensiv. Sie wird daher zumeist die Mittel der sehr armen, kapitalhungrigen Volkswirtschaften der Region überfordern. Und selbst wenn diese Gefahr gebannt werden

könnte, erfordert die moderne Technologie höhere Investitionen für Transportmittel und Stromversorgung, als sie früher im Westen benötigt wurden.

Auch die Knappheit qualifizierter Arbeitskräfte in Südasien behindert den Fortschritt und erschwert den Übergang zu einem höheren technologischen Niveau. Es ist wohl kaum zu bezweifeln, daß der heute für den erfolgreichen Betrieb einer modernen Industrieanlage erforderliche Ausbildungsstand des Managements, der Techniker und der Arbeiter wesentlich höher ist als in irgendeiner früheren Industrialisierungsphase im Westen.

Die Industrialisierung ist zwar von fundamentaler Bedeutung für die langfristige Entwicklung, doch das unmittelbarere Problem der südasiatischen Länder ist wohl die Landwirtschaft, und hier ist der Einsatz moderner Technologie sogar noch schwieriger. In der westlichen Landwirtschaft diente die Technologie zur Steigerung der Erträge, während die landwirtschaftlichen Arbeitskräfte knapper wurden. Aber dieses Schema trifft für die Verhältnisse in Südasien einfach nicht zu.

Es mag wohl sein, daß den Unternehmern und den Staaten Südasiens eine weit überlegenere Technologie zur Verfügung steht, als sie in der Zeit vor der industriellen Revolution im Westen vorhanden war. Wichtig ist jedoch, daß der Westen sich sehr schnell zu immer höheren technologischen und wissenschaftlichen Leistungen hinbewegt. Und dies kann für Südasien nur in geringem Maß nützlich sein. In der wirtschaftswissenschaftlichen Literatur wird zumeist die Tatsache unterschlagen, daß dieser im Westen stattfindende Fortschritt schädliche Auswirkungen auf die Entwicklungsprospekte in Südasien hatte und hat. So steigerte er die landwirtschaftliche Produktivität und verringerte folglich den Bedarf an Rohstoffen aus Südasien für die Industrieproduktion. Er ermöglichte es auch, die südasiatischen Produkte durch synthetische Stoffe, wie etwa synthetischen Gummi, zu ersetzen. Und die Errungenschaften der westlichen Medizin haben die Sterblichkeit in Südasien gesenkt und damit zur Bevölkerungsexplosion der Region beigetragen. Die Fortschritte der westlichen Wissenschaft und Technologie führten auch dazu, daß für Management und technisches Personal heute ein höherer Ausbildungsstand erforderlich ist als in früheren Phasen der Industrialisierung im Westen. Diese spezifischen Auswirkungen des wissenschaftlichen und technischen Fortschritts werden selbstverständlich konstatiert, aber es werden keine allgemeinen Schlüsse daraus gezogen.

Eine Einschränkung des wissenschaftlichen und technischen Fortschritts kommt selbstverständlich nicht in Frage. Aber seine nachteiligen Auswirkungen auf Südasien könnten dadurch ausgeglichen werden, daß man die naturwissenschaftliche Forschung stärker auf die Lösung der in dieser Region bestehenden Probleme ausrichtet. Dies könnte eine neue Form der Hilfe von seiten der entwickelten Länder sein: und zwar eine Hilfe in größerem Umfang als alles, was bisher im Bereich der technischen Hilfe getan oder erwogen wurde. Wichtig ist aber, daß diese umfassenden Forschungsbemühungen in die richtige Richtung zielen. Andernfalls würde die Dynamik des technologischen Fortschritts sich noch mehr zum Nachteil der unterentwickelten Länder auswirken, ihre Schwierigkeiten vermehren und ihr Entwicklungspotential schwächen.

Die volle Bedeutung der voranstehenden Feststellungen läßt sich nur ermessen, wenn wir uns klarmachen, daß der technische Fortschritt, der heute in den entwickelten Ländern so rasch erfolgt, in Zukunft wahrscheinlich noch schneller voranschreiten wird. In den Anfängen der westlichen Entwicklung, die der Industrialisierung vorausgingen, fanden keine so schnellen Veränderungen statt, und die Bedeutung des Umstands, daß die Entwicklung in den westlichen Ländern anfangs sehr langsam verlief, läßt sich nicht hoch genug veranschlagen. Alle großen Revolutionen des Westens – auf religiösem, geistigem, geografischem und sogar politischem Gebiet (nämlich das Entstehen der konsolidierten Nationalstaaten) – ereigneten sich lange vor der industriellen Revolution. Sie verliefen langsam, und Westeuropa hatte einige Jahrhunderte Zeit, in denen es sich auf den Wandel vorbereiten und mit ihm vertraut werden konnte. Nur so war es möglich, daß Veränderung, Anpassung und Mobilität allmählich zu vertrauten Begriffen wurden, bis die Menschen sich schließlich an jene permanente Revolution gewöhnten, in der wir heute leben.

Niemand bestreitet, daß der naturwissenschaftliche und technologische Fortschritt ein Resultat und zugleich die treibende Kraft dieser allmählichen Entwicklung war. Den unterentwickelten Ländern ist es nicht möglich, ihre Erwartungen in ähnlicher Form zu verwirklichen – mit Ausnahme ganz beschränkter, unbedeutender Gebiete. Moderne Naturwissenschaft und Technologie erscheinen ihnen als Kräfte, die fast ausschließlich von außen auf sie einwirken.

Was Südasien braucht, sind zeitlich geraffte, nicht allmähliche Veränderungen. Diese müssen schneller stattfinden, als sie es in der frühen Entwicklung der westlichen Länder taten – und sogar schneller, als es in diesen Ländern heute der Fall ist. Aber die lange Stagnation der unterentwickelten Länder hat die bestehenden Einstellungen gefestigt und in allen Bevölkerungsschichten den Widerstand gegen Veränderungen verschärft. Es ist evident, daß diese Länder nicht durch einen »natürlichen« Evolutionsprozeß in die Moderne eintreten werden, und dies bedingt die Notwendigkeit radikaler staatlicher Maßnahmen. Die Planung bezweckt, durch staatliche Interventionen eine Entwicklung einzuleiten, und dies trotz der großen Schwierigkeiten, die wir in diesem Kapitel aufzeigten. Und so unterscheiden sich die Ausgangsbedingungen in Südasien von denen des Westens auch darin, daß dort eine Ideologie der staatlichen Entwicklungsplanung im Entstehen begriffen ist.

5. Bevölkerung und Erschließung der Bodenschätze

Die grundlegenden geografischen Merkmale Südasiens sind, wie auch die der übrigen Welt, durch das Klima, die Bodenbeschaffenheit und das Bevölkerungswachstum bestimmt. Hinzu kommen die Auswirkungen der westlichen Kolonialherrschaft. Die durch alle diese Faktoren bestimmten Kräfte sind ökonomische Realitäten, von denen jede Entwicklungsplanung ausgehen muß.
Im Gegensatz zur allgemeinen Auffassung ist die Bevölkerungsdichte, ausgedrückt im Verhältnis Menschen/Bodenfläche, in Südasien, verglichen mit anderen Teilen der Welt, nicht besonders hoch. Die Einwohnerzahl pro Einheit kultivierten Bodens ist mit dem europäischen Mittelwert vergleichbar. Sie ist halb so hoch wie in China und selbstverständlich viel niedriger als in Japan. Was Südasien wirklich hervorhebt, ist der sehr geringe Ertrag pro landwirtschaftlicher Bodeneinheit und pro Einheit der auf diesem Boden geleisteten Arbeit. Insgesamt produziert Südasien auf einem Morgen bestellten Landes halb soviel wie China oder Europa und nur ein Fünftel dessen, was Japan produziert. Der in Südasien erzielte Hektarertrag mag etwa dem der Vereinigten Staaten oder der Sowjetunion entsprechen. Aber diese Länder, die über mehr als das dreifache an landwirtschaftlich genutzter Fläche pro Kopf der Gesamtbevölkerung verfügen, kultivieren das Land wesentlich extensiver und setzen dabei einen viel geringeren Teil ihrer Arbeitsbevölkerung ein.
Für den geringen Grad der wirtschaftlichen Entwicklung Südasiens ist vor allem die Tatsache verantwortlich, daß seine landwirtschaftlichen Erträge sehr niedrig sind, gleichgültig ob man sie pro Hektar oder pro Arbeitskraft bemißt. Andere Länder, deren Hektarerträge ähnlich niedrig sind, haben den Vorteil einer größeren Landfläche pro Einwohner, und dort entfällt auf die einzelne landwirtschaftliche Arbeitskraft eine noch größere Flächeneinheit. Im Licht dieser Zahlen kommt Südasien also in jeder Hinsicht schlecht weg.

Im allgemeinen gibt es zwei unterschiedliche Formen der Landwirtschaft, die in den meisten Teilen der Welt üblich sind. Die dünner besiedelten Länder, wie Nordamerika, Australien und die Sowjetunion, nutzen ihren Boden extensiv, und die angebau-

ten Früchte sowie die Anbauflächen bringen sehr niedrige Erträge pro Bodeneinheit hervor. In dichter besiedelten Ländern, zu denen Teile Europas, China und Japan gehören, wird eine intensive Nutzung des Bodens mit hohen Hektarerträgen praktiziert. Südasien läßt sich keiner der beiden Gruppen zuordnen. Es bildet eine dritte, sehr ungünstige Kategorie – nämlich die Kombination von extensiver Bodennutzung mit hoher Bevölkerungsdichte. Dies führt natürlich zu einer katastrophalen Ernährungssituation und zu niedrigem Realeinkommen. Nicht nur ist der landwirtschaftliche Ertrag pro Person niedrig, sondern beinah drei Viertel aller Arbeitskräfte sind mit der Produktion einer dürftigen Nahrung beschäftigt, bei der Zerealien für gewöhnlich zwei Drittel der gesamten Kalorienaufnahme ausmachen. In Südasien ist nur einer von vier männlichen Arbeitern für andere Tätigkeiten als die unmittelbare Nahrungsmittelerzeugung frei. In den USA können neun von zehn und in Europa zwei von drei Männern sich nicht-landwirtschaftlichen Berufen widmen.
Solche Vergleiche vermitteln eine Vorstellung von den grundlegenden wirtschaftlichen Problemen der Region. Besonders wird damit deutlich, daß eine höhere Nahrungsmittelerzeugung pro Hektar Bodenfläche eine wesentliche Voraussetzung für die Hebung des Lebensstandards und auch für die Industrialisierung ist. Der Vorschlag, eine Expansion der Wirtschaft durch den Abzug von überschüssigen Arbeitskräften in der Landwirtschaft und ihre Verwendung in der Industrie herbeizuführen, zielt an der Sache vorbei. Auch nach ganz optimistischen Schätzungen wird die Industrie in den nächsten Jahrzehnten nur einen sehr kleinen Teil des natürlichen Bevölkerungszuwachses aufnehmen können. Der sogenannte Arbeitskräfteüberschuß muß tatsächlich in der Landwirtschaft verbleiben, und die Grundlagen für den wirtschaftlichen Fortschritt müssen durch eine Intensivierung der landwirtschaftlichen Produktion geschaffen werden.

Manche Gebiete Südasiens sind außerordentlich dicht besiedelt, andere weisen eine dünne Streuung der Bevölkerung auf. Der nasse Reisanbau (auf überfluteten Feldern) und der Anbau von Plantagenfrüchten (wie Gummi, Tee oder Kokosnüsse) bedeutet für gewöhnlich eine hohe Bevölkerungsdichte. Bodenständige trockene Anbauweise (Weizen oder andere Zerealien) sowie die Mehrfelderwirtschaft (bei der man von einem Gebiet zum anderen zieht, um es zu kultivieren) kennzeichnen dünnbesiedelte Gegenden. Die am dichtesten besiedelten Gegenden mit nassem Reisanbau sind das Irrawaddy-Delta in Burma, die niedrigeren Lagen des Me-Nam in Zentral-Thailand, das Tal des Roten Flusses in Nordvietnam und das Mekong-Delta in Südvietnam. Die größte Plantagenkonzentration findet sich auf Ceylon, an der Westküste von Malaya, auf Java und Sumatra sowie auf den Philippinen. In weiten Gebieten Westpakistans und Nord- und Zentralasiens gibt es nur die trockene Anbauweise, während in Südostasien nur Zentral-Burma und der Nordosten Thailands ausschließlich diese Form der Bodennutzung kennen. Die Mehrfelderwirtschaft findet meist in der Form statt, daß kleine Waldgebiete gerodet und abgebrannt werden, woraufhin dort eine Nutzfrucht angebaut wird. Nach der Ernte ziehen die Bauern in einen anderen Teil des Waldes. Diese sehr destruktive Form der Landwirtschaft gibt es in vielen Teilen der Region, vor allem an den Rändern der großen Dschungel in Südostasien.

Rein territorial betrachtet, ist der indische Subkontinent doppelt so dicht besiedelt wie Südostasien. Aber wenn die Bevölkerung, d. h. der Teil der Bevölkerung, der für seinen Lebensunterhalt von der Landwirtschaft abhängig ist, zur bebauten Fläche in Beziehung gesetzt wird, dann kehrt sich das Bild um, und Südostasien weist offenbar die höhere Bevölkerungsdichte auf und dürfte wohl, bedingt durch den Bevölkerungsdruck, schwerwiegendere Probleme haben. Hier überwiegen jedoch der nasse Reisanbau und die Plantagenwirtschaft, und mithin sind die Hektarerträge wesentlich höher. Tatsächlich ist die landwirtschaftliche Ertragsmenge in Zentral- und Südostasien um ein Viertel höher als auf dem indischen Subkontinent, mit Ausnahme der Reisanbaugebiete Ostindiens und Ostpakistans. Dies gleicht in gewissem Maß die sehr dichte Bevölkerungskonzentration aus. Tatsächlich unterscheiden sich die landwirtschaftlichen Erträge der einzelnen Länder nicht so stark, wie man erwarten sollte. Die dicht besiedelten Gebiete sind zugleich auch diejenigen, in denen das verfügbare Land intensiver genutzt wird.

Die Gebiete, in denen die trockene Bodenbestellung und die Mehrfelderwirtschaft vorherrschen, bieten auf lange Sicht eher die Möglichkeit einer Produktionssteigerung durch Bewässerungsprojekte oder die Rodung von Wäldern. Dies aber würde organisierte Wanderungen der Arbeitskräfte und umfangreiche Bodenerschließungsprojekte erfordern. Angesichts des Schemas, nach dem die Bevölkerungsdichte in den einzelnen Gebieten sich jeweils nach den Gegebenheiten und Techniken richtet, sind die Chancen für eine spontane, unorganisierte Wanderung der Bevölkerung von den übervölkerten in die dünn besiedelten Gebiete gering. Dies besagt jedoch nicht, daß die landwirtschaftlichen Reserven der Region völlig erschöpft wären. Die äußeren Inseln Indonesiens und Sumatras stehen eben erst am Anfang ihrer Erschließung. In Burma, Thailand und Malaya wie auch in Laos liegen weite Strecken kultivierbaren Landes brach. Es trifft zwar zu, daß die Reserven an nutzbarem Land in Indien und Pakistan nach asiatischen Maßstäben gering sind, aber angesichts der gegenwärtigen niedrigen Hektarerträge erscheint eine erhebliche Intensivierung der Landwirtschaft möglich, allerdings unter der Voraussetzung tiefgreifender Reformen der Institutionen und Einstellungen.

Es wird gern unterstellt, daß in Südasien, im Vergleich zur verfügbaren Bodenfläche, viel zu viele Menschen in der Landwirtschaft beschäftigt sind. Daraus wird dann gefolgert, daß die ökonomische Entwicklung lediglich eine »Abschöpfung« der in den Dörfern vorhandenen Arbeitskräftespitzen erfordere. Aber offensichtlich verdient die allgemeine Ansicht, daß Südasien unter einer zu hohen Bevölkerungsdichte leidet, die wiederum zu Arbeitslosigkeit und Unterbeschäftigung, den Hauptursachen der in dieser Region herrschenden Armut führt, erhebliche Vorbehalte. Zwar trifft es zu, daß die in der Landwirtschaft beschäftigten Personen pro Einheit bebauten Landes in Südasien erheblich höher liegt als in Europa. In Südasien stehen einer Familie in der Landwirtschaft knapp zwei Hektar zur Verfügung, während es in Europa fünf Hektar sind. Will man dieses Verhältnis ins rechte Licht rücken, dann muß man die gewaltigen Unterschiede auf dem Gebiet der landwirtschaftlichen Technik berücksichtigen. In den meisten Teilen Südasiens sind die menschliche Arbeitskraft und Zugochsen die wichtigsten Energiequellen. Länder wie Pakistan und Indien befinden sich in bezug auf die landwirtschaftliche Technik noch in einem Zwischenstadium; dort werden Zugochsen verwendet. Japan mit seiner fortgeschrittenen Technik und seinem hochentwickelten Saatgut weist eine fast dreimal höhere Dichte der Agrarbevölkerung (männliche Arbeitskräfte pro Hektar) als Südasien auf, aber seine Erträge sind, umgerech-

net auf den Hektar, fünfmal so hoch und umgelegt auf die männliche Arbeitskraft etwa doppelt so hoch wie dort.
Die sehr niedrigen Durchschnitts-Hektarerträge im überwiegenden Teil der Landwirtschaft Südasiens widersprechen dem Eindruck, daß die ländliche Armut der Region hauptsächlich dadurch bedingt sei, daß zu viele Arbeitskräfte auf zu wenig Land beschäftigt sind. Man muß vielmehr daraus folgern, *daß es auch ohne radikale Neuerungen auf technischem Gebiet möglich sein sollte, durch eine Steigerung von Arbeitsinput und -effizienz wesentlich höhere Erträge aus dem verfügbaren Land zu erwirtschaften.* In manchen Teilen Südasiens mag das Klima zum Teil für die niedrigen Erträge verantwortlich sein. Aber die Auswirkungen des Klimas sind nicht eine Funktion der hohen Bevölkerungsdichte; auch bei einem günstigeren Verhältnis zwischen Menschen und Bodenfläche blieben diese Auswirkungen bestehen.

Es gibt noch eine Reihe anderer Faktoren, die die Arbeitsproduktivität in weiten Bereichen der südasiatischen Landwirtschaft niedrig halten. Der sehr niedrige Lebensstandard senkt auch die Effizienz der Arbeit auf dem Land. In einem Circulus vitiosus sind Armut und geringe Arbeitsproduktivität voneinander abhängig, und dies vor dem Hintergrund eines sozialen Besitz- und Nutzungssystems, das die Produktivität hemmt. In Anbetracht dieser allgemeinen Kausalzusammenhänge ist es unmöglich, die Armut der Völker in dieser Region lediglich oder vorzüglich als Folge der Bevölkerungsdichte anzusehen.
Zumindest besteht keine direkte und einfache Kausalität. Indirekt jedoch hat die stetige Zunahme der Bevölkerung zweifellos andere Faktoren verstärkt, welche die Arbeitsproduktivität niedrig halten. Dies ist nicht die Auswirkung der Bevölkerungsdichte als solcher, sondern des Bevölkerungswachstums. Dieses hatte weitreichende Auswirkungen auf das Sozialsystem. In den Dörfern verursachte es zweifellos nicht nur eine Aufsplitterung des bäuerlichen Besitzes, sondern mithin auch eine Festigung der Klassenstruktur: sie wurde rigider und weniger egalitär, denn die relative Zahl der landlosen und armen Dorfbewohner nahm zu, und damit wurde das ganze System resistent gegen die Bemühungen, die Produktivität der Landwirtschaft zu steigern.
Der Aufwärtstrend der Bevölkerung bedeutet, daß noch mehr

Nahrungsmittel benötigt werden, um auch nur das traditionell niedrige Niveau der Ernährung einzuhalten. Zur Produktion dieser zusätzlichen Nahrungsmittel mußten noch mehr Arbeitskräfte eingesetzt werden. Durch einen allmählichen Anpassungsprozeß erhielten diese zusätzlichen Arbeitskräfte in gewissem Umfang in der Nahrungsmittelproduktion Arbeit, und die ganze soziale Situation wurde mit der Zeit so umgruppiert, daß sie den dauernden Zuwachs an Arbeitskräften absorbieren konnte. Zum Teil bestand diese Anpassung in einer Erweiterung der Anbaugebiete oder in der Steigerung der Produktivität durch Bewässerungsprojekte und den Übergang zu anderen Anbaumethoden oder -früchten. Aber die auf Veränderung der einheimischen Landwirtschaft hinwirkenden Kräfte blieben schwach. Besonders das reichliche Vorhandensein von Arbeitskräften lähmte jeden Impuls, die Produktion so zu verändern, daß die Effizienz der landwirtschaftlichen Arbeit gesteigert worden wäre. Die Arbeitskräfte wurden eingesetzt, aber nicht so intensiv und effektiv, wie es möglich gewesen wäre, und die Durchschnittserträge blieben niedrig. Daß erheblich höhere Erträge durch eine gesteigerte Arbeitsintensität und -effizienz erreicht werden können, ist durch das Beispiel Japans und mancher Gebiete Südasiens selbst bewiesen. Die Tatsache, daß diese Beispiele die Möglichkeit eines vermehrten Arbeitsinputs in die Landwirtschaft beweisen, läßt die Aussichten günstig erscheinen, die andernfalls nicht nur in Indien, Pakistan und Java, sondern auch in manchen anderen Teilen der Region verzweifelt wären.

Trotz dieser ungeheuren Bevölkerungsexpansion arbeiten die meisten Menschen in Südasien überwiegend im Rahmen einer Agrarstruktur, deren Hauptziel die Produktion der allerwichtigsten Subsistenzmittel ist. Die Wirtschaftsgeschichte dieser Länder wurde weitgehend durch den Kampf der Menschen bestimmt, den Bevölkerungszuwachs durch eine entsprechende Steigerung der Produktion der Grundnahrungsmittel in den Dörfern, in denen sie geboren wurden, auszugleichen. Besonders auf dem indischen Subkontinent finden wir einen bemerkenswerten Mangel an Binnenmobilität, und dies trotz der Tendenzen zur Urbanisierung und zur Heirat außerhalb der örtlichen Gemeinde.

Wo es gelang, die Nahrungsmittelproduktion durch eine Erweiterung der Anbaugebiete zu steigern, war dies häufig ein zweifelhafter Gewinn. Die Expansion schädigte den Boden, be-

sonders in Gegenden mit Mehrfelderwirtschaft. Die Zerstörung des Waldes und die Versteppung, kombiniert mit dem indischen Tabu gegen das Schlachten von Kühen, erschwerten die Angleichung des Produktionsniveaus an den Bevölkerungszuwachs. Zwar trugen Bewässerungsprojekte in manchen Gebieten zur Steigerung der Erträge bei, aber dafür verzeichneten andere Gebiete ein Sinken des Grundwasserspiegels, ein Versalzen und sogar eine Versumpfung des Bodens.
Angesichts dieser Gegebenheiten fragt man sich, wie die Nahrungsmittelerträge pro Kopf der Bevölkerung auf solcher Höhe gehalten werden konnten, wie dies, besonders in Britisch-Indien, trotz des enormen Bevölkerungszuwachses geschah. Ironischerweise mag eine Bedingung dafür der zunehmende Übergang vom individuellen Landbesitz zum Pacht- oder Anteilpachtsystem gewesen sein. Diese Praktiken sind an sich schon fortschrittsfeindlich und halten das Produktionsvolumen künstlich niedrig, doch als sie anfangs eingeführt wurden, zwangen sie die neuen Pächter, die einen Teil ihrer Erträge an die Landbesitzer abführen mußten, entsprechend mehr zu produzieren, um den Anteil für ihre Familien zu erhalten. Auf jeden Fall kann die durch einen solchen institutionellen Zwang bewirkte zusätzliche Nahrungsmittelproduktion nicht sehr erheblich gewesen sein.

Auch andere dynamische Faktoren – etwa die Kommerzialisierung – haben die langfristigen Anpassungen, die in der heimischen Landwirtschaft stattfanden, beeinflußt. Die monetarisierte Produktion wirkte sich insgesamt auf die einheimische Landwirtschaft in Südostasien spürbarer aus als auf dem indischen Subkontinent. Am dramatischsten verlief die Entwicklung in den 1970er Jahren in den Flußdeltas von Burma, Thailand und Südvietnam, und die kommerzialisierte Landwirtschaft wuchs in diesen Regionen weitgehend ohne Unterstützung von seiten der Regierung oder westlicher Unternehmer. Diese Reaktion auf die neuen Möglichkeiten der kommerziellen Landwirtschaft verdient hervorgehoben zu werden, denn sie zeigt, daß die südasiatischen Bauern unter günstigen Umständen ebensoviel Beweglichkeit und Marktbewußtsein an den Tag legen wie die Bauern sonst überall. Diese Reaktionen blieben jedoch hauptsächlich auf Situationen beschränkt, in denen der bäuerliche Besitz dominierte. Wo Anteilspacht und Leihpachtverhältnisse vorlagen, erfolgte die

Übernahme von Neuerungen langsamer, wenn überhaupt. Ironischerweise bedeutete dieser Übergang zur Kommerzialisierung jedoch, daß die Bauern sich zur Erweiterung ihres für den Verkauf bestimmten Anbaus übermäßig verschuldeten und dadurch ihr Land verloren. Dies führte zur Erosion des bäuerlichen Landbesitzes und zur Verbreitung der Anteilspacht.

Einer der wichtigsten, die Agrarproduktion und den Arbeitseinsatz der Agrarbevölkerung beeinflussenden Faktoren war die Entstehung riesiger Plantagen. Diese Expansion fand in der zweiten Hälfte des 19. Jahrhunderts statt und war eines der wichtigsten Vermächtnisse des Kolonialismus. Mehr als in anderen tropischen Landstrichen, etwa Afrikas oder Südamerikas, erklärte sich das Wachtsum der Plantagen aus der relativ leichten Verfügbarkeit von Arbeitskräften. Die Bodenverhältnisse und die klimatischen Faktoren fielen dabei weniger ins Gewicht. Interessant ist auch, daß alle großen Plantagengebiete sich an den Handelsrouten zwischen Europa, Südasien und dem Fernen Osten befinden.

Die Plantagenkultur unterscheidet sich stark von der traditionellen einheimischen Art der Bodenbestellung. Plantagenfrüchte wie Gummi, Tee, Kokosnüsse, Tabak, Kaffee, Zuckerrohr und Gewürze sind Verkaufsfrüchte, also Marktprodukte, die nicht für den Eigenverzehr angebaut werden. Anfangs wurden die großen Plantagen zumeist von Kolonialherren aufgebaut, deren Hauptziel der Export der Produkte war. Der Betrieb einer Plantage unterscheidet sich nicht sehr von dem eines Industrieunternehmens. Er erfordert Arbeitskräfte, und dies wiederum führt zur Hinaufsetzung des in einem Gebiet lebensfähigen Bevölkerungsmaximums. Diese Nachfrage nach Arbeitskräften zeitigte in Südasien noch eine weitere wichtige Folge. Besonders in Ceylon und Malaya waren die lokalen Bauern nicht begeistert von der Plantagenarbeit. Folglich importierten die Plantagenbesitzer Arbeitskräfte, zumeist von den dicht besiedelten Reisanbaugebieten Ost- und Südindiens sowie aus Südchina. Dies milderte ein wenig den Bevölkerungsdruck in diesen Gebieten, aber es trug wesentlich zu den heutigen ethnischen Problemen der Tamilen in Ceylon und der Chinesen in Malaya bei.

Eine Nebenfolge der Entstehung von Plantagen war, daß am Ort das Interesse für Verkaufsfrüchte – entweder ähnliche

Früchte wie die in den Plantagen gezogenen, oder solche, die sich für die Veredelung der Plantagenprodukte eignen – angeregt wurde. Außerdem stimulierte die neue Nachfrage nach Nahrung für die Plantagenarbeiter die Reisproduktion in den Deltagebieten, die damals wie heute genügend exportieren können. Die südasiatischen Bauern selbst ergriffen als erste diese neuen Chancen. Sie zeigten unter diesen Umständen so viel Gewandtheit und Marktbewußtsein, wie Bauern dies überall tun. Dadurch wuchs zwar nicht ihre Bereitschaft zur Übernahme neuer Techniken, doch stieg in diesen Volkswirtschaften die Bedeutung des Geldes und des Geldverdienens. Aber allzu häufig nahm auch die Verschuldung der monetarisierten Bauern zu, und in der Folge vermehrten sich auch die Schwärme von Geldverleihern und Vermittlern, die heute viele Bauern in Südasien in der Hand haben.
Die Ausbreitung der Plantagen in Südasien läßt sich bis zu einem gewissen Maß mit den Anfangsphasen der Industrialisierung in Westeuropa vergleichen. Die Nebenwirkungen der Kapitalakkumulation wurden jedoch in Südasien verhindert. Statt daß die Profite als Kapitalquelle dienten, wurden sie nur zu häufig, zusammen mit den Exporten, nach Europa transferiert. Die Verbreitung der Verkaufsfrüchte gab den Bauern höhere Geldbeträge in die Hand, aber sie steigerte nicht die Nachfrage nach Kapitalgütern, denn die agrarischen Techniken änderten sich kaum. Die Plantagen steigerten lediglich die Nachfrage nach Arbeitskräften. Es waren dies jedoch unqualifizierte Arbeiter, und die qualifizierten wurden häufig von außerhalb herbeigeführt. Dies meinen wir, wenn wir davon sprechen, daß die Plantagen zwar der Industrialisierung der westlichen Länder, nicht aber Südasiens nützten. Die Plantagen waren im Effekt Ausläufer der Metropolen. Eine ähnliche Entwicklung fand im Bergbau und in der Holzwirtschaft statt. Zusammen mit den Plantagen wurden sie zu Enklaven inmitten der stagnierenden Volkswirtschaft.

Gütererzeugende Industrien entstanden nicht. In der präkolonialen Phase waren weite Teile Südasiens den Ländern Westeuropas auf dem Gebiet der vorindustriellen Erzeugung keineswegs unterlegen. Beim ersten Zusammentreffen war der Westen vielfach eindeutig im Hintertreffen. So standen weite Teile Südasiens den westeuropäischen Ländern wirtschaftlich nur wenig nach, und dies wahrscheinlich noch im 18. Jahrhundert – aber von dieser Zeit an lief die Entwicklung in Südasien und in Westeuropa auseinander. Westeuropa erlebte seine industrielle Revolution, während die südasiatischen Volkswirtschaften stagnierten. Dafür waren mancherlei Faktoren verantwortlich. Einer der wichtigsten war die rigide soziale Stratifikation in Südasien sowie das Fehlen jenes Rationalismus, der in Europa der industriellen Revolution den Weg bereitet hatte. In Südasien entwickelten sich keine dementsprechenden Institutionen und Einstellungen. Daher mag man bezweifeln, ob es in den südasiatischen Ländern ohne die Kolonialherrschaft eine industrielle Entwicklung gegeben hätte.

Sicher ist jedoch, daß die Kolonialregime in Südasien generell der Entwicklung einer gütererzeugenden Industrie in den Kolonien feindlich gegenüberstanden. Die Mutterländer schützten ihre eigene, im Aufbau begriffene Industrie gegen Konkurrenz, besonders gegen die ihrer Kolonien. Gleichzeitig brauchten sie diese Kolonien als Märkte und Rohstofflieferanten. Die Folge war eine asymmetrische Volkswirtschaft, die genau auf die Bedürfnisse der Industrie in den Metropolen abgestimmt war. Als diese Politik später nach dem Ersten Weltkrieg modifiziert wurde und willkürliche Restriktionen zunehmend abgebaut wurden, kam diese Veränderung zu spät, um noch nennenswerte Reaktionen zu bewirken.

Trotz dieser Kolonialpolitik konnte sich in Indien eine gewisse Baumwoll- und Juteindustrie und später eine Stahlindustrie entwickeln. In den 1920er Jahren begann Großbritannien sich in gewissem Umfang um das Fehlen einer Industrie in seinen Kolonien zu sorgen und ließ den örtlichen Produzenten eine gewisse Protektion angedeihen. Der Zweite Weltkrieg stimulierte weiterhin die Entwicklung der Textil- und Stahlindustrie in Indien. Als Folge der Unabhängigkeit wurde die ausländische Kontrolle in Indien generell durch indisches Eigentum ersetzt.

Während das schnelle Wachstum der gütererzeugenden Industrie in Europa eine stetige Abnahme der von der Landwirtschaft abhängigen Bevölkerung mit sich brachte, hatte die Verhinderung der Industrialisierung einen entgegengesetzten Effekt auf die Landwirtschaft. Die Vorherrschaft der kolonialen Manufaktur tendierte dazu, die Heimindustrie zu unterdrücken. Viele Handwerker mußten aufs Land ziehen, um ihren Lebensunterhalt zu finden. Und so blieben die südasiatischen Länder, obwohl die Plantagen ein modernes kapitalistisches Unternehmertum und eine entsprechende Technologie repräsentierten, ländlich und überwiegend agrarisch.

Die Entstehung der Plantagen und die damit verbundene Verbreitung der kommerziellen Landwirtschaft unter den südasiatischen Bauern schuf ein anderes Schema, das, zusammen mit der ethnischen Verteilung, in Südasien bis heute erhalten blieb. Die Plantagenländer – Ceylon, Malaya und Teile Indonesiens – wurden Reisimporteure, und die weniger dicht besiedelten Reisanbaugebiete in den Deltas von Burma, Thailand und Südvietnam (bevor der Vietnamkrieg dies unterbrach) begannen Reis dorthin zu exportieren. Diese Form der Landnutzung hatte eine weitere wichtige Folge; sie führte zu umfangreichen Wanderungsbewegungen über die territorialen Grenzen hinweg. Dabei gaben die armen Gebiete der Subsistenzlandwirtschaft in Indien und China Menschen ab, und die Gegenden, in denen sich die Plantagenwirtschaft und die kommerzielle Nahrungsmittelproduktion ausbreitete, nahmen Menschen auf. Diese Wanderungen erklären die heutigen politischen und demographischen Strukturen in Südostasien und Ceylon.

Die Gegenwart der südasiatischen Länder ist daher durch drei große gesellschaftliche Trennlinien gekennzeichnet, von denen zwei zum Teil das Vermächtnis des Kolonialismus sind. Die erste ist der scharfe Gegensatz hinsichtlich der Form und des Niveaus der Zivilisation, der zwischen den dominierenden ethnischen Gruppen und den kleineren Stämmen auf den Hochländern und in den Gebirgen besteht. Diese Trennung gibt es seit altersher, sie hat nichts mit der europäischen Herrschaft zu tun. Sie wirft vor allem in Indien, Burma und Südvietnam, in gewissem Umfang auch auf den Philippinen und den äußeren Inseln von Indonesien, Probleme auf. Zweitens gibt es den Gegensatz zwischen den modernen, markt- und profitorientierten Unternehmensformen und der traditionellen Subsistenzwirtschaft. Er tritt am deutlichsten in den Plantagenländern in Erscheinung. Und schließlich gibt es die Trennung der ethnischen Gruppen, die mit jener zweiten Spaltung eng verbunden ist. Die wichtigsten Beispiele dafür bieten gegenwärtig die indischen Tamilen in Ceylon und die Chinesen und Inder in Malaya. Tatsächlich sind Malayen und Chinesen in Malaya zahlenmäßig beinah gleich stark, und

die Folge ist, daß die wirtschaftliche Macht in den Händen der chinesischen Volksgruppe liegt, während die politische Macht bei den Malayen konzentriert ist.
Die südasiatischen Länder haben sich also zu extremen Beispielen pluralistischer Gesellschaften entwickelt, von denen man behaupten darf, daß die Gruppen sich zwar vermischen, aber nicht ergänzen. Die Unabhängigkeit verschärfte die Probleme, die dieser Pluralismus bedingt. Sie brachte eine Reihe von Minoritätenproblemen auf die Tagesordnung und führte mithin zur Ausprägung dessen, was zutreffend die »demographische Unreife« dieser Länder genannt wurde, wo, wie C. A. Fisher bemerkt, »bislang kein dauerhafter Ausgleich zwischen der Nation und dem Staat erreicht wurde«.
Noch in einem anderen Sinn sind die Länder »demographisch unreif«. Gemeint ist die Urbanisierung. Nicht nur erlebte Südasien in den vergangenen Jahrzehnten ein sehr schnelles städtisches Wachstum ohne entsprechende Industrialisierung, sondern dieses Wachstum wurde auch von einer relativen Stagnation der landwirtschaftlichen Produktion begleitet. Sie war also weder durch eine schnelle Produktionssteigerung der Landwirtschaft noch durch eine Zunahme der Arbeitsplätze in der Industrie bedingt. Dies steht im Gegensatz zur westlichen Erfahrung. Im Westen war eine der traditionellen Begleiterscheinung der Industrialisierung ein relativer Bedeutungszuwachs der urbanen Zentren, nicht nur im Hinblick auf die Bevölkerungszahl, sondern auch unter dem Gesichtspunkt der Produktion. In den Städten vermehrten sich die Arbeitsplätze stetig, und gleichzeitig trug eine Steigerung der landwirtschaftlichen Produktivität zu einem großen Überschuß an Arbeitskräften auf dem Lande bei, die auf diese städtischen Arbeitsplätze abwandern konnten. In den südasiatischen Ländern wachsen die Städte zwar auch verhältnismäßig schneller als die Gesamtbevölkerung, aber dieser Bewegung zur Stadt stehen keine angemessenen städtischen Arbeitsmöglichkeiten gegenüber. Tatsächlich leiden die Städte unter schwerwiegenden Problemen der Arbeitslosigkeit und Unterbeschäftigung. Und angesichts des Schmutzes, der Übervölkerung, der unangemessenen Wohnungs- und sanitären Verhältnisse in den urbanen Zentren kann der Zug in die Städte unmöglich durch eine Zunahme ihrer Attraktivität bedingt sein.
Die wichtigste Ursache der südasiatischen Urbanisierung muß

daher eine im Vergleich zu den Stadtgebieten zunehmende ländliche Armut und Unsicherheit sein, welche die Menschen in die Stadt treibt. Die Urbanisierung ist also eine Reaktion auf das Fehlen eines kräftigen wirtschaftlichen Wachstums. Tatsächlich sind daran Faktoren schuld, welche die wirtschaftliche Entwicklung behindern, wie etwa Bürgerkriege, politische Instabilität und Fehlernten, aber auch die übermäßig hohen Bevölkerungszuwachsraten. Die Urbanisierung Südasiens bedeutet also nicht, wie im Westen, Wachstum, sondern unverminderte Armut.

6. Sozialprodukt und Wirtschaftsstruktur

Was ein Land produziert und wieviel seine Menschen mit ihrer Arbeit verdienen, ist von zentraler Bedeutung für die Diskussion der Unterentwicklung und Entwicklung in Südasien. Wir stellten fest, daß die Höhe dieser Faktoren bestenfalls grobe Hinweise auf den Stand der Entwicklung gibt. Diese Einschränkung gilt um so mehr, als in Südasien Statistiken weitgehend fehlen und diejenigen, die verfügbar sind, sehr zu wünschen übriglassen. In diesem Kapitel werden wir wiederholt auf die große Schwäche des verfügbaren statistischen Materials zu sprechen kommen. Wir glauben, daß hier noch wichtige wissenschaftliche Aufgaben vor uns liegen, denn bei der Analyse der Entwicklungsprobleme dieser Länder werden unzuverlässige Zahlen so naiv und leichtgläubig verwendet, daß der Wert der daraus gezogenen Schlüsse stark beeinträchtigt wird.

Auch sollten wir uns vor Augen halten, daß die Bestimmung der Höhe des Nationalprodukts in Südasien häufig dadurch verfälscht wird, daß das Nationalprodukt einfach aus den geografischen Nettoerträgen abgeleitet wird. Vor allem ist das Pro-Kopf-Einkommen nicht allein ein nur sehr grober Indikator für den Stand der Entwicklung oder Unterentwicklung, sondern diese Form der Mengenbestimmung und Datenkompilation ist auch logisch fragwürdig. Auf den Philippinen und in Malaysia z. B. wird ein erheblicher Teil des Gesamteinkommens in Form von Überweisungen an Mutterfirmen oder ausländische Eigentümer abgezogen. Seit Erlangung der Unabhängigkeit unterliegen diese Überweisungen und Dividenden jedoch gewissen Beschränkungen. In anderen Teilen Südasiens wurden große ausländische Besitzungen verstaatlicht. Das ausländische Eigentum wurde stärker besteuert. Die Einheimischen eroberten höhere Verwaltungspositionen und drangen in wirtschaftliche Bereiche vor, die bis dahin den Europäern vorbehalten waren, und damit verringerte sich auch die Diskrepanz zwischen Sozialprodukt und Einkommen. Das diesbezügliche Zahlenmaterial muß sehr vorsichtig behandelt werden, doch es kann einen brauchbaren Maßstab für das Sozialprodukt oder das »potentielle Einkommen« des durchschnittlichen Südasiaten abgeben. Was dies betrifft, so

dürften die Zahlen wohl in dem Maß realistischer werden, wie die Vermögen des Landes zunehmend unter die Kontrolle und in den Besitz von Einheimischen gelangen.
Eine weitere Schwierigkeit ergibt sich in bezug auf das Rechnungswesen der südasiatischen Volkswirtschaften, nämlich die tatsächliche Bewertung der Produktionsergebnisse. Große Bereiche der Wirtschaft sind nicht monetarisiert und haben kaum Verbindung zu irgendwelchen Märkten. Es ist schwer, den Wert dieser getauschten Erträge festzustellen, und wo dies geschieht, wird unterstellt, daß die Vorlieben und Präferenzen auf dem monetarisierten Markt dieselben seien wie auf dem Tauschmarkt, und daß die getauschten Güter, würden sie für Geld verkauft, einen ähnlichen Preis erzielen würden.
Wir glauben, daß die Daten für Indien und die Philippinen vielleicht die brauchbarsten der Region sind, und daß sie in Indonesien und Südvietnam am dürftigsten sind. Die übrigen Länder rangieren irgendwo in der Mitte. Aber auch das Material für Indien läßt viel zu wünschen übrig, und wenn die philippinischen Daten weniger Kritik erfahren als die indischen, dann zweifellos deshalb, weil sie nicht so gründlich untersucht wurden. Es ist sehr wichtig, auf diese Schwäche der Daten hinzuweisen, weil die Planung in Südasien auf den verfügbaren Daten aufbaut und dadurch zumeist – in manchen Fällen ganz erheblich – fehlgeleitet wird. Ganz gleich ob als Werkzeug der Planung oder als Indikator der Ergebnisse, sind die Statistiken unzuverlässig und inadäquat. Dennoch wollen wir versuchen, diese Zahlen zu diskutieren, und zwar aus mehreren Gründen:
In erster Linie spielen die Zahlen über das Sozialprodukt eine wichtige Rolle für die Wirtschaftsplanung in der Region. Tatsächlich werden Veränderungen des Sozialprodukts häufig als wichtigster Indikator für Erfolg und Mißerfolg der Entwicklungspläne angesehen. Zum zweiten geht aus dem bisher Gesagten hervor, wie überaus wichtig es ist, die Begriffe zu klären und womöglich den Schwerpunkt der ganzen Diskussion über die Entwicklung in Südasien auf andere Themen zu verlagern. Die unkritische Anwendung westlicher Begriffe auf eine völlig fremde Umgebung kann, außer per Zufall, keinen substantiellen Beitrag zur Lösung der drängenden Probleme Südasiens leisten. Und schließlich besteht selbstverständlich die Möglichkeit, daß die hier vorgelegten Ergebnisse einen gewissen Bezug zur Reali-

tät haben. Daher ist es vielleicht nicht ganz abwegig, diese Zahlen vorzulegen – wobei wir davon ausgehen, daß es besser ist, mit einem groben Pinsel zu malen, als die Leinwand leer zu lassen.

Ein Vergleich der Pro-Kopf-Einkommen zeigt große Unterschiede zwischen den ärmsten Ländern der Region – z. B. Pakistan mit einem geschätzten Pro-Kopf-Einkommen von nur 222 Rupien pro Jahr – und den reichsten – z. B. Malaya mit einem Durchschnittseinkommen von 780 Rupien pro Jahr. Wenn wir von Malaya absehen, das als Ausnahme zu gelten hat, dann wird der Spielraum enger. Obgleich die festgestellten Unterschiede nicht absolut sind, könnte man folgende Reihenfolge aufstellen: Pakistan und Indien sind die ärmsten Länder; die Philippinen, Thailand, Ceylon und Malaya – in aufsteigender Reihenfolge – scheinen relativ besser gestellt zu sein. Und Indonesien, Burma und Südvietnam liegen irgendwo dazwischen.

Die Veränderungsraten der individuellen Einkommen vermögen vielleicht mehr Aufschluß zu geben. Es muß festgehalten werden, daß die Konzeption des Gesamtrealprodukts von Land zu Land verschieden ist. Um diese Daten vergleichen zu können, muß man voraussetzen, daß das Verhältnis zwischen Bruttosozialprodukt, Bruttoinlandsprodukt, Volkseinkommen und ähnlichen Aggregaten nach Marktpreisen oder Faktorkosten für ein bestimmtes Jahr in jedem Land stabil sind. Dies mag zutreffen oder auch nicht, da die Unvollkommenheit der für die meisten Länder verfügbaren Daten eine genauere Überprüfung des Sachverhalts nicht zuläßt. Gleichwohl darf man vernünftigerweise annehmen, daß diese Verhältnisse über die Zeit hinweg ein hohes Maß an Stabilität bewahren. Zumindest dürften sie nicht so unstabil sein, daß Vergleiche dadurch sinnlos würden.

Aus diesen Daten ergibt sich, daß Burma das bei weitem schnellste Wachstum verzeichnet. Aber dieser Schluß ist durch die Feststellung einzuschränken, daß 1960 der Pro-Kopf-Ertrag immer noch etwa 15 % unter dem von 1939 lag, und es ist sehr wahrscheinlich, daß im letzten Jahrzehnt eine Stagnation oder sogar eine Rezession eingetreten ist. Indonesien zeigte in den 1950er Jahren anscheinend ein schnelles Wachstum, aber die volkswirtschaftlichen Zahlen sind äußerst unzuverlässig. So wie die Dinge Anfang 1966 lagen, schien es in Indonesien wenig Aussichten für ein schnelles Wachstum zu geben.

Für jene südasiatischen Länder, deren Daten etwas zuverlässiger erscheinen, ergibt sich, grob gesagt, folgendes Bild: Pakistan, Thailand und Ceylon waren relativ stagnierend in bezug auf den Pro-Kopf-Ertrag. Es gibt jedoch Anzeichen dafür, daß Pakistan in jüngster Zeit seine Stagnation des vorangegangenen Jahrzehnts überwunden hat. Malaya verzeichnete einen leichten Gewinn von weniger als 7 % des realen Bruttoinlandsprodukts pro Person in den sieben Jahren zwischen 1955 und 1962, in den letzten Jahren jedoch eine höhere Rate. Die Philippinen wiesen in den 1950er Jahren ein relativ schnelles und gleichmäßiges Wachstum des Pro-Kopf-Einkommens auf, aber in den späteren Jahren zeigte dieser Index eine abfallende Tendenz. In Indien, so glaubt man, lag 1948/49 das Einkommen pro Person beinah 16 % unter dem Stand von 1931/32. Mit Ausnahme der Philippinen und Burma stieg der Output pro Person in den Ländern Südasiens während der 1950er Jahre sehr langsam und ungleichmäßig. In der ersten Hälfte der 1960er Jahre nahm dieser Indikator ab oder wurde negativ, mit Ausnahme Thailands, Malayas und in gewissem Umfang Pakistans. Darüber hinaus liegen die Einkommen pro Person in den letzten Jahren zumeist unter dem jeweils in der Vorkriegszeit erreichten Gipfel.

Um ein allgemeines Bild von der wirtschaftlichen Struktur der südasiatischen Länder zu erhalten, bestünde das normale Verfahren darin, die Gesamtzahl des Volkseinkommens in ihre Komponenten aufzulösen und die in jedem Hauptsektor erzielten Einkommen mit der Zahl der in diesen Sektoren beschäftigten oder dort ihren Lebensunterhalt verdienenden Personen in Beziehung zu setzen. Unglücklicherweise sind die Statistiken über die Berufsverteilung besonders unzuverlässig. Indonesien und Burma hatten seit Jahrzehnten keine umfassende Volkszählung, und die Zensus-Daten über die Berufsverteilung in Indien, Pakistan, Ceylon und den Philippinen sind als besonders dürftig bekannt. Auch die Zahlen für die anderen Länder der Region sind nicht besser, denn viele werden als »Schätzungen«, als »provisorisch« usw. geführt. Daher halten wir uns nur an die einfache Unterscheidung zwischen der landwirtschaftlichen und der nicht-landwirtschaftlichen Kategorie. Selbst diese einfache Aufgliederung der Volkseinkommen nach zwei oder drei Sektoren führt zu recht anomalen Ergebnissen, welche die Zweifel an

den Gesamtzahlen für das Volkseinkommen oder das Sozialprodukt nur bestärken.
Die Definition des »landwirtschaftlichen« und »nicht-landwirtschaftlichen« Sektors wiederum variiert von Land zu Land, und die auf diesen Definitionen aufbauenden Statistiken sind zweifelhaft. Es dürfte aber so sein, daß mehr als die Hälfte des Volkseinkommens in Südasien aus der Landwirtschaft stammt und zwei Drittel bis drei Viertel der Bevölkerung dort ihren Lebensunterhalt verdienen. Der Versuch, das sehr wichtige Element der Trends in der Landwirtschaft zu bestimmen, wird wiederum durch die inadäquaten und irreführenden Statistiken beeinträchtigt. Doch man darf annehmen, daß der landwirtschaftliche Pro-Kopf-Ertrag in der ganzen Region während der 50er und frühen 60er Jahre relativ stagnierend war. Dies ist weitgehend dafür verantwortlich, daß das Sozialprodukt pro Person keinerlei Hinweis auf eine kräftige Expansion bietet.
In der Struktur der südasiatischen Volkswirtschaften stellt die nicht-landwirtschaftliche Kategorie selbstverständlich eine bunte Vielfalt dar. Sie beinhaltet Berufsgruppen wie Dienstleistungen, Baugewerbe, Industrieproduktion, Bergbau und Handel. Sehen wir einen Moment von den produktiven Industriezweigen und dem Handwerk ab, dann ergibt sich der allgemeine Eindruck, daß ein sehr großer Teil der Bevölkerung im Einzelhandel, in heimischen Dienstleistungsberufen und in Regierungsämtern beschäftigt ist, was besonders angesichts der niedrigen Produktivität solcher Tätigkeiten bedeutsam ist.
Vor allem fällt das Auswuchern der Einzelhandelsgeschäfte und Kleinhändler sowie die wachsende Zahl von Vermittlern ins Auge. Die selbständigen Händler sind in der ganzen Region sehr zahlreich und betreiben so etwas wie einen *ad hoc*-Handel. 1947 waren in Malaya mehr als die Hälfte aller im »Handel« tätigen Personen Trödler und Hausierer, die auf eigene Rechnung arbeiteten. Die vielen, die in dieser Form des Handels beschäftigt sind, erfüllen keine sehr nutzbringende oder anspruchsvolle Funktion, und auch der Güterumschlag dieses Einzelhandels ist nicht sehr hoch. Es handelt sich eindeutig um eine Unterausnutzung der Arbeitskräfte, ähnlich wie in der Landwirtschaft. Der Überfluß von Kleinhändlern und Hausierern ist nicht so sehr durch die steigende Nachfrage nach ihren Diensten bedingt, sondern vielmehr eine Reaktion auf die dort herrschende niedrige Produkti-

vität und den geringen Wert der Arbeitskraft. Im Zusammenwirken mit der Abneigung gegen die abhängige Arbeit bedingt diese Reaktion eine Vorliebe für die Arbeit auf eigene Rechnung, die auch noch durch das geringe Kapital und die minimalen dafür erforderlichen Fähigkeiten unterstützt wird. Eine ähnliche Situation finden wir in den traditionellen Handwerksberufen, wo die Märkte durch die Importe und in den letzten Jahren auch durch die expandierende lokale Industrialisierung zerstört wurden. Hier besteht jedoch die Tendenz, im angestammten Handwerk zu bleiben und dabei weniger Arbeit zu leisten. Das Anwachsen des Kleinhandels ist eine Reaktion auf den Urbanisierungstrend und ist nicht durch eine Verbesserung der Arbeitsmöglichkeiten im industriellen Sektor bedingt. Beide Reaktionen perpetuieren das niedrige Niveau von Arbeitsinput und Arbeitseffizienz.

Im Bereich der Regierungsämter sind die Verhältnisse nicht wesentlich anders. Die öffentlichen Ausgaben für die Regierungsarbeit sind als Reaktion auf die Erfordernisse des Entwicklungsstrebens und der neu gewonnenen Unabhängigkeit gestiegen, aber die Zahl der in Beamtenpositionen Beschäftigten ist noch stärker angewachsen. Dabei ist dies nur zum Teil durch eine Erweiterung wesentlicher Regierungsaktivitäten gerechtfertigt. Man kann nicht leugnen, daß es in den Schlüsselpositionen zu wenig qualifizierte Kräfte gibt und daß diese überlastet sind, denn die Zunahme der Beschäftigten findet vor allem in den niedrigeren Rängen der Beamtenhierarchie statt. Die ungenügende Nutzung der Arbeitskraft in der Verwaltung ist sicher im Westen keine unbekannte Erscheinung, doch in Südasien geht diese viel weiter. Funktionsverdoppelungen, Aufteilung von Ministerien in neue mit parallelen Aufgaben, Aktenzirkulation durch viele Hände – all dies bläht den öffentlichen Sektor auf Kosten der Leistungsfähigkeit auf. Man könnte annehmen, daß die effiziente Nutzung der Arbeitskraft dort, wo Arbeitskräfte im Überfluß vorhanden sind und ungenutzt bleiben, nicht so wichtig sei; aber ein solches Wachstum der Bürokratie verzögert wichtige Entwicklungsarbeiten und wirkt sich inflationär aus, denn es werden Gehälter gezahlt, ohne daß dem Leistungen gegenüberstehen. Auch beabsichtigen die Entwicklungspläne gerade, den Output pro Person zu steigern, und jede Form der unproduktiven Arbeit im öffentlichen Sektor ist dem abträglich.

Eine Erklärung für diese zunehmende Verschwendung im öffentlichen Bereich ist der Druck, der von den sogenannten »gebildeten Arbeitslosen« in den Städten ausgeht. Sie streben nach Beamtenpositionen, denen sie ein hohes Prestige beimessen. Die Unfähigkeit des »weichen Staates«, solchem Druck Widerstand entgegenzusetzen, ist zweifellos mit verantwortlich für die steigende Zahl der unteren Beamten, die in keinem Verhältnis zum Bedarf steht.

Bemerkenswerterweise zeigten 1960 Zensus-Schätzungen für Malaya, Ceylon, Pakistan und die Philippinen übereinstimmend eine Zunahme der in »Dienstleistung und Handel« beschäftigten Arbeitskräfte, wie wir oben feststellten. In diesen Ländern ist die Zahl für »Dienstleistungen« höher als die für den produktiven Sektor, und dies gilt auch für Thailand und Indien. Darin zeigt sich die vergleichsweise geringe Rolle, die die Industrie heute in den Volkswirtschaften der Region spielt. Die Daten sind statistisch unzulänglich, aber sie bestätigen doch in etwa die allgemein bekannte Tatsache, daß die Regel, wonach die Zahl der im tertiären Sektor beschäftigten Personen mit dem wachsenden Reichtum eines Landes steigt, nicht auf die unterentwickelten Länder in Südasien anwendbar ist. Auch wenn offenbar nur wenige Länder der Region, besonders im Vergleich mit der Vorkriegssituation, nennenswerte wirtschaftliche Fortschritte gemacht haben, arbeitet dort doch ein sehr hoher Prozentsatz der nicht-agrarischen Bevölkerung in tertiären Berufen, und dieser Prozentsatz ist im Steigen begriffen. Hier ein anhaltendes Bevölkerungswachstum – und dort die relative Stagnation der Landwirtschaft und die Unfähigkeit des bislang kleinen industriellen Sektors, nennenswerte Teile dieses Zuwachses zu absorbieren. Daher sind Kleinhandel, Dienstleistungen usw. überlaufen. Und dies ist ein weiteres Beispiel für einen bestimmten Trend, der im Westen mit dem wirtschaftlichen Wachstum einhergeht, in Südasien jedoch eher ein Symptom dafür ist, daß es nicht gelang, ein schnelles Wachstum einzuleiten. Wie wir schon am Trend zur Urbanisierung sahen, können also solche Vorgänge in Südasien, die den aus dem Westen bekannten analog sind, dennoch durch ganz entgegengesetzte Faktoren bedingt sein. Und wie wir betonten, muß fraglich bleiben, ob die westlichen Entwicklungsprozesse sich auf die Situation in Südasien übertragen lassen.

Unserer Meinung nach müssen die Plantagen in Südasien als industrialisierte Landwirtschaft aufgefaßt werden. Für den Export Ceylons und Malayas, und in geringerem Maß auch Indonesiens, spielen sie eine beherrschende Rolle. Die Exporte Südasiens sind zumeist landwirtschaftliche Produkte, und sie stellen einen erheblichen Prozentsatz des Volkseinkommens dar. Daher sind wir nicht überrascht, wenn wir feststellen, daß das Verhältnis von Exporten zum Volkseinkommen in Ceylon und Malaya, wo der größte Anteil des Bodens durch Plantagen genutzt wird, am günstigsten, in Pakistan und Indien dagegen am ungünstigsten ist. Daraus könnte man ohne weiteres schließen, daß die gegenwärtige Höhe des Pro-Kopf-Einkommens direkt durch die Vorherrschaft eines strikt in Form der Plantagenwirtschaft organisierten und stark exportorientierten Agrarsektors beeinflußt werden könnte.

Dies würde bedeuten, daß den ärmeren Ländern hauptsächlich zwei Wege zum wirtschaftlichen Wachstum offenstehen: die Rationalisierung der landwirtschaftlichen Techniken und eine Verringerung der relativen Bedeutung der traditionellen Landwirtschaft. Beides setzt ein gewisses Maß an Industrialisierung voraus, worauf alle Länder Südasiens heute hinarbeiten. Die Konzentration auf eine oder wenige Exportfrüchte schafft jedoch eine prekäre Situation – auch wenn dies unmittelbar eine Steigerung des Einkommens pro Person zu bewirken scheint. Einmal unterwirft sie die gesamte Volkswirtschaft der erheblichen Instabilität fluktuierender Märkte; zum anderen erscheinen die Aussichten einer solchen Konzentration nicht förderlich für ein schnelles oder vertretbares Wachstum. Es ist gefährlich, alle Eier in einen Korb zu tun, wenn man auf den Markt geht, und es ist eine ungeeignete Voraussetzung für eine gleichmäßige Entwicklung. Abgesehen von solchen Fragen verfügen nur Malaya und Indonesien über genügend Raum, um ihre Plantagenwirtschaft, vor allem was Kautschuk betrifft, zu vergrößern. Ceylon hat weniger Raum, aber durch Umpflanzung und Einsatz von Düngemitteln ließen sich auf der bestehenden Anbaufläche die Erträge wesentlich steigern. Die übrigen Länder müssen das Schwergewicht auf die normale Landwirtschaft legen. Hier besteht schon eher eine Analogie zu den früheren Erfahrungen der westlichen Länder – mit Ausnahme zweier verhängnisvoller Tatsachen: Zum einen gab es vor der Industrialisierung keine nennenswerte Steigerung der landwirtschaftlichen Produktivität; und zum anderen muß die »Agrarrevolution«, wie immer sie auch aussehen mag, trotz einer Bevölkerungszunahme eingeleitet werden, die doppelt oder dreimal so hoch ist wie in den westlichen Volkswirtschaften in den Frühstadien ihrer Entwicklung. Das Bevölkerungswachstum wirft lange Schatten voraus, denn die industrielle Entwicklung kann bestenfalls nur sehr langsam gesteigert werden.

Da die südasiatischen Länder eine Industrialisierung außerhalb des Agrarsektors anstreben, ist es wichtig, die gegenwärtigen Strukturen und Trends der Produktion zu untersuchen.

Jede Nation, die eine Industrie aufzubauen versucht, ohne über ausreichende Rohstoffvorkommen zu verfügen, wird große Mengen an Rohstoffen einführen müssen. Aber die relative Belastung durch solche Importe hängt weitgehend vom Niveau der Löhne und der Arbeitsproduktivität ab. Ist dieses Niveau hoch – was eine sehr disziplinierte und leistungsfähige Arbeiterschaft und große Kapitalinvestitionen voraussetzt –, dann werden diese Kosten das wirtschaftliche Wachstum offenbar wenig beeinträchtigen. Es wird ein kleinerer Teil der gesamten Produktionskosten auf diese Kosten entfallen, und die damit erworbenen Importe können effektiver genutzt werden. Es gibt Länder, die ganz ohne ausreichende Rohstoffe industrialisiert wurden, wie etwa Dänemark, die Schweiz oder Japan. Ihr Erfolg geht hauptsächlich auf ihre hohe Arbeitsdisziplin und Leistungsfähigkeit zurück.

Wo jedoch das Kapital knapp ist und Arbeitskräfte reichlich und billig zur Verfügung stehen, ist es schwierig, die Produktivität einfach durch Kapitalinvestitionen zu steigern. Eine Kombination von Kapitalknappheit mit niedrigem Ausbildungsstand, geringer Arbeitsdisziplin und -effizienz führt in Südasien zu einer geringen Produktivität und niedrigen Löhnen. Dies wiederum läßt die Belastung durch die Rohstoffimporte relativ stärker ins Gewicht fallen. Gerade das Zusammenwirken dieser nachteiligen Bedingungen gestaltet die Rohstoffsituation Südasiens schwieriger, als sie es sonst wäre.

Ganz allgemein hat die Natur Südasien nicht besonders großzügig bedacht. Nur Indien besitzt Eisenerz-, Kohle- und Energiereserven in einem für eine hohe Industrialisierung ausreichenden Umfang. Manche Länder der Region verfügen über das eine oder andere Metall, und der Export dieser Erze ist eine wichtige Quelle der Außenhandelsprofite. Aber nur in Indien besteht eine für die Industrialisierung günstige Kombination von Rohstoffvorkommen. Andererseits haben nur wenige dieser Länder wirklich etwas gegen die Beschränkung ihrer Rohstoffe unternommen. Wo diese ausgebeutet werden, geschieht dies häufig nur für den Export und nicht für die Versorgung einer expandierenden heimischen Industrie. Zum Teil ist dies ein Reflex auf die Tatsache, daß eine günstige Rohstoffkombination nicht vorhanden ist. Es muß jedoch betont werden, daß der geringe Grad der Industrialisierung in Südasien weniger eine Folge der Rohstoffknappheit als anderer Beschränkungen und Hemmnisse ist.

Obwohl es schwierig ist, die Formen der Produktion in Südasien zu klassifizieren, zeigt sich doch, daß in Indien, Pakistan und auf den Philippinen ein viel höherer Anteil der Produktion auf Konsumgüter entfällt als in den Vereinigten Staaten oder den westlichen Ländern im allgemeinen. 1960 hatte Indien drei neue Stahlwerke, und seither fand eine bemerkenswerte Vergrößerung der automatisierten Industrie statt, doch diese bildet immer noch einen sehr kleinen Sektor, und die industrielle Struktur Indiens hat sich trotz dieses früheren Beginns nicht sehr verändert. Dies reflektiert den in unterentwickelten Ländern allgemein feststellbaren Mangel an Diversifikation. In Indien z. B. entfielen auf die fünf größten Industriezweige – Eisen und Stahl, Zement, Papier, Baumwolltextilien und Zuckerraffinerie – 60 % der Beschäftigten aller 29 Industriezweige, die 1951 von der Volkszählung erfaßt wurden, und sie schufen etwa 60 % aller Werte. In anderen Ländern beschränkt sich die ganze – geringe – Produktion auf die Aufbereitung von Rohstoffen. Eine Schwerindustrie, die harte Konsumgüter produziert, fehlt vollkommen, außer in Indien.
Wichtiger als solche spezifischen Produktsparten ist für die zukünftige Industrialisierung jedoch der Charakter dieser sogenannten »Industrie«unternehmen in den einzelnen Produktionszweigen. Deren gibt es drei Formen: die Heimindustrie, die aus kleinen, häufig auf eine einzige Wohneinheit beschränkten Unternehmen besteht; die Kleinindustrie, die moderne Techniken einsetzt und Radioapparate, Fahrradteile, Elektromotoren, Möbel, Seife usw. produziert; und die Großindustrie, die Rohstoffe

und hohe Kapitalinvestitionen einsetzt. In Indien herrscht die Heimarbeit vor. Beinah 70 % der 1955 von einer Umfrage erfaßten Arbeiter berichteten, daß sie in diesem Produktionstyp beschäftigt waren. Über zwei Drittel aller in der indischen Produktion Tätigen arbeiten in Betrieben mit weniger als fünf Beschäftigten. In den meisten Betrieben fehlen mechanische Hilfsmittel, denn die Heimindustrie ist in ländlichen Gebieten konzentriert, wo es keine Elektrifizierung gibt. Diese überproportionale Konzentration auf die Heim- und Kleinindustrie ist wirtschaftlich sehr nachteilig, denn ein großer Teil dessen, was produziert wird, wird am Ort konsumiert, und nur wenig gelangt zum Export und bringt Devisen, welche die südasiatischen Nationen so sehr benötigen.

Das indische Beispiel ist typisch für die Region insgesamt. Die südasiatische Industrie wird von ländlichen Unternehmen beherrscht, die nur wenig Kapital einsetzen und wenige Arbeiter beschäftigen, und in denen der Output pro Arbeiter sehr gering ist. Dies hält nicht nur das Niveau der industriellen Produktion insgesamt niedrig, sondern es trägt auch zur Perpetuierung des niedrigen Lebensstandards auf dem Land bei. Wieder haben wir es mit dem vertrauten Muster der kumulativen Verursachung zu tun: Der Pro-Kopf-Output in der Heimindustrie ist durch den beschränkten dörflichen Markt begrenzt, welcher wiederum durch die geringe agrarische und die noch geringere industrielle Produktivität beschränkt ist. Daher beeinträchtigen die herrschenden Verhältnisse sowohl die Fähigkeit der Heimindustrie, ihre Leistungsfähigkeit zu steigern, als auch den Anreiz hierfür. Und damit stehen wir wieder vor der Frage, ob es einen Ausweg aus der Falle des niedrigen Produktivitätsniveaus auf dem Dorf gibt.

Könnte man vom Schicksal der vielen von der Heimindustrie beschäftigten Menschen absehen, dann läge die Lösung wohl darin, alles zu tun, um den Aufbau von Fabriken zu beschleunigen. Aber große und sogar kleinere modernisierte Unternehmen arbeiten gemeinhin arbeitssparend und mit hoher Kapitalinvestition. Und beides ist nicht besonders geeignet für Volkswirtschaften, die durch eine erhebliche Unterausnutzung der Arbeitskräfte und durch Kapitalknappheit gekennzeichnet sind. Ein schneller Abbau der Heimindustrie würde nicht nur eine zusätzliche Einkommensquelle auf dem Land ausschalten, sondern auch den

Trend zur Urbanisierung verstärken und die Übervölkerung der Städte verschlimmern, wo die neu Zugezogenen sich häufig der Hausiererei und dem Kleinhandel zuwenden müssen, um überleben zu können. Während die südasiatischen Länder versuchen, eine Industrie aufzubauen, haben sie gewiß andere als sentimentale Gründe, die ländliche Heimindustrie zu schützen, besonders auf dem Gebiet der Konsumgüterproduktion. Eine solche Politik kann vielleicht nur stützende Maßnahmen in einer Übergangsphase bereitstellen, aber diese Phase wird unter Umständen sehr lang sein.

7. Lebensstandard und Ungleichheit

Unter Lebensstandard verstehen wir die Menge von Gütern und Dienstleistungen, die vom Durchschnittseinwohner der verschiedenen Länder der Region regelmäßig konsumiert werden. Die bestehende große Ungleichheit impliziert, daß die Massen in den niedrigeren Schichten einen Lebensstandard haben, der weit unter dem liegt, den die Durchschnittszahlen ausweisen.

Der Lebensstandard als solcher ist wichtig. Es ist eines der Hauptziele der Entwicklungsplanung in der Region, die niedrigen Lebensstandards der Massen anzuheben. In wechselseitiger Abhängigkeit wird eine Anhebung des Lebensstandards alle anderen Bedingungen verbessern, besonders was die unternommenen Anstrengungen, die Arbeitseffizienz und die Produktivität betrifft. Ähnlich werden auch die Einstellungen und Institutionen von einer Verbesserung des Lebensstandards betroffen.

In erster Linie müssen wir feststellen, daß eine Verbesserung des Lebensstandards in Südasien einen weit höheren instrumentellen Wert besitzt als in den fortgeschrittenen Ländern, wo der Lebensstandard bereits so hoch ist, daß eine Veränderung auf diesem Gebiet sich kaum oder gar nicht auf die Produktivität auswirken würde. Im Westen läßt sich daher das individuelle wie das Gruppeneinkommen eindeutig in zwei Teile zerlegen: den einen, der für den Konsum verausgabt wird, und den anderen, der gespart und investiert wird. In diesen Ländern läßt sich also der Lebensstandard bemessen, indem man diese Ersparnisse vom Gesamteinkommen abzieht – die Ersparnisse entsprechen dann den verfügbaren Aktiva, die durch die Nichtkonsumtion eines Teiles des laufenden Outputs akkumuliert werden. Aber in den unterentwickelten Ländern Südasiens sind die Lebensstandards so niedrig, daß sie ernstlich die Gesundheit, Energie und Arbeitseinstellung der Menschen beeinträchtigen. Folglich stellen die meisten Formen der Konsumsteigerung gleichzeitig »Investitionen« dar, denn sie wirken sich direkt auf die Produktivität aus. Dies ist ein weiterer Grund dafür, daß der konventionelle Nachkriegsansatz der ökonomischen Modelle, welche vom Verhältnis zwischen Produktivität, Ersparnis, Beschäftigung und Investitionen ausgehen, nicht auf Südasien anwendbar ist.

Bei genauerer Untersuchung zeigt sich, daß die veröffentlichten Statistiken über die »Ersparnisse«, also das nicht konsumierte Einkommen, so dürftig sind, daß sie überhaupt nicht zu verwenden sind. Unter diesen Umständen ist es ehrlicher, wenn man auf das im vorigen Kapitel behandelte Einkommensniveau zurückgreift, ohne zu versuchen, davon irgendwelche »Ersparnisse« zu subtrahieren, die sich für die Masse des Volkes ohnehin nur auf wenige Prozente, wenn überhaupt soviel, belaufen. Dabei ist aber nicht zu vergessen, daß neben den Ersparnissen, welche für intern finanzierte Investitionen aufgewendet werden, ein großer Teil des Sozialprodukts für unproduktive Ausgaben, besonders zu militärischen Zwecken, herhalten muß. Die Ausgaben dieser Art haben in den meisten südasiatischen Ländern rapide zugenommen, zum Teil bedingt durch den Grenzkonflikt zwischen Indien und China, die Spannungen und Kämpfe zwischen Indien und Pakistan um Kashmir, die indonesische Konfrontation mit Malaysia und den Vietnamkrieg. Setzt man ein relativ statisches Niveau des Volkseinkommens voraus, dann reduzieren die gesteigerten Verteidigungsaktivitäten den für Nahrung, Kleidung, Wohnung und andere Haushaltsbedürfnisse übrigbleibenden Betrag.

Schon die Vorstellung, man könne einen durchschnittlichen Lebensstandard mit einer einzigen Zahl angeben, während doch die Lebensstandards in und zwischen diesen Ländern so stark variieren, ist abwegig. Dies gilt vor allem für Vergleiche zwischen einem der Länder dieser Region und den reichen entwickelten Ländern. Behauptet man zum Beispiel, daß der Lebensstandard in den USA 15, 20 oder 30 mal höher ist als in einem bestimmten südasiatischen Land, so ist damit nichts ausgesagt. Sinnvoller wären Vergleich hinsichtlich der tatsächlich konsumierten Güter und Dienstleistungen. Für solche Vergleiche gibt es jedoch kaum zuverlässige statistische Quellen.

Wir wollen im folgenden einige Positionen auswählen, die offenbar die sachdienlichsten Aspekte des Lebensstandards in Südasien decken: Ernährung; Bekleidung; Wohnung, einschließlich sanitäre Einrichtungen; Gesundheits- und Ausbildungseinrichtungen; Nachrichtenmedien; Energieverbrauch; und Transport. Für jede dieser Komponenten liegen gewisse unvollständige, summarische statistische Angaben vor. Vergleiche mit den entwickelten Ländern des Westens und sogar zwischen den südasiatischen Ländern selbst sind jedoch Glückssache.

Es gibt große Qualitätsunterschiede, besonders im Vergleich mit dem Westen. Die Nahrungsmittel in Südasien haben häufig geringen Nährwert, die auf dem Markt verkauften sind oft verdorben, und zumindest das, was für die Masse der Bevölkerung zur Verfügung steht, ist erheblich einseitiger als im Westen. Die mengenmäßigen Unterschiede der Konsumtion vernachlässigen daher ganz erheblich die tatsächliche Diskrepanz zwischen Südasien und dem Westen. Außerdem, und dies ist wohl noch wichtiger, geben die Durchschnittswerte keinen Aufschluß über die enormen Unterschiede der Konsumqualität, die zwischen den einzelnen Einkommens-, Gesellschafts- und Volksgruppen, zwischen Stadt und Land sowie zwischen den verschiedenen Regionen eines Landes bestehen. Viele Artikel, über die Angaben vorliegen, werden überwiegend von der dünnen Minorität der Oberschicht konsumiert, die sich in den städtischen Zentren konzentriert.

Zwar gibt es auch in entwickelten Ländern Unterschiede zwischen den Einkommensgruppen oder sozialen Klassen sowie zwischen Stadt und Land, aber das Maß der Ungleichheit ist weit geringer als in Südasien. Nur wenige Gegenden in den Vereinigten Staaten z. B. haben keine Elektrizität, die meisten Haushalte auf dem Land haben Radio, Fernsehen, Telefon und maschinellen Komfort.

In Südasien gehen fast zwei Drittel oder mehr der gesamten privaten Konsumtion für Nahrungsmittel drauf, während dieser Anteil in hochentwickelten Volkswirtschaften normalerweise bei zwei Fünfteln liegt. Der Nahrungsmittelverbrauch, gemessen in der täglich pro Person aufgenommenen Kalorienzahl, stellt also einen sehr brauchbaren Indikator für den Lebensstandard dar. Nach Schätzungen von 1958 bewegte sich die Kalorienaufnahme zwischen 2030 in Pakistan und 2290 in Malaya. Diesen Zahlen stehen 3200 Kalorien in den Vereinigten Staaten und 3290 in Großbritannien gegenüber. Die in Südasien bestehenden Unterschiede richten sich recht genau nach den Unterschieden des Pro-Kopf-Einkommens, wobei Pakistan am niedrigsten und Malaya am höchsten rangiert. Abweichungen hiervon gibt es in den Reis exportierenden Ländern Burma und Thailand, wo der Nahrungsmittelkonsum höher ist als das allgemeine wirtschaftliche Niveau, während für Ceylon, das weitgehend von Nahrungsmittelimporten abhängig ist, das Gegenteil gilt. Auch diese Schätzungen dürften fragwürdig sein, weil sie auf Bevölkerungszahlen basieren, die häufig unterschätzt sind. Es ist also gar nicht gewiß, daß die geringen Unterschiede der Nahrungsmittelversorgung in Südasien der Realität entsprechen, und es mag erhebliche Abweichungen sowohl in der Höhe des Konsums als auch in der Rangfolge der Länder geben.

Aber eines ist klar: Während die Kalorienaufnahme in den fortschrittlichen Ländern über das Notwendige weit hinausgeht, bleibt sie in Südasien, vielleicht mit Ausnahme Malayas, um mindestens 10 % und wahrscheinlich sogar mehr hinter dem notwendigen Minimum zurück. Außerdem erhält ein großer Teil der Bevölkerung, wegen der erheblichen Ungleichwertigkeit dessen, was konsumiert wird, noch weniger als diese niedrigen Durchschnittswerte.

Auf den Philippinen und in Indien hat sich die Situation etwas gebessert. Vergleiche mit der Vorkriegszeit, auch wenn sie nicht schlüssig sind, zeigen, daß die Kalorienversorgung auf den Philippinen und dem indischen Subkontinent 1958 ein wenig über dem Niveau von 1934-38 lag; in anderen Ländern lag sie in ähnlicher Höhe oder darunter.

Ein anderer Aspekt der südasiatischen Ernährungssituation – nämlich die Einseitigkeit der Nahrung – wird durch die Unterlagen eindeutig ausgewiesen. Zerealien bilden mehr als 70 % der Kalorienaufnahme in Pakistan und etwa zwei Drittel der Kalorienaufnahme in Indien und auf den Philippinen, dagegen weniger als ein Viertel in den USA. Für den Fernen Osten insgesamt wird angenommen, daß die Hauptgetreidesorten und stärkehaltige Knollen etwa drei Viertel der Durchschnittsnahrung ausmachen. Dieses starke Angewiesensein auf nur eine oder wenige Früchte verhindert nicht nur das notwendige Gleichgewicht der gegen Krankheiten immunisierenden Nahrungselemente, sondern macht den Verbraucher auch anfällig für Mißernten, die durch schlechtes Wetter oder Pflanzenkrankheiten verursacht sind. Der niedrige Fleischkonsum in ganz Südasien führt zu einer durch Eisenmangel bedingten Anämie.

Die Monotonie der Nahrung ist nicht nur durch die Armut allein verursacht, obzwar die Armut der wichtigste Grund dafür ist, daß die Menschen bei nur einem Hauptnahrungsmittel wie Reis oder Weizen bleiben. Die Unkenntnis des Nährwerts verschiedener Nahrungsmittel sowie Vorlieben, die Ernährungsgesichtspunkte außer acht lassen, spielen, zusammen mit schlechten Zubereitungsmethoden, ebenfalls eine gewisse Rolle. So ist der Mangel an Vitamin A, der Halluzinationen verursachen kann und durch das Fehlen grüner Blattgemüse verursacht wird, nicht nur in den untersten Einkommensschichten verbreitet. Der Vitamin-B-Mangel und die dadurch bedingte Anfälligkeit für Beriberi hat seit dem Zweiten Weltkrieg zugenommen, weil die Menschen sich mehr von poliertem Reis ernährten, der besser schmeckt als Naturreis und leichter zuzubereiten ist. Ein weiterer, die Ernährungssituation verschlechternder Faktor ist die Unzulänglichkeit der Lager- und Transportmöglichkeiten. Obwohl es darüber keine statistischen Angaben gibt, weiß man, daß große Mengen Zerealien und andere Nahrungsmittel durch Hitze und Feuchtigkeit vernichtet oder von Vögeln, Ratten und Insekten aufgefressen werden.

Zusammenfassend kann man mit einiger Gewißheit sagen, daß der durchschnittliche Südasiate einfach nicht genug zu essen hat. Selbst wo die Ernährung über das förmliche Hungern hinausgeht, ist der Nährgehalt im allgemeinen nicht ausreichend, um auch nur eine minimale Vorsorge gegen Krankheiten zu gewährleisten. Vor allem aber hat seit den 1930er Jahren keine wesentliche Verbesserung der Ernährung stattgefunden.

Die für die südasiatische Ernährung festgestellte Monotonie gilt auch für die Bekleidung. Zudem liegt der Textilverbrauch der ärmeren Schichten weit unter dem nationalen Durchschnittswert. Viele Südasiaten besitzen nur ein Kleidungsstück, das selten gewaschen wird, außer beim Baden. Tag und Nacht werden dieselben Kleider getragen, denn selbst Pyjamas und Unterwäsche sind Luxusgegenstände, die die meisten sich kaum leisten können. Das Klima in Südasien ist zwar meist warm genug, so daß nur wenig Kleidung nötig ist, aber es gibt Millionen Menschen, deren Bekleidung unter dem gesundheitlichen Minimum ist. Man darf auch nicht vergessen, daß weite Teile Nordindiens und Pakistans Kälteperioden mit niedrigen Nachttemperaturen aufweisen, was auch für die Bergregionen im übrigen Südasien gilt. Dort müssen die Menschen, die das Glück haben, Decken zu besitzen, diese häufig zum Schutz ihrer Kühe gegen die Kälte verwenden. Die

Durchschnittszahlen über den Textilverbrauch pro Person sagen nichts über solche alltägliche Realitäten aus.

Die Wohnverhältnisse in Südasien sind größtenteils so armselig wie die Nahrung und die Bekleidung. Die Mehrheit der Menschen lebt in dürftig gebauten, überfüllten, unhygienischen und kaum möblierten Wohnungen, die jeden Komfort entbehren. Tatsächlich ist die schlechte Wohnsituation gleich nach der ungenügenden Ernährung die hervorstechendste Komponente des niedrigen Lebensstandards. Auch gibt es wichtige geografische Unterschiede hinsichtlich der Qualität der Behausungen. Wo es Bauholz gibt, wie in großen Teilen Südostasiens und in geringerm Umfang in den Hochländern Indiens und Ceylons, ist die Situation weniger verzweifelt. In Zentralindien und Westpakistan, wo das Klima trocken ist, sind mehr als zwei Drittel der Häuser aus Lehm gebaut; sie zerfallen leicht und sind alles andere als wasserfest. Wenn aber schon die Wohnverhältnisse auf dem Lande allgemein unzureichend sind, dann herrscht in den Slums der großen Städte gewiß nicht weniger Elend. Die Situation hat sich im letzten Jahrzehnt des schnellen Wachstums der Städte noch verschlimmert. Heute lebt die Masse der Stadtbevölkerung in Behausungen, die viel überfüllter, unzureichender belüftet sind und in der Regel weniger sanitäre Einrichtungen aufweisen als auf dem Land. Vorsichtige Schätzungen besagen, daß ein Viertel bis die Hälfte aller Stadtbewohner in Slums oder provisorischen Wohnverhältnissen leben. Viele besitzen nicht einmal ein so elendes Dach über dem Kopf und müssen unter Monumenten und Brücken oder auf der offenen Straße schlafen. Sogar manche Industriearbeiter leiden unter ungesunden Wohnverhältnissen. In den Baracken der Wanderarbeiter, die ihre Familien in den Dörfern zurücklassen, leben manchmal 40 bis 50 Männer mit ein oder zwei Frauen zusammen in einem Raum, der für weniger als ein Viertel dieser Belegstärke bestimmt ist.

In direktem Zusammenhang mit dem Wohnungsproblem steht das Problem der Hygiene. Auch hier gibt es ungeheure Defizite, und Verbesserungen finden nur langsam statt. Dies gilt vor allem für die Wasserversorgung und die Kloaken. Auf dem Land sind die seichten Wasserstellen in der Regel ungedeckt, manchmal sind es nur in den Boden gegrabene Löcher. Diese und andere

Wasserquellen werden kaum gereinigt, und es werden keine Desinfektionsmittel verwendet. Im Gegenteil, alle Dorfbewohner tragen dazu bei, die Krankheiten von Haus zu Haus zu tragen, wenn sie mit ihren Eimern Wasser schöpfen. Die Bäche und Flüsse, aus denen die Haushalte Wasser schöpfen, dienen auch der Abfallbeseitigung. Da in den meisten Dörfern und sogar in vielen Stadtgebieten Kloaken fehlen, werden die Abfälle auf Gassen und Höfe geworfen, wo die Fliegen sich ungehindert vermehren, und der Dreck wird vom Regen in die Wasserreservoirs gespült.

Das größte Problem stellt wahrscheinlich die Beseitigung der menschlichen Fäkalien dar. In ganz Südasien ist es auf dem Land üblich, die Notdurft auf den Feldern und unter den Büschen in der Nähe menschlicher Behausungen zu verrichten. Folglich werden die täglich barfuß gehenden Menschen vom Hakenwurm befallen. Der vom Wind verstreute Fäkalstaub entzündet die Augen. Wenn es regnet, werden die im menschlichen Kot lebenden Parasiten in die Flüsse, Bäche und Brunnen gespült. Wo es Latrinen gibt, sind sie in der Regel schlecht gebaut und unsauber. In vielen Städten, besonders in Slums, sind die sanitären Einrichtungen kaum besser, zuweilen noch schlechter. Nach einer jüngeren Schätzung verfügen nur 6 % der ganzen indischen Bevölkerung über eine geschützte Wasserversorgung, während nur 3 % Zugang zu einem Abwassersystem haben. Da eine sichere Wasserversorgung und eine angemessene Abfallbeseitigung fehlen, ist es kein Wunder, daß es in Südasien jede Menge Krankheiten gibt, die durch unzureichende Hygiene verbreitet werden. Und angesichts dieser dauernden Bedrohung durch Krankheiten besteht ein lähmender Mangel an Ärzten, medizinischem Hilfspersonal und Kliniken. Die vorhandenen dienen meist nur den Wohlhabenden in den Städten.

Die Energieversorgung ist im allgemeinen weit unter dem minimalen Standard der entwickelten Länder des Westens. Auf dem Land gibt es kaum eine Elektrifizierung. Einige schwache Öllaternen ausgenommen, liegen die meisten Dörfer nach Sonnenuntergang völlig im Dunkeln. Selbst wenn die Alphabetisierungsrate wesentlich höher wäre und es in den Dörfern Zeitungen und Bücher gäbe, würde doch die unzureichende Beleuchtung wenig Lektüre zulassen. Dies wiederum behindert die Alphabetisierung und die Verbreitung von Drucksachen. Wieder haben wir es mit dem vertrauten Mechanismus des Ursachenkreislaufs mit kumulativen Folgen zu tun.

Im allgemeinen sind auch die Transportmittel in der ganzen Region unzulänglich. Die wichtigsten Transportmittel sind kleine Binnen- und Küstenschiffe sowie das Fahrrad, der Ochsenkarren und kleine Boote. In Indien, wo die Straßen sehr schlecht sind, befördern die Ochsenkarren tatsächlich mehr Fracht als die Eisenbahnen. Der Transport auf der Straße hat im Verhältnis zum Bahntransport zugenommen. Nur in wenigen Gebieten, etwa Malaya, hat der Straßenbau mit der Zunahme des motorisierten Verkehrs Schritt gehalten. Aber eine stetige Zunahme der Transportmittel für Güter und Personen ist für den wirtschaftlichen Fortschritt unerläßlich, nicht nur um die Märkte zu vergrößern, sondern auch um die regionale Isolierung zu durchbrechen. Eine Schwierigkeit ist selbstverständlich die starke Konzentration der Transportmittel in den urbanisierten Bezirken. Solange nicht das Hinterland an ein verbessertes Distributions- und Transportnetz angeschlossen ist, werden die regionalen Unterschiede sich verschärfen, und die rückwirkenden Folgen werden zu einer Perpetuierung der Armut auf dem Land beitragen. Die Industrie wird, auch wenn sie unter der Kontrolle von Einheimischen steht, weiterhin den Charakter einer Enklave haben.

Das Schicksal der Massen in den unterentwickelten Volkswirtschaften Südasiens wäre schwer genug, auch wenn die Einkommen gleichmäßig verteilt wären. In diesem Fall würde jeder Einwohner oder Einkommensempfänger eines Landes einen dem äußerst niedrigen Landesdurchschnitt entsprechenden Betrag erhalten. Statt dessen bedeutet die bestehende ausgeprägte Ungleichheit, daß die große Mehrheit in allen Ländern mit einem jährlichen Existenzminimum auskommen muß, das weit unter dem ohnehin schon unzulänglichen nationalen Durchschnitt liegt. Das Mißverhältnis zwischen den Einkommen der höchsten und der niedrigsten Einkommensgruppen ist in den unterentwickelten Ländern größer als in den entwickelten. In den entwickelten Ländern wirken sich die hohen progressiven Einkommenssteuern tendenziell egalisierend aus. Am unteren Ende der Skala bewirken auch die in den entwickelten Ländern vorhandenen sozialen

Wohlfahrtsleistungen eine solche Egalisierung. In Südasien dagegen werden die Steuern notorisch nachlässig eingetrieben, und die Sozialpolitik, so wie sie ist, kommt eher den nicht ganz so armen Einkommensschichten zugute. Aber selbst wenn das dort herrschende Maß der allgemeinen Ungleichheit mit dem der entwickelten Länder vergleichbar wäre, wäre dies für Südasien gleichwohl nachteiliger, denn ein bestimmtes Maß an Ungleichheit bedingt für weniger entwickelte Volkswirtschaften größere Härten und fällt schwerer ins Gewicht, als man oberflächlich annehmen möchte.

Außerdem ist die soziale und wirtschaftliche Stellung des Südasiaten, im Gegensatz zu den Verhältnissen in den entwickelten Ländern, zumeist statisch. Die zu einem bestimmten Zeitpunkt gegebene Ungleichheit bleibt in Südasien länger bestehen. Im Westen steigt nicht nur das durchschnittliche Einkommensniveau meist ziemlich schnell, sondern auch die einzelnen haben bessere Chancen, ihre relative Einkommenssituation zu verbessern. Die individuellen Aufstiegsmöglichkeiten in den niedrigsten Einkommensgruppen sind im Westen wesentlich besser als bei den entsprechenden Gruppen in Südasien, selbst wenn beide den gleichen Anteil am Volkseinkommen beziehen. Eine starke Zirkulation der Individuen zwischen den verschiedenen Einkommensklassen ist für den Westen, nicht aber für Südasien typisch. Zudem herrscht in Südasien innerhalb der Berufe oder Wirtschaftszweige wesentlich mehr Ungleichheit als in den entwickelten Ländern. Die Schwierigkeit, vergleichbare Berufsklassifikationen aufzustellen, sowie andere statistische Mängel schließen eine gültige empirische Absicherung dieser Feststellung aus. *A priori* ist jedoch zu erwarten, daß es ein höheres Maß an beruflicher und regionaler Ungleichheit bei beschränkter Mobilität gibt. Große, inegalitäre Lohn- und Gehaltsunterschiede bleiben offensichtlich länger bestehen, wenn nur eine geringe wirtschaftliche und soziale Mobilität möglich ist. Da Wirtschaft und Gesellschaft in den südasiatischen Ländern viel rigidere Strukturen aufweisen als in den westlichen Ländern, folgt daraus, daß die Ungleichheit innerhalb der einzelnen Sektoren der südasiatischen Volkswirtschaften viel hartnäckiger ist als im Westen.

In Südasien stehen niedrige Durchschnittseinkommen, die Ungleichheit der Einkommen und die soziale Schichtung in engem ursächlichen Zusammenhang. Die soziale Schichtung selbst ist ein

Aspekt der Ungleichheit. In den ärmsten Schichten Südasiens gibt es wohl keine großen Einkommensunterschiede, da ihr Durchschnittseinkommen nah am Überlebensminimum liegt. Daher ist es gut möglich, daß die höheren Schichten eines armen indischen Dorfes kein wesentlich höheres Einkommen als die armen Pächter oder landlosen Bauern haben. Doch zwischen diesen Gruppen besteht ein wichtiger Unterschied: erstere beziehen häufig ein Einkommen ohne Arbeit, während dies für die letzteren nicht zutrifft. Eine Verteilung der Einkommen nach sozialen Schichten würde daher auf ein hohes Maß an Egalität hinweisen, während die Sozialstruktur tatsächlich höchst inegalitär ist.

Daher würde die Ungleichheit stärker zum Ausdruck kommen, wenn die statistische Verteilung die Tatsachen der sozialen Schichtung besser widerspiegeln würde. Besonders in den ländlichen Gegenden Südasiens ist die Ungleichheit tatsächlich vor allem durch den Landbesitz bedingt, mit dem Muße, Status und Autorität verbunden sind. Es gibt einen engen Zusammenhang zwischen diesen ökonomischen und sozialen Faktoren. Die Ungleichheit des Sozialstatus schwächt häufig das Verlangen nach Produktivität. Die Muße wird sehr attraktiv, wenn sich durch Arbeit nur wenig gewinnen läßt. Die Tatsache, daß alle Bewohner eines Dorfes praktisch gleich arm sind, besagt nicht, daß sie alle gleich sind; im Gegenteil, sie sind alle so arm, weil sie so ungleich sind. Auch in den Fällen, wo die Einkommensunterschiede geringer sind als im Westen – vor allem bei den ärmeren Schichten –, tut die Tatsache einer wesentlich größeren sozialen Ungleichheit dem keinen Abbruch, sondern perpetuiert die Rigidität und das Fehlen von Chancen.

Die Auswirkungen der Ungleichheit wurden in manchen südasiatischen Ländern noch dadurch verschärft, daß dort, wo das Entwicklungstempo ein wenig beschleunigt werden konnte, die Einkommen der dünnen Ober- und Mittelschichten schneller wuchsen als die der Armen. Wiederum sind hier Vergleiche zwischen dem heutigen Südasien und den sich entwickelnden westlichen Ländern von gestern irrelevant. Es ist bekannt, daß die Einkommensverteilung in den frühen Phasen der Industrialisierung Westeuropas zuerst auseinanderlief und sich dann später mit der Ausbreitung von Nebeneffekten und der Verbesserung der Sozialgesetzgebung ausglich. Das Gegenteil gilt jedoch für Südasien. Denn wie im Fall der Urbanisierung und des relativen Aufschwungs der Versorgungsindustrien ging die offensichtliche Zunahme der Ungleichheit nicht mit einem schnellen Wachstum einher.

Auch zwischen den verschiedenen Regionen eines Landes und zwischen städtischen und ländlichen Arbeitskräften nimmt die Ungleichheit in Südasien zu. Zum Beispiel schätzt man, daß in Indien die monatlichen Konsumausgaben pro Person in den Städten um ein Drittel höher liegen als in den Dörfern und in den Großstädten mehr als doppelt so hoch sind wie auf dem Land. In Thailand, einem Reis exportierenden Land, ergab eine in Bangkok durchgeführte Umfrage, daß die städtische Ernährung der ländlichen weit überlegen war. Auch gibt es eine große Einkommensdiskrepanz zwischen den akademischen Berufen und den Arbeitern in den Städten. Während in den westlichen Ländern das Verhältnis zwischen den Einkommen der Akademiker und jenen der Industriearbeiter etwa drei oder vier zu eins ist, ist es in Südasien etwa mit fünfzehn oder zwanzig zu eins anzusetzen.

Und schließlich gibt es in Asien häufig eine besondere Form der Ungleichheit, die durch ethnische Schranken bedingt ist. In Ceylon z. B. besteht ein großer Unterschied zwischen den Durchschnittseinkommen der ceylonesischen Tamilen und den aus Indien eingewanderten Tamilen. Dies erklärt sich vor allem durch die große Zahl von Kaufleuten mit hohem Einkommen unter den ceylonesischen Tamilen. In Malaya, wo die Angehörigen der chinesischen und indischen Volksgruppen sich auf die Plantagenarbeit spezialisieren und ganz allgemein die Spitzenpositionen der akademischen Berufe und der Wirtschaft einnehmen, ergibt sich unvermeidlich eine Kluft zwischen ihren Einkommen und denen der Malayen, die zumeist ländliche Reispflanzer und Arbeiter auf kleinen Besitzungen sind oder als schlecht bezahlte Fahrer, Boten und Büroangestellte arbeiten. Aber auch innerhalb der chinesischen Gruppe in Malaya, Singapur und Thailand gibt es starke Unterschiede zwischen den Spitzeneinkommen und denen der Kulis.

Ähnlich verhält es sich in den übrigen Ländern der Region, obgleich in Indien und Pakistan die Kasten- und Religionszugehörigkeit wichtiger ist als die rein rassischen Unterschiede. Extreme Beispiele sozialer Ungleichheit finden sich auch in den früheren europäischen Kolonien, bedingt durch die Konzentration von Europäern in den höheren Positionen der Wirtschaft, auch wenn verschiedene Entwicklungspläne versuchten, diese fremden Gruppen, einschließlich der »orientalischen Ausländer«, zurückzudrängen.

Die oben erwähnten Symptome der Ungleichheit stehen in einem engen Zusammenhang. Die ganze Struktur der Ungleichheit stützt sich auf das Kastensystem, die Rassenschranken, die ethnische Diskriminierung, den Nepotismus und das generelle System sozialer und religiöser Tabus. Der Circulus vitiosus der kumulativen Interrelationen und Ursachen wird dadurch perpetuiert. Die heutigen institutionellen Gegebenheiten verhindern das Entstehen einer sozialen, regionalen und beruflichen Mobilität und zementieren die Aufsplitterung des sozialen und ökonomischen Lebens. Dies ist eines der größten Hindernisse für das wirtschaftliche Wachstum.

8. Außenhandel und Kapitalbewegungen

In Westeuropa ebneten einst Exportsteigerungen dem Import von Kapitalgütern den Weg, der wiederum die wirtschaftliche Entwicklung fortsetzte und stimulierte. In Südasien trugen die Investitionen in Plantagen und Bergwerke zum Ausbau dieser anfänglichen Aktivitäten bei. Dies ist der Grund, warum heute das Einkommensniveau in Ceylon und Malaya höher liegt als in Pakistan und Indien. In Westeuropa, Nordamerika und Australien war die Entwicklung anfangs durch einen blühenden, expandierenden internationalen Handel bedingt. In Südasien wurde die steigende Nachfrage nach den Rohstoffen der Region durch Unternehmungen befriedigt, die zumeist durch Fremde aus den westeuropäischen Ländern aufgebaut und betrieben wurden, welche ihre Profite in die Mutterländer transferierten, ihre Industriegüter im Ausland kauften und sich selten der lokalen Bevölkerung assimilierten. Die Exportchancen verbesserten sich zwar für Südasien unmittelbar nach dem Ersten Weltkrieg, aber sie stimulierten kein schnelles allgemeines Wachstum der Volkswirtschaften der Region. Seit der Unabhängigkeit bemühte man sich, wie wir feststellten, aus diesen von Ausländern beherrschten Unternehmen mehr Nutzen für das eigene Land zu ziehen. Man sollte also annehmen, daß der Nutzen für die Wirtschaft der Region seit der Unabhängigkeit im Vergleich zu früher gestiegen sei. Aber die internationale Situation hat sich verändert. Die Wirtschaft wird nicht mehr durch expandierende Exportmärkte stimuliert. Tatsächlich steht zu erwarten, daß die Nachfrage nach den meisten traditionellen Exportgütern Südasiens kaum steigen wird. Nicht nur hat die Natur in Südasien mit Rohstoffen gegeizt, sondern nunmehr stagniert auch die Nachfrage der Welt nach den Produkten, über die die Region verfügt.

Während die Expansion und Diversifikation des Exports ohnehin schon durch die internen Barrieren, die der Begriff der Unterentwicklung beinhaltet, erschwert ist, haben die Schwierigkeiten nun durch die restriktive Importpolitik der Industrienationen noch zugenommen. Die entwickelten Länder des Westens belegen die Produkte der angeblich »billigen« ausländischen Arbeit nur zu häufig mit Zöllen, Quoten und anderen Restriktionen.

Auch die kommunistischen Länder entwickelten bislang keine Handelspolitik, die substantielle Märkte für Industrieprodukte aus Südasien garantieren würde.
Wenn in den südasiatischen Ländern eine Entwicklung stattfinden wird, dann nicht infolge der Nachfrage des Auslands nach jenen Produkten, mit denen die Region seit jeher vergleichsweise bevorzugt ausgestattet war. Diese Tatsache bedeutet nicht nur, daß das wirtschaftliche Wachstum nunmehr schwerer herbeizuführen ist als zu der Zeit, als die entwickelten Länder mit diesem Problem konfrontiert waren, sondern sie besagt auch, daß der Wachstumsprozeß selbst viel autarker und viel weniger als automatische Reaktion auf äußere Kräfte stattfinden wird. Die Entwicklung muß weitgehend von internen Voraussetzungen ausgehen und willkürlich angespornt und unterhalten werden, denn der spontane, wachstumsförderliche Stimulus eines relativ freien, expandierenden internationalen Handels ist nicht mehr gegeben.

Über den Außenhandel und die Kapitalbewegungen zwischen Südasien und der übrigen Welt gibt es bessere Informationen als über die übrigen Wirtschaftsbereiche, und daher sind die daraus gezogenen Schlüsse weniger eingeschränkt gültig. Die Länder mit dem höchsten Pro-Kopf-Einkommen, Ceylon und Malaya, haben die höchsten Außenhandelsquoten, während Indien und Pakistan, die ärmsten Länder, die niedrigsten aufweisen. Auf Exporte und Importe entfallen in Indien und Pakistan weniger als 10 % des Volkseinkommens, während es in Ceylon und Malaya über 30 % sind. Malaya mit seinen Plantagen und Bergwerken exportiert mehr als Pakistan, dessen Bevölkerung beinah zwölfmal so groß ist.
So aufschlußreich die Gesamt-Außenhandelsquoten auch sein mögen, der wichtigste Aspekt des Außenhandelssektors ist die Zusammensetzung von Exporten und Importen, genauer gesagt, die fehlende Vielseitigkeit dieses Handels. In fünf der südasiatischen Länder entfallen mehr als 50 % des gesamten Exports auf nur eine Ware. Diese Länder sind Burma (Reis), Pakistan (Jute), Südvietnam und Malaya (Gummi) und Ceylon (Tee). Nur drei Länder haben mehr als einen Haupt-Exportartikel. Die Philippinen verkaufen Zucker und Kokosnüsse, Indonesien Gummi und Rohöl und Thailand Reis und Kautschuk. Und nur In-

dien exportiert in nennenswertem Umfang Industriegüter. Ferner ist die interne Nachfrage nach diesen Waren, mit Ausnahme von Reis, sehr gering, und nahezu die ganze Produktion wird exportiert. Dies macht die südasiatischen Länder einzigartig abhängig von äußeren Märkten – die sie nur wenig beeinflussen können, was die Nachfrageseite betrifft. Da interne Märkte fehlen, sind ihre Volkswirtschaften viel anfälliger für Veränderungen der Auslandsnachfrage, denn es gibt keine Möglichkeit, einen Rückgang der Käufe des Auslands abzufangen. Die Instabilität der Exporteinnahmen veranlaßt auch in den Ländern, die nur wenig exportieren, immer wiederkehrende Krisen der Zahlungsbilanz, die nicht nur die Aufmerksamkeit von anderen Aspekten der Entwicklung ablenken, sondern auch den Import lebenswichtiger Entwicklungsgüter beeinträchtigen.

Manche Importkategorien sind sehr wichtig für die Entwicklung. Hierzu zählen wir jenen Anteil der Nahrungsmittelimporte, der sich nicht reduzieren läßt, ohne das Ernährungsniveau nachteilig zu beeinflussen. Indien, Pakistan und Indonesien waren bis vor kurzem in einer Situation, in der es ihnen nicht möglich war, die Nahrungsmittelimporte zu drosseln, um den Import von Kapitalgütern zu steigern. Diese drei Länder sind also besonders anfällig gegenüber einem Anstieg der Importpreise oder einem Rückgang der Exporteinnahmen. In den übrigen Ländern der Region ist der Import nicht im gleichen Maß auf lebenswichtige Güter beschränkt. Eine Verringerung ihrer Importe würde die Entwicklung vermutlich weniger nachhaltig beeinträchtigen, da diese Verringerung auf die nicht lebenswichtigen Dinge beschränkt bliebe.

Damit soll nicht unterstellt werden, daß es wünschenswert sei, einen großen Anteil an nicht lebenswichtigen Importen zu haben. In einem entwickelten Land ist dies vielleicht ein Zeichen des allgemeinen Wohlstands, nicht jedoch in einem unterentwickelten Land. Aber wenn eine Nation arm ist und ihre Entwicklung in der Weise plant, daß die Importe lebenswichtiger Güter einen hohen Anteil der Gesamtimporte ausmachen, wie dies in Indien und Pakistan der Fall ist, dann wird jede umfangreichere Kürzung die Entwicklung nachhaltig stören. Obwohl also Indien und Pakistan die niedrigsten Importe und Exporte im Verhältnis zum Volkseinkommen der Region aufweisen, verleiht die Zusammensetzung ihrer Importe dem Außenhandelssektor eine

strategische Bedeutung, die in keinem Verhältnis zu seinem Umfang steht. Länder wie Malaya und Ceylon, die Einnahmen aus ihren Exporten haben, können es sich leisten, nicht nur große Mengen industrieller Konsumgüter, sondern auch einen großen Teil ihrer Nahrungsmittel im Ausland einzukaufen.
In jüngerer Zeit wurde der Importkatalog aller südasiatischen Länder durch ihre relativ intensiven Entwicklungsbemühungen gekürzt. Die ärmeren Länder mußten ihre nicht lebenswichtigen Importe drastisch reduzieren, besonders auf dem Gebiet der Konsumgüter. Außerdem waren sie zu steigenden Aufwendungen für Kriegsgerät gezwungen, was die Verausgabung kostbarer harter Devisen erfordert. Indien und Pakistan sind in dieser Richtung am weitesten fortgeschritten, und ihre Importsituation läßt für Veränderungen nur noch wenig Spielraum. Infolge dieser Faktoren waren besonders Indien und Pakistan gezwungen, Maßnahmen zur Substitution ihrer Importe zu ergreifen und sich mit im Inland produzierten Gütern zu behelfen, und ihr handelspolitischer Spielraum wurde stark beschnitten. Ein weiterer hervorstechender Aspekt des südasiatischen Außenhandels ist die Orientierung auf weit entfernte Länder. Zwischen 50 und 60 % der Exporte aus Pakistan, Indien und Ceylon gehen nach Westeuropa und Nordamerika. In dieselben Gebiete gehen mehr als zwei Drittel der südvietnamesischen und über 70 % der philippinischen Exporte. Nur die großen Reis-Exportländer Burma und Thailand, in geringerem Maß auch Indonesien, exportieren in nennenswertem Umfang in andere südasiatische Länder. Ebenso beunruhigend ist die Importsituation. Malaya, Singapur, Ceylon und Thailand beziehen zwischen 30 und 45 % ihrer Importe aus Nordamerika und Westeuropa. Die übrigen Länder der Region beziehen mehr als die Hälfte ihrer Importe von dort.

Nun, da der Kolonialismus in Südasien beseitigt ist, halten die für das wirtschaftliche Los der Region Verantwortlichen die gegenwärtige ökonomische Struktur nicht für etwas Statisches, sondern sehen sie als Basis für einen neuen Ausgang. Unabhängig davon, wie energisch sie das Ziel der Entwicklung verfolgen, können ihre Bemühungen durch zwei Faktoren, die nicht unter ihrer Kontrolle stehen, vereitelt werden: alle Länder der Region sind in hohem Maß von äußeren Bedingungen abhängig, und die

Trends des Außenhandels in den vergangenen Jahrzehnten sowie die durch diese Trends bedingten Zukunftsperspektiven sind so beschaffen, daß sie die Entwicklungsperspektive all dieser Länder sehr nachteilig beeinflussen. Seit Ende der 1920er Jahre ist der Welthandel mit Fertigprodukten viel schneller angewachsen als der Rohstoffhandel. Da aber Südasien besonders von letzterem abhängig ist, wirkte sich der ganze Trend des Welthandels zum Nachteil der Region aus. Zudem ist es bedeutsam und verhängnisvoll, daß der internationale Handel mit diesen Primärgütern sich seit Ende der 20er Jahre im Weltmaßstab schneller entwickelt hat als in bezug auf die südasiatischen Länder. Abgesehen von Rohöl ist das Exportvolumen Südasiens Ende der 50er Jahre offenbar dasselbe wie 1927 bis 1929. Schließt man auch Kautschuk aus, dann sank das Volumen sogar um etwa 25 %. Die Nachfrage nach den vier wichtigsten Exportartikeln Südasiens – Reis, Zucker, Baumwolle und Jute – blieb erheblich hinter dem ökonomischen Wachstum des Westens zurück. Auch wurde die Region durch die zunehmende Verwendung synthetischer Fasern und synthetischen Gummis geschädigt. Diese Wirkung wiederum wird durch den Druck verstärkt, der von der verbesserten technischen Leistungsfähigkeit, von Handelsbarrieren und Produktionsüberschüssen in der westlichen Welt, besonders in USA und Kanada, ausgeht. Das wirtschaftliche Wachstum vieler Industriezweige, die südasiatische Rohstoffe verwenden, hat sich nicht in eine entsprechend gesteigerte Nachfrage nach diesen Materialien umgesetzt.

Die Erklärung für diese allgemeine Stagnation ist nicht zuletzt auf der Angebotsseite zu suchen. Kriegszerstörungen – besonders schwer in Burma und Indonesien – verhinderten, zusammen mit den politischen Unruhen nach dem Krieg, eine vollkommene Erholung und reduzierten die Exporte für einen Teil der Nachkriegszeit. Außerdem trug der Bevölkerungszuwachs zu einer Verringerung der exportierbaren Überschüsse aus bestimmten Gebieten bei. Der heimische Konsum in Indien und Pakistan z. B. nahm einen großen Teil des vermehrten Jute- und Baumwollangebots auf. Im Gegensatz zur Stagnation des Exports stiegen die Importnachfrage und die tatsächlichen Importe merklich an. Auf dem lebenswichtigen Gebiet der Nahrungsmittelversorgung wuchs die Produktion nur langsam, während die Bevölkerung sich schnell vermehrte, und dies führte dazu, daß die

exportierenden Länder weniger Nahrungsmittel für den Export übrigbehielten und die importierenden Länder mehr einkaufen mußten. Südasien, das bis zum Zweiten Weltkrieg ein Netto-Exporteur in Nahrungsmitteln war, hat sich in einen Netto-Importeur verwandelt, wobei das Defizit dauernd wächst.
Kurz, es zeigte sich in der Region insgesamt während der letzten drei oder vier Jahrzehnte eine stetige Zunahme der Importnachfrage, während die Exportmöglichkeiten keine vergleichbare Dynamik aufwiesen. Durch die starken Schwankungen der tatsächlichen Exporteinnahmen – hervorgerufen durch Trends auf dem Weltmarkt, die chronisch hinter der steigenden Importnachfrage zurückbleiben, sind tatsächlich die meisten südasiatischen Länder in eine Reihe von akuten und immer gefährlicher werdenden Zahlungsbilanzkrisen geraten.

Die Abhängigkeit Südasiens von den westeuropäischen Exportmärkten, ein traditionelles Merkmal des Kolonialhandels, war 1961-62 größer als 1948. Die Exporte in kommunistische Länder sind heute etwas umfangreicher als nach dem Krieg, fallen aber nicht sehr ins Gewicht. Im allgemeinen hat sich der Handel mit den osteuropäischen kommunistischen Ländern insgesamt recht schnell entwickelt, während der Handel mit China retardierte. Gleichzeitig ist der Handel innerhalb der Region zurückgegangen. Man wird sich zunehmend dieser Tendenz bewußt, die, zusammen mit dem generell ungünstigen Exportklima, das wirtschaftliche Wachstum beeinträchtigen dürfte. Diese Tatsache sollte stärker berücksichtigt werden, und man sollte versuchen, den Handel innerhalb der Region zu stimulieren. Dies dürfte jedoch auch bei bestem Willen und großen Anstrengungen sehr schwerfallen.
Denn diese Bemühungen werden ganz allgemein durch das Fehlen einer wirtschaftlichen Entwicklung beeinträchtigt. Jede Nation versucht, ihre Importe auf die für die Zwecke der Entwicklung benötigten Güter, wie etwa Kapitalinvestitionen und Schwermaschinen, zu beschränken. Die Folge ist selbstverständlich eine Benachteiligung der anderen südasiatischen Länder, die an solchen Gütern ebenfalls Mangel leiden. Da eine unterentwickelte Wirtschaft ihre Unabhängigkeit am leichtesten dadurch erreichen kann, daß sie sich auf Gebiete konzentriert, die wenig Kapital erfordern, wird im Effekt gerade die Entwicklung jener Indu-

striezweige angeregt, die im Wettbewerb mit der Industrie anderer unterentwickelter Länder in Südasien stehen. Zudem verband die kolonialistische Handelspolitik die Südasiatischen Länder mit den Märkten der Mutterländer, nicht aber untereinander. Daher wurden keine Transport- und Kommunikationssysteme aufgebaut, welche einen intraregionalen Handel gefördert hätten. Nach Erlangung der Unabhängigkeit fand kein schnelles Wachstum statt, und folglich verfügten die Länder der Region nicht über jene Flexibilität, die damit verbunden gewesen wäre. Daß diese fehlte, trug in sehr hohem Maß dazu bei, die Expansion des intraregionalen Handels zu behindern.
Ähnlich wurde die Region durch politische Spannungen und traditionelle Antipathien gespalten, und in vielen Fällen verschlechterte sich dieser Zustand noch seit der Unabhängigkeit. Indien und Pakistan kämpften um Kashmir, und diese Auseinandersetzung wurde von religiösen Antagonismen überschattet und rief auch in anderen Teilen der Region ein Echo hervor. Die Inder, die von den Burmesen generell abgelehnt werden, sind nun weitgehend aus Burma vertrieben. Das Verhältnis zwischen Indien und Ceylon wurde durch die Verabschiedung von Gesetzen belastet, welche die indischen Tamilen auf den Plantagen sowie in gewissem Umfang auch die ceylonesischen Tamilen im Norden benachteiligten. Die zwischen Thailand und Kambodscha herrschende Verbitterung führte zu Streitigkeiten um die Verfügung über einen buddhistischen Tempel. Kleinliche Eifersüchteleien, verstärkt durch ethnische und religiöse Unterschiede, herrschen in ganz Südasien vor. Die kleineren Länder der Region hegen auch Mißtrauen gegen die größeren. All diese Spannungen wurzeln tief in der Geschichte, und sie wurden bislang nicht abgeschwächt. Im Gegenteil, im Rahmen der wirtschaftlichen Stagnation, der sich verstärkenden nationalistischen Emotionen und der Anlehnung Südasiens an die Protagonisten des Kalten Krieges scheinen die Zwistigkeiten noch zuzunehmen.

In bezug auf den Handel – definiert durch das Verhältnis der Gesamtheit der Exporte zur Gesamtheit der Importe – sind die Aussichten für Südasien unterschiedlich, aber es gibt keine eindeutigen Hinweise dafür, daß sich in den letzten Jahrzehnten ein langfristiger Trend zur Besserung für die südasiatischen Länder ergeben hätte. Obgleich die Lage der einzelnen Länder unterschiedlich sein mag, deuten alle Anzeichen für die Zukunft auf eine Verschlechterung hin, besonders wenn die Region weiterhin so stark von Rohstoffen abhängig bleibt. In dieser Hinsicht haben die südasiatischen Länder einen zusätzlichen Nachteil, denn die entwickelten Länder sind anpassungsfähiger gegenüber den relativen Preisschwankungen und können von einem ärmeren Land mehr einkaufen, wenn die Preise niedrig sind, und zurückstehen, wenn die Marktsituation für den Käufer weniger vorteilhaft ist. Die Auswirkungen dieser Situation könnten jedoch durch technische Fortschritte in den entwickelten Ländern ausgeglichen werden, die zu einer Verringerung der Kosten für die von den südasiatischen Ländern benötigten Importe beitragen dürften. Außerdem hat die Zunahme der Exporte aus kommunistischen Ländern nach Südasien einen Konkurrenzdruck geschaffen, der mithelfen könnte, die Importkosten niedrig zu halten.

Aber da die Exporteinnahmen der südasiatischen Länder nicht mit ihrer Importnachfrage Schritt halten, sind sie mit einer zunehmend sich verschärfenden Knappheit ausländischer Währungen konfrontiert. Daher wird der Erfolg ihrer Entwicklungsanstrengungen erheblich von ihrer Fähigkeit abhängen, ausländisches Kapital zu vernünftigen Bedingungen hereinzuziehen. Im Westen schwindet allmählich die Bereitschaft zu größeren Auslandsinvestitionen, wovon fast ausschließlich die Direktinvestitionen betroffen sind. Und die USA als beherrschender Kreditor haben ihre Investitionen außerhalb Südasiens konzentriert. Die Philippinen, Malaya, Thailand und kürzlich auch Pakistan konnten sich jedoch in gewissem Umfang Investitionen sichern. Relativ wenig ging nach Indien und Ceylon, also in Länder, die einst für ausländische Unternehmungen und Investitionen attraktiv waren.

Da so wenig privates Kapital zur Verfügung steht, fällt die Aufgabe, den südasiatischen Ländern bei der Befriedigung jener so dringenden Bedürfnisse zu helfen, die über das hinausgehen, was sie durch Einnahmen aus ihrem stagnierenden Export finanzieren können, ausschließlich den westlichen Regierungen zu, besonders den USA. In der Zeit unmittelbar nach dem Krieg wurden die geschwächten Länder Südasiens von ihren Unabhängigkeitskämpfen erschüttert, und die Aufmerksamkeit der gebenden

Nation konzentrierte sich auf Europa. In den frühen 1950er Jahren, nachdem in China die kommunistische Regierung an die Macht gelangt war, begannen sich die Vereinigten Staaten mehr für die Region zu interessieren, und dies kam in einem steigenden Volumen der Subventionen und Kredite zum Ausdruck. In der zweiten Hälfte der 1950er Jahre nahm die Hilfe der USA in dem Maß zu, wie der Kalte Krieg heißer wurde. Allmählich profitierte Südasien auch zunehmend von den durch manche westeuropäische Länder gewährten Subventionen und Krediten. Und erstmals begannen auch die kommunistischen Länder in steigendem Maß Kredite zu gewähren. Obgleich im Verhältnis zu den Bedürfnissen der Empfänger oder den Kapazitäten der reicheren Länder nur gering, ging dieser laufende Zustrom ausländischer Hilfsgelder und Kredite nach Südasien weit über das hinaus, was die Region in der Vergangenheit jemals erhalten hatte.

Der wichtigste Grund für diese vermehrte Hilfeleistung lag darin, daß Südasien gerade zu der Zeit für die Großmächte an politischer Bedeutung gewann, als die innere Instabilität und andere Faktoren ein für private ausländische Investitionen ungünstiges Klima geschaffen hatten. Aber diese Form der Kapitalbewegung läßt eine solche Unterstützung für die ökonomische Entwicklung Südasiens weniger wirksam werden. Zum einen richtete sich die Plazierung der Finanzhilfe nicht immer ausschließlich nach wirtschaftlichen Erwägungen. Von 1954 bis 1958 z. B. erhielten Laos und Südvietnam von den Vereinigten Staaten Subventionen und Kredite fast in der gleichen Höhe wie Indien und Pakistan. Ganz allgemein jedoch verdienten die Entwicklungsleistungen in Süvietnam und Laos kaum Unterstützung in solchem Ausmaß; Indien, das eine um vieles größere Bevölkerung als diese Länder aufweist, erbrachte wesentlich größere Entwicklungsleistungen.

Auch ist die Südasien zuteil gewordene Wirtschaftshilfe häufig mit Bedingungen verknüpft. Abgesehen von politischen Obertönen, die entscheiden, welches Land Hilfe erhält, werden die Subventionen und Darlehen häufig für bestimmte Zwecke gewährt. Und manchmal dienen sie nur der Ostentation des Hilfe gewährenden Landes. In anderen Fällen wird von den Empfängerländern verlangt, die erhaltenen Mittel in den Geberländern auszugeben oder die eingekauften Güter mit Schiffen dieses Landes zu verfrachten. Solche Beschränkungen verhindern, daß das ausländische Kapital von denen, die es erhalten, am wirksamsten eingesetzt wird. Oft schwankt die Unterstützung in direktem Verhältnis zum politischen Gebaren eines Landes. Hält zum Beispiel der Ministerpräsident eine Rede, in der er die USA kritisiert, dann führt dies zu einer Überprüfung der Gesichtspunkte, nach denen das betreffende Land Unterstützung bezieht. Verfolgt dieses aber eine stark anti-amerikanische Politik, dann könnte es damit rechnen, durch größere Kredite von der Sowjetunion belohnt zu werden. Ein Regime, das zusammenzubrechen und in die Hände der Kommunisten zu fallen droht, kann auf reichliche Unterstützung durch die USA rechnen. Es zeigt sich deutlich, daß das gegenwärtige System der bilateralen Hilfe eine starke Tendenz zur – unter wirtschaftlichen Gesichtspunkten – ungerechtfertigten Zuweisung von Mitteln zeitigt. Es läßt sich zwar nicht angeben, ein wie hoher Anteil der Wirtschaftshilfe für Südasien in dieser Form fehlverteilt wurde, aber es ist nicht zu bezweifeln, daß sehr viel davon vergeudet wurde oder sogar wichtige Reformen verhinderte.

All diese Erwägungen sprechen dafür, daß man mehr dazu übergehen sollte, die Darlehen von internationalen Institutionen vergeben zu lassen, wobei das politische Element weniger prononciert wäre. Solange nicht ein geeigneterer Mechanismus gefunden ist, um die ausländische Hilfe langfristig und in großem Umfang in diejenigen Länder zu leiten, die sie am meisten benötigen und verdienen, bleibt eine solche Unterstützung unzureichend, zu kurzfristig und anfällig für radikale, durch die augenblickliche politische Situation diktierte politische Schwankungen.

Von den in diesem Kapitel skizzierten wirtschaftlichen Realitäten spricht keine zugunsten Südasiens, und ebenso entmutigend erscheinen die Aussichten für die Zukunft. Aber die südasiatischen Länder müssen alles tun, um die Schwierigkeiten, die sich vor ihnen auftun, zu bekämpfen.

Sie könnten zum Beispiel durch Hinzunahme neuer Grundstoffe, durch die Erweiterung marktfähiger Dienstleistungen, etwa auf dem Gebiet des Tourismus, oder durch die Produktion neuer Industriegüter ihre Exporte vielseitiger gestalten. Aber Südasien ist nicht ausreichend mit Rohstoffen gesegnet, als daß sich neue Grundstoffe gewinnen ließen, es sei denn, es würden neue Vorkommen entdeckt. Die Dienstleistungen werden in den nächsten zwanzig Jahren zweifellos erweitert werden, aber es ist unwahrscheinlich, daß dies in genügendem Umfang geschehen wird, um die Importkapazität wesentlich zu steigern. So bieten lediglich Fertigwaren bessere Aussichten für die Diversifikation. Doch mit Ausnahme weniger Produkte, wie Ventilatoren und Nähmaschinen aus Indien, Kricketbälle aus Pakistan und selbstverständlich Textilien, gelangen keinem südasiatischen Land größere Vorstöße auf die Märkte für Fertigwaren in den industrialisierten Ländern.

Diese Situation ist sowohl durch natürliche als auch durch künstliche Gründe bedingt. Da ist vor allem einmal die relativ dürftige Rohstoffsituation, und diese bedingt einen erheblichen Nachteil, wenn gleichzeitig die Arbeitseffizienz und die Löhne niedrig sind und das Kapital fehlt. Noch schwieriger ist es, auf etablierte Märkte vorzustoßen – was schon besser gestellten Ländern schwer genug fällt. Billige Arbeitskräfte mögen in Südasien zwar zur Verfügung stehen. Aber unglücklicherweise führen die geringe Leistungsfähigkeit der Arbeiter wie des Managements sowie das Fehlen spezialisierter Zulieferbetriebe zu einer Steigerung der Kosten pro Produkt und machen damit den Vorteil des niedrigeren Lohnniveaus zunichte. Hinzu kommen noch die von den meisten großen Absatzländern erlassenen Importbeschränkungen und Zollvorschriften.

Daher sind die südasiatischen Länder in einer mißlichen Lage: Eine Steigerung der Exporteinnahmen ist die Voraussetzung zur Finanzierung der benötigten Importe, und Fertigprodukte sind das einzige Gebiet, auf dem Chancen zur Steigerung der Exporte bestünden. Ob es gelingt, lebensfähige und dynamische Wirtschaftssysteme aufzubauen, hängt daher weitgehend von der Fähigkeit dieser Länder ab, ihren Export von Fertigprodukten zu steigern. Aber ein Vorstoß in diese Richtung würde auf alle hier aufgezählten Hindernisse und Hemmnisse treffen.

Daraus ergibt sich, daß die reichen Länder, wenn ihnen etwas am Geschick Südasiens gelegen ist, nicht nur die künstlichen Einfuhrbeschränkungen für Fertigwaren aus Südasien abbauen, sondern auch bei sich selbst Märkte für diese Produkte schaffen und auf lange Sicht eine Befreiung von Importrestriktionen garantieren müßten. Dies würde von den wohlhabenden Nationen eine verständnisvollere Haltung gegenüber den unterentwikkelten Ländern sowie eine größere Bereitschaft erfordern, jenen einflußreichen heimischen Kreisen, die kurzfristige Protektionsmaßnahmen fordern, Widerstand entgegenzusetzen. Politisch ist es wesentlich einfacher für die reichen Länder des Westens, Subventionen und Kredite zu gewähren, die ihrem eigenen kommerziellen Interesse, den Export zu steigern, dienen, als ein Importvolumen zuzulassen, das möglicherweise die eine oder andere Branche der heimischen Industrie benachteiligen könnte. Doch eine Steigerung der Industrieexporte ist für eine unterentwickelte Wirtschaft möglicherweise stimulierender als bilaterale Auslandssubventionen – und Darlehen –, die mit erheblicher Unsicherheit und anderen Nachteilen belastet sind. Das Schlagwort »Handel statt Hilfe« hat für Südasien reale Bedeutung.

Neben ihren Bemühungen, ein vielseitiges Angebot zu schaffen, besteht für die südasiatischen Länder in beschränktem Umfang die Möglichkeit, ihren Handel durch die Erschließung von alternativen Märkten zu erweitern. Dies könnte auf drei Hauptgebieten geschehen: in den kommunistischen Ländern, in den Ländern Südasiens selbst sowie in den unterentwickelten Ländern Lateinamerikas, Afrikas und Westasiens.
Möglich wäre auch, daß die Sowjetunion und andere europäische Länder einmal an die Grenze ihrer eigenen Rohstoffreserven gelangten. Ihre Industrialisierung gibt ihnen die Möglichkeit, große Mengen Kapitalgüter zu exportieren, und diese könnten in die unterentwickelten Länder geleitet werden. Die kommunistischen Länder wiederum könnten mehr primäre oder traditionelle Produkte aus Südasien abnehmen. Ein für beide Seiten nutzbringender, umfangreicher Handel zwischen den kommunistischen Ländern und Südasien liegt daher gewiß im Bereich des Möglichen. Der kommunistische Block bietet ein sogar noch größeres Marktpotential für Konsumgüter. Seit 1950 sind die Konsumausgaben in der Sowjetunion stark angestiegen; es trifft zwar zu, daß diese Güter hauptsächlich innerhalb des Blocks erzeugt werden, doch spricht kein Grund dagegen, sie aus anderen Ländern einzuführen. Gegenwärtig sehen die Kommunisten offenbar politische und wirtschaftliche Vorteile in einer Aufwertung ihres Handels mit bestimmten südasiatischen Ländern, vor allem mit Indien. Außerdem zeigen sie eine flexiblere Bereitschaft als die Vereinigten Staaten, ihre Inlandsmärkte für asiatische Exporte

von Konsumgütern und Produkten zu öffnen und langfristige Kredite einzuräumen, welche die Empfänger in ihrer eigenen Währung zurückzahlen können. Eine weitere Möglichkeit der Marktexpansion bietet der Handel zwischen den Ländern Südasiens selbst. Obwohl dessen unmittelbare Aussichten durch die innerhalb der Region bestehenden Spannungen überschattet sind, könnten die südasiatischen Nationen ihre Bemühungen, die Importe durch Eigenproduktion zu ersetzen, innerhalb der Region koordinieren und damit die Möglichkeiten für einen Güteraustausch der Länder untereinander verbessern. So könnte z. B. die Produktion dessen, was bislang importiert wurde, zusammengelegt werden, und dies könnte durch eine Spezialisierung einzelner Länder auf bestimmte Güter ergänzt werden. Der wirtschaftliche Druck wird mit der Zeit zunehmen, wenn es nicht gelingt, die Exporte in andere Teile der Welt erheblich zu steigern; daher wird eine engere regionale Integration oder Kooperation immer wichtiger werden. Es gibt in der Region bereits einige kooperative Projekte, die trotz der nationalen Antagonismen zwischen den südasiatischen Ländern einige Fortschritte machten. Das Mekong-Projekt und der Asian Highway sind ermutigende Beispiele.

Aber der Abbau der zwischen den südasiatischen Ländern bestehenden Zölle allein würde nicht ausreichen, um den Handel zu erweitern. Oder, wie es von Wirtschaftswissenschaftlern der UNO ausgedrückt wurde, »der Markt kann nicht durch Liberalisierung, sondern nur durch Organisation erweitert werden«. Was gebraucht wird, ist die Koordination der nationalen Pläne. In erster Linie könnten eine Reihe von bilateralen Abkommen günstige Ergebnisse zeitigen. Zum Beispiel könnte Ceylon sich das Recht sichern, eine große Reifenindustrie aufzubauen, um sich selbst und Indien zu versorgen, und dafür Indien das Recht zugestehen, den Markt für Maschinen und Werkzeuge zu versorgen. Ceylon hat den Gummi, und Indien verfügt über die Voraussetzungen für eine große Werkzeugindustrie. Eine gemeinsame Planung und die Abkehr vom engstirnigen Nationalismus der gegenwärtigen Planung sind notwendig, um eine vernünftige Verteilung der Gewinne aus der Kooperation zu erzielen und um das Fehlen eines funktionierenden Marktmechanismus zu kompensieren. Gewiß sind noch viele Hürden zu nehmen, bevor dies Wirklichkeit werden kann. Unter diesen Umständen

überrascht es nicht, daß die lebhafte Diskussion über die regionale Integration in Südasien wenig Ergebnisse gebracht hat. Aber diese Bestrebungen sind so vielversprechend, daß sie wahrscheinlich nicht aufgegeben werden. Auch könnte das Entstehen anderer Handelsblöcke, etwa der Europäischen Wirtschaftsgemeinschaft, die Länder Südasiens veranlassen, wirtschaftlich enger zusammenzuarbeiten.
Die dritte Alternative, nämlich der Handel mit anderen unterentwickelten Ländern außerhalb Südasiens, erscheint im Augenblick noch fern. Aber dieselbe Logik, welche die Länder Südasiens zur engeren wirtschaftlichen Zusammenarbeit zwingt, ist ohne weiteres auch auf alle unterentwickelten Länder anwendbar. Vieles spricht für einen gemeinsamen Markt der »armen Länder« für billige Waren, besonders wenn man bedenkt, daß die armen Länder, wenn sie miteinander um dieselben Exportmärkte konkurrieren, einander mehr behindern als helfen werden.

Diese bohrenden Probleme des Welt- und Regionalhandels sind an sich schon entmutigend genug. Ebenso düster sind die Aussichten für eine nennenswerte Steigerung der ausländischen Investitionen in Südasien. Importrestriktionen, Währungskontrollen und allgemeine Beschränkungen für die Industrie ließen viele Investoren vor dem Schritt nach Südasien zurückschrecken. Aber es dürfte immer noch viele geben, die der Gedanke überzeugt, daß sie auf einem sicheren Markt und durch manche Nebenfolgen ihrer Betätigung Geld verdienen können. Auch südasiatische Geschäftsleute erkennen, daß es vorteilhaft sein kann, Partnerschaften mit ausländischen Firmen einzugehen, die Maschinen und andere Produktionsmittel beisteuern können. Anders dürfte es den Unternehmern schwer fallen, die notwendigen Devisen aufzubringen. In Südasien breitet sich zunehmend die Erkenntnis aus, daß eine ausländische Beteiligung an Industrieunternehmungen noch andere Vorteile mit sich bringen kann als nur Devisenersparnis. Besonders bringt sie wertvolles kaufmännisches und technisches Personal und technisches Know-how ins Land.
Aber angesichts der wirtschaftlichen und politischen Instabilität in Südasien steht nicht zu erwarten, daß die direkten privaten Investitionen in Zukunft einen größeren Umfang erreichen werden als in der jüngsten Vergangenheit. Die Kluft zwischen der rapide hochschnellenden Importnachfrage und den stagnierenden

Exportgewinnen Südasiens wurde, sofern überhaupt, durch öffentliches Kapital in Form von Krediten überbrückt. Aber das Problem der Finanzhilfe für unterentwickelte Länder ist in ein akut kritisches Stadium getreten. Die Geberländer, besonders die Vereinigten Staaten, verringern ihre Unterstützung quantitativ wie qualitativ in mancher Hinsicht. Die Situation wird auch noch durch die anhaltende Verschlechterung der Handelsposition Südasiens erschwert. Hinzu kommt die Besorgnis über das, was die Weltbank als »Schuldenexplosion« bezeichnete. Der dauernd wachsende Schuldenberg, der auf den unterentwickelten Ländern lastet, impliziert, daß die Rückzahlung dieser Schulden zunehmend problematisch wird. Es zeigt sich bereits, daß man von Darlehen wieder zu Subventionen als der besten Form der Hilfe für Südasien übergehen sollte. Aber Subventionen lassen sich vor einem Kongreß oder einem Parlament viel schwerer rechtfertigen als Kredite. Dennoch muß die Erkenntnis sich durchsetzen, daß man von Südasien realistischerweise nicht erwarten kann, alle erhaltenen Kredite zurückzuzahlen. Diese Tatsache dürfte den aktuellen Bestrebungen, die Bedingungen für Darlehen an die Länder der Region – hinsichtlich der Zinssätze wie auch der Tilgungsraten – zu erleichtern, Auftrieb geben.

Unter diesen Umständen ist es verständlich, daß eine Substitution der Importe als die wichtigste Maßnahme angesehen wird. Denn obgleich es sehr schwierig ist, auf den Exportmärkten Fuß zu fassen, gibt es einen Inlandsmarkt, der die für das Wachstum der Industrie vorausgesetzte Nachfrage gewährleisten kann. Die Kürzung der Importe aus dem Ausland bringt nicht nur Devisenersparnisse, sondern baut auch einen Schutzwall auf, hinter dem eine Industrialisierung stattfinden kann. Das Vorhaben, den Import durch den Aufbau einer neuen Produktion zu ersetzen, erfordert jedoch Investitionen in Fabrikgebäude und Maschinen und häufig auch den Aufbau von öffentlichen Versorgungsbetrieben und Verkehrsmitteln, was in den meisten Fällen Importe von Kapitalgütern und häufig auch die dauernde Einfuhr von Ersatzteilen, Halbfertigprodukten und Rohstoffen notwendig macht. Der Aufbau von Zulieferindustrien, die diese Importe ersetzen könnten, würde wiederum zu einer verstärkten Nachfrage nach Kapitalgütern führen, die importiert werden müßten.
Ein schwerwiegenderes Problem der Importsubstitution liegt

jedoch darin, daß die Wahl des Gebietes, auf dem diese stattfinden soll, für gewöhnlich nicht rationaler Planung zugänglich ist. Normalerweise ist es so, daß ein Land zuerst in Devisenschwierigkeiten gerät; dann ist es häufig gezwungen, Importkontrollen der einen oder anderen Art einzuführen. Aus natürlichen und gewiß auch rationalen Gründen wird es versuchen, den Import der am wenigsten benötigten Güter zu beschneiden, die damit automatisch die meiste Protektion erfahren. Unter dem Gesichtspunkt der Entwicklung ist dies eine ungeplante Protektion.

Und schließlich sei betont, daß die Bemühungen der südasiatischen Länder, solche Importe zu substituieren, wenn sie nicht in der Weise koordiniert werden, daß sie eine rationalere Arbeitsteilung innerhalb der Region gewährleisten, höchstwahrscheinlich der Sache der regionalen Integration Schaden zufügen werden. Oft ist es gerade am leichtesten, die Nahrungsmittel- und Textilimporte zu ersetzen, die aus benachbarten Ländern kommen. Aber selbst im Hinblick auf neue Industrien ist es wahrscheinlich, daß die nationale Importsubstitution keinerlei Rücksicht auf die regionale Koordination nimmt. Wenn alle Länder Stahlwerke haben wollen, dann wird es unmöglich, innerhalb der Region einen Exportmarkt für das Land aufzubauen, das den billigsten Stahl produzieren kann.

Für keines der in diesem Kapitel erwähnten Probleme gibt es einfache Lösungen. Welche politische Richtung auch eingeschlagen wird – jede ist stark eingeengt, und jede hat bedeutsame und häufig nachteilige Folgen für andere Aspekte der Politik. Eindeutig stehen alle Länder Südasiens vor einer wesentlich schwereren Aufgabe als seinerzeit vor hundert und mehr Jahren die heute entwickelten Länder, wenn sie Anstrengungen unternehmen, die manchmal etwas vorschnell als »Start in ein anhaltendes Wachstum« bezeichnet werden.

Dritter Teil

Eine Dritte Welt der Planung

9. Verbreitung und Auswirkungen der Planungsideologie

Die Ideologie der Entwicklungsplanung kann als eine Theorie verstanden und auf ihre Konsistenz, ihren Realismus und ihre Praktikabilität in bezug auf das politische Verhalten hin untersucht werden. Aber die Verbreitung und die Folgen dieser Ideologie sind zugleich Teile der Realität, ein System von sozialen Fakten mit eigenen Ursachen und Wirkungen, die genau wie andere soziale Fakten auch untersucht werden müssen.

Die grundlegende Idee der Wirtschaftsplanung besagt, daß der Staat eine aktive, ja die entscheidende Rolle in der Wirtschaft spielen soll: Durch seine eigenen unternehmerischen und Investitionsmaßnahmen sowie durch verschiedene Kontrollen – in Form von Anreizen und Beschränkungen – über den privaten Sektor soll der Staat die wirtschaftliche Entwicklung initiieren, ansporrnen und steuern. Diese Maßnahmen der öffentlichen Hand sollen rational koordiniert sein, und die Koordination soll in einem umfassenden Plan für eine bestimmte Zahl von Jahren im voraus festgelegt werden.

Der ganze Komplex der Planungsideologie in all ihren Manifestationen ist daher nationalistisch in der Grundhaltung und interventionistisch in den Schlußfolgerungen. Sie fußt auf dem Glauben, daß durch Regierungsinterventionen eine wirtschaftliche Entwicklung bewirkt oder beschleunigt werden kann. Vor allem ist es nicht notwendig, daß die wirtschaftlichen Verhältnisse bleiben wie sie sind oder sich lediglich unter dem Einfluß »natürlicher« Kräfte entwickeln. Statt dessen wird unterstellt, daß diese Bedingungen und ihre Entwicklung unter staatlicher Kontrolle stehen sollten, damit das ökonomische System durch vorsätzlich geplante und rational koordinierte staatliche Maßnahmen in die gewünschte Richtung gelenkt werde. Die Strategie dieser Maßnahmen erscheint als ein System politischer Schlußfolgerungen, die sich aus der rationalen Analyse der die Situation eines Landes bedingenden Fakten und der Setzung bestimmter Entwicklungsziele ergeben. Alle, die in der südasiatischen Region eine staatliche Entwicklungsplanung verlangen, stimmen im Prinzip darin überein, daß diese der Allgemeinheit zugute kommen, vor allem

den Lebensstandard der ärmsten Schichten des Landes anheben und den Willen der ganzen Nation ausdrücken sollte.
Diese rationalistische und interventionistische Idee einer staatlichen Entwicklungsplanung stellt einen scharfen Bruch mit der Vergangenheit dar, denn in den Ländern Südasiens herrschte und herrscht – außerhalb der ausländischen Enklaven – eine solche Stagnation, daß die meisten Menschen traditionellen Anschauungen huldigen und geneigt sind, sich mit dem Stand der Dinge abzufinden. Daß diese Idee nun in einer wie im Märchen von Rip van Winkle zurückgebliebenen Welt auftaucht, bei Menschen, die immer noch von jahrhundertelangem Schlaf benommen sind, läßt die Herausforderung der staatlichen Wirtschaftsplanung um so dramatischer erscheinen.
Sobald die Völker die Möglichkeit von Veränderungen durch rational koordinierte Eingriffe des Staates akzeptieren, erscheint das meiste an den sozialen und politischen Verhältnissen in Südasien unerwünscht und reformbedürftig. Veränderungen, die über den rein ökonomischen Bereich hinausgehen, werden an sich als erwünschte Ziele der Politik angesehen. Der Lebensstandard sollte verbessert werden, die soziale und ökonomische Schichtung sollte weniger rigide und inegalitär sein, es sollten bessere Chancen für jedermann geschaffen werden, und die Beteiligung des ganzen Volkes sollte intensiviert werden. Staatliche Maßnahmen, die auf die Verbesserung bestimmter, unerwünschter Verhältnisse abzielen, haben für gewöhnlich außer ihrem Eigenwert auch noch einen instrumentellen Wert, denn sie sind meist geeignet, auch andere Bedingungen vorteilhaft zu verändern. Die Veränderung dieser anderen Gegebenheiten trägt daher zur Realisierung der ökonomischen Entwicklung bei. Dies ist ein Ursachenkreislauf: die Verbesserung aller möglichen »nicht-ökonomischen« Bedingungen ermöglicht und beschleunigt nicht nur die »ökonomische« Entwicklung, sondern die Herbeiführung einer »ökonomischen« Entwicklung würde gleichzeitig auch zur Verbesserung anderer, »nicht-ökonomischer« Verhältnisse beitragen.
So wird die Planung zur geistigen Matrix – zur allgemeinen Form – der Modernisierungsideologie. Und die Forderung nach nationaler Entwicklung beinhaltet daher alle politischen, sozialen und wirtschaftlichen Reformbestrebungen. Die wirtschaftliche Entwicklung wird also als ein »humanes« Problem verstanden. Die Entwicklungspläne definieren häufig die Planung explizit

als einen vernünftigen Versuch, alle unbefriedigenden Verhältnisse zu reformieren. Diese Auffassung spiegelt sich in den allgemeinen Zielen und Ambitionen der meisten Pläne wider, die über die Wirtschaftspolitik im engeren Sinn hinausgehen.
Zumindest oberflächlich regiert die Planungsideologie heute unbestritten in den Ländern Südasiens. Sie bildet den Bezugsrahmen für die ganze öffentliche Diskussion der sozialen und wirtschaftlichen Fragen – in der Literatur und in der Presse dieser Länder, in den Erklärungen der geistigen und politischen Führer sowie in den Debatten der beratenden Körperschaften. Diese Nationen oder deren Bürger, soweit sie sich artikulieren, werden zunehmend »planbewußt«. Bereits die Tatsache, daß in diesen unterentwickelten Ländern die Forderung nach wirtschaftlicher Entwicklung auftaucht (und erst recht die Annahme, daß es die Aufgabe des Staates sei, durch Planung eine Entwicklung einzuleiten), ist ein Novum in der Geschichte – zumindest für die nicht-kommunistische Welt. Gäbe es keine anderen Unterschiede hinsichtlich der Ausgangsbedingungen, so würde dieses ideologische Engagement an sich schon die Annahme widerlegen, daß die Länder Südasiens in ihrer Entwicklung einen ähnlichen Weg beschreiten werden wie die westliche Welt.
Tatsächlich haben nur einige der südasiatischen Länder wirklich ernsthaft versucht, ihr Wirtschaftsleben der Disziplin einer staatlichen Planung zu unterwerfen. Und auch dort, wo dies geschehen ist, sind die koordinierten staatlichen Kontrollen nicht sehr umfangreich und effektiv. Aber die Idee der Planung impliziert eine ganz allgemein von den Regierungen und den Oppositionsparteien vertretene Auffassung über die vom Staat zu verfolgende Politik. Auch wenn die Planung und erst recht die Verwirklichung zu wünschen übrig lassen, dient die Planungsideologie zur Rationalisierung interventionistischer Praktiken. Wo Fortschritte zu verzeichnen sind, werden sie als ein Erfolg der Planung ausgegeben. Wenn Verzicht und Opfer gefordert werden, dann werden sie im Namen der Planung verlangt, wie auch die Planungsideologie als Deckmantel herhalten muß, wenn die Verbesserung der Lebensbedingungen und die industrielle Entwicklung nur langsam vonstatten gehen.

Daher bietet die Planungsideologie den Bezugsrahmen für alle Auseinandersetzungen im öffentlich-politischen Bereich. Während die westlichen Länder, besonders die Vereinigten Staaten, den Umfang ihrer tatsächlich betriebenen Wirtschaftsplanung herunterzuspielen suchen und betonen, wie frei ihre Wirtschaft sei, tendieren die südasiatischen Länder dazu, sie hochzuspielen und selbst dort von Planung zu sprechen, wo tatsächlich keine stattfindet. Sie haben die Idee der Planung bereits akzeptiert, bevor sie sie in die Wirklichkeit umsetzen konnten.

Die Notwendigkeit einer wirtschaftlichen Entwicklung – wenn auch nicht die Notwendigkeit, sie durch staatliche Planung herbeizuführen – liegt auf der Hand, wenn man die abgrundtiefe Armut dieser Länder bedenkt. Aus der Erkenntnis, daß diese Länder lange in einem Zustand relativer Stagnation verharrten, während der Westen sich mehrere Generationen lang schnell entwickelte, ergibt sich ferner der Gedanke, daß umfangreiche staatliche Interventionen mittels einer koordinierten Planung notwendig sind, um diese wirtschaftliche Entwicklung einzuleiten. Offenbar ist ein starker induzierter Impetus notwendig, um diese Stagnation zu beenden und einen wirtschaftlichen Fortschritt einzuleiten, der sich offenbar nicht spontan oder zumindest nicht schnell genug einstellt.

Dieses Argument wird durch eine genauere Untersuchung der für eine Entwicklung notwendigen Voraussetzungen erhärtet. Wir stellten fest, daß es zwischen den südasiatischen Ländern heute und den reichen westlichen Ländern zu jener Zeit, als sie sich auf einem vergleichbaren Entwicklungsniveau befanden, fundamentale Unterschiede gibt, die so beschaffen sind, daß sie die Entwicklung der Länder Südasiens erschweren. Tatsächlich machen diese Unterschiede eine Entwicklung in vielen dieser Länder überhaupt unwahrscheinlich, es sei denn, der neue Faktor der staatlichen Planung würde energisch eingesetzt.

Selbstverständlich sprechen viele Gründe für eine schnelle, energische staatliche Intervention mittels der Planung. Der rapide sich beschleunigende Bevölkerungszuwachs drückt beständig den Lebensstandard und behindert die Entwicklung. Wäre die Bevölkerungsentwicklung stationär, dann wäre eher mit einer spontanen Entwicklung zu rechnen. Sodann ist die Kapitalknappheit zu bedenken. Die Handelssituation ist ungünstig. Zu diesem Katalog gehört auch der relative Mangel an unternehmerischen Fähigkeiten und Erfahrungen auf dem privaten Sektor, die Abneigung der Reichen, ihr Geld in produktiven Investitionen zu riskieren, ihre Vorliebe für Spekulationen und schnellen Profit bringende Unternehmungen sowie die außerordentlich starke Tendenz aller Unternehmen zur Monopol- und Oligopolbildung. Aus diesen Gründen, die in den einzelnen südasiatischen Ländern verschieden schwer ins Gewicht fallen, sieht der Staat sich häufig veranlaßt, entweder selbst mit der Industrialisierung zu beginnen oder aber die unternehmerischen Aktivitäten zu regulieren und zu kontrollieren, um eine möglichst schnelle Entwicklung in der erwünschten Richtung zu gewährleisten.

Auch die Versuche, jene Ideale der wirtschaftlichen und sozialen Gleichheit und Wohlfahrt, welche die erklärten politischen Ziele aller südasiatischen Länder sind, in nennenswertem Umfang zu verwirklichen, erfordern umfangreiche staatliche Interventionen. Besonders in den armen Ländern muß eine solche Politik geplant und mit allen anderen Maßnahmen zu einem allgemeinen Plan integriert werden, wenn sie Erfolge zeitigen und die wirtschaftliche Entwicklung nicht gefährden soll. Die überkommene Ungleichheit und Rigidität der Sozialstruktur ist ganz allgemein der wirtschaftlichen Entwicklung abträglich und muß durch koordinierte staatliche Maßnahmen gemildert werden, wenn eine Entwicklung erzielt werden soll. Auch steht zu erwarten, daß die Planung selbst in allen ihren Phasen gewisse erzieherische Auswirkungen zeitigen wird. Wenn ein Plan ausgearbeitet, für die Öffentlichkeit publiziert und diskutiert wird, dann sollte dies dazu beitragen, daß die Menschen rational im Sinn von Mitteln und Zwecken denken lernen. Alle südasiatischen Führer wissen, daß die Entwicklung grundlegende Veränderungen in der Einstellung der Menschen zum Leben und zur Arbeit erfordert und daß die Macht der Traditionen gebrochen werden muß.

Die Gründe für eine staatliche Planung, die wir hier unter dem Gesichtspunkt der Lebensbedingungen, der Probleme und Interessen der Menschen in den südasiatischen Ländern selbst darzustellen suchten, gelten am nachhaltigsten für Indien und Pakistan, die ärmsten und volkreichsten Nationen. Ceylon hat ein höheres Durchschnittseinkommen, aber die Bevölkerung wächst dort so schnell und die spontanen Industrialisierungsbestrebungen – außerhalb der Plantagen, wo die Expansionsmöglichkeiten beschränkt sind – sind so schwach, daß auch dort starke Gründe für die Planung gegeben sind. Länder wie Malaya und Thailand haben vielleicht das Potential für eine spontanere Entwicklung, die etwa nach dem historischen Muster des Westens verlaufen könnte. Aber es steht zu erwarten, daß der rapide Bevölkerungszuwachs auch diese weniger mit Armut geschlagenen Länder an den Punkt bringen wird, wo eine Planung in großem Rahmen notwendig wird. Und nur in Malaya scheinen die Aussichten für eine halbwegs spontane Form der Entwicklung günstig zu sein: das Einkommensniveau liegt viel höher; Rohstoffe sind im Verhältnis zur Bevölkerungszahl, auch wenn diese rasch steigt, noch reichlich vorhanden; die Exportchancen scheinen etwas besser zu sein; und der große chinesische Bevölkerungsteil beweist einen industriellen Unternehmungsgeist, der in der Region eine Ausnahme darstellt. Vorausgesetzt, Malaya könnte ein gewisses Maß an innerer Einheit und politischer Stabilität zwischen den malayischen, indischen und chinesischen Volksgruppen wahren, so könnte es bessere Aussichten als die anderen Länder auf eine dauerhafte ökonomische Entwicklung ohne größere staatliche Planung haben, zumindest in der nächsten Zukunft.

Eine erfolgreiche Wirtschaftsplanung erfordert eine stabile, leistungsfähige Regierung. Doch gleichzeitig wird die Planung selbst zu einem hervorragenden Instrument der nationalen Konsolidierung: erstens, weil sie eine institutionelle Struktur schafft, durch die die Regierungspolitik verwirklicht werden kann; und zweitens, weil sie, wenn sie erfolgreich ist, ein höheres wirtschaftliches Niveau und bessere Chancen für die Menschen gewährleistet und ein Symbol des nationalen Erfolges darstellt.

Dieser Versuch einer abstrakten Darstellung des Grundprinzips allen Strebens nach einer staatlich geplanten Entwicklung in Südasien erklärt selbstverständlich nicht das tatsächliche Auftreten und die Ausbreitung der Planungsideologie. In Wirklichkeit war es nicht so, als hätten diese Nationen, oder vielmehr ihre Führer, sich einfach ein klares Bild von der Situation verschafft und daraus den logischen Schluß gezogen, daß zur Überwindung der Schwierigkeiten und zur schnellstmöglichen Entwicklung eine staatliche Planung notwendig sei. Die Ausbreitung der Planungsidee hat wesentlich kompliziertere Ursachen.

Da ist zum einen die Tatsache, daß das Wissen um die wirklichen Verhältnisse in diesen Ländern, auch bei ihren Führern, nicht nur unvollkommen, sondern auch durch optimistische Vorurteile verzerrt ist. So etwa schirmten sich die meisten Funktionäre lange

Zeit gegen eine realistische Erkenntnis der schwerwiegenden Folgen der Bevölkerungsentwicklung ab. Selbst heute, wo man allmählich lernt, das Bevölkerungswachstum als abstrakte Tatsache zu akzeptieren, werden seine schwerwiegenden Folgen selten in vollem Umfang erkannt, und man hält an allen möglichen falschen Vorstellungen fest, um sich gegen die Wahrheit zu schützen. Eine ähnliche Tendenz ist in bezug auf die meisten anderen nachteiligen Gegebenheiten zu beobachten. Die durch Einstellungen, Institutionen und den niedrigen Lebensstandard bedingten Hemmungen und Hindernisse einer Produktionssteigerung sollten vernünftigerweise durch wesentlich einschneidendere Maßnahmen behoben werden. Aber sie werden selten zentral in die Planung einbezogen; und die Verwendung des konventionellen, mit Begriffen wie Beschäftigung, Ersparnis, Investition und Output arbeitenden Nachkriegsansatzes trägt ebenfalls zur Rationalisierung dieses Vorurteils bei. Die fehlerhaften Schätzungen, die in die Pläne eingehen, bewirken also eine systematisch optimistische Verzerrung des Bildes. Auch machen diejenigen, die für die neuen Nationen denken, sprechen und handeln – Politiker, Planer, Administratoren, Akademiker, Industrielle und Unternehmer –, nur eine hauchdünne Oberschicht innerhalb der Gesamtbevölkerung aus. Sie bilden einen ziemlich abgeschlossenen Kreis und leben recht komfortabel, wobei sie notwendig dazu neigen, sich durch ein Gespinst von Illusionen zu schützen, an deren Erhaltung sie ein begründetes Interesse haben.

Doch bei alldem bleibt die Tatsache bestehen, daß die Schwierigkeiten, mit denen die Führer dieser Nationen sich auseinandersetzen müssen, so anders geartet und in vieler Hinsicht so viel größer sind als jene, denen die westlichen Nationen jemals gegenüberstanden, daß sie letzten Endes wohl eine andere politische Einschätzung gewinnen und andere politische Schlußfolgerungen ziehen werden. Eine dieser allgemeinen Schlußfolgerungen, die viele andere einbegreift, ist die Notwendigkeit der wirtschaftlichen Planung. So gewinnen die oben aufgezählten Gründe für die staatliche Planung eine ursächliche Funktion.

Diese Überzeugungen stützen sich auch auf paternalistische Neigungen und Verhaltensmuster, die aus der Kolonial- und Vorkolonialzeit übernommen wurden. In ganz Südasien macht man sich große Hoffnungen darüber, was staatliche Funktionäre tun können, und man ist davon überzeugt, daß es ihre Aufgabe ist, für das Volk die Dinge in die Hand zu nehmen. Diese ererbte Autoritätsgläubigkeit wirkt sich sehr hemmend auf die lokale Selbstverwaltung und Kooperation aus. Aber sie trug dazu bei, daß die unteren Schichten der Bevölkerung zumindest gehorsam an die Planungsideologie glaubten. Damit korrespondiert die Bereitschaft der Beamten, Anweisungen und Befehle zu erteilen. Die Administratoren in Südasien – wenn sie sich überhaupt der Notwendigkeit von Veränderungen bewußt sind – sind also zu »Planern« prädestiniert.

Unter diesen Verwaltungsbeamten gibt es starke ideologische Einflüsse aus der kommunistischen Welt, besonders in bezug auf Planung und staatliche Lenkung der privaten Unternehmen. Bei den Pionieren der Planung in Südasien war die Idee einer staatlichen Planung der wirtschaftlichen Entwicklung radikal (sozialistisch, für gewöhnlich »marxistisch«) motiviert. Der Begriff »Marxismus« ist inzwischen sehr konfus geworden und soll in diesem Buch nicht als *Terminus technicus* verwendet werden. Marx war kein Planer. Doch für die Planungsideologie, wie sie sich in Südasien entwickelte, hat das marxistische Denken große Bedeutung gewonnen, weil es die ökonomischen Faktoren in den Vordergrund stellt und die Aufmerksamkeit für die sozialen Kräfte und die allgemeine Interdependenz des ganzen Sozialsystems schärft. Lenins Theorie vom Imperialismus als einer Spätphase des Kapitalismus hatte einen stärkeren und spezifischeren Einfluß auf die in den südasiatischen Ideologien enthaltenen Thesen.

Andererseits blieb den südasiatischen Intellektuellen nicht verborgen, daß die Planung auch in der Politik der westlichen Länder vordrang, die sich alle in verschiedenem Maß zu Wohlfahrtsstaaten entwickelt haben. Von dieser Tendenz sind Einflüsse ausgegangen, die sich nicht wesentlich von jenen aus der kommunistischen Welt unterscheiden, zumindest was die allgemeine Vorstellung von der Erwünschtheit und Nützlichkeit einer staatlichen Planung betrifft.

Alles in allem finden wir auf ideologischer Ebene erstaunlich wenig artikulierten Widerstand gegen die Planung als solche, wenn es auch selbstverständlich viele Einwände gegen bestimmte, in den Plänen vorgesehene Maßnahmen und ihre Durchführung oder mangelnde Durchführung gab. Gleichwohl mag es zutreffen, daß die Anhänglichkeit an traditionelle Ideale, besonders religiö-

ser und sozialer Art, irgendwie die Bereitschaft verringert, willkürlich Veränderungen herbeizuführen, die doch der Kern der Planungsideologie ist. Wir wissen wenig über diese Dinge oder darüber, inwieweit die Massen die Planungsideologie akzeptieren. In Südasien und im Westen, und natürlich auch in der kommunistischen Welt, hat es sich eingebürgert, so zu denken und zu schreiben, als wären die Massen urplötzlich aus ihrem jahrhundertelangen Schlaf erwacht und hätten begonnen, die rationale Forderung nach einer schnellen Entwicklung zur Verbesserung ihres armseligen Lebens zu stellen. Der Ausdruck »Revolution der steigenden Erwartungen« ist bezeichnend für ein solches Denken. Aber in dieser Auffassung zeigt sich ein völliges Mißverständnis der Verhältnisse in einer stagnierenden Gesellschaft. Es besteht eine große soziale und psychologische Kluft zwischen der intellektuellen und ökonomischen Elite und den Massen, und dies verleitet die Oberschicht häufig dazu, den Massen Einstellungen zu unterstellen, welche die Elite selbst vielleicht an den Tag legen würde, wenn sie gezwungen wäre, deren Leben zu führen.
Tatsächlich haben wir es in Südasien nur mit einer kleinen intellektuellen Elite zu tun, die die Planungsideologie und die Modernisierungsideale aufgenommen hat und diese Konzeptionen im Volk zu verbreiten sucht. Dies wirft die Frage auf, welche Umformung die Planungsideologie durch diese Bemühungen, sie zu verbreiten, erfährt. Die aus der Vergangenheit ererbten paternalistischen und autoritären Verhaltensmuster bieten Voraussetzungen dafür, daß die Planungsideologie von den Massen akzeptiert wird. Auch ist anzunehmen, daß deren Inhalt dadurch beeinflußt wird. Die Menschen neigen dazu, von der Regierung zu erwarten und zu verlangen, sie sollte mehr für sie tun, ohne daß sie bereit wären, sich selbst zu ändern. Dies ist der Sache der Entwicklung abträglich, denn in einer armen, instabilen Gesellschaft ist die Planung darauf angewiesen, daß die Menschen sich zu einer rationaleren Einstellung bekennen und insbesondere härter arbeiten, um ihr Los zu verbessern.
Zwischen den Auswirkungen der Planungsideologie einerseits und der relativen Armut und dem Fehlen einer spontanen Entwicklung andererseits besteht ein ursächlicher Zusammenhang. In Indien und Pakistan sind sich die politischen Führer eher der Notwendigkeit der Planung bewußt. In Malaya, auf den Philippinen und in Thailand hingegen führten günstigere Bedingun-

gen ganz natürlich dazu, daß die politischen Führer mehr Vertrauen in die Kräfte des Marktes setzten. Die tatsächlichen Leistungen der Planung hängen vor allem von der Stärke der Regierung und dem Maß der nationalen Konsolidierung ab. Denn diese Faktoren entscheiden darüber, wieviel öffentliches Interesse der Wirtschaftsplanung gewidmet wird und welche Möglichkeiten für effektive Maßnahmen bestehen. Ein Plan ist im wesentlichen ein politisches Programm, das eine Reihe von klar umrissenen politischen Entscheidungen verlangt.

Trotz seiner Armut ist Indien auf dem Weg zur Konsolidierung und effektiven Regierung weiter vorangeschritten als jedes andere Land in der Region. In Pakistan wurde eine ernsthafte Planung 1958 mit der Machtergreifung des Militärregimes begonnen, das zumindest für einige Zeit dem Land mehr Führung und Disziplin gab. Die Tatsache, daß die Planungsbemühungen in Burma und Indonesien so erfolglos blieben, hängt eindeutig damit zusammen, daß in diesen Staaten ein beständiger Kampf um den Bestand der nationalen Einheit und einer effektiven Regierung geführt wird.

Der Grad der Planung und Entwicklung ist auch davon abhängig, wie weit das rationale Denken verbreitet ist und welchen Einfluß die Intellektuellen haben. In dieser Hinsicht ist wiederum Indien führend, eng gefolgt von Ceylon, den Philippinen und Malaya. Das niedrigere Niveau der öffentlichen Planungsdiskussion in Burma und Indonesien – sie unterliegt traditionellen Hemmungen, die sich häufig in abwegige nationalistische Parolen kleiden, und wird allgemein viel emotioneller geführt – läßt sich nicht nur durch die politischen Schwierigkeiten erklären. Eher trifft es zu, daß diese Schwierigkeiten verstärkt wurden durch den Mangel an gut ausgebildeten, rational denkenden Inividuen mit langer Erfahrung in der Kolonialregierung und Verwaltung oder mit akademischer Kompetenz sowie durch die außerordentlich große Zahl von Führern, die ihre Ausbildung vor allem als Verschwörer, Konspiratoren, Agitatoren und Untergrundkämpfer erhielten.

Gleichwohl hat die Planungsideologie in ganz Südasien Einfluß auf die artikulierte Oberschicht, sie bestimmt die Form und die Richtung der öffentlichen Debatte und hat zum Aufbau von Planungsinstitutionen der Regierung geführt.

Indien und Pakistan haben sich ernsthaft bemüht, die Erfüllung ihrer Pläne zu überprüfen. Es ist wohl wahr, daß diese Erfüllung häufig hinter den gesteckten Zielen zurückblieb. Es soll aber nicht geleugnet werden, daß in Indien wie in keinem anderen Land der Region, mit Ausnahme Pakistans in späterer Zeit, die Planung zu einem wichtigen Bestandteil des politischen Lebens der Nation, zu einem nationalen Glaubensartikel wurde. Zweifellos liegt eine der wichtigsten Ursachen für die tatsächlichen Fortschritte der Planung in Indien in dieser starken Identifikation mit der Planungsideologie. Aber ebenso sicher ist es, daß diese politische Entwicklung wiederum den Einfluß der Planungsideologie verstärkte. Die Planung wurde zu einem Leitmotiv mit eigener Stoßkraft, als in Indien und später in Pakistan die Planungsidee fest im politischen Leben verankert wurde.

Das hatte eine Reihe von Konsequenzen. Die Planung schuf damals neue Institutionen, und was noch wichtiger war, sie veränderte die bestehenden in der Weise, daß sie dem Fortschritt dienten. Ein stetig wachsender Teil der artikulierten Oberschicht der Nation gewann ein begründetes Interesse an der Planung. Mit zunehmender Effektivität bildete die Planungsideologie den Bezugsrahmen für alle Auseinandersetzungen über die öffentliche Politik. Die Regierung und die sie umgebenden Funktionärskreise begannen sich als Teil einer großen Planungsmaschinerie zu verstehen und entsprechend zu arbeiten. Das Aufstellen, Verfechten und Durchführen des Planes wurde zu einer der wichtigsten Funktionen der Regierung, und zunehmend wurde die ganze Regierungspolitik unter der Perspektive der Planung gesehen.

Um effektiv zu sein, muß die Planung dauernd konkurrierende Interessen miteinander versöhnen und in eine Rangordnung bringen. Unter den in Südasien herrschenden Verhältnissen bestand die Planung, als sie zum allgemeinen Anliegen wurde, weitgehend aus Verhandlungen innerhalb der Zentralregierung mit den Regierungen der Unionsstaaten und mit den Interessenvertretern der Wirtschaft. Sie mußte auch der Notwendigkeit einer »demokratischen Planung« durch regionale und funktionale Organisation Rechnung tragen. Die neugeschaffenen kollektiven Institutionen wie auch die wiederbelebten und umgeformten alten wurden zu Gliedern einer institutionellen Infrastruktur, die als Instrument der Beteiligung und Kooperation des Volkes an der Planung und besonders der Verwirklichung der Planung dienen sollte. Selbstverständlich waren die organisierten Gruppen der höheren Bevölkerungsschichten der Nation, besonders aus der Wirtschaft, der Industrie und den einzelnen Großunternehmen, viel leichter zur Beteiligung an der Wirtschaftsplanung zu gewinnen. Die damaligen Formen der Beteiligung waren Verhandlungen und Verträge, die einzige Alternative zu einer allumfassenden Verstaatlichung der Produktion und des Handels. Das Endergebnis war ein Kompromiß, der die organisierten privaten Wirtschaftsbedürfnisse berücksichtigte. Aber wie dem auch sei, im Verlauf dieser Konsultationen und Verhandlungen entwickelten sich die Interessengruppen zu einem Teil des institutionellen Systems, durch das die Planung zu einer ständigen Einrichtung wurde.

Es wird immer eine Opposition gegen tatsächlich durchgeführte Maßnahmen geben, und diese wird stets von Interessen getragen sein, die sich irgendwie benachteiligt fühlen. Es ist jedoch in diesem Zusammenhang wichtiger, ob die Regierung in spezifischen Fragen auf vereinzelten Widerstand trifft, oder ob sie mit fest konsolidierten Interessen in Konflikt gerät, die ihre Planungsaktivitäten hemmen und sich dadurch zum Schaden der Planungsideologie selbst auswirken müssen. Von seiten der relativ wohlhabenden Gruppen ist gewiß eine systematische Opposition zu erwarten. Zum einen dürfte die Planung sehr wahrscheinlich durch eine Fülle direkter, unumschränkter administrativer Kontrollen in deren Aktivitäten eingreifen. Zum anderen ist die Planungsideologie in ganz Südasien der Verbesserung der Massenwohlfahrt verpflichtet. Tatsache ist jedoch, daß dieser Radikalismus so gut wie nirgends auf ideologischer Ebene auf Opposition stieß.

Zumeist kamen die Vorteile der Planungspolitik gar nicht den Armen zugute, auch wenn dies ihr erklärtes Ziel und Motiv war. Die Vorteile fielen statt dessen den höheren Schichten zu. Allgemein gilt, daß die durchgeführten Maßnahmen nirgends zu mehr wirtschaftlicher Gleichheit und zu geringerer Konzentration der wirtschaftlichen Macht geführt haben. Diese Nachwirkung der tatsächlichen Machtstruktur erklärt auch, warum das Versprechen von mehr Gleichheit nur wenig Opposition von seiten der Oberschichten gegen die Planung hervorrief: Soweit in Südasien eine Planung stattfand, geschah dies generell zu deren Vorteil. Auch richteten sich der »Sozialismus« oder die geplante Erweiterung des öffentlichen Sektors bislang nicht gegen die Interessen des Big Business oder einer anderen, über den Massen stehenden Gruppe. Vor diesem Hintergrund erst wird verständlich, warum die Geschäftsleute und andere von Hause aus konservative Gruppen den Parolen von Gleichheit, Sozialismus und Kontrollen, die zur südasiatischen Version der Planungsideologie gehören, nicht mehr Widerstand entgegensetzten. Tatsache ist, daß diese Maßnahmen ihnen entweder unmittelbar nützten oder sie kaum störten. Soweit es Opposition gab, sollte sie vor allem die Regierung warnen und von radikaleren Abenteuern abhalten.

Die voranstehenden Bemerkungen über die Planung als ständige Einrichtung, besonders in Indien, wurden hier in der Vergangenheitsform vorgetragen, da, bedingt durch die wirtschaftlichen Schwierigkeiten in der Mitte der 1960er Jahre, eine dreijährige Unterbrechung der Planung stattfand. Indien versucht nun wieder, zur Routine der Fünfjahrespläne zurückzukehren. Wenn ihm dies gelingt, dann dürften auch die bewährten Formen der Planung wiederbelebt werden.

In den westlichen Ländern gibt es heute ein erhebliches Maß an wirtschaftlicher Planung, auch wenn dieser Trend sich erst in den letzten Jahrzehnten rapide beschleunigte. Die Wirtschaftsplanung war im Westen eine Konsequenz der Industrialisierung und der sozialen, ökonomischen und institutionellen Veränderungen, die im Zusammenhang mit der Entstehung einer reiferen Industriegesellschaft eintraten. In den unterentwickelten Ländern Südasiens findet die Planung hingegen im Vorfeld oder in einem sehr frühen Stadium der Industrialisierung statt. Außerdem ist man in Südasien im Prinzip wie in der Praxis der Auffassung, daß die Planung organisierten Kontrollmaßnahmen und Eingriffen in die Märkte *vorausgehen* soll. Dort kann die Planung nicht, wie in den westlichen Ländern, ihrer »natürlichen« Entwicklung überlassen bleiben. Daher ist die Planung in Südasien nicht ein Ergebnis der Entwicklung, sondern sie wird eingesetzt, um die Entwicklung zu fördern. Sie wird als eine *Voraus*setzung angesehen und ist durch die Annahme motiviert, daß eine spontane Entwicklung nicht zu erwarten steht. Die unterentwickelten Länder der Region sind also gezwungen, eine – wie es aus der Sicht der westlichen Geschichte erscheinen mag – Abkürzung einzuschlagen. Es ergibt sich ganz zwangsläufig aus der Situation der südasiatischen Länder, daß die Planung dort, ganz anders als im Westen, *programmatisch* sein muß. Dies folgt aus der Tatsache, daß die Planung zu einem frühen Zeitpunkt auf den Plan tritt. Die Logik ihrer Situation diktiert diesen Ländern auch, daß die Planung mittels Programmen im Prinzip *umfassend* und *vollständig* – und nicht, wie in den westlichen Ländern, vor allem in ihrer frühen Entwicklung, partiell und *ad hoc* erfolgen sollte.

In der kommunistischen Welt hingegen wurde die programmatische und umfassende Planung gerade zu dem Zweck eingesetzt, die wirtschaftliche Entwicklung aus einem Zustand der Unterentwicklung heraus einzuleiten und zu dirigieren, was auch die Länder Südasiens anstreben. Es kann mit einiger Berechtigung behauptet werden, daß die unterentwickelten Länder Südasiens nichts anderes versuchen, als Elemente der kommunistischen Techniken der programmatischen, umfassenden Planung einzusetzen, aber gewisse andere Bedingungen, unter denen diese Techniken in den kommunistischen Ländern verwendet wurden, zu vermeiden.

Alle südasiatischen Länder beabsichtigen eine »demokratische Planung«. Weder dort, wo die politische Demokratie sich nur zögernd verwirklichte, noch gar in den Ländern, die unter eine Militärdiktatur gerieten, sind die Führer bereit, ein totalitäres und monolithisches Regime durchzusetzen. Und auch wenn sie dies vorhätten, wären sie nicht in der Lage und würden nicht über die Mittel verfügen, die fanatische Disziplin der kommunistischen Systeme zu erzwingen. Abgesehen von diesen grundlegenden politischen Hindernissen gibt es auch Unterschiede hinsichtlich der wirtschaftlichen Institutionen dieser Länder. Weder haben sie, wie die kommunistischen Länder, die Produktion verstaatlicht und die Staatswirtschaft und den Kollektivismus zum Gesetz erhoben, noch haben sie ihren Außenhandel und ihren Devisenverkehr in der Form eines staatlichen Monopols organisiert.

Daher gehört ihre Wirtschaftsplanung einem dritten Typ an, der sich sowohl von dem der kommunistischen Länder als auch von dem der westlichen Welt unterscheidet.

10. Gleichheit und Demokratie

Die südasiatischen Länder akzeptieren die Ideologie der Entwicklungsplanung und, was noch wichtiger ist, sie sehen die Wirtschaftsplanung als eine Aufgabe des Staates und mithin als eine politische Frage an. Dies ist eine wichtige Tatsache, durch die ihre Situation sich von der der westlichen Länder zu dem Zeitpunkt, als diese an der Schwelle zu ihrer Industrialisierung standen, unterscheidet. Eine weitere Tatsache ist das Bekenntnis zur Gleichheit, das ein integraler Bestandteil ihrer Planungsideologie ist. Diese Ideologie wiederum spielte in den verschiedensten Formen eine wichtige Rolle in den Befreiungsbewegungen.

Die offizielle Sanktionierung der egalitären Ideale, welchen Einfluß sie auch auf das politische Handeln haben mögen, schafft in Südasien ein nationales Ethos, das dem des Westens ähnlich ist. Dabei ist jedoch eine zeitliche Dimension im Spiel. Als die westlichen Länder in die Phase ihrer schnellen Entwicklung eintraten, war das Konzept des sozialen Wohlfahrtsstaates noch im Embryonalstadium. Es war zwar in den abstrakten Prämissen der Gelehrten und in den Visionen der Revolutionäre enthalten, bildete jedoch keinen Bestandteil der etablierten Politik ihrer Regierungen. Die herrschenden Klassen hielten es für gefährlich. Kurz, wenn die südasiatischen Länder sich politisch zu einer egalitären Doktrin bekennen, dann gibt es dafür keinen historischen Präzedenzfall außerhalb der sowjetischen Hemisphäre.

Die egalitäre Ideologie beherrscht alle Pläne, in denen die Ziele der Entwicklung festgelegt sind. Da der Schwerpunkt dieser Pläne für gewöhnlich auf den ökonomischen Aspekten der Entwicklung liegt, stehen die Angleichung von Einkommen und Besitz und eine breitere Streuung des Eigentums an den Produktionsmitteln im Vordergrund. Andere wohlfahrtsstaatliche Ideale erfahren eine untergeordnete Behandlung, wenn sie überhaupt in die Planung aufgenommen werden. Die Forderung nach größerer sozialer und ökonomischer Gleichheit ist natürlich zum Teil durch die weit verbreitete intellektuelle Überzeugung begründet, daß es sich dabei um wesentliche Güter handelt – die, wie man sagen könnte, von unabhängigem Eigenwert sind. Dies impliziert, daß es, innerhalb gewisser Grenzen, rationale Motive für das Streben nach mehr Gleichheit gibt, auch wenn diese nur um den Preis einer langsameren wirtschaftlichen Entwicklung erreichbar wäre. Unter einem allgemeinen sozialen Gesichtspunkt ist es jedoch klar, daß die in Südasien, besonders in den ärmsten Ländern, immer noch vorherrschende Ungleichheit häufig den wirtschaftlichen Fortschritt behindert. In diesem Fall würde eine Angleichung nicht nur einen unabhängigen, sondern auch einen instrumentellen Wert für die Entwicklung haben.

All diese Formen der durch die traditionelle Schichtung bedingten sozialen Ungleichheit werden als Behinderung der Entwicklung angesehen. Gewiß ist das Kastensystem in Indien eindeutig ein Hindernis. Es verstärkt noch die in allen sozialen Schichten vorherrschende Verachtung und Ablehnung der manuellen Arbeit. Da ein orthodoxer Hindu nicht nur diejenigen, die eine solche Arbeit verrichten, sondern auch jeden, der nicht zu seiner eigenen Kaste gehört, für völlig inakzeptabel hält, entstellt und entwertet das Kastensystem auch die normalen menschlichen Empfindungen des Mitleids und der Brüderlichkeit.

Zwar ist man sich allgemein darin einig, daß mehr Gleichheit ein vorrangiges Ziel der Planung sein sollte, doch die tatsächliche Entwicklung geht zumeist in die Richtung einer verschärften Ungleichheit. Diese Situation wird folglich in der Weise rationalisiert, daß man die Verwirklichung dieses Ziels auf ein Stadium aufschieben möchte, in dem ein gewisses substantielles Wachstum erreicht wäre. Man ist der Auffassung, daß eine Zunahme der Ungleichheit für ein sich entwickelndes Land ganz natürlich sei. Zur Untermauerung dieser Vorstellung wird häufig die Beobachtung angeführt, daß die ökonomische Entwicklung historisch häufig zu einer stärkeren Konzentration von Reichtum und Macht geführt habe; manchmal wird daraus der Schluß gezogen, daß dies ein unvermeidliches Resultat sei. In diesem Zusammenhang wird oft auf die westlichen und sogar auf die japanischen Erfahrungen hingewiesen. Aber diese historischen Vergleiche sind an sich nicht notwendig signifikant, denn Südasien befindet sich in einer durch einzigartige Elemente gekennzeichnete Situation. So steht zu erwarten, daß in Südasien eine geplante Entwicklung zur Verwirklichung der Gleichheitsideale führen wird.

Wichtig ist in diesem Zusammenhang die Frage, ob es einen

Konflikt zwischen der wirtschaftlichen Gleichheit und dem wirtschaftlichen Fortschritt gibt – das heißt, ob eine Verzögerung des Fortschritts der Preis für die Gleichheit ist. Obwohl detaillierte Kenntnisse über die relevanten wirtschaftlichen Faktoren und ihr Zusammenwirken in Südasien immer noch fehlen, lassen sich dort doch eine Reihe von Bedingungen aufzählen, die viel stärker als in den westlichen Ländern darauf hinweisen, daß mehr Gleichheit die wirtschaftliche Entwicklung eher fördern als behindern würde.

Immerhin gehört die wirtschaftliche Ungleichheit zu den Ursachen der sozialen Ungleichheit, und diese ursächliche Beziehung gilt auch umgekehrt. So dürfte eine Verringerung der wirtschaftlichen Ungleichheit zu einer Verringerung der sozialen Ungleichheit führen, was sich wiederum vorteilhaft für die ökonomische Entwicklung auswirken würde. Darüber hinaus gibt es eine ähnliche Wechselwirkung zwischen den sehr niedrigen Lebensstandards und der geringen Arbeitsproduktivität. Folglich dürften Maßnahmen, welche auf eine Vermehrung des Grundkonsums in den unteren Schichten abzielen, den Arbeitsinput und die Arbeitseffizienz verbessern und damit die Produktion steigern. Der konventionelle Nachkriegsansatz, der in der Entwicklung einfach eine Funktion der Investitionen sieht, abstrahiert von diesen beiden wichtigen Zusammenhängen und ermöglicht damit nicht nur die Annahme, daß es ohne egalitäre Reformen eine Entwicklung geben könne, sondern sogar die, daß eine verschärfte Ungleichheit eine Voraussetzung für das wirtschaftliche Wachstum sein könne.

Wo das oberste Ziel, mehr Gleichheit, in dieser Form hintertrieben wird und gleichzeitig die Entwicklungsprobleme eine verzerrte Behandlung erfahren, dort folgen daraus sehr wahrscheinlich gedankliche Konfusion und die Verschleierung all der politischen Maßnahmen, die nicht mit dem Egalitätsideal übereinstimmen. Selbst dort, wo Reformen ostentativ durch dieses Ideal motiviert waren, blieben sie entweder unwirksam oder gereichten zum Vorteil der weniger Armen. Dies gilt allgemein für die verschiedenen Hilfsprogramme, für Bestrebungen zur Land- und Pachtreform und für Gemeindeentwicklungsprogramme. Gewiß sollten die Bemühungen, das Niveau des Gesundheitswesens und der Elementarschulbildung anzuheben, auf lange Sicht eine egalisierende Wirkung zeitigen. Aber auch hier ist nur ein kleiner

Teil der Regierungsaufwendungen für die Bedürftigsten vorgesehen, und besonders das Schulsystem ist gewöhnlich durch eine starke Benachteiligung der unteren Schichten gekennzeichnet.
Ganz unabhängig von ihrem jeweiligen Regierungssystem werden die südasiatischen Länder vom Kompromiß und der Anpassung innerhalb der Oberschicht sowie im Verhältnis zwischen dieser und dem Gros derer, die die Unterschicht bilden, beherrscht. Die Tatsache, daß die Angehörigen der Oberschicht sich als »Mittelstand« bezeichnen, ist aufschlußreich. Besonders in Indien hat die Regierung auf verschiedenen Wegen, auch durch eine progressive Einkommenssteuer, versucht, die Macht und den Reichtum der Maharadschas, Grundbesitzer und Industrie- und Finanztykone zu beschränken. Die höheren Schichten der Landbesitzer in den Dörfern, die Händler und Geldverleiher, die mittleren Industriellen und die Beamten der gehobenen Stufe betrachten solche Maßnahmen, die, nebenbei bemerkt, nicht sehr erfolgreich waren, als Versuche zur Verwirklichung von mehr Gleichheit. In der öffentlichen Debatte wird gemeinhin behauptet, daß mehr Rücksichtnahme auf die »Mittelklasse« der Sache der Gleichheit förderlich wäre. Wahr ist vielmehr, daß, besonders in Indien, diese Mittelklasse eindeutig zu der dünnen Oberschicht gehört. Wenn die Sache der Gleichheit wirkliche Fortschritte machen soll, dann müßte den unteren Schichten geholfen werden.
Was hier über Indien gesagt wurde, ist auch auf die anderen Länder der Region anwendbar. In Pakistan herrscht auch ohne die Rigidität eines Kastensystems eine ebenso ausgeprägte Ungleichheit. Hier kümmern sich die oberen Schichten insgesamt vergleichsweise weniger um die soziale und wirtschaftliche Gerechtigkeit – oder sind zumindest überzeugt, daß es unklug wäre, die öffentliche Meinung mit dieser Frage zu beunruhigen. In Ceylon und Malaya sowie in den meisten übrigen südasiatischen Ländern wird die Frage der Gleichheit durch die Anwesenheit von indischen und chinesischen Minoritäten kompliziert, deren Angehörige, wie es den Mehrheitsgruppen erscheinen will, oft privilegierte Positionen einnehmen. Burma und Indonesien bekennen sich zu radikalen Programmen zur Förderung der Gleichheit. Aber das Interesse an solchen Fragen hat angesichts der wachsenden innen- und außenpolitischen Probleme abgenommen.

Das Ideal der politischen Demokratie hängt eng mit dem Ideal der sozialen und ökonomischen Gleichheit zusammen. Unter politischer Demokratie verstehen wir ein System, in dem eine Exekutive dem Willen des Volkes verantwortlich ist, was sich in Wahlen mit allgemeinem Wahlrecht, einer unabhängigen Rechtsprechung und der Garantie einer ganzen Reihe von bürgerlichen Freiheiten ausdrückt. Zum Teil gewann die Idee einer größeren sozialen und ökonomischen Gleichheit an Attraktion, als man erkannte, daß ohne diese die politische Demokratie eine leere Formel bliebe. Ebenso häufig wurde sie aber, besonders in der Zeit vor der Unabhängigkeit, als wichtigstes Mittel zur Durchführung oder zur unbezweifelbaren Begründung der sozialen und ökonomischen Revolution angesehen. In Indien glaubten nicht nur Nehru und der sozialistische Flügel der Kongreßpartei, sondern auch andere fest daran, daß das Stimmrecht für die armen Massen zu radikalen Reformen führen würde.
Von Anfang an bekannten sich die Führer aller südasiatischen Länder zur politischen Demokratie. Die Vorbilder übernahmen sie aus den westlichen Ländern. Die westlichen Länder wiederum hielten diese Wahl nicht nur für empfehlenswert, sondern auch für völlig natürlich und normal – ein seltenes Beispiel von Ethnozentrismus und Mangel an historischer Perspektive. In der Entstehungszeit der südasiatischen Länder gab es im Westen kaum realistische Diskussionen darüber, was dieses Schema der politischen Entwicklung bedeutete, ob es funktionieren würde und wohin es führen könnte. Selbst heute geschieht dies kaum. Die Erinnerung an das, was nach dem Ersten Weltkrieg mit den neu geschaffenen Demokratien in Mittel-, Ost- und Südeuropa geschah, hätte zu einiger Besorgnis Anlaß geben sollen. Sollte dies der Fall gewesen sein, so kam es jedenfalls nicht zum Ausdruck. Man machte sich nur wenig Gedanken über die Tatsache, daß die westlichen Länder in der Zeit, als sie sich in einem vergleichbaren Stadium der Unterentwicklung befanden, eine völlig andere politische Struktur aufwiesen. Und heute wächst die Jugend in den westeuropäischen Demokratien sogar ohne klare Vorstellung davon auf, wie beschränkt das Wahlrecht in ihren eigenen Ländern noch vor Jahrzehnten war, als bereits ein vergleichsweise fortgeschrittenes Stadium der wirtschaftlichen Entwicklung erreicht war. Zwar hatten manche westeuropäische Länder zur Zeit ihrer industriellen Revolution eine Art parlamentarischer

Regierung, die auf demokratischen Wahlen beruhte. Sie waren aber alles andere als Demokratien in der modernen Bedeutung des Wortes. Tatsächlich gibt es in der neueren Geschichte kein Beispiel dafür, daß in einem stark unterentwickelten Land eine dauerhafte und leistungsfähige, auf dem allgemeinen Wahlrecht beruhende politische Demokratie entstanden wäre. Aus dem gleichen Grund hat auch nie ein Land versucht, die egalitären Ideale des Wohlfahrtsstaates in einer Zeit zu verwirklichen, in der dort Armut und Ungleichheit in einem ähnlichen Maß wie heute in den unterentwickelten Ländern herrschten.

Die volle Demokratie mit allgemeinem Wahlrecht hatte nur in einem fortgeschrittenen Stadium der wirtschaftlichen Entwicklung Erfolg, als Lebensstandard und Alphabetisierungsgrad relativ hoch waren und eine gewisse Chancengleichheit bestand. Die schließliche Einführung des allgemeinen Wahlrechts war dann ein Sieg von Erziehung, populärer Aufklärung, Organisation und Initiative. In Südasien mußte nie für die politischen Rechte gekämpft werden. Sie wurden von oben eingeführt, ohne daß die Massen sie je verlangt hätten. Es fehlte der Kampf um den organisierten Einsatz dieser Rechte zur Verwirklichung ihrer Interessen. Noch heute stehen die südasiatischen Länder vor dem entmutigenden Problem, wie sie die Mehrheit ihrer Menschen assimilieren und dazu bringen können, sich als verantwortliche Teilnehmer am Aufbau der Nation zu fühlen und zu verhalten.

Die anfänglichen Hoffnungen, daß die eben unabhängig gewordenen Nationen Südasiens vollgültige Demokratien aufbauen oder aufrechterhalten könnten, waren also nicht sehr begründet. Vier von diesen Ländern haben immer noch einigermaßen stabile parlamentarische Regierungen. Die übrigen gerieten unter eine autoritäre Regierung der einen oder anderen Form. In keinem Land gab es bislang weitreichende soziale und ökonomische Reformen.

Das eine Extrem bildet Indien mit einer fest etablierten parlamentarischen Regierung, die auf allgemeinem Wahlrecht bei einer verhältnismäßig hohen Wahlbeteiligung basiert. Aber trotzdem sind die Massen eher das Objekt als das Subjekt der Politik. Sie verharren in Passivität und Gleichgültigkeit. Sie sind nicht über ihre Interessen informiert und organisieren sich nicht zum Schutz dieser Interessen. Sie üben keine Macht aus. Die indische Demokratie hat sich als bemerkenswert stabil erwiesen, aber es ist weitgehend eine Stabilität der Stagnation, und dies ganz sicher im Hinblick auf die Notwendigkeit einer Reform der rigide inegalitären Struktur des Landes.

In Ceylon bewegte sich die parlamentarische Demokratie einige Zeit in geordneten Bahnen. Aber nach 1950 beschritt sie einen verantwortungslosen und konfusen Kurs. Die Politik wurde zum Tummelplatz ethnischer, linguistischer und religiöser Emotionen, und ein radikaler Nationalismus nahm überhand. Daß das Land nicht unter eine Militärdiktatur geriet, geht vermutlich vor allem auf die Tatsache zurück, daß die Armee klein ist und nicht den Status der Armeen in Pakistan oder Burma hat. Malaya und die Philippinen sind in der Region die einzigen weiteren Länder, in denen sich die parlamentarische Demokratie als funktionierendes System erhalten hat. Aber in Malaya beruhte die Stabilität weitgehend auf einem mühsam eingehaltenen Interessenausgleich zwischen der malayischen Oberschicht und den chinesischen und indischen Volksgruppen. Alles hängt nun davon ab, ob es den Malayen, die bedeutende politische Vorteile und Privilegien genießen, gelingt, ihre eigene soziale und wirtschaftliche Position zu verbessern, bevor die dynamischeren und gebildeteren Chinesen mit der untergeordneten politischen Stellung, die sie heute innehaben, unzufrieden werden. Auf den Philippinen beruht die Stabilität noch eindeutiger auf einer äußerst inegalitären Machtstruktur. Wenn artikulationsfähige Philippinos sich überhaupt demokratischer Rechte und Verfahren erfreuen dürfen, dann vielleicht nur deshalb, weil sie bisher die Interessen der Großgrundbesitzer und der mit diesen verbündeten Oligarchien, die an den Hebeln der politischen Macht sitzen, nicht ernsthaft gefährdeten.

In anderen Ländern konnte die politische Demokratie aus verschiedenen Gründen keine Wurzeln schlagen und wurde durch ein autoritäres Regime der einen oder anderen Art ersetzt. Diese Veränderungen wurden für gewöhnlich mit der Begründung gerechtfertigt, daß die politische Demokratie mit ihrem Parteiensystem ineffektiv, korrupt und der nationalen Einheit abträglich sei. Ein wichtiger Grund für das Scheitern der Demokratie in Pakistan war die Tatsache, daß die Moslem-Liga, anders als die indische Kongreßpartei, weder ideologisch noch sonst darauf vorbereitet war, die öffentlichen Angelegenheiten in parlamentarischer Form zu behandeln. Auch viele der Schwierigkeiten, die

Burma und Indonesien beim Aufbau eines parlamentarischen Regierungssystems haben, lassen sich auf ein ähnliches anfängliches Unvorbereitetsein zurückführen. Thailand übernahm nach dem Zweiten Weltkrieg eine westliche Form der parlamentarischen Demokratie und paßte sich damit opportunistisch einer durch die westlichen Demokratien beherrschten internationalen politischen Situation an. Die Chancen, daß diese fest Fuß fassen würde, waren angesichts der autoritären Tradition des Landes gering. Der besondere Charakter der französischen Herrschaft in Vietnam, Laos und Kambodscha sowie die Form, in der die Franzosen zum Abzug gezwungen worden waren, ließen der parlamentarischen Demokratie in den Nachfolgestaaten nur wenig Hoffnung.

Unter dem Gesichtspunkt der Modernisierung und der wirtschaftlichen Entwicklung besteht zwischen den Ländern, die eine demokratische Regierungsform behielten, und jenen, die zu autoritären Regierungsformen übergingen, ein eher scheinbarer als realer Widerspruch. Man kann nicht behaupten, daß eine Regierungsform für die Durchsetzung einer ökonomischen und sozialen Reformpolitik förderlicher gewesen wäre als die andere. Im Gegenteil, die verschiedenen politischen Systeme der Region sind sich auffällig ähnlich in ihrer Unfähigkeit oder fehlenden Bereitschaft, fundamentale Reformen durchzuführen und soziale Disziplin zu erzwingen. Ob demokratisch oder autoritär, in diesem Sinn sind sie alle »weiche Staaten«.

Tatsächlich ging die in manchen südasiatischen Ländern stattfindende Bewegung zum Autoritarismus ohne äußere Einflüsse vonstatten. In dieser Hinsicht wurden sie ideologisch kaum explizit von den kommunistischen Ländern beeinflußt, wenn auch Beobachter des südasiatischen Schauplatzes aus der Erfahrung jener Länder den Schluß gezogen haben könnten, daß wirtschaftliche Fortschritte ohne politische Demokratie im westlichen Sinn und in sehr armen Ländern vielleicht nur durch eine autoritäre Regierung möglich sind. Die Tatsache, daß Frankreich sich zur Behebung seiner politischen Instabilität und zur Wiedererlangung einer effektiven Regierung an de Gaulle, einen Militär, wandte, verlieh auch den Systemen der direkten Regentschaft, welche die parlamentarischen Gremien entmachteten, einige Respektabilität. Auch blieb es in Südasien nicht unbemerkt, daß diese Entwicklung in Frankreich anfangs von den anderen westlichen Ländern begrüßt wurde.

Aber im Grunde waren solche Einflüsse aus dem Ausland nicht entscheidend an der Unterminierung der politischen Demokratie in der Region beteiligt. Eine fundamentale Schwäche der südasiatischen Demokratie besteht darin, daß sie von oben eingeführt wurde, ohne daß größere Teile des Volkes darum gekämpft hätten. Wenn die Demokratie in der Region nur stockend verwirklicht wurde oder scheiterte, so geschah dies niemals, weil die Massen sich organisiert und für ihre Interessen gekämpft und damit die Elite gezwungen hätten, Maßnahmen zur Wahrung ihrer eigenen Sicherheit zu ergreifen. Mit anderen Worten, das Schema der politischen Entwicklung in Südasien zeigt so gut wie keine Entsprechung zum marxistischen Modell des Klassenkampfes. Zum größten Teil blieben die Massen apathisch und uneinig.

Dies besagt nicht, daß die Menschen mit ihrer gegenwärtigen Situation zufrieden wären; alles andere ist der Fall – besonders in Indien, Pakistan und auf den Philippinen, wo die Massen in äußerstem Elend leben. Vielfach gibt es eine dumpfe Unzufriedenheit bei den Unterprivilegierten in den Dörfern. Diese bleibt aber politisch ineffektiv. Denn der einzelne hat keine Möglichkeit, seinen Protest wirksam zu artikulieren.

Angesichts der Schwierigkeiten, auf die die südasiatischen Nationen stießen, als sie versuchten, eine reine Demokratie westlichen Stils einzuführen, sollte man sich vielleicht fragen, ob sie nicht statt dessen versuchen sollten, frühere Phasen der westlichen Entwicklung zu kopieren. Könnten sie nicht etwa ein festes Regime der Oberklasse aufbauen, ähnlich wie es für die westlichen Länder in der Zeit ihrer Industrialisierung typisch war? Man kann die Auffassung vertreten, daß ein System von repräsentativen Versammlungen, die auf der Basis eines durch Bildungs-, Eigentums- und Einkommenskriterien beschränkten Wahlrechts gewählt werden, eine bessere Chance hätte, effektiv zu funktionieren und sich eine Regierung zu geben, die kraft ihrer Stabilität erhebliche bürgerliche Freiheiten gewähren könnte. Es wäre schon ein Unterschied, wenn man das Wahlrecht auf die des Lesens und Schreibens Kundigen beschränkte. Zudem lägen die Aussichten eines solchen Systems, die wirtschaftliche Entwicklung voranzutreiben, auf der Hand, da aus der Anhebung der Lebens- und Alphabetisierungsstandards ganz natürlich eine Erweiterung des Stimmrechts folgen würde.

Die einfache Antwort lautet, daß die Geschichte sich nicht zurückdrehen läßt, um den neuen Staaten der Region die Möglichkeit zu geben, politische Entwicklungen der westlichen Länder nachzuvollziehen. Es gab auch keine Versuche, das Wahlrecht zu beschränken. Und die Idee der Demokratie wurde nie aufgegeben. Selbst wenn die Ideale kaum verwirklicht wurden, besaßen sie doch ein solches Prestige, daß sie die Entstehung eines friedlichen, stabilen Oberklassenstaates verhinderten.

Sobald das allgemeine Wahlrecht als moralischer Imperativ akzeptiert wird, ist es nicht mehr möglich, einen quasi-demokratischen Oberklassenstaat westeuropäischen Typs aufzubauen. Wenn, dann müßte die Demokratie schon vollkommen abgebaut werden, und das Wahlrecht müßte allen verweigert oder durch eine Abwertung des Parlaments irrelevant gemacht werden. Würde man nur den niedrigeren Bevölkerungsschichten das Stimmrecht nehmen, dann würde dies vermutlich als »undemokratisch« verurteilt werden. Dieser ganze Trend ist ein anschauliches Beispiel für die Macht der Ideologie, auch wenn diese bereits brüchig wird. Im richtigen historischen Zusammenhang betrachtet, lassen diese Diktaturen sich als Ersatz für das ansehen, was diese Länder nicht haben und nicht schaffen können – nämlich stabile Oberklassen-Regimes, vergleichbar denen der westlichen Länder zu der Zeit, als ihre Industrialisierung einsetzte.

Die Regierungsform, zu der Kritiker wie Jayaprakash Narayan oder der frühere Präsident Sukarno zurückkehren wollten, beruhte auf einer romantischen Verklärung der dörflichen Demokratie aus der Vor-Kolonialzeit. Ihre Ideen über den politischen Wiederaufbau waren durch Mythen vom Goldenen Zeitalter gefärbt und beschworen die besondere Begabung ihrer Völker für ein harmonisches Zusammenleben. Ayub Khan in Pakistan war vermutlich der einzige Gegner der Übernahme einer westlichen Form der Demokratie, der weniger vom »Genius« des Volkes als von seiner politischen Unreife sprach. Infolge dieser Vorstellungen wurden alle möglichen politischen Systeme – »Gelenkte Demokratie«, Regierung durch Ermächtigung, indirekte Wahlen und unmittelbare Diktatur – anstelle einer auf beschränktem Wahlrecht fußenden repräsentativen Regierung eingeführt.

Doch die Stabilität eines solchen Regimes setzt das Vorhandensein einer stabilen Oberklassen-Gesellschaft voraus, in der eine herrschende Klasse auf ihren Status und ihre Macht vertrauen und sich im Innern sicher fühlen kann. In Indien wurde die Grundlage einer solchen Gesellschaft durch die bald nach Beginn der politischen Unabhängigkeit durchgeführten antifeudalistischen Reformen geschwächt. Und was noch wichtiger war, sie wurde durch die Ausbreitung der Ideologien der politischen Demokratie, der Egalität und Planung untergraben. Diese Ideale gewannen einigen Einfluß auf die herrschende Oberschicht, zumindest in dem Maß, daß sie ihr Selbstvertrauen erschütterten.

In allen Fällen, wo die parlamentarische Demokratie durch ein autoritäres Regime ersetzt wurde, geschah dies mit Hilfe der Armee. Es läßt sich behaupten, daß dies gewisse Vorteile hat. Die Streitkräfte sind zumindest gezwungen, nach einem rationalen Plan zu handeln, und sie verfügen über die Basis der Disziplin. Wenn die militärischen Führer dieser Regierungen es sich wirklich zur Aufgabe machten, die fortschrittshemmende soziale und wirtschaftliche Ungleichheit zu verringern, dann wäre eine Militärdiktatur unter dem Gesichtspunkt der Modernisierungsideale ohne weiteres vorzuziehen. Aber die Offiziere rekrutieren sich häufig aus den privilegierten Klassen oder heiraten systematisch in diese hinein. Und um erfolgreich regieren zu können, sind sie fast immer gezwungen, sich mit der Wirtschaft, dem Großgrundbesitz und den höheren Beamten zu verbünden. Dies führt allzu oft zu einer Interessenvertretung der Oberschicht.
Daher ist es fraglich, ob eine Militärdiktatur dem Ziel der Entwicklung förderlich wäre. Auch ist nicht klar zu erkennen, in welche Richtung die südasiatischen Länder politisch marschieren. Das einzige, was sich mit einiger Sicherheit sagen läßt, ist, daß die Formen der Demokratie oder des autoritären Populismus, die sie heute bereits haben oder entwickeln werden, sich entscheidend von den Systemen unterscheiden, die in den westlichen Ländern in einem vergleichbaren geschichtlichen Zeitraum vorherrschten. *Abermals müssen wir erkennen, daß Südasien eine Dritte Welt ist.*

Die Reaktion der westlichen Länder auf das Geschick der politischen Demokratie in Südasien war schwach und ambivalent, bedingt vor allem durch Erwägungen des Kalten Krieges. Im Westen, besonders in den USA, ist die Befürchtung weit verbreitet, daß Südasien und womöglich alle unterentwickelten Länder kommunistisch werden könnten. Man nimmt allgemein an, daß, wenn den armen Ländern nicht bald eine schnelle wirtschaftliche Entwicklung gelingt und wenn die Früchte dieser Entwicklung nicht den Massen zugute kommen, ein solches Ergebnis sehr wahrscheinlich ist. Wenn daher solche Diktaturen entstehen, zögern manche westlichen Kommentatoren, sie wegen ihrer undemokratischen Politik zu kritisieren, solange sie nur antikommunistisch sind. Auf einem etwas höheren intellektuellen Niveau verbreitet sich zunehmend die Erkenntnis, wie ungeheuer schwierig es ist, unter den in Südasien herrschenden Verhältnissen die demokratischen Ideale zu verwirklichen. Westliche Autoren versuchen nun über die Form eines Regimes etwas neutraler zu urteilen und sich mehr für seine Effektivität im Sinne der Planung zu interessieren, auch wenn sie zugleich ihre Vorliebe für die Demokratie bekunden. Die am häufigsten diskutierte Frage ist jedenfalls immer noch die, ob diese Länder sich auf den Kommunismus zubewegen oder nicht.

Wir sind äußerst skeptisch in bezug auf die Gültigkeit von Voraussagen über die künftige politische Entwicklung in Südasien, besonders soweit diese auf oberflächlichen Vorstellungen vom Verhalten der Massen beruhen. Wir meinen, daß man sich ohne weiteres das Eintreten wie auch das Ausbleiben von revolutionären Ereignissen vorstellen kann, die weder mit Marx' Theorie von der Revolution noch mit deren Verallgemeinerung zur Theorie einer »Revolution der steigenden Erwartungen« vereinbar sind. So wäre es zum Beispiel gut möglich, daß die unteren Schichten der indischen Dörfer träge in den Fesseln der Ungleichheit verharren, selbst wenn ihr Lebensstandard sich noch weiter verschlechtern sollte. Auch wäre es möglich, daß, wenn sich infolge äußerer Einflüsse eine tiefgreifende Unruhe verbreiten sollte, die gegenwärtige komplexe Interessenstruktur durch Klasseninteressen, die zu einem Volksaufstand gegen die Privilegierten führen könnten, beseitigt würde. Unter bestimmten Umständen könnten äußere Einflüsse eher geeignet sein, die Massen aufzuputschen, wenn die wirtschaftliche Situation stagniert oder sich verschlechtert. Unter anderen Bedingungen wie-

derum könnte ein steigender Bildungs- und Lebensstandard einen besseren Nährboden für solche revolutionären Einflüsse von außen abgeben.
Sollte die Zahl der »gebildeten« Arbeitslosen steigen, dann könnte gerade von dieser »mittelständischen« Gruppe der Impuls zur Organisierung einer Protestbewegung der Massen ausgehen. Ebensogut wäre es möglich, daß die Frustration dieser Gruppe von Arbeitslosen sich nur in oberflächlichen Manifestationen wie unorganisierten Demonstrationen, Streiks und Unruhen Luft macht. In Ländern, wo die physische Arbeit verachtet wird und die Bildung hohe Wertschätzung genießt, weil sie einen Ausweg aus der körperlichen Plackerei bietet, gibt es eine gewaltige Kluft zwischen den »Gebildeten« und den Massen. Wiederum könnten hier die internationalen Spannungen und Zusammenstöße, welche die kommunistische Propaganda aus dem Ausland sich zunutze macht, eine organisierte Revolte entfesseln. Unter bestimmten Umständen könnte die nationalistische Leidenschaft in den Dienst der Revolution treten. Unter anderen Umständen wieder könnte der Appell an den Nationalismus dazu dienen, Revolten im Ansatz zu ersticken, besonders wenn er von religiösen Motiven durchsetzt ist. Auch die Reaktion auf solche Imponderabilien wird in den verschiedenen Ländern und zu verschiedenen Zeiten jeweils eine andere sein.
Wenn der Kommunismus als der »Anwalt der Verzweifelten« dargestellt wird – in dem Sinn, daß man behauptet, er würde leichter Zugang finden zum Denken derer, die wenig Aussicht auf eine Verbesserung ihres Geschicks haben, als zum Denken derer, denen es etwas besser geht und die optimistisch in die Zukunft blicken können –, dann ist dies eine Verallgemeinerung, die durch die Erfahrung und durch eingehendere Untersuchungen nicht bestätigt wird. Es ist ohne weiteres möglich, daß auf lange Sicht mehrere südasiatische Länder auf den Weg zum Kommunismus einschwenken werden, aber es ist ebensogut möglich, daß es den westlichen Ländern durch großzügige Hilfsmaßnahmen gelingen wird, ein anti-kommunistisches Regime zu stärken – auch wenn dies die ökonomische Lage der Massen nicht verbessern würde.
Was immer geschehen mag, die Ursachen werden sehr komplex und in den einzelnen Ländern jeweils verschieden sein. Die Armut, die Ungleichheit und das Fehlen einer Entwicklung spie-

len keine vorherbestimmte und definitive Rolle im geschichtlichen Prozeß. Es ist bedauerlich, daß westliche Autoren, die es besser wissen sollten und die den unterdrückten Massen Südasiens ein mitfühlendes Interesse entgegenbringen, sich in ihren eigenen Ländern gezwungen sehen, an anti-kommunistische Gefühle zu appellieren, um ihrem Plädoyer für mehr moralische Solidarität unter den Völkern der Welt Gehör zu verschaffen.

11. Sozialismus in Südasien

Zwar hatte der Kommunismus oder die offene Anlehnung an die kommunistischen Blöcke bisher nirgends in Südasien Erfolg (ausgenommen im früheren Französisch-Indochina), doch der »Sozialismus« der einen oder anderen Spielart ist das offizielle Credo in Indien, Ceylon, Burma und Indonesien. Auch im übrigen Südasien genießt der Sozialismus hohe Wertschätzung.

Obwohl das Bekenntnis zum Sozialismus weit verbreitet ist, wurde dieser Terminus niemals scharf definiert. Seine Bedeutung variiert stark, nicht nur von Land zu Land, sondern auch innerhalb der einzelnen Länder, und trägt zur Verwirrung der öffentlichen Diskussion bei. In geringerem Maß resultiert diese Verwirrung daraus, daß der Sozialismus mit dem »Marxismus«, der selbst ein unbestimmter Begriff ist, in Verbindung gebracht wird. Wir haben es daher mit ideologischen Kompromissen zu tun – sei es der »Islamische Sozialismus« in Pakistan, der »Indonesische Sozialismus«, der »Buddhistische Sozialismus« in Burma oder der »Sarvodhaya-Sozialismus« der Anhänger Gandhis in Indien. Es wird stets behauptet, daß die sozialistischen Ideale der einheimischen Philosophie und sogar der Organisation des Dorfes immanent seien. In Wahrheit liegen die Verhältnisse selbstverständlich nicht so einfach, und die intellektuellen Verrenkungen, die zur Erklärung und Rechtfertigung der einheimischen Formen des Sozialismus unternommen werden, sind meist nichts anderes als ein Spiel mit Worten.

Außerdem war das Bekenntnis zu einer sozialistischen Ideologie zu Zeiten verschieden stark. Jedes der Länder machte vielfältige politische Erfahrungen durch. Aber was auch immer geschah, der Begriff Sozialismus diente stets dazu, ein unbestimmt radikales Engagement auszudrücken. Diese Unbestimmtheit wird durch die Vielfalt von Ausdrücken charakterisiert, die zur Bestimmung der jeweils vertretenen sozialistischen Doktrin gewählt werden. Selbst in Indien, wo die ideologische Diskussion sonst ein höheres intellektuelles Niveau als in anderen südasiatischen Ländern einhält, wurde, mit vielfach wechselnder Bedeutung, eine Fülle von Begriffen verwendet, um die angestrebte Gesellschaftsform zu bezeichnen: eine »sozialistische Gesellschaft«, eine »sozialistische Gesellschaftsform«, ein »kooperatives Gemeinwesen«, ein »sozialistisch-kooperatives Gemeinwesen« oder eine »klassenlose Gesellschaft« – manchmal unter der näheren Bestimmung, daß diese mit friedlichen und legitimen Mitteln zu verwirklichen sei.

Diese überall vorhandenen vagen Linkstendenzen haben ihre gemeinsame Wurzel in der Opposition der politisch wachen Intellektuellen gegen die Kolonialherrschaft. Sie stehen daher in einem engen Zusammenhang mit dem Nationalismus und besonders mit der egalitären Ideologie, die ein integraler Bestandteil des asiatischen Nationalismus ist. Beinah in jedem Fall verbreitete sich die sozialistische Ideologie in Südasien als Teil der Unabhängigkeitsbewegung. Ihre Übernahme erforderte nicht die Intellektualität eines Lenin oder Hobson. Das bloße Vorhandensein der großen ausländischen Investitionen und die Privilegien der Ausländer, die die Wirtschaft und die Banken kontrollierten, stärkten die Opposition gegen den Kolonialismus und damit gegen den Kapitalismus. J. S. Furnivalls triftige Bemerkung gibt Aufschluß über die Richtung des Denkens, das sich unter diesen Einflüssen entwickelte:

»Doch sie [die Kolonialvölker] sind den kommunistischen Idealen gegenüber aufgeschlossener, weil sie zu viel von der kapitalistischen *Praxis* gesehen haben. Vom ökonomischen Individualismus wenden sie sich instinktiv ab und dem Sozialismus zu, wenn auch nicht notwendig oder ausschließlich dem doktrinären Sozialismus der staatlichen Kontrolle über Produktion, Distribution und Finanzen, sondern dem Sozialismus der Reintegration einer durch den uneingeschränkten Kapitalismus – oder, wem der Ausdruck besser gefällt: Kolonialismus – ausgeplünderten Gesellschaft. Und so sehr sie die kommunistischen Methoden und die kommunistische Herrschaft ablehnen und fürchten, werden sie jederzeit bereitwilliger auf die Forderungen der sozialen Pflicht als auf die Illusion des individuellen Wohlstands reagieren.«

Die Verbitterung über die Armut und die Stagnation in ihren Ländern veranlaßte die südasiatischen Intellektuellen, das private Unternehmertum, gleichgültig ob ausländisch oder einheimisch, für das Ausbleiben wirtschaftlicher Fortschritte verantwortlich zu machen. In Anbetracht der Verhältnisse war es ganz natürlich, daß die meisten Führer nationalistischer Bewegungen nicht nur politische Unabhängigkeit, sondern auch die Befreiung von der – wie sie es sahen – kolonialistischen Struktur des Kapitalismus

forderten und ein alternatives System der ökonomischen Organisation anstrebten.
In Ländern wie Malaya, Indonesien und Ceylon war die Hinwendung zum Sozialismus mit durch einen wirtschaftlichen Sanierungsprozeß beeinflußt, der auf die instabile Situation folgte, in der diese Länder sich nach dem Rückzug der westlichen Kolonialherren befanden, wobei die politische Macht in Händen einheimischer Gruppen lag, die wirtschaftliche Macht jedoch häufig fremden Minoritäten vorbehalten blieb. In diesen Ländern wurde manchmal die Forderung erhoben, der Staat sollte Eigentum und Führung in den Unternehmen übernehmen. Diese Form des »Sozialismus« bedeutet oft jedoch nichts anderes, als daß Einheimische an die Stelle der fremden Minoritäten treten.
In Indien zumal wurde der Sozialismus häufig mit Planung gleichgesetzt – selbstverständlich unter der Voraussetzung, daß dieser Ziele verfolgte, wie wir sie als Modernisierungsideale schilderten. Auf jeden Fall glaubt man, daß der Sozialismus nicht ohne Planung zu verwirklichen sein wird. Oder aber, man versteht unter Sozialismus einfach den Aufbau einer »guten Gesellschaft«. Vielfach bedeutet Sozialismus nichts anderes als eine vage Bezeichnung für die Modernisierungsideale, wobei die Gleichheit unabdingbar als primäres Planungsziel betont wird. Zweifellos ist dies die Bedeutung von Sozialismus, die viele seiner Anhänger in Indien meinen, besonders diejenigen, die keine weitreichenden Veränderungen in der Struktur der Wirtschaft des Landes befürworten.

Aber diese Formulierung besagt nicht das, was wir im Westen meinen, wenn wir über den asiatischen Sozialismus sprechen. Bislang bedeutete Sozialismus doch vor allem ein Bekenntnis zur Verstaatlichung und – allgemeiner ausgedrückt – zu staatlichem Eigentum und staatlicher Leitung eines großen Sektors der Wirtschaft.
In erster Linie sollten wir zur Kenntnis nehmen, daß in Südasien, soweit der Sozialismus ökonomische Anwendung findet, eine Verstaatlichung von Eigentum und Führung, wenn überhaupt, dann nur in sehr beschränkten Bereichen der Wirtschaft in Erwägung gezogen wird – in den öffentlichen Versorgungsbetrieben, in der modernen Großindustrie, in Bergwerken, großen Plantagen, Banken, Versicherungen und in gewissem Maß im

Handel, besonders im Außenhandel. Die Landwirtschaft, das Handwerk und die Kleinindustrie, ganz gleich ob modern oder traditional, gelten nicht als potentielle Ziele der Sozialisierung. In diesen breiten Sektoren der Wirtschaft wird vielmehr in Indien wie auch in Pakistan, Malaya und auf den Philippinen eine Dezentralisierung des Eigentums und der Leitung angestrebt. In Südasien hat man sich grundsätzlich darauf geeinigt, diese im privaten Sektor zu belassen und einzelne Unternehmer zu unterstützen, wie man sich auch über die Notwendigkeit einer Zusammenarbeit und all dessen, was zur »demokratischen Planung« gehört, einig ist. Der einzige Unterschied liegt darin, daß man in den Ländern, die sich dem Sozialismus verpflichtet fühlen, eine solche Politik für sozialistisch hält.

Ebenso einhellig ist man in Südasien der Meinung, daß öffentliche Versorgungsbetriebe hingegen normalerweise in die Hand des Staates gehören. Aber wiederum sind es nur die sozialistischen Länder, die eine solche Politik als sozialistisch bezeichnen. Die seit der Unabhängigkeit in Südasien geschaffenen Finanzinstitute sind zumeist in staatlichem Besitz. Jedes Land der Region hat eine Zentralbank, die einen unabhängigen, im Sinn der eigenen Entwicklungsziele manipulierbaren Geld- und Investitionsmarkt gewährleistet. Aber alle Länder haben auch das von ihren kolonialen Vorgängern übernommene private Banksystem ausgebaut. In der ganzen Region finden wir auch häufig die Einmischung der Regierung in Handel und Wirtschaft, wobei staatliche Export-Import-Organisationen aufgebaut wurden. Diese Eingriffe in Handel und Wirtschaft sind häufig durch die Voreingenommenheit gegen Ausländer motiviert, besonders gegen die in allen südasiatischen Ländern vertretenen chinesischen und indischen Vermittler. Und fast überall in der Region ist der Staat praktisch gezwungen, sich der lebenswichtigen Frage der Nahrungsmittelversorgung anzunehmen, denn mit Ausnahme von Burma und Thailand sind Nahrungsmitteldefizite an der Tagesordnung. Es gibt also eine Vielzahl von verschiedenen, häufig nicht mit dem Sozialismus verwandten Motiven, die den Staat bewogen haben, eine größere Verantwortung im wirtschaftlichen Bereich zu übernehmen.

Selbst bei den oben erwähnten Aktivitäten geht es den meisten Ländern Südasiens nicht um den Sozialismus, der auch für den größten Teil der Wirtschaft nicht in Betracht gezogen wird.

Übrig bleibt nur die moderne Großindustrie, zu der wir auch Bergbau, Forstwirtschaft und Plantagen rechnen. Die schwerindustrielle Produktion bildet, auch in Indien, immer noch einen sehr schmalen Sektor der südasiatischen Wirtschaft. Es gibt jedoch zwei Gründe, die Großindustrie in eine Diskussion um den Sozialismus nachträglich mit einzubeziehen. Erstens: wenn es in den Ländern der Region, besonders in den ärmsten mit ihrer großen und schnell wachsenden Bevölkerung, Hoffnung auf Erfolge der Entwicklungsplanung geben soll, dann muß ein wesentlich größerer Teil der Arbeitskräfte schließlich außerhalb der Landwirtschaft Beschäftigung finden. Wenn die Großindustrie am besten durch das staatliche Unternehmertum entwickelt werden kann, dann ist dies ein stichhaltiges Argument für eine stärkere Beteiligung der Regierung. Zweitens: bestimmte Formen der Großindustrie gelten als »fundamental«, was gewöhnlich besagen soll, daß sie eine weitere Industrialisierung – »fundamentaler« oder nicht fundamentaler Art – ermöglichen. In der Planung sind sie daher für die Regierung ein Mittel, das Tempo und die Richtung der wirtschaftlichen Entwicklung zu beeinflussen. In ganz Südasien, mit Ausnahme von Malaya, gibt es in der Tat Versuche, in der oder jener Form staatliche Industrien aufzubauen.

Der Frage einer staatlichen Intervention auf dem Industriesektor wird überall zentrale Bedeutung beigemessen. Wie die Antwort auch ausfallen mag – sie wird vermutlich darüber entscheiden, ob ein Land sich in radikaler oder in konservativer Richtung entwickelt. Es hängt, so glaubt man, nur von der offenen Entscheidung der Regierung ab, ob sie zu einer sozialistischen Gesellschaft oder zu einer des freien Unternehmertums übergehen will. Seit der Unabhängigkeit gab es in den südasiatischen Ländern drei Möglichkeiten verstaatlichter Industrie. Sie konnten

1. Unternehmungen auf dem öffentlichen Sektor übernehmen;
2. private Unternehmen verstaatlichen; oder
3. neue staatliche Industrieunternehmen aufbauen.

Mit wenigen Ausnahmen konnten die südasiatischen Länder nur in geringem Umfang Unternehmen des öffentlichen Sektors von den früheren Kolonialregimes übernehmen. (Thailand war niemals Kolonie.)

Die Verstaatlichung privater Industrieunternehmen in der Region betraf vor allem solche, die im Besitz von Ausländern waren. Sie fand statt in Burma, wo ausländische Konzerne große Rohstoffindustrien unterhielten, sowie in Indonesien. Im letzteren Fall geschah dies jedoch in abgeschwächter Form, so daß die Ausländer zumeist die Kontrolle über das Management behielten, oder es geschah als politische Maßnahme, bei der es nicht primär um den Sozialismus ging; in manchen Fällen wurden verstaatlichte Unternehmen inzwischen wieder reprivatisiert.
Von den drei Ländern, die einen expandierenden öffentlichen Sektor aufweisen, hat nur Indien den Ausbau der verstaatlichten Großindustrie zum Bestandteil seiner sozialistischen Politik erklärt. In Pakistan und auf den Philippinen hingegen basiert diese Politik offiziell auf dem freien Unternehmertum. In diesen Ländern wird die staatliche Betätigung in der Industrie mit zwei Gründen gerechtfertigt: mit dem Fehlen genügend großer Privatunternehmen sowie mit den Vorteilen, die – wie auch im Fall der staatlichen öffentlichen Versorgungsbetriebe – dem privaten Unternehmertum zufallen, wenn die Versorgung mit knappen Gütern verbessert und der Außenhandel erweitert wird. Dieselben Gründe werden aber auch in Indien gewöhnlich als Argumente für eine sozialistisch genannte Politik vorgebracht.
In mehr als einer Hinsicht kann man davon sprechen, daß Indien mehr als Pakistan und die Philippinen auf den Sozialismus verpflichtet ist: In letzteren beiden Ländern wird die wirtschaftliche Betätigung der öffentlichen Hand lediglich als eine Übergangsphase betrachtet. Sie bekundeten die Absicht, die staatlichen Unternehmen so bald wie möglich zu reprivatisieren, und haben dies zum Teil bereits getan.

Alles in allem ergibt sich aus obigen Überlegungen, daß man die Alternative von öffentlichem und privatem Sektor nicht als eine Frage der ideologischen Entscheidung zwischen Sozialismus und freiem Unternehmertum überbewerten sollte. Die unterschiedlichen wirtschaftspolitischen Auffassungen, die in den südasiatischen Ländern hinsichtlich ihrer industriellen Entwicklung bestehen, haben nur wenig mit ihren jeweiligen ideologischen Positionen zu tun.
Wenn Wissenschaftler aus dem Westen darüber spekulieren, ob Indien ein privates Unternehmertum in größerem Umfang zu-

lassen wird, dann geht es ihnen eher um die künftige Entwicklung als um die gegenwärtige Politik; dies gilt auch für einen großen Teil der Befürchtungen, die zuweilen in privaten Wirtschaftskreisen Indiens ausgesprochen werden. An sich bieten die offiziellen politischen Verlautbarungen über den Aufbau einer sozialistischen Wirtschaft kaum eine Voraussetzung für diese Befürchtungen hinsichtlich der Zukunft. Schon lange vor der Unabhängigkeit gab es in Indien solche Erklärungen und Ideen im Überfluß. Obgleich die politischen Verlautbarungen eher radikaler wurden, gab die tatsächliche Politik der Privatwirtschaft immer mehr die Möglichkeit, in die dem Staat vorbehaltenen Sektoren vorzudringen. Es ist anzunehmen, daß die jüngsten Schwierigkeiten Indiens und seine zunehmende Abhängigkeit von ausländischer Hilfe diesen Trend verstärken werden.

Auch die größere Wachstumsrate der Investitionen im öffentlichen Sektor der Industrie bietet keinen Anlaß zur Besorgnis über die Zukunft des privaten Unternehmertums, solange sich die Investitionen auf diese Schwerindustrie beschränken. Im allgemeinen sind sie, wie die Investitionen in öffentliche Versorgungsbetriebe, als Stimulus für die private Unternehmerinitiative anzusehen. Auch wäre es unrealistisch zu befürchten, daß dieser öffentliche Sektor die Macht und Kontrolle der Regierung über das private Unternehmertum stärken wird. Denn sein Wachstum bedingt in erster Linie eine Liberalisierung, insofern es Engpässe überwinden hilft. Und sobald die Regierung die Kontrolle über Eisen, Stahl und andere Produkte der Schwerindustrie ausübt, ist anzunehmen, daß sie keine weiteren Kontrollbefugnisse benötigen und dem privaten Unternehmertum breitere Chancen einräumen wird. Und schließlich war der politische Trend konservativ – eine Tatsache, die ebenfalls die Befürchtungen der privaten Wirtschaft zerstreuen sollte.

Zwei Dinge dürften als ziemlich sicher gelten. Erstens: besonders in Indien entwickelt der Gang der Dinge seine eigene Triebkraft und schafft erhebliche Widerstände gegen plötzliche Veränderungen. Zweitens: die etablierte sozialistische Ideologie und ihre praktische Interpretation werden auch die künftige Entwicklung beeinflussen. Gleichwohl wird die Bedeutung ideologischer Positionen gemeinhin übertrieben. So etwa wird die Zukunft der privaten Industrie in Pakistan weder dort noch in den westlichen Ländern in Frage gestellt oder auch nur diskutiert, obgleich

Pakistan womöglich einer viel unsichereren Zukunft entgegensieht als Indien, weil die Formen des politischen Lebens in Pakistan nicht annähernd so gefestigt sind wie in Indien. Aber wiederum gilt für alle Länder Südasiens, daß Vorhersagen über die politische Richtung ihrer Entwicklung äußerst ungewiß sind.

12. Demokratische Planung

»Demokratische Planung« ist in Südasien ein populärer Begriff. Er umfaßt eine Reihe von Vorstellungen, deren wichtigste im folgenden skizziert seien. Erstens bedeutet »demokratische Planung«, daß die Planung und die in den Plänen koordinierten Maßnahmen nicht nur auf die Unterstützung der Massen, sondern auch auf deren aktive Beteiligung bei der Vorbereitung und Durchführung der Planung abzielen sollen. Zweitens bedeutet sie ganz allgemein, daß die Beteiligung und Kooperation des Volkes freiwillig stattfinden sollte, damit die staatlichen Maßnahmen ohne Reglementierung oder Zwang durchgeführt werden können. Im alltäglichen Sprachgebrauch werden diese Bedeutungen zumeist kombiniert und mit den übrigen, bereits in Kapitel 9 erwähnten ideologischen Elementen vermischt.

Der Grund, warum die Beteiligung der Massen angestrebt wird, ist einfach: Ganz abstrakt können wir feststellen, daß die wirtschaftliche Entwicklung schließlich eine Veränderung im Denken, Fühlen und Handeln der Menschen voraussetzt. Sie werden individuell ihre Einstellung gegenüber dem Leben und der Arbeit verändern müssen; insbesondere werden sie härter und effektiver arbeiten und ihre Energie in produktivere Kanäle leiten müssen. Und sie werden kollektiv mehr kooperieren müssen, um ihre Gesellschaft und damit die Bedingungen zu verbessern, unter denen sie leben und arbeiten. Hinter dieser Auffassung steht notwendig der Glaube, daß die Massen, sobald sie sich ihrer miserablen Lebensbedingungen bewußt werden und ihnen demonstriert wird, wie diese durch staatliche Maßnahmen verändert werden können, positiv reagieren werden, indem sie einer solchen Politik ihre Zustimmung geben und sich an ihrer Verwirklichung beteiligen. Das Streben nach Beteiligung der Massen ist der oberste Grundsatz der »demokratischen Planung«. Häufig wird der Begriff »Dezentralisierung« synonym verwendet, besonders in bezug auf die politische Selbstverwaltung in kleineren Einheiten unterhalb der staatlichen Ebene. Die Grundidee ist die einer organisierten Zusammenarbeit der Menschen in einem Bezirk, einer Gemeinde oder einem Berufszweig.

Diese Kooperation läßt sich in großen Privatunternehmen oft

leichter bewerkstelligen. Aber das Wesentliche an der demokratischen Planung ist gerade das Bestreben, die Zusammenarbeit in der Landwirtschaft, dem Handwerk und der Kleinindustrie zu fördern, die beinah vollkommen dem privaten Sektor angehören. Es geht darum, daß die Menschen unterhalb der staatlichen Ebene überall in ihrem eigenen Interesse zusammenarbeiten. Nur dann wird die Planung wirklich zu einer demokratischen Planung.

Setzt man all dies voraus, so ergeben sich eine Reihe von Problemen. Zum einen sind die in Armut und traditionellen Vorstellungen befangenen Massen vielleicht nicht bereit, die rationalistischen Ideale der Entwicklungsplanung zu verstehen oder zu akzeptieren (und erst recht nicht die damit verbundene Forderung nach mehr Gleichheit). Maurice Zinkin, ein westlicher Autor, der an den Hoffnungen Südasiens starken Anteil nimmt, sprach dies schon vor einiger Zeit ganz ungeschminkt in seinem Buch *Development for Free Asia* aus: »Die Schwierigkeit [der demokratischen Politiker] besteht darin, daß es in Asien meist gerade die Wünsche und Vorurteile der Wähler sind, die der Entwicklung im Weg stehen. Sie *wollen*, daß ihre Gesellschaft statisch bleibt, daß ihr Handwerk geschützt wird, daß ihre Kinder ungebildet bleiben, daß ihre Schweine nicht gegessen werden, daß ihre Kühe am Leben bleiben und daß ihre Fortpflanzung unkontrolliert bleibt. Die Liste dieser Vorurteile, Überzeugungen und Einstellungen, die in diesem oder jenem Land (und nicht zuletzt auch in den westlichen Ländern) bestehen und die Entwicklung beeinträchtigen, ist ohne Ende.«

In gewissem Umfang haben die Planer dies erkannt und betonen nunmehr, wie wichtig es ist, die Massen durch die Partizipation an den Plänen zu erziehen. Dabei haben sie sich oft zu optimistischen Vorstellungen darüber hingegeben, wie schwierig dies sein und wie lang es dauern könnte. Aber ohne diesen optimistischen Hang würde die Ideologie der demokratischen Planung auseinanderfallen. Gemäß der Ideologie soll der Plan mit der Unterstützung des Volkes initiiert und mit dessen bereitwilliger Partizipaton und Kooperation durchgeführt werden. Aber die Planung kann nicht auf eine Unterstützung warten, die selbst erst durch den Erziehungsprozeß der Planung freigesetzt werden soll.

Doch es gibt noch ein zweites schwerwiegendes Problem. Man geht allgemein davon aus, daß die demokratische Planung im

Interesse der Massen mehr Gleichheit bewirken solle. Die wirtschaftliche und soziale Angleichung, so nimmt man an, garantiert die freiwillige Unterstützung der Planung durch die Massen, so daß sie ohne Anwendung von Zwang durchgeführt werden kann. Aber das Recht, repräsentative Körperschaften zu wählen, welche die Ausarbeitung und Exekutive der Pläne leiten, bleibt doch in den Händen privilegierter Gruppen, und es ist nicht gelungen, mehr Gleichheit zu schaffen. Auf diese und andere Schwierigkeiten werden wir später zurückkommen.

Als praktisches Mittel zur Verwirklichung der demokratischen Planung gilt die Einführung einer institutionalisierten Kooperation in verschiedenen Formen und auf vielen Gebieten. In diesem sehr umfassenden Sinn beinhaltet »Kooperation« sehr verschiedene und häufig sich überschneidende institutionelle Gliederungen von den lokalen und Bezirks-Selbstverwaltungsgremien bis hin zu Kredit- und anderen Kooperativen, Gemeindeentwicklungsprogrammen, landwirtschaftlichen Aufbauprojekten, Gewerkschaften usw.

Diese Ideen und Programme sind weitgehend durch ideologische Einflüsse aus dem Westen bedingt. Tatsächlich versuchten die Kolonialregierungen, Kooperativen zu fördern und eine Selbstverwaltung auf lokaler und Bezirks-Ebene aufzubauen. Selbst die Gemeindeentwicklung ist keine völlig neue Idee. In Südasien wird jedoch gemeinhin behauptet, daß die Kooperativen und die dörfliche Selbstverwaltung auf jahrhundertealten Traditionen dieser Länder beruhten. Solche Behauptungen beschwören Illusionen eines Mythos vom goldenen Zeitalter, wiewohl sie ein Körnchen Wahrheit enthalten, denn jede primitive Gesellschaft ohne Marktwirtschaft weist eine gewisse Form und ein gewisses Maß an Kooperation und lokaler Selbstverwaltung auf, auch wenn diese anders aussehen mag als die institutionelle Infrastruktur, die die südasiatischen Länder heute einzuführen versuchen.

In den Ländern des Westens, besonders in solchen, denen die südasiatischen Führer nachzueifern suchen, sind hochentwickelte Strukturen einer lokalen Selbstverwaltung sowie quasi-öffentliche und private Organisationen, die gemeinsame Gruppeninteressen vertreten, meist infolge einer Initiative von der Basis her entstanden, häufig im Widerstand gegen eine repressive Staatsgewalt. Hinsichtlich der provinziellen und lokalen Selbstverwaltung konnte der Westen auf einem etablierten institutionellen Schema aufbauen und dieses beständig modifizieren. Aber die südasiatischen Länder haben es eilig und brauchen die moderne Infrastruktur, um die Mitwirkung der Öffentlichkeit bei der Entwicklungsplanung zu erreichen. Sie können nicht warten, bis eine Infrastruktur spontan von unten aufgebaut wird. Wenn es nicht gelingt, durch staatliche Intervention eine moderne Infrastruktur zu schaffen, dann besteht tatsächlich wenig Hoffnung auf eine Entwicklung, die vielleicht später dementsprechende spontane Reaktionen bewirken könnte. Es bleibt nichts anderes übrig, als die institutionelle Infrastruktur durch Regierungsmaßnahmen zu schaffen und ihr Wachstum durch Regierungsinterventionen zu fördern. Dies wirft eine wichtige Frage auf: Ist nicht das Ideal der demokratischen Planung im Grunde eine Illusion, die das ganze Unternehmen schwächen wird? Diese und ähnliche Fragen stehen im Raum.

In den kommunistischen Ländern wurde die institutionelle Infrastruktur nach der Revolution durch politischen Machtspruch geschaffen. Sie diente und dient hauptsächlich zur Übermittlung von Befehlen von oben an die lokale und Bezirksebene. Wie wir in Kapitel 9 ausführten, ist die Ideologie der Planung in Südasien in mancher Hinsicht mit der sowjetischen verwandt, aber die südasiatischen Regierungen haben keine totalitären und monolithischen Staaten geschaffen. Die institutionelle Infrastruktur muß jedoch durch staatliches Eingreifen aufgebaut werden, weil sie sich andernfalls nicht entwickeln würde. Die große Frage ist daher, ob sie, einmal geschaffen, ein eigenes Leben und die Initiative für eine zukünftige Entwicklung haben wird. Die demokratische Planung geht selbstverständlich von dieser Hoffnung aus.

Sogar in bezug auf die institutionelle Infrastruktur zeigt sich bereits, daß es den unterentwickelten Ländern in Südasien bestimmt ist, auch eine Dritte Welt der Planung zu bilden, die sich vom sowjetischen wie vom westlichen Muster unterscheidet.

Indien hat bei dem Versuch, eine solche institutionelle Infrastruktur aufzubauen, die weitesten Fortschritte gemacht, sowohl in der Planung als auch bei der Initiierung von Programmen. Die öffentliche Diskussion über diese Bemühungen ist lebhaft und bewegt sich auf hohem Niveau, und Indien hat auch die gründlichsten Studien zur Auswertung der Ergebnisse, besonders der landwirtschaftlichen Aufbauprogramme, unternommen.

Von Anfang an legte Indien besonderen Nachdruck auf das, was dort als nationaler Aufbaudienst und als Gemeindeentwicklung bezeichnet wird; es sind dies koordinierte Bemühungen zur Steigerung der Produktion und des Lebensstandards und zur Verbesserung der Arbeits- und Lebensauffassung in den Dörfern. Das Gemeindeentwicklungsprogramm wurde mit großer Begeisterung und hohen Erwartungen in bezug auf schnelle Ergebnisse begonnen. Aber viele, von verschiedenen Stellen durchgeführte Untersuchungen zeigten, daß diese Erwartungen übertrieben optimistisch waren. In den meisten indischen Dörfern hat sich nicht sehr viel geändert.

Zur Förderung der Kooperation verstärkte Indien die bereits in der Kolonialzeit begonnenen Bemühungen, Kreditkooperationen aufzubauen. Deren Zahl hat wesentlich zugenommen, und ihr Anteil an der Gesamtsumme der Kreditmittel ist von drei auf über zwanzig Prozent gestiegen. Dennoch herrschen auf dem Land immer noch die Geldverleiher, und die Kooperativen-Bewegung krankt an denselben Leiden wie zur Kolonialzeit. Viele Kooperativen bestehen nur auf dem Papier. Viele andere sind nicht wirklich Kooperativen; da es ihnen nicht gelingt, ihre Mitglieder zu Geldeinlagen zu bewegen, dienen sie hauptsächlich als Ämter für die Auszahlung bewilligter Gelder. Viele sind insolvent, und ihr Management ist häufig unfähig und korrupt. Die Planer in Indien versuchten auch die Kooperativenbewegung auf anderen Gebieten zu fördern. Aber die »Vielzweckkooperativen«, besonders die Bauernkooperativen, leiden an denselben Schwächen wie die Kreditkooperativen und haben noch bescheidenere Erfolge aufzuweisen.

In den letzten Jahren bemühte sich Indien, die lokale Selbstverwaltung gesetzlich zu verankern. Es wurde eine dreistufige Pyramide von lokal gewählten Körperschaften, von den Dorf-Panschayats (etwa Gemeinderat) bis zur Bezirksebene aufgebaut. Man hoffte, daß diese Institutionen zunehmend die Verantwortung für die Planung und ihre Durchführung sowie für die allgemeine Ortsverwaltung und das Steuerwesen übernehmen würden. Doch bis heute haben diese Panschayats nicht viel zur Verwirklichung der Planungsziele beigetragen.

Alles in allem bieten die indischen Maßnahmen zur Verwirklichung der demokratischen Planung jedoch ein eindrucksvolles Bild. Aber die Anerkennung für die Größe dieser Arbeit darf den Beobachter nicht blind für die damit verbundenen schwerwiegenden Probleme machen. Zumindest war es in Anbetracht der Ausgangsbedingungen unrealistisch, auf schnelle Fortschritte der demokratischen Planung zu hoffen. Tatsache ist jedoch, daß schnelle Veränderungen so wichtig wie schwierig herbeizuführen sind, während die potentiellen Gefahren eines Scheiterns unberechenbar sind. Unglücklicherweise ist dies nur eines der vielen Probleme, mit denen Indien und andere südasiatische Länder bei ihren Bemühungen, die demokratische Planung zu verwirklichen, zu kämpfen haben.

Eine zweite Schwierigkeit betrifft den Anwendungsbereich der Programme und besonders die Frage, ob eine oberflächliche Einbeziehung des ganzen Landes nicht besser wäre als intensive Anstrengungen in ausgewählten Gebieten. Letzteres hätte in Indien sicher zu schnelleren Erfolgen in bestimmten Gegenden geführt, aber das ganze übrige Land wäre in der Stagnation verblieben.

Eine dritte Schwierigkeit betrifft die Aspekte des Lebens, um die es bei den landwirtschaftlichen Aufbauprogrammen vor allem geht. In letzter Zeit hat der dringende Bedarf dazu geführt, daß man allgemein übereinkam, der Steigerung der bäuerlichen Produktivität Priorität zu verleihen. Da aber die niedrige Produktivität durch die Gesundheits- und Ausbildungsverhältnisse sowie durch die Einstellungen bedingt ist, mag diese heutige populäre Auffassung sich als falsch erweisen.

Die einfache Wahrheit ist, daß Indien dringend darauf angewiesen ist, durch die Veränderung aller nachteiligen Bedingungen im ganzen Land schnelle Fortschritte zu machen. Weder die Beschränkung auf bestimmte Aspekte der Entwicklung oder auf wenige Bezirke noch das Sichabfinden mit einer langwierigen Entwicklung ist eine akzeptable Lösung für ein sehr unterentwickeltes Land, dessen Arbeitsbevölkerung, die sich heute um etwa 2,5 % pro Jahr vermehrt, in der Landwirtschaft bleiben muß, wenn sie nicht in die städtischen Slums und in die Barackenvorstädte strömen soll.

Anfänglich wählten die indischen Wirtschaftler bei ihrer Planung das Dorf als die unterste Grundeinheit, auf der sie ihre Entwicklungsmodelle aufbauten. Sie gingen von der Überzeugung aus, daß es in den Dörfern so etwas wie ein ererbtes Gemeinschaftsgefühl gebe. Sie glaubten, die Dorfbewohner würden ihre Probleme selbst am besten kennen und in ihren Beziehungen untereinander mehr soziale Gesinnung an den Tag legen als die Menschen im Westen. Auch spielte die noch fragwürdigere Annahme mit hinein, daß es unter den Dorfbewohnern eine genuine Interessenidentität gebe.

In der Realität jedoch weicht die Form der Selbstverwaltung und Kooperation, die das landwirtschaftliche Aufbauprogramm in Indien zu fördern suchte, erheblich von früheren oder heutigen Gepflogenheiten und Einstellungen ab. Die neuen Programme wollen die Dorfbewohner zum rationalen Denken und zum Streben nach Veränderung und Verbesserung motivieren, während die traditionelle Selbstverwaltung und Kooperation bestenfalls die Wahrung der bestehenden Verhältnisse intendierte.

Das indische Dorf ist geradezu ein Bollwerk der Ungleichheit, der Interessenkonflikte und des Widerstands gegen Veränderungen – und diese Einstellungen sind durch die Stagnation, die die demokratische Planungspolitik überwinden muß, bedingt und stützen diese wiederum. Die romantische Auffassung vom Dorf als einer durch die Harmonie der Interessen gekennzeichneten sozialen Einheit ist jedoch so stark, daß nur wenige indische Autoren es wagten, sie – wenn auch nur unter dem Gesichtspunkt der Effizienz – in Frage zu stellen. Die Frage ist sehr berechtigt, ob man weiterhin am Dorf als der Grundeinheit festhalten solle. Vielleicht lassen sich die Kräfte der Veränderung nur dann mobilisieren, wenn das Dorf vom Staat direkt in eine größere Einheit integriert wird.

Die demokratische Planung geht grundsätzlich davon aus, daß sie sich »von unten aufbauen« und zudem durch die freiwillige Partizipation und Kooperation des Volkes verwirklicht werden sollte. Die Engländer waren immer kritisiert worden, weil sie nicht bereit oder in der Lage gewesen waren, die rückhaltlose Beteiligung des Volkes zu mobilisieren. Das unabhängige Indien, so glaubte man, würde einen neuen Kurs steuern. Hier liegt das Problem. Denn in den stagnierenden Dörfern Südasiens entsteht diese Beteiligung nicht spontan, wie es in Westeuropa geschah. Die große Armut und die schnelle Bevölkerungszunahme verbieten ein allmähliches Vorgehen: die Alternative zu einer schnellen Entwicklung heißt gar keine Entwicklung oder sogar Rückschritt.

Selbstverständlich muß der Staat bei der Heranbildung einer dörflichen Führung helfend eingreifen. Es ist aber fraglich, ob dies jene Kräfte auslösen wird, die der Selbstverwaltung die Chance geben, sich als eine wirkliche Volksbewegung zu entfalten. Die Regierungen wollen nicht, daß die Menschen einfach ihren Neigungen gehorchen, sondern wenn sie an den neuen, zur Verbesserung ihrer Lebensbedingungen gedachten Institutionen mitarbeiten, dann sollen sie sich so verhalten, wie die Regierung es vorschreibt. Dies bedeutet eine gewaltige Veränderung, und die Forderung der Freiwilligkeit tritt noch erschwerend hinzu. Das Instrument zur Durchführung dieser sozialen und ökonomischen Revolution ist notwendig die Administration, die vergrößert, ausgebildet und umorientiert werden muß. Dies gilt besonders deshalb, weil die Regierungen nicht, wie die Kommunisten, über fanatische und disziplinierte Parteikader verfügen. Die so häufig wiederholte Formel, daß Selbstverwaltung und Kooperation nicht von oben eingeführt werden, sondern dem Wunsch der Menschen entspringen sollten, ist also weitgehend ein Selbstbetrug, der schwerlich eine rationale und effektive Planung des landwirtschaftlichen Aufbaus zulassen wird.

Viele der südasiatischen Selbstverwaltungsorgane wurden eher nach westlichem Muster geschaffen und sollten Mittel zur Selbstbehauptung der Menschen sein, besonders in Indien. Meist wurden diese Organisationen jedoch von Funktionären als zentrale Regierungsstellen geführt. Die Gewerkschaften sind ein Beispiel dafür. In ganz Südasien sind die Gewerkschaften nur in großen Industriebetrieben und Plantagen vertreten. Es gab keine ernsthaften Bemühungen, die landwirtschaftlichen Arbeiter zu organisieren. In manchen Ländern versuchte die Regierung, die Arbeiter als die schwächere Partei im Kampf zwischen Arbeiterschaft und Management zu unterstützen, und dies besonders dann, wenn das Management unter ausländischer Kontrolle stand. Andererseits war man der Meinung, daß Arbeitsniederlegungen als das ultimative Druckmittel bei kollektiven Lohnverhandlungen die gesellschaftliche Entwicklung hemmen würden. Folglich gab es häufig nur Lippenbekenntnisse zur westlichen Konzeption der unabhängigen und selbstbewußten Arbeitergewerkschaften, während die Regierung in Wirklichkeit bemüht war, die Gewerkschaft durch Schlichtungs- und Schiedsgerichtsverfahren zu Lohnbeschränkungen und zu einer kooperativen Haltung zu bewegen. Dies führt dazu, daß – ideologisch – die Gewerkschaften in Südasien kaum von denen der Sowjetunion zu unterscheiden sind.

Aber all diese Bemühungen, einen Apparat der Selbstverwaltung, Kooperation und Beteiligung des Volkes aufzubauen, ohne dabei die fundamentalen sozialen und ökonomischen Strukturen anzutasten, sind im wesentlichen nichts anderes als Versuche, das Problem der Gleichheit zu umgehen. Und dieses Sichvorbeimogeln an der Gleichheitsfrage ist großenteils verantwortlich für das Scheitern der Reformpolitik. Wir haben es hier mit einer fast aussichtslosen Zwangslage zu tun – die in der Tat die gesamte Ideologie und Politik der demokratischen Planung betrifft –, denn es ist schwer zu sagen, wie in Anbetracht der sozialen und politischen Verhältnisse in Indien und anderen südasiatischen Ländern eine wesentlich andere Politik eingeschlagen werden könnte.
Viele der indischen Führer, die sich zu den Lehren Gandhis bekennen, geben ohne weiteres zu, daß die Dorfstruktur sich durch erhebliche Ungleichheit auszeichnet. Sie sprechen sogar davon, daß eine tiefgreifende Revolution zur Abschaffung des Kastensystems und des privaten Landbesitzes notwendig wäre. Aber sie wollen dies ohne Zwang erreichen. Nehru begriff die Schwäche dieses Vorgehens und stellte fest, daß man sich statt einer wirklichen Veränderung der Sozialordnung auf Hilfs- und Wohlfahrtsmaßnahmen innerhalb des bestehenden Systems beschränkte, ohne die begründeten Interessen anzutasten. In Diskussionen über die praktischen Fragen des landwirtschaftlichen Aufbaus und der demokratischen Planung wird oft darauf hingewiesen, daß die Selbstverwaltungs- und kooperativen Institutionen alle Mitglieder des Dorfes umfassen sollten. Man hofft, daß die demokratische Verfahrensweise besonders die Interessen der Armen und sozial Schwachen berücksichtigen wird; die Privilegierten sollen veranlaßt werden, auf ihre Privilegien zu verzichten und eine wirklich demokratische Zusammenarbeit mit den Unterprivilegierten aufzunehmen. Diese Gedankengänge lassen sich als das offizielle Credo Indiens bezeichnen, das an Gandhis

Vertrauen auf gewaltlose soziale Veränderungen anknüpft, die eintreten müssen, wenn die Menschen bereit sind, zusammenzuarbeiten. Doch an dieser Vorstellung sind in der öffentlichen Debatte bereits Zweifel laut geworden. D. R. Gadgil bezeichnet diese Form von Gandhiismus in seinem Buch *Economic Policy and Development* als »nichts anderes denn eine Erweckungsbewegung«. Er meint, das Scheitern von Gandhis Methode ». . . lag im wesentlichen daran, daß er nicht die Notwendigkeit erkannte, die alten institutionellen und Klassenstrukturen gründlich zu zerstören, bevor eine neue Synthese versucht werden konnte«.
In der besonderen ideologischen Situation Indiens fällt es den Politikern und der intellektuellen Elite leicht, zu mehr Gleichheit und zur Abschaffung der Ungerechtigkeit in den Dörfern aufzurufen. Aber nur wenige, die solche Erklärungen unterschreiben, würden praktische Maßnahmen zur Verwirklichung dieser Ideale unterstützen. Eine Führung der Entwicklung von oben widerspricht ihren Idealen. Aber wie Richard Bendix in seinem Buch *Public Authority in a Developing Political Community: The Case of India* behauptet, müssen die Dorfbewohner nicht morgen, sondern heute zusammenarbeiten, »und heute sind sie durch die große wirtschaftliche Ungleichheit und durch starke Gemeinschaftsbindungen zutiefst uneinig. Tatsache ist, daß die Öffentlichkeit nicht jene Befähigung zu einer das ganze Dorf umfassenden Solidarität und Organisation besitzt, die sich vielleicht in fernerer Zukunft einstellen wird, wenn die gesellschaftlichen Verhältnisse des Dorfes verändert worden sind«.
Noch bedeutsamer ist die Tatsache, daß die Maßnahmen zum Aufbau des Landes meist denen zugute kamen, denen es etwas besser geht als den meisten. Obgleich diese Tendenz den erstrebten Zielen zuwiderläuft, ergibt sie sich doch ganz natürlich, ja sogar notwendig daraus, daß diese Aufbaumaßnahmen in einer inegalitären Gesellschaft angewendet werden, ohne daß man sich vorher oder gleichzeitig bemühte, die bestehenden institutionellen Schranken gegen die Gleichheit niederzureißen. Diese Tendenzen werden durch das ganze Verwaltungssystem gefördert.
Die Verwaltung selbst weist eine überkommene hierarchische Struktur auf, die sich durch noch so viele Moralpredigten nicht, zumindest nicht schnell, verändern läßt. Douglas Ensminger von der Ford Foundation, ein amerikanischer Experte, der bei der indischen Entwicklungsarbeit eine wichtige Rolle spielte,

macht auf die kastenartigen Einstellungen der mit diesen Programmen befaßten Beamten aufmerksam. Er beklagte, daß »der Arbeiter im Dorf nur zu oft wie ein niedriger Tagelöhner, nicht als ein Mit-Arbeiter angesehen und behandelt wird« und daß »das heutige Kastensystem in der Verwaltungshierarchie ein weiterer Hauptgrund dafür ist, daß die Erfolge des Gemeindeentwicklungsprogramms ausbleiben«.

Häufig sind auch Klagen über die sozialen Barrieren, hinter denen sich viele Verwaltungsbeamte gegen die unteren Schichten verschanzen. Dieser Mangel läßt sich jedoch nicht nur mit dem Hinweis auf das Verhalten und die Einstellung des Verwaltungsbeamten erklären. Wäre er auch noch so energisch und pflichtbewußt – könnte man von ihm erwarten, daß er auf die Dörfer geht und die Unberührbaren anstiftet, gegen ihre Unterdrückung zu rebellieren? Gewiß würde er aus dem Dorf gejagt oder bestenfalls wegen Unfähigkeit entlassen. *Sein Auftrag lautet nicht, im Namen der Regierung eine Revolution zu entfesseln,* sondern etwas Praktisches zu leisten. Dabei hat er es natürlich mit der besitzenden Klasse und den herrschenden Kasten zu tun. Mit ihnen kann er zusammenarbeiten, und sie sind aufgeschlossener, da sie am meisten von seinen Bemühungen profitieren. Ebenso selbstverständlich betrachten die untersten Schichten ihn lediglich als einen Regierungsfunktionär, in keiner Hinsicht als einen der ihren. Diese Situation führt logischerweise dazu, daß die ärmeren Dorfbewohner vom Programm ausgeschlossen bleiben – es sei denn, sie kämen als unbezahlte Arbeiter und Almosenempfänger in Betracht. Dies erklärt auch, warum Resultate so unzureichend und langsam eintreten. Eine substantielle, schnelle Entwicklung erfordert, daß die rückständigen Gruppen eigene Ambitionen entwickeln, aber die gegenwärtige politische, soziale und wirtschaftliche Situation fördert einen solchen Wandel nicht.

Westliche Beobachter beurteilen dieses Dilemma zwiespältig. Sie begrüßen die Gemeindeentwicklungsprogramme zum Teil deshalb, weil sie deren konservative, grundsätzlich antikommunistische Stoßrichtung gutheißen. Oft wird aber auch die Meinung vertreten, daß die konservativen Kräfte bereits zu stark seien und daß die südasiatischen Länder, um eine Revolution zu vermeiden, die inegalitäre Struktur ihrer Dörfer reformieren müßten. Sie bedauern, daß nicht mehr für die Landreform und zum

Schutz der Pächter getan wurde. Doch es gibt wenig eindeutige Kritik, und in der Diskussion über die Gemeindeprogramme wird die Frage der Egalität geflissentlich vermieden. Offensichtlich befleißigen sich die meisten Abhandlungen über die verschiedenen Programme der demokratischen Planung einer diplomatischen Haltung.

Das Problem der »Freiwilligkeit« wird oft durch die weit verbreitete Verwechslung von drei völlig verschiedenen Bedeutungen dieses Begriffs verschleiert. Eine Bedeutung besagt, daß die demokratische Planung nicht in ferner Zukunft, sondern hier und heute auf die Beteiligung und Initiative des Volkes beim Aufbau neuer Institutionen der Selbstverwaltung und Kooperation angewiesen ist. Im Grunde besteht das Problem darin, die Menschen zu veranlassen, sich kooperativ an der Beseitigung all der unbefriedigenden Zustände zu beteiligen, welche die Unterentwicklung eines Landes bedingen. Eine zweite Bedeutung besagt, daß der ganze Planungs- und Entwicklungsprozeß im politischen Rahmen der Demokratie stattfinden soll. In allen südasiatischen Ländern, auch in denen, wo die Formen der politischen Demokratie beseitigt wurden, wird behauptet, das Regime sei in dem Sinn demokratisch, daß es versuche, die Bedürfnisse und Wünsche des Volkes zu befriedigen.
Eine dritte Bedeutung besagt, daß die Beteiligung und Kooperation des Volkes ohne Anwendung von Zwang, nur durch Überredung und Vermittlung, erfolgen soll. Indien hält sich eindeutig an die letztere Maxime, und dies in einem dem ausländischen Beobachter, ganz gleich ob er aus einem westlichen oder kommunistischen Land stammt, außerordentlich erscheinenden Maß. Die anderen Länder Südasiens haben eine ähnliche Entscheidung getroffen. In jeder Hinsicht herrscht dort eine extreme Nachgiebigkeit, und die Regierungspolitik versucht überall lieber mit dem Zuckerbrot als mit der Peitsche zu arbeiten.
Es ist aber festzuhalten, daß diese Richtung weder logisch noch faktisch mit den beiden anderen Bedeutungen von Freiwilligkeit identisch ist. All diese Länder haben ihren Bürgern weniger Verpflichtungen auferlegt und haben die bestehenden weit weniger wirksam durchgesetzt als die westlichen Demokratien. Dieses Vermeiden von Zwang ist sicher nicht identisch mit der ersten Bedeutung von »Freiwilligkeit«. Statt die Kooperation zu för-

dern, vermehrt solche Enthaltsamkeit bei der Einführung und Durchsetzung von Vorschriften lediglich den Zynismus und das Desinteresse der Massen. Dies trifft besonders dann zu, wenn sie erkennen, daß es der Regierung nicht gelingt, mehr Egalität durchzusetzen.

Es ist keine Übertreibung, wenn man behauptet, daß in der ganzen Region eine systematische Vermischung dieser drei Bedeutungen von Freiwilligkeit stattfindet. Dies hat zur Verwirrung beigetragen, und die Verwirrung nahm noch dadurch zu, daß dieses unklare Gemisch als entschlossenes Eintreten gegen den Kommunismus und gegen Terror und Dirigismus ausgegeben wurde. Die westlichen Länder, die eine Politik der Hilfe und Beratung für Südasien verfolgen, haben all dies als Beweis dafür begrüßt, daß die Region entschlossen ist, nicht »kommunistisch« zu werden. Ironischerweise wurde dies auch von den kommunistischen Ländern Europas stillschweigend akzeptiert, denen viel daran gelegen ist, als demokratisch zu erscheinen, und die daher zögern, Zwangsmaßnahmen zu empfehlen. Außerdem glauben diese Länder offenbar, daß Zwang in Südasien erst nach einer Revolution eingesetzt werden könne, und im gegenwärtigen Stadium vermeiden sie es sorgfältig, auf diese hinzuarbeiten.

Das wirkliche, sehr schwerwiegende Dilemma, das durch solche verschwommenen Verbalbekenntnisse zum Ideal der Freiwilligkeit verschleiert werden soll, ist die Tatsache, daß es in Südasien ohne mehr soziale Disziplin kaum Hoffnung auf eine schnelle Entwicklung gibt. Vor allem werden, solange es nicht mehr Disziplin gibt – mit der ohne durch Zwang unterstützte Verordnungen nicht zu rechnen sein wird –, alle Maßnahmen zum Aufbau des Landes weitgehend erfolglos bleiben. Im Prinzip läßt sich Disziplin mit jeder in einem Lande gegebenen Form von Demokratie vereinbaren; schließlich ist nichts gefährlicher für die Demokratie als das Fehlen von Disziplin. Aber die politischen und sozialen Verhältnisse in diesen Ländern blockieren die Verabschiedung von Vorschriften, welche größere Verpflichtungen auferlegen würden. Und selbst wenn Gesetze erlassen werden, können sie nicht ohne weiteres durchgesetzt werden.

Aber es sollte sowohl der einheimischen intellektuellen Elite, welche für die in der Region herrschenden Ideologien verantwortlich ist, als auch außenstehenden Beobachtern möglich sein, die Begriffe zu klären und davon abzusehen, die tatsächlichen

Schwierigkeiten hinter einem romantisch-konfusen Wortschwall zu verbergen. Dies könnte von praktischer Bedeutung sein, da sich daraus folgern ließe, wie die einer effektiven Reform im Wege stehenden Hemmungen und Hindernisse zielstrebig und allmählich durch die Regierungspolitik zu überwinden wären, und sogar wie dies sich am besten erreichen ließe, ohne die Grundsätze der anerkannten demokratischen Ideologie aufzugeben.

Die verschiedenen oben dargestellten Schwierigkeiten stehen in einer Wechselbeziehung zueinander. Sie leiten sich aus dem Dilemma der Freiwilligkeit her, welches sich wiederum aus dem von uns mit dem Terminus »weicher Staat« bezeichneten Komplex der sozialen Verhältnisse ergibt. Wenn wir die Länder Südasiens als weiche Staaten bezeichnen, dann meinen wir damit, daß die nationalen Regierungen in der ganzen Region äußerst wenig von ihren Bürgern verlangen. Selbst die bereits bestehenden Verpflichtungen werden ungenügend durchgesetzt. Dieses geringe Maß an sozialer Disziplin ist einer der grundlegenden Unterschiede zwischen den südasiatischen Ländern heute und den westlichen Ländern zu Beginn ihrer Entwicklung.

Man darf annehmen, daß es in den südasiatischen Ländern in präkolonialen Zeiten Systeme von Pflichten ähnlich denen des Westens im Mittelalter oder in der Zeit davor gegeben hat. Selbst in Asien war dadurch die Instandhaltung von Straßen, Kanälen und anderen Gemeinschaftseinrichtungen gesichert. Im Westen wuchs die Gemeinschaft und damit die für ihre Erhaltung benötigte protektive Disziplin im Lauf der Jahre. Heute ist jeder, ob reich oder arm, gleichförmig durch das Kontrollsystem der Gemeinschaft gebunden. In Asien ging von der primitiven statischen Dorforganisation keine ähnliche Entwicklung aus. Statt dessen führte der Kolonialismus für gewöhnlich zum Verfall der alten Dorforganisation, ohne daß er Ersatz dafür schuf. In Indien begründete Gandhi eine Philosophie und Theorie von politischen Verweigerungstaktiken. Gleichwohl waren auch in jenen Ländern Südasiens, in denen es weder einen Gandhi noch eine starke Befreiungsbewegung gab, Ungehorsam und Verweigerung natürliche Formen des Protests und der Verteidigung gegen die aufgezwungene Kolonialherrschaft. Das Vermächtnis aus dieser Zeit ist eine Reihe von anarchistischen Attitüden, die ihre ideologische und emotionale Kraft aus den Erinnerungen an den Widerstand gegen die Kolonialmacht beziehen. In den seit kurzem unabhängigen Ländern wendet sich diese Haltung nun gegen die eigenen Autoritäten.

Aus westlicher Sicht bietet sich angesichts dieser weit verbreiteten und schwerwiegenden Disziplinlosigkeit die Lösung an, daß die Regierungen ein rationales System kommunaler Vorschriften einführen und dafür sorgen sollten, daß diese korrekt eingehalten werden. Tatsächlich erscheint dies als die wichtigste Voraussetzung der Entwicklungsplanung. Aus einer Reihe von Gründen ist es in Südasien jedoch schwierig, wenn nicht unmöglich, eine solche Empfehlung zu befolgen. Zum einen besteht immer noch das historische Vermächtnis jener vom Kolonialismus geschaffenen Einstellungen des Widerstands gegen die Autorität, die seit der Unabhängigkeit nicht verschwunden sind. Die Schaffung eines starken Staates wird nicht nur durch die Einstellungen und Institutionen in den Dörfern, sondern auch durch Hemmungen auf seiten der Regierenden erschwert. Außerdem gibt es in keinem südasiatischen Land eine Verwaltung, die imstande wäre, neue Vorschriften durchzusetzen, selbst wenn diese nicht sehr revolutionär sein sollten. Die Korruption, die in der Kolonialzeit zumindest in den unteren Verwaltungsrängen grassierte, verbreitet sich überall und macht Anordnungen der Zentralregierung wirkungslos.

Solche Hemmnisse sind auch durch ein wichtiges ideologisches Element gekennzeichnet. Die neuen Länder Südasiens bekennen sich meist zu den Idealen der westlichen demokratischen Wohlfahrtsstaaten und der kommunistischen Länder. Die Tatsache, daß Reformen im Interesse der unterprivilegierten Schichten sowohl im Bereich der Gesetzgebung als auch im Bereich der Exekutive vereitelt werden, läßt gerade die den egalitären Idealen am meisten verpflichteten Mitglieder der Regierung und der intellektuellen Elite argwöhnisch auf Maßnahmen reagieren, die eine Leistung von den Massen der Armen verlangen.

Nichtsdestoweniger steht außer Zweifel, *daß es äußerst schwierig sein dürfte, ohne eine Verbesserung der sozialen Disziplin in allen Schichten und auch in den Dörfern eine schnelle Entwicklung einzuleiten.* Daher ist es eine beunruhigende Tatsache, daß alle Pläne zu diesem Punkt schweigen. Selbst in Indien, wo die Planung zu einer stehenden Einrichtung gemacht wurde und wo eine Reihe von Plänen einer solchen Vielfalt von relevanten Faktoren Rechnung trugen, muß man diese Pläne wirklich sehr genau untersuchen, um einige wenige Hinweise auf Bestimmungen zu finden, die den Dorfbewohnern Verpflichtungen auferlegen; und selbst diese werden offenbar nur mit wenig Überzeugung vorgetragen und selten berücksichtigt. Insgesamt gesehen, drückt sich die öffentliche Diskussion an der Einsicht vorbei, daß eine Verbesserung der Disziplin notwendig ist – und dies gilt heute noch mehr als zu Gandhis Zeiten, der sein Volk oft wegen seiner Faulheit, Unsauberkeit und allgemeinen Unordentlichkeit tadelte. Heute dagegen beschränkt man sich darauf, einen neuen Gemeinschafts»geist« zu beschwören.

13. Operationale Kontrollen auf dem privaten Sektor

Die in den südasiatischen Ländern in der Vergangenheit aufgestellten Entwicklungspläne waren fiskalische Pläne. Häufig sahen sie Gesetzesbestimmungen oder Verwaltungsakte zur Verbesserung der öffentlichen Dienstleistungen, zur Förderung der Landreform oder der Geburtenkontrolle oder zur Einführung anderer weitreichender struktureller Veränderungen in den Institutionen und Einstellungen vor, die den Rahmen der jeweiligen Gesellschaft bilden. Da aber diese Reformen nur locker mit den öffentlichen Ausgaben verbunden sind, und da auf jeden Fall nur die Kosten, nicht aber die Gewinne berücksichtigt werden, sind solche Maßnahmen nicht wirklich in das Gesamtgefüge der Pläne integriert.

Darüber hinaus gibt es ein ganzes System von, wie wir es nennen wollen, »operationalen Kontrollen« über den privaten Sektor. Hierzu rechnen wir alle kurzfristigen politischen Maßnahmen, die die Regierung einsetzt, um das ökonomische Verhalten der Menschen in eine bestimmte Richtung zu lenken. Auch wenn bestimmte Ähnlichkeiten bestehen, unterscheiden sich die operationalen Kontrollen von den langfristigen Reformen insofern, als sie als politische Hebel gedacht sind, deren Einsatz gewährleisten soll, daß die Entwicklung von Monat zu Monat und von Jahr zu Jahr in so enger Übereinstimmung mit den Planzielen vorangetrieben wird, wie dies im Kontext des Wandels nur eben möglich ist.

Zwar werden die Maßnahmen, die eine grundlegende Veränderung der Institutionen und Einstellungen bewirken sollen, zumeist in den Plänen ausführlich behandelt – auch dann, wenn sie nicht rational in diese integriert sind –, doch die operationalen Kontrollen und zumal die Art, wie sie zu handhaben sind, werden überhaupt nicht diskutiert. Wichtige Fragen, wie Zinssätze und andere Kreditbedingungen, Preise der staatlichen Unternehmen für Dienstleistungen und Produkte, Preiskontrollen und Kontingentierung oder die Lizenzierung privater Unternehmungen und Investitionen usw. werden kaum oder gar nicht erörtert. Besonders über die wichtige Frage, wie die Kontrollen sich rational koordinieren lassen, damit sie *gemeinsam* die Entwicklung zur Planerfüllung hinsteuern, sagen die Pläne nichts aus. Das bedeutet, daß die Pläne nicht »operational« sind. Die Kontrollen werden nicht im voraus geplant, sondern müssen *ad hoc* improvisiert werden. Ganz gewiß werden sie nicht als System analysiert, in dem Sinn, daß die verschiedenen Kontrollen untereinander austauschbar sind oder daß eine Form der Kontrolle andere Kontrollen notwendig macht. Unter dem Gesichtspunkt der Planung sollte hier jedoch stets die Gesamtauswirkung aller verschiedenen Kontrollen auf die Entwicklung berücksichtigt werden.

Wir klassifizieren die operationalen Kontrollen in zwei großen Gruppen: die positiven und die negativen. Die positiven Kontrollen sollen die Produktion, die Investitionen und den Konsum stimulieren und ermöglichen. Hierzu rechnen wir Aufklärungskampagnen, welche die wirtschaftliche Situation erläutern und zur Investition anregen; die Bereitstellung technischer Hilfe für den privaten Sektor, öffentliche Beihilfen, Steuernachlässe und Kredite zu günstigen Bedingungen; die Zuteilung von Produkten aus staatlichen Unternehmen zu kontrollierten Preisen; sowie die Protektion des Marktes durch Importkontrollen und die Bereitstellung von Devisen. Die negativen Kontrollen hingegen sollen den ruinösen Wettbewerb verhindern oder beschränken; sie enthalten administrative Beschränkungen in bezug auf Aktienkapital, Investitionen und Produktion; die Verweigerung von Devisen; die Kontingentierung von Produktions- oder Konsumgütern; indirekte Steuern usw. Obwohl das Wort »Kontrollen« im allgemeinen Sprachgebrauch eine negative Nebenbedeutung hat, haben wir es in Ermangelung eines besseren eingeführt, um alle operationalen Inverventionen des Staates in das Wirtschaftsleben eines Landes zu beschreiben. Zur genaueren Bestimmung sei darauf verwiesen, daß Kontrollen oft negativ und positiv zugleich sind. So sind zum Beispiel staatliche Kontrollen über die Devisenzuteilung und über die Importe eine negative Kontrolle für manche Importeure, für andere dagegen eine positive, und auf jeden Fall bedeuten sie eine positive Kontrolle, insoweit sie die einheimischen Produzenten vor ausländischer Konkurrenz schützen.

Ferner lassen sich die Kontrollen nach der Art ihrer Anwendung unterscheiden. Wenn ihre Anwendung mit einer individuellen

Entscheidung von seiten einer Behörde verbunden ist, dann nennen wir sie *willkürliche*. Aber wenn die Kontrollen automatisch, nach einer festgelegten Vorschrift oder mittels Preisregulierungen, Zollvorschriften oder Subventionen auf einen bestimmten Industriezweig angewandt werden, ohne daß die Möglichkeit einer Begünstigung oder Benachteiligung bestimmter Firmen besteht, dann seien sie als *nicht-willkürliche* bezeichnet. Diese Unterscheidung ist in etwa identisch mit der zwischen direkten oder physischen Kontrollen und indirekten Kontrollen, von denen die einschlägige Literatur häufig handelt; es gibt Fälle, in denen eine allgemeine Verwaltungsvorschrift so klar und eindeutig formuliert ist, daß es bei strikter Befolgung der Vorschriften keinen Ermessensspielraum gibt. Doch dies ist in Südasien selten der Fall. Wo immer die Administration ihre Hand im Spiel hat, besteht ein freier Ermessensspielraum und folglich auch die Möglichkeit zu Benachteiligungen.

Verglichen mit den entwickelten Ländern des Westens verlassen sich die südasiatischen Länder – mit erheblichen Unterschieden – weitgehend auf willkürliche administrative Kontrollen anstatt auf automatisch angewandte, nicht-willkürliche Kontrollen. Aber die in Südasien herrschende Knappheit an kompetentem und integrem Verwaltungspersonal erschwert die einigermaßen erfolgreiche Durchführung von willkürlichen Kontrollen und macht es – auch moralisch – riskant, sich auf diese zu verlassen. Aufgrund dieser Überlegung gelangen wir zu der Wertprämisse, daß es aufs Ganze gesehen wünschenswert wäre, wenn nicht-willkürliche Kontrollen in möglichst großem Umfang eingesetzt würden.

In den Plänen Südasiens wird häufig die automatische Anwendung nicht-willkürlicher Kontrollen – gewöhnlich durch politische Manipulationen am Preismechanismus – befürwortet. Die Praxis sieht jedoch ganz anders aus, und die Planer halten anscheinend den Einsatz willkürlicher administrativer Kontrollen für das Standardverfahren, ja für das Wesen der Planung. Man gewinnt den Eindruck, daß die eher radikal eingestellten Ökonomen und Politiker in Südasien gerade die Bereitschaft einer Regierung, willkürliche Kontrollen einzusetzen, als besonders »sozialistisches« Merkmal ansehen. Diese gedankliche Konfusion spiegelt sich in den Schriften vieler westlicher Autoren wider, welche die Fülle der willkürlichen administrativen Kontrollen in

Südasien als Zeichen einer sozialistischen oder gar marxistischen Gesinnung ansehen. Wirtschaftskreise werden nicht müde, solche Eingriffe der Regierung in die Wirtschaft zu kritisieren, aber diese Kritik ist eigenartig gedämpft und will offenbar nicht gar zu ernst genommen werden. Dies läßt sich damit erklären, daß die Wirtschafts-, besonders die Big-Business-Interessen insgesamt gesehen durch das System der tatsächlich zur Anwendung kommenden willkürlichen Kontrollen erheblich bevorzugt werden.

Vorab einige Bemerkungen über die Kontrollen auf dem bei weitem größten Sektor der südasiatischen Volkswirtschaften – der Landwirtschaft. Nach Erlangung der Unabhängigkeit fanden die neuen Regierungen einen Agrarsektor vor, auf dem die formellen Märkte schwach ausgeprägt waren oder gar nicht existierten und wo nicht-willkürliche Preiskontrollen selten wirksam, wenn überhaupt anwendbar waren. Auch gab es das Erbe des Paternalismus und Autoritarismus, weshalb die Bauern von den Funktionären erwarteten, daß diese ihre Arbeit organisierten und führten. Aber gleichzeitig legten sie eine überkommene Neigung zu dumpfem Ungehorsam an den Tag und versuchten, sich möglichst vielen Verpflichtungen zu entziehen. In der Kolonialzeit waren die westlichen Beamten gewöhnt, die Dorfbewohner als unordentliche, faule und wenig ehrgeizige Kinder zu behandeln, um die sie sich kümmern mußten, ohne jedoch, besonders in sozialen Fragen, viel Anteil an ihnen zu nehmen. Diese Beamten und ihre Untergebenen setzten willkürliche administrative Kontrollen ein.

Die einheimischen Politiker, die an die Stelle der westlichen Beamten traten, hatten natürlich den Ehrgeiz, es ihnen gleichzutun. Die Staaten, die die neuen Regierungen aufbauten, waren »weiche Staaten«, und dies galt besonders auf dem Lande und in bezug auf die Landwirtschaft. Im vorliegenden Zusammenhang bedeutet dies, daß die unabhängigen Regierungen noch abgeneigter als die Kolonialregierungen waren, nicht-willkürliche Kontrollen einzusetzen.

Durch die Machtergreifung der einheimischen politischen Führer war jedoch ein großer Unterschied gegeben: Wie die gesamte intellektuelle Elite der Region fühlten sie sich verpflichtet, eine Entwicklung voranzutreiben, die fundamentale Veränderungen beinhaltete. Angesichts der in den ländlichen Distrikten herrschenden Verhältnisse waren die Regierungen gezwungen, zunehmend in das Leben der Gemeinschaft einzugreifen. Da effektive Märkte fehlten und der Anreiz der Preise zur Wirkungslosigkeit verurteilt war, blieben nur willkürliche administrative Kontrollen übrig, um diese Einflußnahme zu ermöglichen. Alle Länder Südasiens vermieden negative Kontrollen, die bestimmten Gruppen von Dorfbewohnern spezifische Pflichten auferlegt hätten. Dies bedeutete, daß die Maßnahmen zum Aufbau des Landes auf die positiven willkürlichen Kontrollen beschränkt bleiben mußten. Kooperativen und Selbstverwaltungsorganisationen wurden zu Instrumenten, die positive Anreize boten, von der Instruktion bis hin zu Subventionen aller Art. Im vorigen Kapitel haben wir diese politischen Maßnahmen untersucht und auch gezeigt, wie sie, da es keine strukturellen Veränderungen des Landbesitzes und Pachtwesens gab, zumeist die weniger Armen in den Dörfern begünstigten und damit die Ungleichheit in den ländlichen Bezirken vermehrten.

Positive willkürliche Kontrollen, und besonders Subventionen der verschiedensten Art, haben noch einen weiteren Effekt. In dem Maß, wie sie sich vermehren, wird es auch immer notwendiger, die mit ihrer Verwaltung betrauten Beamten zu überwachen und wiederum die Überwacher zu überwachen. Rigidität, Amtsschimmel und Bürokratie werden zum Signum der Planung und der Reform. Die große und immer noch wachsende Zahl positiver willkürlicher Kontrollen im landwirtschaftlichen Bereich, die immer mehr willkürliche Entscheidungen erfordern, trägt zweifellos dazu bei, daß Effektivität und Ehrlichkeit in der Verwaltung abnehmen. Dies wiederum führt dazu, daß Dummheit und Korruption den Geist der Bewegung zur Förderung der demokratischen Planung durch die lokale Mitarbeit in den Kooperativen und Selbstverwaltungsorganen vergiften. Dies ist ein Dilemma, aus dem es keinen idealen Ausweg gibt. Wo die Einstellungen und Institutionen archaisch und fundamentale institutionelle Reformen aus politischen Gründen unmöglich sind, da gibt es nur geringe Chancen für eine Entwicklungspolitik mittels preispolitischer Maßnahmen und anderer automatischer, nichtwillkürlicher Kontrollen. Die negativen Kontrollen sind auch deshalb unwirksam, weil ihnen der politische und psychologische Rückhalt fehlt.

Die Diskussion der operationalen Kontrollen und ihre Anwendung blieb hauptsächlich auf den modernisierten Industriesektor beschränkt. Die Unternehmen dieses kleinen Sektors, gleichgültig ob in privater oder öffentlicher Hand, sind – wie zur Kolonialzeit – Enklaven inmitten einer viel größeren traditionellen Wirtschaft. Weder ihre Versorgung mit Arbeitskräften und anderen Produktionsfaktoren noch die Nachfrage nach ihren Produkten funktioniert ausschließlich nach Marktgesetzen. Auch bewahren sie meist viele Merkmale der traditionellen Produktion. So spielen Nepotismus und Beziehungen eine große Rolle. Gleichwohl sollte man gerade von diesem modernisierten, häufig als »organisiert« bezeichneten Sektor annehmen, daß preispolitische Maßnahmen und andere nicht-willkürliche Kontrollen erfolgreicher wären, und man sollte erwarten, daß die Planer und die Regierung diese Möglichkeit weitgehend nutzen, da sie die Notwendigkeit willkürlicher staatlicher Interventionen zur Verwirklichung der Planziele verringern würde. Tatsache ist jedoch, daß auch hier die willkürlichen administrativen Kontrollen sehr weitgehend eingesetzt werden.
Während und unmittelbar nach dem Zweiten Weltkrieg waren alle westlichen Länder gezwungen, Waren- und Preiskontrollen einzuführen und diese durch Kontingentierungen und Konzessionen abzusichern. Jene westlichen Länder, die Kolonien besaßen, führten dort dieselben Kontrollen ein. Die unabhängigen Regierungen, die nach dem Krieg an die Macht kamen, übernahmen großenteils diese willkürlichen Kontrollen; jedenfalls boten diese Kriegskontrollen ihnen ein Modell, das sie kopieren und weiterentwickeln konnten. Im allgemeinen versuchten die westlichen Länder, diese Kontrollen so schnell wie möglich wieder zu beseitigen. In den wenig elastischen Volkswirtschaften Südasiens hingegen blieb die Forderung nach willkürlichen Kontrollen viel stärker und viel länger bestehen.
Selbst auf dem organisierten Sektor sind die Marktbedingungen so, daß die Regierungen in viel größerem Umfang als die westlichen Länder es für notwendig halten, regelmäßig willkürliche Kontrollen einzusetzen. Diese Analogie weist auf das Grundprinzip der in Südasien zur Anwendung kommenden Kontrollsysteme hin. Die wichtigsten Gründe sind: erstens die Armut und Unterentwicklung der Region – die sich auswirkt im traditionellen Charakter der Unternehmen in einer Wirtschaft, in der Eng-

pässe und Überschüsse eher zum normalen Bild gehören als ein Gleichgewicht zwischen Nachfrage und Angebot; und zweitens ihr Interesse an einer dirigistisch eingeleiteten Entwicklung. Aber das Maß, in dem auf willkürliche Kontrollen zurückgegriffen wird, kann nicht als notwendig bezeichnet werden.

Einer der größten Engpässe in ganz Südasien (ausgenommen Malaya und Thailand) ist die Devisenknappheit. Gäbe es genügend ausländische Zahlungsmittel, dann wären die Importe, die zur Behebung der Mängel im organisierten Industriesektor benötigt werden, leichter zu beschaffen. Dieser Mangel an harter Währung für Einkäufe im Ausland läßt sich kaum durch preispolitische Maßnahmen oder andere, nicht-willkürliche Kontrollen, wie etwa Handelszölle, multiple Wechselkurse oder Importaufschläge überwinden. Auch durch eine Geldabwertung läßt sich die Devisensituation wohl kaum verbessern. Unabhängig vom Wechselkurs müssen Länder wie Indien und Pakistan strikt an ihren Importkontrollen festhalten. Täten sie es nicht, dann würden sie eines der wichtigsten Werkzeuge ihres Planungsarsenals aufgeben. Diese Importkontrollen müssen in bezug auf die Art und die Qualität der zum Import zugelassenen Güter notwendig willkürlich sein. Andernfalls blieben nicht genügend Devisen übrig, um die wichtigsten Konsumgüter und die für die Entwicklung benötigten Produkte zu importieren.

Eine solche Importkontrolle hat auch den Nebeneffekt, daß sie das Hereinströmen von Waren aus dem Ausland, die der heimischen Produktion Konkurrenz machen könnten, verhindert. Je schärfer die Importe kontrolliert werden, das heißt je mehr die Einfuhr unwichtiger Produkte beschränkt wird, desto größer wird dieser Schutz. Dieser unnatürliche Effekt ließe sich durch ein Fabrikationsverbot für bestimmte Produkte, welche die Regierung für völlig unnötig hält, sowie durch die Belegung anderer Produkte mit überhöhten Abgaben verhindern.

Solche nicht-willkürlichen Kontrollen werden gewöhnlich nicht, und wenn, dann nicht in vollem Umfang eingesetzt; dies hat den Nebeneffekt, daß das Papier, mit dem eine Importlizenz erteilt wird, zu einem individuellen Geschenk von barem Geldwert wird. Abgesehen davon bedingt die Abneigung gegen den Einsatz nicht-willkürlicher negativer Kontrollen die Notwendigkeit, die eindeutig irrationalen protektiven Effekte durch ein komplexes System willkürlicher Kontrollen auszugleichen.

Die Ausgabe neuer Aktien durch Firmen unterliegt in Indien der Kontrolle der Regierung. Für alle neuen größeren Unternehmungen auf dem industriellen Sektor, für den Standortwechsel wie für Veränderungen der Produktion ist eine Lizenz der Regierung erforderlich. Auch hat die Regierung die Möglichkeit, das Gebaren jedes Industrieunternehmens zu überprüfen, und sie kann, wenn ihre Direktiven nicht befolgt werden, das Management auswechseln. Nach dem Essential Commodities Act kann die indische Regierung die Produktion und die Distribution aller Lebensmittel und Rohstoffe kontrollieren. Die *Indian Tariff Commission* setzt die Preise aller Produkte der geschützten Industriezweige fest und kann, wenn sie dies wünscht, die Profite auf 8 bis 12 Prozent des investierten Kapitals beschränken. Die *State Trading Corporation* besitzt das Monopol für den Import und die Verteilung wichtiger Güter, um eine gerechte Distribution zu vertretbaren Preisen zu gewährleisten.

Die Folge ist, daß *keine größeren und nur wenige kleinere wirtschaftliche Entscheidungen getroffen werden können, ohne daß vorher die Erlaubnis der Behörden eingeholt wurde oder daß das Risiko eines nachträglichen Tadels durch die Regierung in Kauf genommen werden muß.* All diese autorisierten negativen willkürlichen Kontrollen werden selbstverständlich nicht in vollem Umfang eingesetzt. Wäre dies der Fall, dann wäre kein Teil des organisierten Sektors sinnvoll als »privat« zu bezeichnen. Von Zeit zu Zeit wird der Bereich der tatsächlich eingesetzten Kontrollen durch Regierungs- oder Verwaltungsentscheidungen verändert. Doch Maßnahmen in dieser Richtung bewegen sich in engen Grenzen, solange die Devisenknappheit und die Abneigung, nicht-willkürliche Kontrollen zur Behebung der Schwierigkeiten einzusetzen, bestehen bleiben.

In Pakistan ist die Situation ganz ähnlich wie in Indien, und dies trotz wiederholter Beteuerung in den Plänen und von seiten der Regierung, daß die willkürlichen administrativen Kontrollen gelockert würden und daß man mehr auf die Manipulation der Preismechanismen zurückgreifen wolle. In Ceylon geht die Entwicklung in dieselbe Richtung. Burma und Indonesien sind durch die radikale Tendenz ihrer politischen Entwicklung sowie durch die Aufstände und Bürgerkriege, die ihre jüngste Geschichte kennzeichneten, stärker zu willkürlichen administrativen Kontrollen genötigt. Malaya und Thailand kennen relativ wenig negative willkürliche Kontrollen, obgleich ihre positiven Kontrollen – z. B. die Gewährung von Steuernachlässen für neu gegründete Unternehmen – in ungewöhnlichem Umfang der politischen Machtbefugnis der Regierung unterstehen. Es sollte angemerkt werden, daß in ganz Südasien wie in Ceylon die willkürlichen Bestimmungen zum Teil eingeführt wurden, um die Mehrheitsgruppen gegenüber ethnischen Minoritäten und Ausländern zu begünstigen. Dieses Ziel wäre durch nicht-willkürliche Kontrollen nicht zu erreichen gewesen.

In einem System operationaler Kontrollen wie dem indischen erfordert die Anwendung bestimmter Kontrollen den Einsatz weiterer Kontrollen, die ebenfalls notwendig willkürlicher Natur sein werden. Um den Effekt festgesetzter Preise zu sichern, ist die Zuteilung und Rationierung der Produkte notwendig. Häufig sind auch weitreichende Eingriffe auf der Angebotsseite geboten. Jedem System willkürlicher Kontrollen wohnt daher eine selbstperpetuierende und expansive Tendenz inne, besonders wenn die Wirtschaft an Versorgungsschwierigkeiten im Innern und an Devisenmangel leidet.

Alle Wirtschaftsplanung in Südasien geht von der Vorstellung aus, daß die Entwicklung vorangetrieben werden müsse. Genauer gesagt, man glaubt, daß das private Unternehmertum und besonders die Investitionen in die Produktion gefördert und stimuliert werden müssen. Die Auffassung wird allgemein in einem Land wie Indien vertreten, wo das Wachstum des öffentlichen Sektors zum beherrschenden Planungsziel erklärt wird.

So spielte zum Beispiel bei der Festsetzung der Preise auf dem öffentlichen Sektor die wichtige Überlegung eine Rolle, daß diese niedrig gehalten werden sollten, um einen Anreiz für private Unternehmerinitiativen zu bieten. Es werden verschiedene Steuererleichterungen geboten, um neue geschäftliche Transaktionen zu begünstigen, und die Nachlässigkeit der Steuerverwaltung wirkt sich in derselben Richtung aus. Die Zinssätze auf dem organisierten Kapitalmarkt werden niedrig gehalten – häufig niedriger als in den entwickelten Ländern des Westens, und dies trotz der großen Kapitalknappheit. Es werden besondere Kreditinstitute geschaffen, die den Kreditnehmer mit billigen Krediten subventionieren.

Auch wenn die anfängliche Feststellung, daß es zu wenig privates

Unternehmertum gibt und daß dieses gefördert werden muß, zutrifft, so wurde es doch in einem Maß gefördert, daß es alsbald wieder gezügelt werden mußte. Und zwar deshalb, weil die Versorgung, besonders mit ausländischen Zahlungsmitteln, nicht unbegrenzt, sondern vielmehr sehr beschränkt ist. Großenteils findet die Förderung in Form von positiven willkürlichen Kontrollen statt. Es steht im Ermessen der Verwaltung, zu bestimmen, wer von den Finanzinstituten Kredite zu Vorzugszinssätzen erhalten soll, und selbstverständlich auch, wer ausländische Zahlungsmittel zugeteilt bekommt. Da die positiven Kontrollen zu stark überwiegen, sind negative Kontrollen vonnöten. Wie die positiven nehmen auch sie den Charakter von administrativen Kontrollen an. Durch diese das Geschäft belebenden und wiederum drosselnden Maßnahmen greifen die Regierung und die Administration in alle Phasen der privaten Wirtschaft ein.

Dadurch entsteht eine eigenartige Situation. Während jeder von der Notwendigkeit spricht, die Privatwirtschaft zu fördern, und während dementsprechend zahlreiche positive Kontrollen eingeführt werden, müssen die meisten Beamten einen großen Teil ihrer Zeit und Energie aufwenden, um durch den ganzen Apparat der oben beschriebenen negativen willkürlichen Kontrollen wirtschaftliche Unternehmungen zu beschränken oder zu bremsen. Dies ist so, als führe man ein Auto mit durchgetretenem Gaspedal und angezogener Bremse. Die Notwendigkeit einer Vielzahl negativer willkürlicher Kontrollen ergibt sich aus der weitestgehenden Anwendung positiver operationaler Kontrollen. Entscheidend ist dabei, daß die Förderung der Privatunternehmen über die Grenzen des Praktikablen hinaus ein gewaltiges bürokratisches System von willkürlichen administrativen Kontrollen erfordert, um diese wiederum zu zügeln, besonders, da die positiven Kontrollen zumeist willkürlicher Natur sind.

Die Abschaffung oder Lockerung einiger positiver Kontrollen würde manche negative Kontrollen überflüssig machen. Die Vielfalt konfligierender Kontrollen hat zur Folge, daß noch mehr Kontrollen notwendig werden, und daß ein größerer Teil von ihnen, als sonst erforderlich, willkürlicher Art sein muß. Dies ist besonders nachteilig unter dem Gesichtspunkt der wirtschaftlichen Entwicklung, denn einer der gefährlichsten Engpässe in den südasiatischen Ländern ist der Mangel an kompetenten und integren Verwaltungsbeamten.

Diese Situation ist zweifellos zum großen Teil durch die fehlende Koordination bedingt, also mithin durch eine mangelhafte Planung. Die natürliche Neigung der Planer – und erst recht derer, die die Pläne ausführen –, hohe Ansprüche zu stellen, ohne gleichzeitig genügend nicht-willkürliche Beschränkungen zu schaffen, um ihre Ziele zu erreichen, führt zu einem Kontrollensystem voll innerer Widersprüche, mit dem Ergebnis, daß es notwendig wird, noch mehr Kontrollen – und zwar willkürliche – einzuführen.

Die Folge dieser konfligierenden Kontrollen ist, daß jene Geschäftsleute, denen es gelingt, sie zu umgehen, mit außerordentlich hohen Profiten rechnen können. Die Profite sind insofern »zu hoch«, als sie höher liegen, als es notwendig wäre, um wirtschaftliche Unternehmungen und Investitionen im erwünschten und möglichen Rahmen zu gewährleisten. Sie sind die Folge eines Preissystems, das nicht darauf abgestimmt ist, den Unternehmern Anreize zu bieten, die unter dem Gesichtspunkt der Planerfüllung »angemessen« sind. Außerdem werden die »zu hohen« Profite nicht sehr wirksam durch Steuern abgeschöpft; selbst wenn die Marginalsteuern sehr hoch sind, enthalten die südasiatischen Steuergesetze doch genügend Schlupflöcher, und Steuerflucht in großem Umfang ist die Regel.

Jene Geschäftsleute, die sich ihren Weg durch den Dschungel der Kontrollen bahnen müssen, befinden sich also in einer komplizierten Situation. Sie beklagen – manchmal sehr lautstark – das Überhandnehmen der staatlichen Eingriffe. Aber der Beobachter kann nicht umhin festzustellen, daß diese Klagerufe schwach und in Wahrheit halbherzig gemeint sind. Zumal die Privatunternehmer sich so gut an die Situation gewöhnt haben, daß sie für sie so selbstverständlich ist wie das Klima, die Einhaltung der Kastenregeln in Indien und andere Lebensumstände. Auch widerstrebt es vielleicht dem einzelnen Unternehmer, gegen eine bestimmte Entscheidung zu protestieren, da er weiß, daß er noch öfter auf die Gunst der verantwortlichen Beamten angewiesen sein wird. Doch der Hauptgrund ist wohl, daß es für ihn genug zu gewinnen gibt, um alle Unannehmlichkeiten in Kauf zu nehmen. Dies bedeutet, daß all jene, die sich durch die Kontrollen hindurchzufinden wissen, ein begründetes Interesse an der Erhaltung des Systems haben.

Und noch ein Merkmal zeigt sich deutlich: Jedes System willkürlicher administrativer Kontrollen tendiert – auch wenn häufig das Gegenteil beabsichtigt ist – dazu, diejenigen zu begünstigen, die bereits auf einem Feld aktiv sind, auf dem irgendeine Erlaubnis vonnöten ist. Diejenigen, die bereits im Geschäft sind, sind besser informiert und haben die besseren Kontakte zu den Beamten. Sie sind auch eher bereit zu Konsultation und Mitarbeit, wenn die Regierung dies verlangt.

All dies beschränkt den Wettbewerb, begünstigt Monopol- und Oligopolbildung und hätschelt die Kapitalinteressen. Unter den gegebenen Umständen bedeutet dies, daß die etablierte Wirtschaft – und besonders die großen Unternehmen – erheblich durch das geltende System der operationalen Kontrollen begünstigt wird. Dies steht in direktem Widerspruch zu den erklärten Zielen der Politik. Das bestehende System behindert auch die Entstehung neuer und das Wachstum kleinerer Firmen.

Wenn schon die Großwirtschaft ein begründetes Interesse an der Erhaltung dieser Form von Kontrollen hat, dann sind erst recht die Beamten und Politiker, die diese Kontrollen handhaben, daran interessiert, sie beizubehalten. Wir haben schon darauf hingewiesen, welche Macht ihnen durch den Umstand zufällt, daß so viele Kontrollen willkürlich gehandhabt werden. Diese Macht ist um so größer, als die Kontrollen nicht in die Pläne integriert sind und ihre Anwendung daher dem Belieben anheimgestellt ist. Die Anwendung ist eine Frage der amtlichen Beurteilung, und häufig hat ein Beamter gute Gründe genug, eine Entscheidung zugunsten der etablierten großen Firmen zu treffen, um ein gutes Gewissen zu behalten.

Aber in einer Situation, in der Kaste, Familie, ökonomischer und sozialer Status und ganz allgemein »Beziehungen« seit jeher so viel bedeuten, ist die Gefahr des betrügerischen Einvernehmens sehr groß – und dies gilt von den oberen Schichten der Hauptstädte bis hinab zu den Dörfern. Die Folge ist oft direkte Korruption. Denn das Überhandnehmen willkürlicher Kontrollen lädt förmlich zur Unehrlichkeit ein. So schrieb ein von den USA nach Indonesien entsandtes Forschungsteam von Wirtschaftsexperten: »Das Problem der Bestechung ist der siamesische Zwilling der direkten Kontrollen.«

Man sollte nicht unterschätzen, welchen Beitrag das südasiatische System direkter Kontrollen zur Untergrabung der öffentlichen

Moral leistet. Als in der westlichen Welt in Kriegszeiten eine Fülle von willkürlichen Kontrollen eingesetzt werden mußte, breiteten sich trotz der Überlegenheit des Verwaltungsapparats und -personals schwarze Märkte und Korruption aus. In Südasien finden wir insofern einen Ursachenkreislauf mit kumulativen Wirkungen, als eine korrupte Gesellschaft von Verwaltungsbeamten und Politikern ein Interesse an der Schaffung und Erhaltung willkürlicher Kontrollen hat, die ihnen die Möglichkeit bieten, sich zu bereichern.

Im Westen wird der Preismechanismus zunehmend in den Dienst einer Politik gestellt, der die Bevölkerung durch ihre demokratischen Institutionen zugestimmt hat. Und die Bedingungen, unter denen dieser Mechanismus funktioniert, werden laufend verändert, um den Bedürfnissen einer sich wandelnden Welt besser gerecht zu werden. In diesem Zusammenhang fällt dem Staat ein stets wachsender Einfluß auf den Gang der Dinge zu – ein viel größerer als in den südasiatischen Ländern, die sämtlich »funktionierende Anarchien« sind, wie John Kenneth Galbraith es ausdrückte. Aber diese Einflußnahme erfolgt im Westen so weit wie möglich durch die Preis- und Steuerpolitik und andere nicht-willkürliche Kontrollen. Noch weniger Ähnlichkeit weist das südasiatische Kontrollensystem mit der Politik der kommunistischen Länder auf, in denen es keinen privaten Sektor gibt, dessen Belange berücksichtigt werden müßten. Wieder stehen wir vor der Tatsache, daß die südasiatischen Länder eine Dritte Welt auch der Planung sind.

Die in diesem Kapitel vorgelegte Analyse ging von der Wertprämisse aus, daß operationale Kontrollen möglichst weitgehend nicht-willkürlich gehandhabt werden sollten. Diese Wertprämisse ist aus den Modernisierungsidealen abgeleitet; das ist einer der Punkte, in denen die südasiatischen Länder versuchen sollten, sich mehr den westlichen Ländern anzugleichen – wenn sie sich nicht statt dessen entschließen, mehr den kommunistischen Ländern nachzueifern. Aber es sei zugestanden, daß das Vertrauen der südasiatischen Länder in willkürliche Kontrollen zum Teil durch die schiere Notwendigkeit bedingt ist. Die Fragmentierung oder gar das Fehlen der Märkte und die Unempfindlichkeit für Preisanreize berauben die nicht-willkürlichen Kontrollen ihrer Wirkung.

Gleichwohl sollte es nicht notwendig sein, den willkürlichen

Kontrollen eine so ungeheure Vorzugsstellung einzuräumen. Würden die operationalen Kontrollen besser geplant und koordiniert, dann bestünde mehr Spielraum für nicht-willkürliche Kontrollen, und insbesondere wäre es möglich, Kontrollen zu vermeiden, die zu politischen Konflikten führen. Aber auf die Erhaltung dieser Struktur der willkürlichen Kontrollen arbeiten starke Kräfte hin. Eine dieser Kräfte ist das Erbe der autoritären und paternalistischen Institutionen und Einstellungen. Eine weitere bilden die begründeten Interessen der Verwaltungsbeamten, Politiker und der großen Geschäftsleute.

Auf keinem anderen Gebiet der südasiatischen Wirtschaft finden wir einen solchen Mangel nicht nur an wissenschaftlicher Analyse, sondern auch an systematischer und spezifischer Kenntnis der empirischen Fakten. Die operationalen Kontrollen sind nicht geplant, sie sind ganz eindeutig nicht koordiniert, und ihre Anwendung wird für gewöhnlich nicht in allen Einzelheiten offengelegt. Wir haben hier nur versucht, eine »Theorie« zu entwerfen, die ein logisch koordiniertes System von Fragen für die künftige Forschung artikuliert.

14. Korruption – ihre Ursachen und Wirkungen

Welche Rolle die Korruption in Asien spielt, wird durch die Tatsache beleuchtet, daß überall dort, wo ein politisches Regime in Schwierigkeiten geriet – z. B. in Pakistan und Burma, auch in China –, eine wichtige und oft die entscheidende Ursache im Fehlverhalten der Politiker und Verwaltungsbeamten und in der daraus resultierenden Verbreitung ungesetzlicher Praktiken unter den Geschäftsleuten und beim großen Publikum war. Dieses Problem ist von großer Bedeutung für die Regierungen Südasiens, denn gewohnheitsmäßige Bestechung und Betrug bereiten einem autoritären Regime den Weg, das sich durch die Aufdeckung der Korruption und durch Strafaktionen gegen die Täter legitimieren kann. Die Beseitigung der Korruption wurde regelmäßig zur Rechtfertigung der Machtübernahme durch das Militär vorgebracht. Und wenn es dem neuen Regime nicht gelingt, die Korruption zu beseitigen, dann liefert sein Scheitern den Vorwand für einen weiteren Putsch ähnlicher Art. Offensichtlich wirkt sich ein solches Maß an Korruption unmittelbar auf die Stabilität der Regierungen in der Region aus.

Doch für die Forschung ist die Korruption nahezu tabu. Sie wird kaum je in den gelehrten Diskussionen der Regierung und der Planung erwähnt, auch nicht von westlichen Experten, die damit ein Vorurteil an den Tag legen, das wir als »Diplomatie in der Forschung« bezeichnet haben. Unangenehme Fragen werden vermieden, indem man die durch Attitüden und Institutionen bedingten Schwierigkeiten ignoriert. Besonders die südasiatischen Sozialwissenschaftler sind bereit, es sich so einfach zu machen, ganz gleich ob sie konservativ oder radikal eingestellt sind. Wenn dieses Vorurteil in Frage gestellt wird, dann wird es mit gewissen beschwichtigenden Beteuerungen rationalisiert – z. B. daß es in allen Ländern Korruption gibt; daß die Korruption in den südasiatischen Ländern wegen der tief verwurzelten, aus der Kolonial- und Präkolonialzeit übernommenen Institutionen und Einstellungen ganz natürlich sei; daß die Korruption notwendig sei, um die schwerfällige Maschinerie von Wirtschaft und Politik in Südasien zu schmieren, und daß sie daher vielleicht gar nicht zu verurteilen sei. Solche Entschuldigungen sind irrelevant und durchscheinend dürftig, und zumeist sind sie falsch. Sie werden öfter im Gespräch als in gedruckter Form vorgebracht.

Auch wenn das Korruptionsproblem bislang nicht Gegenstand wissenschaftlicher Forschung war, beschäftigt es doch sehr die Gemüter der artikulierten Kreise Südasiens. Besonders in den Ländern, in denen es noch eine parlamentarische Demokratie und die Freiheit der öffentlichen Diskussion gibt, widmen die Zeitungen dieser Frage viel Raum und die politischen Versammlungen viel Redezeit. In allen Ländern dreht sich die Unterhaltung, sobald sie frei und ungezwungen ist, um politische Skandale. Hin und wieder werden Anti-Korruptionskampagnen entfesselt, Gesetze verabschiedet, Untersuchungsausschüsse eingesetzt und Sonderkommissionen der Polizei mit Untersuchungen über solche Vergehen beauftragt. Manchmal werden Beamte, besonders aus den unteren Rängen, verurteilt und bestraft, und gelegentlich wird ein Minister zum Rücktritt gezwungen. Doch in allen diesen Ländern sind die artikulierten Kreise überzeugt, daß die Korruption üppig grassiert und noch zunimmt, besonders unter den höheren Beamten und den Politikern, einschließlich der gesetzgebenden Körperschaften und der Minister. Die ostentativen Bemühungen, die Korruption zu verhindern und diejenigen, die sich als korrupt erwiesen haben, entsprechend zu bestrafen, rufen nur Zynismus hervor, besonders hinsichtlich der Frage, ob dies auch für »die da oben« gelte.

Aus dem Gesagten treten zwei Erscheinungen deutlich zu Tage: einmal das, was man die »Folklore der Korruption« nennen könnte, d. h. die Vorstellungen der Menschen über die Korruption und die mit diesen Vorstellungen verbundenen Emotionen; dann die öffentlichen Maßnahmen, die einigermaßen ungenau als »Anti-Korruptionskampagnen« zu bezeichnen wären, d. h. legislative, administrative und juridische Institutionen, die für die Integrität der öffentlichen Beamten auf allen Ebenen sorgen sollen. Diese beiden Elemente sind klar zu erkennen und lassen sich ohne weiteres beschreiben und analysieren.

Die Folklore der Korruption enthält wichtige soziale Fakten, die eine eingehende Untersuchung verdienten. Diese Folklore hat ganz wesentliche Auswirkungen auf die private Lebensführung der Menschen, auf ihre Ansichten über die Versuche der Regierung, die Nation zu konsolidieren und die Entwicklung anzuspornen und zu dirigieren. Sie führt leicht dazu, daß die Leute von jedem, der eine Machtposition bekleidet, annehmen, er würde diese in seinem eigenen Interesse, im Interesse seiner Familie oder anderer sozialer Gruppen, denen er sich zugehörig fühlt, ausbeuten. Damit verbunden ist die ebenfalls untersuchenswerte Frage, inwieweit die Folklore der Korruption dazu beiträgt, die Loyalität gegenüber der organisierten Gesellschaft zu schwächen. Wenn die Korruption als feststehende Tatsache hingenommen wird, dann äußert sich der Unwille darüber in Form des Neides auf diejenigen, die die Chance haben, sich durch unehrliche Geschäfte privat zu bereichern. Oder anders ausgedrückt, solche Anschauungen über die Korrumpierbarkeit – besonders die Meinung, daß allbekannte Missetäter ihre Praktiken ohne großes Risiko einer Bestrafung fortsetzen können – sind geeignet, die Überzeugung zu verstärken, daß diese Form des zynischen, asozialen Verhaltens normal sei. Die Folklore der Korruption wirkt sich dann ihrerseits schädigend aus, denn sie ruft übertriebene Vorstellungen von der Verbreitung der Korruption – besonders unter den höheren Beamten – hervor.

Da die öffentliche Diskussion in Indien, Ceylon und auf den Philippinen sehr frei geführt wird und in allen südasiatischen Ländern die Gerüchte blühen, lassen sich die Fakten einer Übertretung im Einzelfall nicht gar zu schwer feststellen. Die wichtigste Forschungsaufgabe wäre es selbstverständlich, Art und Umfang der Korruption in einem Land festzustellen, ihre Verbreitung auf den verschiedenen Ebenen und Sektoren des politischen Lebens und der Wirtschaft sowie die feststellbaren Trends zu ermitteln. Im folgenden soll eine ganz vorläufige Zusammenstellung der Forschungsprobleme gegeben werden. Unsere Feststellungen beruhen auf gründlicher Lektüre von Parlamentsberichten, Ausschußprotokollen, Zeitungen und anderen Publikationen, auch auf Unterhaltungen mit wohlinformierten Persönlichkeiten und westlichen Geschäftsleuten aus der Region sowie auf persönlichen Beobachtungen. Die Tatsache, daß die Korruption in den USA mehrere Generationen lang eingehend und ergebnisreich untersucht wurde, sollte die Auffassung widerlegen, daß über dieses Phänomen nichts in Erfahrung zu bringen sei.
Vorab sei festgestellt, daß die Korruption in Südasien viel weiter verbreitet ist als in den entwickelten Ländern des Westens oder in den kommunistischen Ländern. Bei einem Vergleich mit den

Verhältnissen, wie sie in der Kolonialzeit herrschten, vertreten südasiatische wie westliche Beobachter stets die Auffassung, daß die Korruption heute weiter verbreitet sei als in der Kolonialepoche. Vor allem ist man davon überzeugt, daß sie unter den höheren Rängen der Beamten und Politiker zugenommen hat. Unter den verschiedenen Verwaltungssparten der südasiatischen Regierungen, so wird allgemein angenommen, sind die Ministerien für öffentliche Arbeiten und die Beschaffungsämter besonders korrupt, gleich gefolgt von den Beamten, die Import- und Exportlizenzen erteilen, Warenzölle und Steuern eintreiben oder in der Eisenbahnverwaltung tätig sind. Offensichtlich besteht immer dann die Tendenz zur Korruption, wenn die Beamten über willkürliche Entscheidungsvollmachten verfügen. Die Korruption erfaßt manchmal sogar die Gerichtshöfe und die Universitäten.

In den parlamentarischen und amtlichen Untersuchungen über die Korruption, besonders soweit diese in Indien angestellt werden, wird die Rolle der um die asiatischen Märkte konkurrierenden westlichen Wirtschaftsinteressen in der Regel stillschweigend übergangen. Westliche Geschäftsleute werden diese Rolle natürlich nicht öffentlich diskutieren. Aber im privaten Gespräch gaben viele mir gegenüber freimütig zu, daß sie hohe Beamte oder Politiker bestechen mußten, um zu ihren Abschlüssen zu kommen. Ebenso oft mußten sie hohe wie niedrige Beamte bestechen, um ihre Geschäfte ohne zu große Behinderung abwickeln zu können. Diese Bestechungsgelder, meinten sie, bilden einen ansehnlichen Teil ihrer gesamten Geschäftsunkosten in Südasien.

Der Wissenschaftler, der versucht, Tatsachen über die aktive und passive Bestechung – besonders auf seiten hoher Beamter und Politiker – zu ermitteln, trifft auf eine besondere Schwierigkeit. Die Bestechung erfolgt selten direkt. In der Regel wird ein Vermittler eingeschaltet. Dieser kann ein einheimischer Geschäftsmann oder ein niedrigerer Beamter sein. Viele westliche Firmen finden es bequemer und weniger anstößig, einen professionellen Bestechungsagenten zu beschäftigen, der alle diejenigen auszahlt, deren Kooperation für den reibungslosen Ablauf der Produktion und der Transaktionen notwendig ist. Allgemeiner gesagt, wenn eine geschäftliche Transaktion abgeschlossen werden soll, dann wird der Geschäftsmann aus dem Westen häufig durch einen in der Hierarchie etwas niedriger stehenden Beamten davon informiert werden, daß ein Minister oder ein höherer Beamter eine bestimmte Geldsumme erwartet. Zuweilen steht auch ein einheimischer Geschäftsmann in einer solchen indirekten Beziehung zu dem, der eine Bestechungssumme fordert. Da die ganze Angelegenheit geheim ist, gibt es keine Möglichkeit festzustellen, ob der Vermittler etwa das Geld für sich behält. Tatsächlich kann er sich auch des guten Namens eines Unschuldigen bedienen, um den Handel zu verzuckern und seine Einnahmen zu verbessern. Selbstverständlich ist dies auch einer der Fälle, wo die Korruptionsfolklore mitunter das Ausmaß der Korruption in den höheren Rängen übertrieben darstellt.

Die Folklore der Korruption, der politische, administrative und juridische Widerhall, den diese Ansichten und Emotionen in den Korruptionskampagnen finden, das tatsächliche Vorherrschen der Korruption in den verschiedenen Ländern zu verschiedenen Zeiten und die gegenwärtigen Tendenzen – all diese sozialen Fakten gilt es festzustellen und kausal zu erklären, indem man sie mit den übrigen Verhältnissen in Südasien in Beziehung setzt.

Wenn wir behaupten, daß die Korruption in Südasien weiter verbreitet ist als in den entwickelten Ländern des Westens, dann unterstellen wir einen grundlegenden Unterschied der sittlichen Auffassungen – einen Unterschied in bezug darauf, wo, wann und wie jemand sich persönlich bereichert. Es ist sehr schwierig, das Profitstreben und den Wettbewerb auf dem Markt, wie wir sie im Westen kennen, in Südasien anzuregen. Aber ebenso schwierig ist es, in Südasien den Wunsch nach privater Bereicherung aus solchen Quellen zu eliminieren, die im Westen weitgehend trockengelegt wurden – nämlich den Sphären der öffentlichen Macht und Verantwortung. Gewisse Dinge, die im Westen nicht als Profitquelle gelten würden, sind in Südasien meist für Geld zu haben. Sie haben einen »Markt«, wenn auch keinen vollkommenen im westlichen Sinn. Diese Unterschiede erklären sich von selbst. Es handelt sich hier um Überbleibsel einer vorkapitalistischen, traditionalen Gesellschaft. In Südasien, wo es häufig keinen Markt für Güter und Dienstleistungen gibt und wo das wirtschaftliche Verhalten nicht durch wirtschaftliche Erwägungen wie Kosten und Gewinn beherrscht wird, müssen »Beziehungen« diese Lücke füllen. In dieser Situation unterscheidet sich die Bestechung eines Beamten in nichts von den Geschenken und Tributen, die in den älteren Gesellschaften üblich waren. Auch wird eine solche Bestechung nicht anders bewertet denn als eine Verpflichtung, wie sie mit einer Gefälligkeit, ganz gleich auf welcher sozialen Ebene, verbunden ist.

Die südasiatischen Gesellschaften sind traditionell »pluralistische« Gesellschaften, in denen die fundamentalen Loyalitäten der Familie, dem Dorf, der durch Religion, Sprache, ethnische oder Kastenzugehörigkeit zusammengehaltenen Gruppe, nicht aber der Gesellschaft als ganzer gelten, sei es auf lokaler oder nationaler Ebene. Eine allgemeine Loyalität gegenüber dem eigenen Land, die durch feste Regeln oder Sanktionen unterstützt wird, ist die notwendige Voraussetzung der westlichen wie der kommunistischen sittlichen Auffassungen, die dafür sorgen, daß bestimmte Formen des Verhaltens von persönlichem Gewinnstreben frei bleiben. In Südasien fördert die Loyalität zu jenen kleineren Gruppen den Nepotismus, der an sich schon eine Form der Korruption darstellt, und trägt ganz allgemein zu einer Lockerung der Moralauffassungen bei. So ist die Korruption ein weiterer Aspekt des »weichen Staates« und bedingt für gewöhnlich einen geringen Grad sozialer Disziplin.

Dies ist jedoch eine statische Betrachtungsweise. Sie erklärt nicht, warum die Korruption zunimmt. Beinah alles, was geschah, schien noch mehr Korruption nach sich zu ziehen. Das Erreichen der Unabhängigkeit und der Übergang vom Kolonialstaat zur Selbstverwaltung verursachten an sich schon tiefe Störungen. Die Rolle der Politiker nahm an Bedeutung zu. Zugleich wurde das Korps der Kolonial-Administratoren in die Heimat abberufen, und es blieben nur wenige Verwaltungsbeamte mit strengen westlichen Moralauffassungen zurück. Die willkürlichen Vollmachten der Funktionäre nahmen zu durch die Form der Kontrollen, die der privaten Wirtschaft auferlegt wurden. Und die niedrigen Gehälter der Beamten, besonders in den mittleren und unteren Rängen, machte die Korruption zu einer großen Versuchung. So ist die Korruption in einem Kreislauf der Ursachen befangen. Sie hat besonders nachhaltige Folgen, da die Menschen ihre weite Verbreitung erkennen und wissen, daß keine wirksamen Maßnahmen ergriffen werden. Bei den Aufgeweckteren entsteht der Eindruck, daß die Korruption wie die Inflation unvermeidlich zur Entwicklung dazugehört. Die Folge ist, daß sich eine zynische Haltung verbreitet und der Widerstand gegen die aktive und passive Bestechung nachläßt.

Die korrupten Praktiken sind sehr nachteilig für jegliches Streben nach Verwirklichung der Modernisierungsideale. Die Vorherrschaft der Korruption schafft große Hindernisse und Hemmnisse für die Entwicklung. Die Korruption, die durch die Aufteilung der Loyalitäten gefördert wird, beeinträchtigt die Konsolidierungsbestrebungen der Nation. Sie vermindert den Respekt und die Loyalität gegenüber der Regierung und ihren Institutionen. Häufig fördert sie eine irrationale Planung oder beschränkt den Horizont der Pläne. Die übliche Form, durch korrupte Praktiken Geld zu verdienen, ist die Androhung von Obstruktion und Verzögerungen in amtlichen Funktionen. Dies bedingt, daß das Getriebe der Administration in Südasien sich in einem zerstörerischen Maß verlangsamt. Das Bestreben, solche Verzögerungen zu vermeiden, führt dazu, daß das sogenannte »Beschleunigungsgeld« allgemein üblich wird. Wer einen Beamten besticht, verlangt von diesem häufig gar nichts Ungesetzliches. Er versucht manchmal nur, die Weitergabe der Akten und die Entscheidungen der Regierungsdienststellen zu beschleunigen.
Die von manchen westlichen Wissenschaftlern vertretene populäre Auffassung, daß die Korruption in Südasien die schwerfällige Arbeitsweise der Verwaltung beschleunige, ist augenscheinlich falsch. Wenn Beobachter der südasiatischen Verhältnisse die ererbten Übel der dortigen Bürokratie kritisieren, dann beachten sie sehr häufig ein Tabu, das verbietet, die Korruption als Ursache zu erwähnen. Wie so viele, die sich an der lebhaften Diskussion über die Bürokratie beteiligen, vermeiden sie es, in ihren Feststellungen die Verbreitung, die häufigen Korruptionsvorwürfe und das Interesse des einzelnen Beamten an der Beibehaltung der schwerfälligen Arbeitsweise zu erwähnen. (Wenn der Beamte unehrlich ist, dann verbessert diese Arbeitsweise seine Chance, Bestechungsgelder zu erhalten; ist er ehrlich, dann kann sie ihn davor bewahren, verdächtigt zu werden.) Wenn die Leute zu Recht oder zu Unrecht davon überzeugt sind, daß die Korruption allgemein verbreitet sei, dann wird der Widerstand des einzelnen Beamten gegen die Korruption geschwächt. Und sollte er sich nicht korrumpieren lassen, dann wird er es mitunter schwer haben, seine Pflichten zu erfüllen.

Man höre etwa, was der Polizeichef eines Viertels von Neu-Delhi, in dem wir einige Zeit lebten, berichtete, nachdem wir uns mit ihm angefreundet hatten. Wir beschwerten uns einmal bei ihm über die Gewohnheit der Taxifahrer, sämtliche Verkehrsregeln zu mißachten. »Warum befehlen Sie Ihren Polizisten nicht, für die Einhaltung der Verkehrsregeln zu sorgen?« fragten wir ihn. »Wie könnte ich das«, antwortete er, »wenn einer von ihnen einen Taxifahrer anhält, dann sagt dieser womöglich: ›Hauen Sie ab, oder ich erzähle den Leuten, daß Sie mich um zehn Rupien gebeten haben.‹ Würde der Polizist ihm entgegenhalten, daß er dies nicht getan habe, dann könnte der Taxifahrer antworten: ›Wer wird Ihnen schon glauben?‹«

Hat man einmal die schwerwiegenden Auswirkungen der Korruption in Südasien erkannt, dann erhebt sich die Frage, was dagegen unternommen werden kann. Das *Santhanam*-Komitee hat in einem wichtigen Bericht für Indien jene Verwaltungsprozeduren analysiert, die Gelegenheit zum Amtsmißbrauch bieten, und hat Reformvorschläge unterbreitet. Das Komitee verlangt einfachere und präzisere Vorschriften und Verfahrensweisen für die politischen und Verwaltungsentscheidungen, die sich auf Privatpersonen und Firmen beziehen, sowie eine engere Überwachung.

Ein Hauptanliegen des Komitees betrifft die willkürlichen Vollmachten; sie sollten so weit wie möglich abgebaut werden. Es schlägt vor, die Bezahlung der niedrigen Beamten zu verbessern, ihren sozialen und ökonomischen Status anzuheben und abzusichern. Die Sicherheitsdienste einschließlich der Sonderabteilungen der Polizei sollten gestärkt werden. Die Gesetze und Verfahrensweisen sollten so geändert werden, daß gegen korrupte Beamte effektivere und schnellere Strafmaßnahmen ergriffen werden könnten. Auch gegen Privatleute, die Beamte korrumpieren, sollte vorgegangen werden. Das Komitee schlägt ferner vor, die Steuererklärungen und -abrechnungen zu veröffentlichen und ganz allgemein die Gepflogenheit, amtliche Dokumente für geheim zu erklären, einzuschränken. Es spricht die Empfehlung aus, den Unternehmern Spenden für politische Parteien zu verbieten, und andererseits Zeitungen juristisch zu verfolgen, wenn sie, ohne Beweise zu liefern, Anschuldigungen erheben.

Das Komitee räumt ein, daß die Korruption ein langfristiges Problem sei, das, um gründlich gelöst zu werden, jahrelanger hartnäckiger Anstrengungen bedarf. Die große Frage ist nur, ob die Regierung sich entschließen wird, nach den Vorschlägen des Komitees zu handeln, und welchen Erfolg solche Maßnahmen in einer nationalen Gemeinschaft haben werden, in der, wie das Komitee es ausdrückt, »das ganze System der moralischen Wertungen und der sozio-ökonomischen Struktur« verändert werden muß.

Will man abschätzen, welche Aussichten solche Reformen in Ländern haben, wo die Korruption so tief in den von Überbleibseln der traditionalen Gesellschaft geprägten Institutionen und Einstellungen verankert ist und wo beinah alles, was geschieht, den Anreiz und die Chancen zur persönlichen Bereicherung vermehrt, dann ist die öffentliche Entrüstung über die Korruption als ein konstruktiver Faktor zu bewerten. Dies gilt auch dann, wenn eine solche Reaktion hauptsächlich durch den Neid derer bedingt ist, die bereits so demoralisiert sind, daß sie selbst nicht zögern würden, sich korrupter Praktiken zu bedienen, wenn sie die Gelegenheit hätten. Da diejenigen, die die Chance haben, sich durch korrupte Praktiken zu bereichern, nur eine dünne Minorität darstellen, könnte die öffentliche Entrüstung über die Korruption die Regierung in ihrer Absicht, ernsthafte Reformen durchzuführen, unterstützen.

Vor zweihundert Jahren war die Korruption in England, Holland und in den skandinavischen Ländern eine weit verbreitete Erscheinung, aber heute ist sie dort sehr zurückgedrängt. Gerade während des liberalen Intermezzos zwischen dem Merkantilismus und dem modernen Wohlfahrtsstaat entwickelte sich in diesen Ländern der »starke Staat«. Eines der wichtigsten Elemente dieses Vorgangs war die merkliche Festigung der Moralauffassungen, besonders beim höheren Beamtentum, ergänzt durch eine Besoldungsreform auf den niedrigeren Stufen, die häufig durch eine Umwandlung der Bestechungsgelder in legale Abgaben ermöglicht wurde.

Die südasiatischen Länder könnten zweifellos aus dem Studium der Reformen lernen, die in den westlichen Ländern vor wenig mehr als einem Jahrhundert durchgeführt wurden. Es gibt jedoch einen grundlegenden Unterschied hinsichtlich der Ausgangsbedingungen. In diesen westeuropäischen Ländern wurde die relative Integrität der Politik und der Verwaltung in einer Phase erreicht, in der die staatliche Aktivität auf ein Minimum beschränkt blieb. Als der Staat wieder in großem Umfang in die Wirtschaft eingriff, verfügte er über ein hoch qualifiziertes politisches und administratives System, das lediglich abgesichert und erhalten werden mußte. Die südasiatischen Länder hingegen müssen die überhandnehmende Korruption zu einem Zeitpunkt ihrer Geschichte bekämpfen, wo die staatlichen Aktivitäten stark zunehmen und wo willkürliche Kontrollen über das erforderliche Maß hinaus bevorzugt werden. Abermals offenbart sich Südasien als eine Dritte Welt der Planung.

Vierter Teil

Nutzung der Arbeitskräfte

15. »Arbeitslosigkeit« und »Unterbeschäftigung«

Die südasiatischen Länder sind für einen extrem niedrigen Nutzungsgrad der Arbeit bekannt. Der durchschnittliche Output der Arbeitskraft ist sehr gering, zum Teil deshalb, weil viele Arbeitskräfte entweder völlig oder einen großen Teil des Tages, der Woche oder des Jahres unbeschäftigt sind. Aber selbst wenn sie arbeiten, ist ihre Produktivität gewöhnlich gering. Dies ist eine Folge mehrerer Bedingungen, zu denen auch die geringe Arbeitseffizienz gehört.

Diese Verschwendung von Arbeitskraft wird gemeinhin unter den Schlagworten »Arbeitslosigkeit« oder »Unterbeschäftigung« diskutiert. Die »Arbeitslosen« und »Unterbeschäftigten« stellen in Südasien gemeinsam, so glaubt man, ein Reservoir unerschlossener Produktivkraft dar. Das wird üblicherweise mit der fehlenden Nachfrage nach Lohnarbeitern und, im Fall der selbständigen Bauern, mit dem Mangel an Gelegenheit zu produktiver Arbeit erklärt. Man glaubt, daß die Menschen, sobald sie nur Gelegenheit hätten zu arbeiten, diese ergreifen würden. Man nimmt an, daß die Arbeitslosigkeit und Unterbeschäftigung eine freiwillige ist, und läßt die geringe Arbeitseffizienz außer Betracht.

Die theoretische Hauptrichtung der Wirtschaftswissenschaft hält die weit verbreitete »Arbeitslosigkeit« und »Unterbeschäftigung« für die Hauptursache der Armut in den südasiatischen Ländern. Dabei glaubt man, daß die großen Mengen ungenutzter oder untergenutzter Arbeitskräfte, über welche diese Länder verfügen, ein produktives Potential darstellen, das Kapital schaffen und die Produktivität steigern und damit ein höheres Einkommens- und Konsumniveau schaffen könne – kurz, daß es ein Potential sei, das zur Beseitigung der Armut eingesetzt werden könne. Daher ist es die oberste Aufgabe der Planung, dieses Arbeitskräftereservoir zu erschließen und die Arbeitslosen und Unterbeschäftigten einer produktiven Arbeit zuzuführen.

Vor allem nach dem Zweiten Weltkrieg begann man sich auf die Fragen der »Arbeitslosigkeit« und »Unterbeschäftigung« und auf die Schaffung von Arbeitsplätzen und Arbeitschancen zu konzentrieren. Ein Hauptthema der älteren Literatur über Südasien war die hartnäckige Knappheit an Arbeitskräften, die den Kolonialregierungen und den Privatunternehmern zu schaffen machte. Nirgends zeigt sich die Kehrtwendung, die die moderne Diskussion der ökonomischen Probleme Südasiens im Vergleich mit der Kolonialzeit vollzogen hat, deutlicher. Heute gilt es als das wichtigste Problem, eine Nachfrage nach Arbeitskräften sowie Arbeitsplätze für die »Arbeitslosen« und »Unterbeschäftigten« zu schaffen, während es vor noch nicht allzu langer Zeit darum ging, Arbeitskräfte in genügender Zahl zu gewinnen und ihre Arbeitsleistung zu verbessern.

Diese dramatische Wende trat ein, als die südasiatischen Länder unabhängig wurden und ihren Kampf um die Entwicklungsplanung begannen. Selbstverständlich betrachteten ihre Planer die müßigen oder unproduktiven Arbeitskräfte einerseits als Belastung und Ursache von Armut und niedrigem Lebensstandard und andererseits als eine potentielle Hilfsquelle der Entwicklung. Nun bestand das praktische Problem, mehr Gelegenheiten zur Beschäftigung der Arbeitskräfte zu schaffen. In dieser Hinsicht erhielten sie starke Unterstützung durch die in westlichen Ländern herrschende Denkströmung, die – ebenfalls seit Ende des Zweiten Weltkriegs – die Vollbeschäftigung zum Hauptziel der Wirtschaftspolitik und zur Verantwortung der Regierungen erklärte. Die westlichen Ökonomen und ihre südasiatischen Kollegen, die sich in den westlichen Konzepten ebenso zu Hause fühlten, wandten die ultramodernen Ansichten über die Arbeitslosigkeit in unverwässerter Form auf die südasiatischen Verhältnisse an.

Die Kommunisten beharrten zwar darauf, daß die kapitalistischen Länder ihre Arbeitsmarktprobleme nicht gelöst hätten und nicht lösen könnten, doch dies hatte keine neuen Einsichten über die Nutzung und Unternutzung der Arbeitskräfte zur Folge. Ihr Einfluß bewirkte lediglich, daß die nach dem Krieg in Südasien herrschenden Auffassungen bestärkt wurden. Bislang wurde nichts unternommen, um die Anwendbarkeit der den westlichen Konzepten von Arbeitslosigkeit und Unterbeschäftigung zugrunde liegenden Hauptprämisse auf die südasiatischen Verhältnisse zu überprüfen: nämlich daß die Untätigkeit, abgesehen von den festgesetzten Arbeitsnormen, eine unfreiwillige sei, und daß es ein Reservoir von Arbeitskräften gebe, das durch die Steigerung der Nachfrage und bessere Arbeitsmöglichkeiten erschlossen werden könne. Die Arbeitseffizienz wurde vernachlässigt.

Wie auch auf anderen Gebieten, bewegten sich die wirtschaftswissenschaftlichen Vorstellungen über den Arbeitsmarkt in der Kolonialzeit ursprünglich in merkantilistischen Bahnen. In Übereinstimmung mit der aus dem 16. und 17. Jahrhundert stammenden Auffassung, welche das Arbeitsmarktproblem aus der Unternehmerperspektive sah, galt ein reichliches Angebot an billigen, fügsamen und disziplinierten Arbeitern als im öffentlichen Interesse liegend. Die Merkantilisten waren nicht einfach moralisch korrupte Zyniker, sondern sie waren Menschen, die in ihrem Trachten und Handeln das verfolgten, was sie für das Gemeinwohl erachteten, und dies taten auch die Kolonisatoren und Geschäftsleute, die in der Kolonialzeit in Südasien die Macht innehatten. Alle Anzeichen deuten darauf hin, daß die in der Kolonialzeit entstandenen neuen Unternehmungen – Plantagen, Bergwerke oder städtische Industrien – häufig unter dem Mangel an Arbeitskräften litten. Jedenfalls war es in der Regel nicht so, als hätten die neuen Industrien einen gewaltigen, nach Beschäftigung drängenden Arbeitskräfteüberschuß vorgefunden. Auch die ländlichen Gebiete brachten kein großes Angebot an verfügbaren Arbeitskräften hervor, das hätte erschlossen werden können.

Die Schwierigkeiten der Rekrutierung von Arbeitskräften – wie auch die von Arbeitgebern und Regierungen vertretene Auffassung, daß die neuen Unternehmen einem rückständigen Land den wirtschaftlichen Fortschritt brächten – führten dazu, daß sich eine Politik etablierte, die wir als Spielart des Merkantilismus charakterisierten. Diese Haltung der Regierungen und der Arbeitgeber war »sachlich« begründet; sie mochten den Eindruck gehabt haben, als entspräche sie der Realität und gründete auf der Erfahrung. Ideologien erscheinen denen, die sie vertreten, immer als einfache, unbestreitbare Folgerungen aus offensichtlichen Tatsachen.

In der Kolonialzeit gab es auf dem Agrarsektor selbstverständlich viel Untätigkeit in einer stagnierenden, traditionellen Wirtschaft, besonders bei den genügsamen Bauern und den Handwerkern in den Dörfern. Einer traditionellen Neigung folgend und durch die Armut selbst gezwungen, waren die Menschen meist einen großen Teil der Zeit untätig, die im Westen als normaler Arbeitstag gelten würde. Auch wenn sie arbeiteten, arbeiteten sie weniger effektiv. Obgleich die Massen sehr arm waren, waren sie anscheinend nicht daran interessiert, ihr Los durch eine Steigerung des Arbeits-Inputs in der Landwirtschaft und erst recht nicht durch Lohnarbeit zu verbessern. Gleichzeitig gab es einen akuten Arbeitskräftemangel in den neuen, dynamischen Sektoren der Wirtschaft.

Dieses Phänomen wurde durch eine koloniale Theorie erklärt: Sie besagte im wesentlichen, daß die Neigung der Eingeborenen zum Müßiggang und zur schwachen Leistung sowie ihre Abneigung gegen die Lohnarbeit ein Ausdruck ihrer Bedürfnislosigkeit, ihres sehr beschränkten ökonomischen Horizonts, ihres Trachtens nach dem bloßen Überleben, ihrer Selbstgenügsamkeit, Sorglosigkeit und Vorliebe für ein Leben der Muße sei. Man glaubte, sie seien nicht daran interessiert, ihren Lebensstandard zu verbessern. So unterstellte man, daß sie sich konstitutionell von den Europäern unterschieden. Und dies brachte man mit rassischen Unterschieden zwischen der eingeborenen Bevölkerung und den weißen Europäern in Verbindung.

Auch andere Tatsachen wurden zur Erklärung herangezogen. Man stellte häufig fest, daß das heiße und feuchte Klima von anhaltender schwerer Arbeit abschreckte und zum Müßiggang einlud. Oft wurde die Einstellung zur Arbeit auch mit verschiedenen Elementen des Sozialsystems in Verbindung gebracht. Über die durch die sozialen und religiösen Bräuche und Tabus bedingte Abneigung gegen die körperliche Arbeit wurde in der Kolonialzeit viel gesprochen. Häufig wurde auch festgestellt, daß die Unterernährung und die minderwertigen Lebensbedingungen im allgemeinen die Lebenskraft und die Arbeitsfähigkeit stark beeinträchtigten. Solche Auffassungen, und besonders die Theorie von der rassischen Unterlegenheit, werden heute – obgleich mehr oder minder vollkommen unterdrückt und in der Öffentlichkeit, außer in sehr euphemistischer Form, nie ausgesprochen – noch immer von Europäern, die in den südasiatischen Ländern arbeiten, vertreten und auch von vielen Einheimischen aus der Oberschicht geteilt. Vor allem die wenigen Einheimischen, die in späterer Zeit höhere Positionen im Regierungsdienst erreichten oder denen es manchmal gelang, moderne Großunternehmer zu werden, teilen solche Ansichten. Das schafft ein erhebliches Problem für die systematische Forschung, denn neben der konventionellen Theorie, daß es zwischen Einheimischen und Europäern keine Unterschiede gibt, die heute durch starke ausländische wie inländische Interessen der Politik und der Diplomatie sanktioniert ist, halten sich immer noch unter der Oberfläche Auffassungen, in denen sich das ausdrückt, was wir als die »koloniale Theorie« bezeichnet haben. Diese Theorie hat ihre Parallelen in der noch vor kurzem über Frauen gehegten populären Meinung und in der Einstellung gegenüber Neueinwanderern oder Negern in Amerika.

In der Kolonialzeit diente diese Theorie zur Rationalisierung der kolonialen Machtstruktur. Sie trug zur Rechtfertigung des populären Begriffs der »Bürde des weißen Mannes« bei: dieser mußte diejenigen regieren, die sich dieser Theorie zufolge nicht selbst regieren konnten. Sie unterstützte den Gedanken, daß nichts unternommen werden könne, um das Einkommen und den Lebensstandard der Einheimischen zu erhöhen, da ihr Los eine Folge des Klimas und der unveränderlichen sozialen und biologischen Tatsachen sei. Ein weiteres Element der kolonialen Theorie ermöglichte es, solche Schlußfolgerungen mit besserem Gewissen zu akzeptieren: nämlich die Vorstellung, daß die Einheimischen in ihrer Faulheit und Bedürfnislosigkeit glücklich seien, vielleicht glücklicher als die Europäer, die durch ihren Ehrgeiz zu Anstrengungen getrieben würden, die häufig in Frustration endeten. Die Meinung, daß die Unterprivilegierten besonders glücklich seien, taucht, wie wir wissen, immer dann auf, wenn eine privilegierte Gruppe die bestehende Ungleichheit rationalisiert; so etwa das Bild vom glücklichen und sorglosen Neger, von der glücklichen und zufriedenen Hausfrau, vom zufriedenen Dienstboten usw.

Alles Wissen wie auch alle Unwissenheit tendiert zum Opportunismus und zum Eintreten für Sonderinteressen. Unwissenheit ist bequem, und dies beeinflußt unsere Wahrnehmung. Erkennen wir diese Tatsache an, so bedeutet dies selbstverständlich nicht, daß alle unsere Beobachtungen und Schlußfolgerungen falsch sind, aber es bedeutet, daß wir sie sorgfältig untersuchen sollten.

Die soeben skizzierte und im folgenden zu diskutierende Auffassung von den Beschäftigungsproblemen war *ein Protest gegen die in der Kolonialzeit herrschende Theorie*. Denn die Tatsache, daß dieser Nachkriegsansatz so sehr den Stempel des Protests trägt, erleichtert das für das Studium des heutigen Südasien wichtige Verständnis für die beherrschenden Ideen der früheren Periode.

Die koloniale Theorie betrachtete die südasiatischen Verhältnisse unter westlicher Perspektive und bewertete die Einstellungen und das Verhalten nach westlichen Maßstäben. Dies verlieh ihr einen herablassenden, demütigenden und offensiven Charakter. Aber hinsichtlich der Perspektive und der angelegten Maßstäbe unterscheidet der ältere Ansatz sich in nichts vom modernen. Nicht nur jene südasiatischen Intellektuellen, die sich mit dem Westen identifizieren, sondern auch die definitiv anti-westlich eingestellten aggressiven Nationalisten müssen westliche Maßstäbe anlegen, wenn sie ihre Beschäftigungsprobleme in Begriffen wie »Arbeitslosigkeit« und »Unterbeschäftigung« diskutieren. Die Kolonialtheorie wurde entwickelt, um sowohl die Armut als auch das Fehlen eines Fortschritts in Südasien zu erklären. Südasiatische Intellektuelle, die heute für den Fortschritt arbeiten, sind daher versucht, diejenigen Elemente der Kolonialtheorie abzulehnen, welche sein Ausbleiben erklären.

Wie es der geschichtliche Zufall wollte, rückte die Frage der Arbeitslosigkeit gerade zu der Zeit ins Zentrum der westlichen ökonomischen Theorie und Planung, als die südasiatischen Länder die Unabhängigkeit gewannen und ihre eigene Entwicklungsplanung beginnen konnten. Während das Interesse an den Problemen der Unterentwicklung, Entwicklung und Entwicklungsplanung in der Region sprunghaft zunahm, tendierten westliche Autoren ganz automatisch zu einem Denken in ihnen vertrauten Begriffen. Die südasiatischen Ökonomen standen unter demselben Einfluß, da sie gelernt hatten, in westlichen Begriffen zu denken. Außerdem verstärkte die emotionale Betrachtung des westlichen Ansatzes durch seine Nähe zum Radikalismus in sozialpolitischen Fragen zweifellos seine Anziehungskraft auf die südasiatischen Intellektuellen.

Wichtiger aber war noch die Tatsache, daß der neue westliche Ansatz alle anstößigen Elemente der Kolonialtheorie zurückwies. Selbstverständlich sagte er nichts über Rassenfragen aus. Vielleicht gab es die vage Beimischung eines Verdachts, daß an den kolonialistischen Unterstellungen einer rassischen und biologischen Inferiorität etwas dran sein könnte, aber solche Auffassungen

können heute nicht mehr, weder auf wissenschaftlicher noch auf populärer Ebene, Bestandteil einer Theorie sein, welche die Fähigkeiten und Fertigkeiten der Menschen in Südasien zu erklären behauptet. Die Gleichheit der Menschen hinsichtlich ihrer geistigen Eigenschaften gilt heute als gesicherte Tatsache und wird durch den modernen Ansatz nicht in Frage gestellt. Zweifellos ist dies ein Fortschritt im Sinn der Rationalität.
Gleichzeitig aber vernachlässigt der moderne Ansatz auch die Umweltfaktoren, die für die Unterschiede gegenüber dem Westen verantwortlich gemacht worden sind. Die klimatischen Unterschiede hatten in den gemäßigten Zonen nie eine größere ökonomische Bedeutung. Die Erörterungen der Unterentwicklung und Entwicklung lassen das Klima beinah völlig außer Betracht, obwohl es eine so wichtige Rolle in der kolonialen Theorie spielte. Und weder in Südasien noch im Westen wurde der Einfluß des Klimas auf die Nutzung der Arbeitskraft oder die Möglichkeit, diesen Einfluß zu kontrollieren, erforscht. Auch berücksichtigt der Nachkriegsansatz in seinen Wachstumsmodellen nicht die Ernährungssituation und die Einkommens- und Lebensstandards in ihrem Verhältnis zum Arbeitsinput und zur Arbeitseffizienz. Auch wenn diese Faktoren im südasiatischen Kontext erörtert werden, werden sie nur unter dem Gesichtspunkt der Wohlfahrt der Menschen, nicht im Hinblick auf ihre Fähigkeit und Bereitschaft zu arbeiten oder ihre Qualifikation und Leistungsfähigkeit dargestellt.
Unter Arbeitslosigkeit versteht man im Westen die Situation, daß jemand keine Arbeit hat und welche sucht. Es gibt einen Arbeitsmarkt, und die Arbeitskräfte wissen, wo ihnen Arbeitsplätze geboten werden. Unter dem Gesichtspunkt der Planung stellen die Arbeitslosen und die von der »verschleierten Arbeitslosigkeit« Betroffenen ein Arbeitskräftereservoir dar. Sie bilden ein »sofort verfügbares Angebot«, das nur auf Arbeitsmöglichkeiten wartet. Es kann durch die Steigerung der Gesamtnachfrage nach Arbeitskräften mobilisiert werden. Das Planungsproblem in Südasien würde sich sehr vereinfachen, wenn wir die dortigen unbeschäftigten Arbeitskräfte als eine Reserve von Arbeitslosen betrachten könnten, die ein sofort verfügbares Arbeitskräfteangebot bilden, welches hauptsächlich durch die Vermehrung von Arbeitsplätzen erschlossen werden kann.

Das Problem würde sich noch mehr vereinfachen, wenn es zulässig wäre, die Arbeitseffizienz zu vernachlässigen. Im Westen unterscheiden sich die Arbeitskräfte nach ihren Qualifikationen. Die Länge des Arbeitstages, die Zahl der Arbeitstage in der Woche und im Jahr werden durch kollektive Vereinbarungen oder Gesetze festgelegt. Unter diesen standardisierten Bedingungen kann man von denen, die keine Arbeit haben, mit Ausnahme asozialer Fälle, annehmen, daß sie einen Arbeitsplatz suchen.

In all diesen Punkten ist das Problem in Südasien sichtlich anders gelagert. Es wird noch komplexer durch die Tatsache, daß die bloße Existenz vieler unbeschäftigter Arbeitskräfte in Südasien einen Widerstand gegen Maßnahmen zur Steigerung der Arbeitseffizienz hervorgebracht hat. In manchen Gegenden wird die Effizienz als nachteilig für die Beschäftigungslage angesehen. Die im Nachkriegsansatz enthaltene, alle Aspekte der Planung kennzeichnende Tendenz, die Arbeitseffizienz zu vernachlässigen und die fehlende Nachfrage nach Arbeitskräften und die fehlenden Arbeitsplätze für das Brachliegen der Arbeitskräfte verantwortlich zu machen, bietet einen Ausweg aus manchen unangenehmen Fragen.

Die Diskussion über die Beschäftigungssituation wird zusätzlich verwirrt durch die Erkenntnis des beschleunigten Bevölkerungswachstums seit der Kolonialzeit. Wie wir später sehen werden, sind die Konsequenzen des Bevölkerungswachstums für die Beschäftigungssituation mit der wichtigste Aspekt des Problems. Zumindest unter der Perspektive der nächsten Jahre – und diese ist die für alle Planung ausschlaggebende – hängt die Größe des Arbeitskräftereservoirs nicht entscheidend davon ab, was zur Eindämmung der Fruchtbarkeit getan werden kann. Gleichwohl wird der Bevölkerungssektor in der Regel nicht unter dem Gesichtspunkt der Notwendigkeit gesehen, einer schnell wachsenden Bevölkerung Arbeit zu geben.

Die nach dem Krieg zum Problem der Arbeitskräfte-Nutzung entwickelte Auffassung impliziert eine Reihe von Annahmen über ökonomische und soziale Fakten, die im Westen einigermaßen realistisch sein dürften, nicht aber in Südasien:

1. daß der Arbeitsinput primär als Quantität aufgefaßt werden kann, ohne Rücksicht auf die Qualität, d. h. die Effizienz der Arbeit;

2. daß ein niedriger Gesamt-Arbeitsinput, d. h. Arbeitslosigkeit, als »unfreiwillig« angesehen werden kann; und

3. daß daher das unbeschäftigte Arbeitskräftepotential, das sich in der »Arbeitslosigkeit« und »Unterbeschäftigung« darstellt, insofern ein »sofort verfügbares Arbeitskräfteangebot« ist, als die Bereitstellung von Arbeitsplätzen die für die Beseitigung der Beschäftigungslosigkeit notwendige Hauptvoraussetzung ist.

Diese im Nachkriegsansatz impliziten Annahmen abstrahieren fast vollständig von den besonderen und eng voneinander abhängigen Umweltbedingungen der südasiatischen Länder – den physischen, technischen und institutionellen Bedingungen sowie ganz allgemein den Einstellungen – und zwar besonders von:

a. Klimafaktoren;

b. dem niedrigen Ernährungs- und Einkommensniveau;

c. den institutionellen Bedingungen;

d. den Einstellungen, die durch die Institutionen geprägt sind und diese wiederum stützen;

e. der relativen Immobilität der Arbeitskräfte und der großen Unvollkommenheit aller Märkte, besonders des Arbeitsmarktes, die aus den Bedingungen a. bis d., besonders aber aus c. und d. resultieren.

Die Vorstellungen, welche die theoretische ökonomische Diskussion prägen und in den Modellen und Plänen zum Ausdruck kommen, unterstellen ferner:

4. daß politische, administrative und Organisationsfragen in der ökonomischen Diskussion weitgehend vernachlässigt werden können; und

5. daß die allgemeine Erklärung dafür, daß die unbeschäftigten Arbeitskräfte nicht durch Arbeitsplätze absorbiert werden können, das Fehlen komplementärer Produktionsfaktoren sei.

Da nicht nur Investitionen und Produktivkapital, sondern auch Land und andere komplementäre Faktoren wie Manager, Techniker und qualifizierte Arbeiter quantitativ beschränkt sind und zu ihrer Vermehrung Investitionen erforderlich sind, läßt sich die Erklärung für die große unfreiwillige Beschäftigungslosigkeit – also in der Terminologie des Nachkriegsansatzes die »Arbeitslosigkeit« und »Unterbeschäftigung« – darauf reduzieren;

6. daß zu wenig Kapital aus Ersparnissen im Inland und aus ausländischem Kapitalzufluß vorhanden ist.

Als Heilmittel gilt ein verstärkter Kapitalinput im Lande. Dabei wird eine Verbindung mit den verschiedenen ökonomischen Modellen gezogen, welche Steigerungen des Gesamtoutput vom Kapital abhängig machen. Unter Zuhilfenahme der oben aufgeführten Unterstellungen lassen sich die Elemente des modernen Ansatzes zu einem kohärenten Denksystem zusammenfügen: In Südasien wird das mit den Begriffen »Arbeitslosigkeit« und »Unterbeschäftigung« arbeitende westliche Modell um einen Zusatz erweitert, der dieses besser an die Gegebenheiten der Region anpassen soll – eine Theorie, die von in der Wirtschaft Beschäftigten spricht, ganz gleich ob in der Landwirtschaft oder sonstwo. Eine Konsequenz dieser Theorie und der übrigen Annahmen ist, daß

7. die »Arbeitslosen« und »Unterbeschäftigten« gemeinsam nicht nur als eine Arbeitskräftereserve, sondern auch als eine Ersparnisreserve angesehen werden. In dem Maß, wie sie ohne eine gleichzeitige Steigerung der Gesamtkonsumtion in Arbeit gestellt werden können und die aus ihrer Beschäftigung erwachsenden Kosten – wie Werkzeuge und andere Produktionsmittel – gering gehalten werden können, läßt sich das Gesamtinvestitionsvolumen ohne Inanspruchnahme des organisierten Kapitalmarktes steigern.

Der Nachkriegsansatz wird hier mit einem stark vereinfachten Bild wiedergegeben, das nicht den nur gelegentlich in der Literatur in Gestalt von Einschränkungen und Vorbehalten geäußerten Einsichten in die südasiatische Wirklichkeit Rechnung trägt. Wichtig ist jedoch, daß dieser einfache Ansatz – trotz solcher Vorbehalte – die ökonomische Diskussion, die Definition der Begriffe, die Erhebung und Analyse der Daten und den Aufbau der Entwicklungspläne bestimmt.

Schon eine kurze Reflexion zeigt, daß diese Grundannahmen schlecht auf den südasiatischen Schauplatz zugeschnitten sind. Die südasiatischen Gesellschaften haben nicht den Prozeß des wirtschaftlichen Fortschritts, der Integration, Standardisierung und Rationalisierung erfahren, der diese Annahmen im Westen als Ausgangspunkt einer gesamtwirtschaftlichen Analyse brauchbar macht.

Professor P. C. Mahalanobis, Begründer und Leiter des *Indian Statistical Institute*, hat versucht, durch statistische Erhebungen das Problem der Nutzung der Arbeitskräfte zu beleuchten. Er stellte fest, daß nur etwa 13 Millionen Menschen, die für Regierung und Behörden oder in großen Privatunternehmen arbeiten, einer Beschäftigung nachgehen, die etwa mit den westlichen Verhältnissen vergleichbar ist. Der Terminus technicus »Arbeitslosigkeit«, so sagt er, läßt sich nur auf diese 13 Millionen Menschen (aus einer Arbeitsbevölkerung von 160 Millionen) anwenden; auf die restlichen 147 Millionen, die im Haushalt oder in Kleinbetrieben arbeiten, ist er nicht anwendbar.

Gleichwohl versuchte Mahalanobis, den Umfang der Arbeitslosigkeit und Unterbeschäftigung in Indien nach Art des modernen Nachkriegsansatzes zu schätzen. Dies impliziert mehrere unrealistische Annahmen: nämlich einen funktionierenden, nach Qualifikationen und Leistung standardisierten Arbeitsmarkt, die allgemeine Kenntnis der Arbeitsmöglichkeiten sowie eine wirklich unfreiwillige Untätigkeit der Arbeitskräfte (so daß die untätigen Arbeitskräfte tatsächlich auf Arbeitsmöglichkeiten warten und, sobald diese sich bieten, davon Gebrauch machen werden). Die Zahlen, die er vorlegt, sind irrelevant. Dies gilt auch für andere Statistiken über »Arbeitslosigkeit« und »Unterbeschäftigung«.

In den westlichen Ländern sind die frei verfügbaren Arbeitskräfte und das Arbeitskräftereservoir gewöhnlich identisch: eine Anzahl von Arbeitslosen plus gelegentlich eine Randgruppe von »verschleiert Arbeitslosen«. Diese Reserve läßt sich durch eine Steigerung der Nachfrage nach Arbeitskräften, primär durch eine Expansion der Gesamtnachfrage nach Gütern und Dienstleistungen mobilisieren. In Indien repräsentiert das frei verfügbare Arbeitskräfteangebot nur einen sehr kleinen Teil der tatsächlich brachliegenden Arbeitskräfte. Eine massive Vergeudung von Arbeitskräften – sei es, weil die Arbeitskräfte überhaupt nicht beschäftigt werden oder weil sie nur zeitweilig und fast ohne Nutzen eingesetzt werden – gehört zu den augenfälligen Tatsachen des Wirtschaftslebens der Region. Im vorliegenden Zusammenhang ist es entscheidend, daß dieser Arbeitskräfteüberschuß nur wenig durch die Manipulation der Gesamtnachfrage aufgefangen werden kann.

Statt dessen ist die große Masse der Arbeitskräfte in eine klimatische, soziale, kulturelle und institutionelle Matrix eingebettet, die nicht nur zur Perpetuierung des gegenwärtigen niedrigen Niveaus der Arbeitskräftenutzung tendiert, sondern auch eine schnelle und unmittelbare Anpassung an neue Lebens- und Arbeitsformen verhindert. Im Rahmen von Institutionen, welche den niedrigen Lebensstandard und die geringe Arbeitseffizienz perpetuieren, lassen sich die völlig oder teilweise unnötigen oder mit unproduktiver Arbeit beschäftigten Arbeitskräfte nicht als frei verfügbares Arbeitskräftereservoir auffassen. Ihre Beschäftigungssituation ist nicht einmal mit den rationalistischen Begriffen der Freiwilligkeit und des beweglichen Arbeitsmarktes zu erfassen. Untersucht man die bekannten Fakten, dann brechen die auf die westlichen Länder anwendbaren realistischen Annahmen, wenn unkritisch auf das Studium der südasiatischen Länder übertragen, völlig in sich zusammen. Das im modernen Ansatz unterstellte frei verfügbare Arbeitskräfteangebot war mithin eine starke Übertreibung. Hier handelt es sich um eine andere Art der Unterausnutzung von Arbeitskräften und um ein langfristiges Problem. Die »Vollbeschäftigung« ist ein fernes Ziel; es ist nicht durch Pauschalmaßnahmen zu erreichen, welche die Einstellungen und Institutionen unverändert lassen. Unter anderem macht der beschränkte Umfang der organisierten Märkte es unmöglich, die Unterausnutzung der Arbeitskräfte insgesamt abzuschätzen.

Wenn wir den Begriff des frei verfügbaren Arbeitskräfteangebots verwenden, dann erhebt sich eine sehr direkte Frage: Wieviel Arbeitsinput würde sich als Reaktion auf eine Steigerung der Arbeitskräftenachfrage sowohl auf dem Arbeitsmarkt für Lohnabhängige als auch auf den von Selbständigen beherrschten Sektoren ergeben? Im wesentlichen geht es uns also um die Feststellung einer Verhaltenstatsache, die von den Normen außenstehender Beobachter recht unabhängig ist. Aber selbst diese anscheinend recht einfache Tatsache erlaubt für Südasien keine direkte Antwort. Den Arbeitern selbst, von deren Reaktion die Antwort abhängt, mag es sogar schwerfallen, sich einen solchen veränderten Zustand vorzustellen, in welchem sie motiviert wären, eine neue Arbeit aufzunehmen, eine längere Zeitdauer zu arbeiten oder intensiver zu arbeiten.

Wenden wir uns hingegen der Arbeitskräftereserve zu, mit der die Planer in Südasien rechnen können, dann wird das Problem noch komplexer. In diesem Fall versuchen wir die brachliegenden Arbeitskräfte aus der Perspektive eines Außenstehenden zu erfassen, dem es um die Verringerung dieser Verschwendung geht. Die Arbeitskräftereserve ist nach dieser Auffassung das zusätzliche Arbeitskräfteangebot, das dem Planer zur Verfügung steht, nachdem er verschiedene politische Maßnahmen ergriffen hat – politische Maßnahmen, die direkt und indirekt eine Vielzahl von Effekten hervorbringen würden, darunter auch manche Veränderung in den Einstellungen der Arbeiter und in den Institutionen, welche diese Einstellungen prägen. Die Verhaltensnormen, mit denen er arbeitet, unterscheiden sich also von denen, die im gegenwärtigen Verhalten der Arbeiter manifest sind.

Der Begriff der Arbeitskräftereserve wird daher zu einer sehr hypothetischen Größe, die von der Richtung und Kraft all dieser geplanten politischen Maßnahmen abhängt. Millionen Menschen müssen dazu gebracht werden, ihre traditionelle Einstellung zur Arbeit und zum abhängigen Arbeitsverhältnis zu verändern; sowohl direkt – durch Erziehung, Propaganda, Vorschriften oder Zwang, als auch indirekt – durch die Schaffung veränderter Arbeitsbedingungen mittels Maßnahmen wie der Vermehrung der Kapitalinvestitionen, der Verbesserung der Produktionstechniken und der Reform des institutionellen Rahmens der agrarischen Besitzverhältnisse. Hinsichtlich dieser dynamischen Politik werden das verfügbare Arbeitskräfteangebot wie die Arbeitsdauer und -effizienz selbst zu Funktionen der eingesetzten politischen Maßnamen.

Der Versuch, die nur gering genutzten Arbeitskräfte in den südasiatischen Ländern als eine Arbeitskräftereserve aufzufassen, impliziert notwendig eine politische Annahme: Der Umfang der Arbeitskräftereserve ist eine Funktion der eingesetzten politischen Maßnahmen. Er läßt sich nicht als nur von den Fakten, nicht dagegen von politischen Annahmen abhängig definieren – und damit empirisch feststellen und messen. Allgemein gesprochen, je weitreichender und effektiver die geplanten politischen Maßnahmen sind und je schärfer sie auf das spezifische Ziel der Steigerung von Angebot, Input und Effizienz der verfügbaren Arbeitskräfte konzentriert werden, desto größer wird die Arbeitskräftereserve sein.

Die These, die wir hier vortragen, lautet: Unter den in Südasien gegebenen Bedingungen muß die Arbeitskräftereserve aus logischen wie aus praktischen Gründen unter dynamischen und politisch bestimmten Gesichtspunkten gesehen werden. Und die Reserve, mit welcher der Planer rechnet, darf nicht auf einen bestimmten Zeitpunkt bezogen werden, sondern es muß ihr eine bestimmte Zeitspanne zugrunde gelegt werden, in welcher die durch politische Maßnahmen induzierten Veränderungen eintreten können. Außerdem muß die natürliche Vermehrung der Arbeitskräfte während dieses Zeitraums in die Analyse einbezogen werden. Ferner kann eine vernünftige Politik sich nicht ausschließlich auf die Steigerung des Gesamt-Arbeitsinput richten. Sie muß auch auf eine Verbesserung der Arbeitseffizienz abzielen. Das Endziel des Planers muß sein, die gesamte Arbeitskräftereserve durch eine volle Ausnutzung der Arbeitskräfte bei einem höheren Grad der Arbeitseffizienz und einer noch höheren Arbeitsproduktivität zu absorbieren. Daraus ist ersichtlich, daß die Arbeitskräftereserve, die dem Planer und dem Politiker in Südasien zur Verfügung steht, viel größer ist als das frei verfügbare Arbeitskräfteangebot.

Tatsächlich ist die funktionale Beziehung zwischen den politischen Maßnahmen und der Gesamtnutzung der Arbeitskräfte, welche wir als das Hauptproblem der ökonomischen Analyse angesprochen haben, noch sehr wenig untersucht worden. Die Literatur ist voll von weltfernen Feststellungen darüber, wie viele Arbeitskräfte in der Landwirtschaft bei gleichzeitiger Steigerung der Erträge eingespart werden könnten und wie viele Arbeitskräfte sich in vielen anderen Berufen einsparen ließen, wenn die Produktion rationalisiert würde. In der allgemeinen Richtung sind solche Feststellungen nicht unbedingt falsch. Das Wissen um ihre grundsätzliche Richtigkeit ist die geistige Kraft, die hinter allen Bemühungen der Planung und der Politik in diesen Ländern steht. Aber wenn sie nicht durch eine Spezifikation derjenigen politischen Maßnahmen, die angesichts der aktuellen Verhältnisse eines südasiatischen Landes erforderlich sind, ergänzt werden, dann haben sie keinen klaren Sinn.
Die Vertreter des Nachkriegsansatzes versuchten statt dessen meist, die Arbeitskräftereserve in statischen Begriffen zu definieren, als würde sie *per se* zu einem gegebenen Zeitpunkt existieren und wäre unabhängig von allen politischen Voraussetzungen. Im Hinblick auf die Lohnarbeiter wurde in der Regel so verfahren, daß man unter Arbeitskräftereserve jene Arbeiter verstand, die untätig sind, aber eine Beschäftigung suchen. Doch hauptsächlich bemühte man sich, die Zahl der »Unterbeschäftigten« zu ermitteln, die man dem in landwirtschaftlichen und anderen Familienbetrieben aufgestauten Überschuß an Arbeits-

kräften hinzurechnet, welche völlig oder teilweise untätig sind oder mit sehr geringer Produktivität arbeiten. Dies gründet wohl vor allem auf dem Glauben, daß der Nachkriegsansatz den sehr unterschiedlichen Verhältnissen Südasiens angepaßt werden müsse. In Analogie zur Diskussion der Arbeitslosigkeit im Westen wird dieser Überschuß häufig als »verschleierte Arbeitslosigkeit« bezeichnet.

Das Thema läßt sich zwar vielfach variieren, doch dieser Auffassung von »Unterbeschäftigung« liegt im wesentlichen eine statische Vorstellung zugrunde: sie unterstellt, daß unter unveränderten Bedingungen der Kapitalausstattung, der Produktionstechniken, des institutionellen Rahmens sowie unter nur geringfügigen Veränderungen der Arbeitsorganisation selbst die gleiche Gesamtproduktion erreichbar wäre, auch wenn ein Teil der Arbeitskräfte »abgezogen« würde. Diese statische Definition muß von einer Reihe externer Normen ausgehen. In manchen Fällen wurden diese anhand der Leistungen landwirtschaftlicher Betriebe gewonnen, in denen eine intensivere Arbeitsnutzung stattfindet; in anderen Fällen wurde eine bestimmte Zahl von Arbeitsstunden oder -tagen pro Jahr der Vollbeschäftigung gleichgesetzt. Zuweilen wurde nicht expliziert, welche Normen angesetzt wurden und welche statischen Bedingungen als vollkommen gewahrt angesehen wurden.

Dieses Denken befindet sich im Einklang mit der sozialwissenschaftlichen, besonders der wirtschaftswissenschaftlichen Tradition, die Begriffe zu »objektivieren« und ohne Wertprämisse politisch sinnvolle Schlüsse zu ziehen. In bezug auf die Nutzung der Arbeitskräfte in den südasiatischen Ländern sprach vieles dafür, dieses Verfahren anzuwenden. Einerseits findet insofern eine ungeheure Vergeudung von Arbeitskraft statt, als die Arbeiter untätig sind und, wenn sie arbeiten, sehr ineffizient arbeiten. Andererseits berührt die Beseitigung der Unterausnutzung der Arbeit explosive politische Fragen. Diskussionen über die Besteuerung, die Land- und Pachtreform und über eine Zwangsverpflichtung zur Arbeit sind stark mit begründeten Interessen und Emotionen befrachtet. Die hier kritisierte Doktrin versucht auf altehrwürdige Weise »gelehrt« zu sein, indem sie etwas Unmögliches probiert: das Brachliegen der Arbeitskräfte zu definieren und zu messen und dabei die Frage, wie etwas zu verändern sei, offenzulassen.

Wenn man die Tatsachen in ein solches Prokrustesbett zwängt, dann führt dies auch zu groben Verzerrungen der Realität – zu Verzerrungen, die allen vom Nachkriegsansatz ausgehenden Theorien eigen sind. Die in den letzten Jahrzehnten angestellten Versuche, einen Begriff der »Unterbeschäftigung« zu erarbeiten, welcher die Arbeitskräftereserve mittels statischer Vergleiche definiert und damit eine exakte Messung der Vergeudung von Arbeitskraft in Südasien erlauben würde – nämlich eine Situation, die einst als »Übervölkerung« bezeichnet wurde –, sind gescheitert. Wir können uns lediglich bemühen, das frei verfügbare Arbeitskräfteangebot zu untersuchen. Auch wenn sich dieses Arbeitskräfteangebot nicht präzise messen läßt, ist doch der Begriff konsistent und klar. Er bezieht sich auf die Art, wie die Menschen sich in einer anderen Situation verhalten könnten und würden, und ist nicht an *a priori*-Annahmen gebunden.

Wir wissen auch, daß, vom Standpunkt des Planers und Politikers aus gesehen, die Arbeitskräftereserve in den südasiatischen Ländern anders als die im Westen viel größer ist als dieses frei verfügbare Arbeitskräfteangebot – falls die Planung auf die Einführung einer radikalen Reformpolitik angelegt ist. Dies ist eine der wichtigsten Tatsachen des südasiatischen Wirtschaftslebens. Aber sie kann nicht im Rahmen des Nachkriegsansatzes festgestellt oder gemessen werden, der in dieser Hinsicht statisch ist und ohne Wertprämissen auszukommen versucht. Sie muß realistisch als eine funktionale Beziehung zwischen politischen Maßnahmen einerseits und dem Arbeitsinput sowie der Arbeitsleistung andererseits während eines bestimmten Zeitraumes und in einer bestimmten Situation untersucht werden.

Wir haben die Nachkriegsauffassung des Problems der Nutzung der Arbeitskräfte zurückgewiesen und damit die Begriffe »Arbeitslosigkeit« und »Unterbeschäftigung« als der Realität Südasiens inadäquat ausgeschieden. Daher wenden wir uns nun einem alternativen Ansatz zu, von dem wir glauben, daß er logisch konsistent und der Untersuchung der aktuellen Verhältnisse in Südasien adäquat ist.

In dieser Untersuchung wollen wir mit dem Terminus »potentielle Arbeitskräfte« oder »potentielle Arbeiterschaft« die im arbeitsfähigen Alter stehende Bevölkerung bezeichnen. Die Altersgrenzen dieser Gruppe müssen aufgrund realistischer Annahmen bestimmt werden, welche mit den Gepflogenheiten in der Region übereinstimmen. Bei der Erörterung politischer Maßnahmen sollten diese Annahmen auch berücksichtigen, wie ein Wandel dieser Gepflogenheiten in Übereinstimmung mit Wertprämissen herbeigeführt werden könnte, welch letztere dann allerdings zu explizieren wären.

Der Entwicklungsstand und seine Veränderungsrate lassen sich durch die durchschnittliche *Produktivität* der potentiellen Arbeiterschaft ausdrücken. Das Problem der Planung besteht nun darin, politisch mögliche und praktikable Maßnahmen zu finden, um Veränderungen einzuleiten, welche die durchschnittliche Produktivität so weitgehend und so schnell wie möglich steigern. Die Produktivität der Arbeitskräfte läßt sich durch einen höheren Gesamt-Arbeitsinput steigern, und dieser ist abhängig von:

a. der Beteiligungsrate oder dem Teil der Arbeiterschaft, der normalerweise eine bestimmte Arbeit ausführt, zumindest bei Zugrundelegung des ganzen Jahres. Die Beteiligungsrate ist niedriger als sonst irgendwo auf der Welt, aber aus verschiedenen Gründen ist sie in den südasiatischen Ländern besonders niedrig;

b. der Arbeitsdauer der (gemäß der obigen Definition) Beteiligten, ausgedrückt in Wochen und Monaten pro Jahr, Tagen pro Woche und Stunden pro Tag.

Diese Definitionen ermöglichen es, das Ausmaß der Untätigkeit folgendermaßen zu bestimmen: Der Gesamtarbeitsinput, der durch eine vollständige Beteiligung der Arbeitsbevölkerung bei einer bestimmten Norm der Arbeitsdauer zur Verfügung steht, läßt sich berechnen. Das Ausmaß der Untätigkeit läßt sich sodann in zwei Schritten ermitteln. Erstens: der Unterschied zwischen dem durch die tatsächliche Beteiligung und Dauer erreichten Arbeitsinput und dem maximal unter angenommenen Bedingungen erreichbaren Arbeitsinput läßt sich feststellen. Zweitens: diese Größe läßt sich als Teil des als erreichbar angenommenen maximalen Arbeitsinput ausdrücken.

Im Nachkriegsansatz wird die Untätigkeit als unfreiwillig angesehen. Diese mit den Begriffen »Arbeitslosigkeit« und »Unterbeschäftigung« implizierte voluntaristische Auffassung der Frage der Arbeitskräftenutzung in Südasien ist unbrauchbar. Vielleicht suchen die Menschen keine Arbeit, weil sie der Meinung sind, daß es keine gibt; dies wiederum ist eine Funktion des Fehlens eines effektiven Marktes und des durch das Leben in stagnierenden und weitgehend isolierten Gesellschaften bedingten engen Horizonts. Außerdem haben soziale und religiöse Institutionen und Einstellungen einen starken Einfluß auf die Abneigung mancher Menschen, überhaupt zu arbeiten, oder auf die Bereitschaft anderer, nur dann zu arbeiten, wenn sie dies als Selbständige oder in einem Familienbetrieb tun können. Selbst diejenigen, die bereit wären, für einen Arbeitgeber zu arbeiten, stehen vielleicht nur an einem bestimmten Ort oder für den Dienst bei einem bestimmten Arbeitgeber oder für eine bestimmte Art von Aufgaben zur Verfügung. So kann ihre Mobilität dadurch beschränkt sein, wo und wie sie arbeiten möchten.

Ein wichtiger Punkt ist, daß die Reichweite der rationalen Planung nicht auf jene beschränkt bleiben darf, die auf Arbeitsmöglichkeiten ansprechen würden – unter der Annahme, daß die Größe des frei verfügbaren Arbeitskräfteangebots definiert und festgestellt werden könne. Auch muß sie darauf abzielen, den Lebensstandard anzuheben und besonders die Institutionen und Einstellungen zu verändern, damit mehr Menschen gewillt und bereit wären, mehr Stunden am Tag und mehr Tage, Wochen und Monate im Jahr zu arbeiten und mit mehr Effizienz zu arbeiten.

Die zweite Variable neben der Quantität des Arbeitsinput ist der durchschnittliche Output pro Einheit des Arbeitsinput. Dieser ist von einer Reihe von Faktoren abhängig.

a. Einer davon ist die *Arbeitseffizienz*. Diese ist eine qualitative Dimension des Arbeitsoutput. Wir wollen sie als die Produktivität des Arbeiters definieren, wenn alle unter b. und e. aufgeführten Bedingungen erfüllt sind. Die so definierte Arbeitseffizienz hängt von der physischen und mentalen Vitalität – der Gesundheit – des Arbeiters ab und ist durch die vorhandenen Gesundheitseinrichtungen und außerdem durch die Ernährungssituation und andere Aspekte des Lebensstandards bestimmt; ferner hängt sie ab von seiner Bildung und seiner Ausbildung auf dem jeweiligen technologischen Niveau; sowie von seiner Einstellung zum Leben und zur Arbeit, welche wiederum durch Klima, Lebensstandard, Sitten und Institutionen determiniert ist.

Aber die Höhe der Produktivität wird auch durch eine Reihe von Bedingungen bestimmt, die nicht einfach als Eigenschaften des Arbeiters angenommen werden können. Diese sind:

b. Berufsverteilung der Arbeitsbevölkerung;
c. natürliche Ressourcen (Rohstoffe);
d. das Volumen der Kapitalressourcen und ihre Zuteilung;
e. Technologie.

Der Nutzungsgrad der Arbeitskräfte hängt von drei Komponenten ab: Beteiligung, Dauer und Effizienz der Arbeit. Der Nachkriegsansatz erfaßt die ersten beiden dieser Quotienten, und auch dies nur partiell und verzerrt durch unrealistische Annahmen, während zum Verständnis der Nutzung der Arbeitskräfte in Südasien alle drei wichtig sind. Und man muß erkennen, daß diese drei Größen voneinander abhängig sind. Die Arbeitseffizienz ist in der Regel niedrig, wenn die Untätigkeit sehr verbreitet ist oder, allgemeiner gesagt, wenn Arbeitskräfte im Überfluß vorhanden sind. Auch das Klima kann die Arbeitsdauer und -effizienz verringern. Dasselbe gilt von einer geringen physischen und mentalen Vitalität, die durch einen schlechten Gesundheitszustand verursacht ist, welcher wiederum von einem niedrigen Lebensstandard herrührt. Gesundheitsschäden können die Teilnahme an der Arbeit verhindern oder die Arbeiter veranlassen, ihre Arbeitszeit zu verkürzen. Eine Verbesserung der Arbeitseffizienz kann anfangs zu vermehrter Untätigkeit bei einem Teil der Arbeitskräfte führen. Eine stark vermehrte Beteiligung könnte bedeuten, daß die Dauer und Effizienz der Arbeit abnehmen. Alle diese Faktoren können verändert werden; es ist geradezu der Zweck der Planung, die gewünschten Veränderungen in koordinierter Form vorzunehmen.

Bei allen in unserem Ansatz eingeführten Größen handelt es sich einfach um Verhaltensfaktoren, die leicht zu beobachten und zu registrieren sind. Da aber die statistischen Datenerhebungen unter dem Zeichen des unrealistischen Nachkriegsansatzes standen, sind die Möglichkeiten, die Unterausnutzung der Arbeitskraft und ihre verschiedenen Komponenten – Beteiligung, Dauer und Effizienz – zu ermitteln, sehr beschränkt.

Selbst im Hinblick auf den kleineren Teil der Arbeitskräfte, die in solchen Sektoren beschäftigt sind, wo eine Ähnlichkeit mit dem westlichen Arbeitsmarkt besteht und wo es uns gelingen sollte, arbeitslose Arbeitskräfte als solche zu registrieren, sind die statistischen Grundlagen in ganz Asien sehr dürftig. In den westlichen Ländern stützen sich Schätzungen über die Zahl der

Arbeitslosen generell auf zwei primäre Informationsquellen – die Unterlagen der Arbeitslosenunterstützung und die Erfassung bei den Arbeitsämtern. Da es in Südasien überhaupt kein Arbeitslosenunterstützungs-System gibt, besteht wenig Veranlassung, die Arbeiter in den Arbeitsämtern zu erfassen, von denen es nur wenige an zentralen Orten gibt.

Beim überwiegenden Teil der Arbeiterschaft wird die statistische Erfassung ihrer »Arbeitslosigkeit« völlig sinnlos. Der Versuch, die Unterausnutzung der Arbeitskräfte unter dem Gesichtspunkt der Unterbeschäftigung zu messen, trifft auf die oben dargestellten logischen Schwierigkeiten. Als ginge es nur darum, den Arbeitskräfteüberschuß in der Landwirtschaft und in den Handwerksberufen zu »beseitigen«, unterstellt die ganze Auffassung, daß die angeblich überflüssigen Arbeiter irgendwo unterkommen könnten. Dies stimmt mit der üblichen leichtfertigen Vorstellung überein, daß die Industrialisierung, indem sie auch den aus der Landwirtschaft und dem Handwerk kommenden Arbeitskräften Arbeit gibt, die entscheidende – ja sogar kurzfristige – Lösung aller Probleme in den unterentwickelten Ländern sei. In den folgenden Kapiteln werden wir zeigen, daß die Industrialisierung in Südasien, selbst wenn sie schnellere Fortschritte machte, auf Jahrzehnte hinaus keine größere Nachfrage nach Arbeitskräften und vielleicht sogar noch weniger Arbeitsplätze in der Produktion bedingen würde.

Außerdem werden wir zeigen, daß bis zum Ende des Jahrhunderts, ungeachtet aller Bemühungen, die Geburtenkontrolle einzuführen, die Zahl der Arbeitskräfte sehr schnell zunehmen wird. Nachdem die Industrialisierung in Südasien unter gar keinen Umständen einen Ausweg bietet, wird dieser Zuwachs an Arbeitskräften vor allem in der Landwirtschaft unterkommen müssen.

16. Die Nutzung der Arbeitskräfte in der traditionellen Landwirtschaft

Wenn in Südasien eine vernünftig geplante Entwicklung stattfinden soll, dann bedarf es gründlicher Erkenntnisse darüber, wie die Arbeitskräfte eingesetzt werden und was durch ihre Arbeit erreicht wird. Die westlichen Begriffe von Arbeitskräftenutzung, Arbeitslosigkeit und Unterbeschäftigung sind nicht anwendbar. Sie können die grundlegenden Probleme des wirtschaftlichen Fortschritts in der Region nicht nur nicht lösen, sondern sie verschleiern diese Fragen geradezu.

Wir wollen mit der Arbeit in der Landwirtschaft beginnen, weil dieser Sektor der Wirtschaft der großen Masse der Bevölkerung ein wenn auch noch so dürftiges Einkommen bietet. Außerdem sind in den ländlichen Gebieten jene Merkmale der wirtschaftlichen Struktur Südasiens, welche diese am deutlichsten von ihrem westlichen Gegenstück unterscheiden, klar zu erkennen.

Weit mehr als in Europa oder Nordamerika sind die Strukturen der heutigen Landwirtschaft in Südasien Nachwirkungen der alten Systeme. In den Gebieten, in denen der Felderwechsel überwiegt, war das Wirtschaftssystem einst – und ist es heute noch – weitgehend eines der Selbstversorgung, wobei die Bauern darauf eingestellt waren, nur die Subsistenzmittel für ihre Familien zu produzieren. In den Zonen mit standortgebundenem Anbau auf trockenem oder bewässertem Land war in der Vergangenheit eine wesentlich vielschichtigere Organisation entstanden. Es wurde ein über die unmittelbaren Bedürfnisse hinausgehender Überschuß produziert, von dem ein großer Teil als Tribut an den lokalen Herrn entrichtet wurde. Dieser wiederum führte einen Teil davon an einen Oberherrn oder König ab. Aber wie dem auch sei, das Entscheidende an diesen Arrangements war, daß ein Teil des Ertrages der bäuerlichen Familie ohne Bezahlung abgenommen wurde. Für diese Abgaben erhielt der Bauer einige Rechte der Landnutzung und konnte vom Herrn oder König einen gewissen Schutz erwarten. Abgesehen von dem, was er ihnen abgab, konnte er über den Rest seiner Ernte beliebig verfügen. Über das Land, auf dem er lebte, konnte er nicht verfügen. Dieses gehörte dem Dorf oder dem

Herrn, wie auch das um das Dorf gelegene Land, ob es bestellt wurde oder nicht.
Bei den Systemen, die auf standortfester Anbauweise beruhen, muß man festhalten, daß es sich bei der Dorfgemeinschaft – die der Träger der fundamentalen Bodenrechte ist – nicht um eine geografisch definierbare, an einem bestimmten Ort lebende Gruppe von Menschen handelte. Vielmehr war es primär eine soziale und religiöse Einheit. Nur Personen, welche in diese hineingeboren waren und ihre Religion und ihre sozialen Bräuche teilten, genossen die volle Zugehörigkeit und das Privileg, selbst ein Stück Land zu bearbeiten. Außenstehende wurden nur als Knechte oder Arbeiter geduldet, und es dauerte Generationen, bis sie den vollen Status eines Gruppenmitglieds erlangten, wenn dies überhaupt je geschah. Selbst heute noch kämpfen die Angehörigen der Stammesvölker und die Unberührbaren in Indien um volle Mitgliedsrechte in den Dörfern, in denen sie seit Jahrhunderten ohne Recht auf eigenes Land oder auch nur die Benutzung von Brunnen und Straßen gelebt haben. In Indonesien gibt es immer noch die effektive Unterscheidung zwischen den ursprünglichen Einwohnern eines Dorfes, die allein das Recht auf eigenen landwirtschaftlichen Boden haben, und anderen Dorfbewohnern, die nur das Stück Land besitzen dürfen, auf dem ihr Haus steht. In vielen Teilen Indonesiens hat die Führung des Dorfes als Gremium immer noch die Macht zu entscheiden, ob ein Außenstehender die Vollmitgliedschaft mit dem Recht auf Anbauland erwerben darf.

Bis heute haben sich Elemente einer Kontinuität in der Agrarstruktur erhalten. Doch drei große Kräfte der Veränderung haben die Struktur der Landwirtschaft in ihrer heutigen Form geprägt. Diese waren: das Eingreifen der europäischen Kolonialherrschaft, die progressive Einführung des Geldverkehrs sowie das Bevölkerungswachstum.
Zweifellos wären in der traditionellen Agrarstruktur auch dann große Veränderungen eingetreten, wenn die Europäer nicht nach Südasien gekommen wären. Aber die Kolonialherrschaft wirkte als wichtiger Katalysator des Wandels. An erster Stelle steht der Versuch der Europäer, den südasiatischen Gesellschaften westliche Formen der Landpacht aufzuzwingen, auch wenn dies ein rücksichtsloses Sichhinwegsetzen über die im traditionel-

len System getroffenen Unterscheidungen zwischen den Rechten, Land zu besitzen, Tribute daraus zu beziehen und über es zu verfügen, bedeutete. Allgemein gesagt: das nicht permanent bestellte Land blieb im Kollektivbesitz, aber häufig mit dem wichtigen Unterschied, daß das Besitzrecht nunmehr von der Dorfgemeinschaft auf die Regierung überging. Es gab nicht mehr die Dorfallmende, sondern nur noch »Ödland im Besitz der Krone«, und die Menschen, die dort mit dem Anbau begannen, wurden häufig als illegale Siedler angesehen, ganz gleich ob sie zur örtlichen Dorfgemeinschaft gehörten oder nicht. Für das anbaufähige Land bestimmten die Europäer hingegen einen Privateigentümer, entweder den früheren Tributempfänger oder den gegenwärtigen Kultivator.

Eine der bedeutsamen sozialen Konsequenzen der nach dem Eingreifen der Europäer entstandenen Pachtordnung war, daß der frühere Zusammenhalt des Dorflebens mit seiner komplizierten, aber informellen Struktur von Rechten und Pflichten zerstört wurde. Eine ebenso schwerwiegende ökonomische Folge der europäischen Einmischung in die traditionellen Landpachtverhältnisse war, daß in vielen Teilen Südasiens eine Klasse von privaten Großgrundbesitzern entstand, deren Aktivität nicht mehr durch das Brauchtum vorgeschrieben war. Neben der Pacht erhielt der Großgrundbesitzer in Asien häufig von seinen Pächtern traditionelle »Geschenke« zu besonderen Gelegenheiten, Dienstleistungen und verschiedene andere Zahlungen. Die Überbleibsel dieses alten Pachtsystems wurden manchmal noch drückender, da die Möglichkeit des Mißbrauchs infolge der wachsenden Bevölkerung zunahm.

Tatsächlich genoß der Großgrundbesitzer in Asien oft die Vorrechte des kapitalistischen Großgrundbesitzers, ohne die Privilegien des Feudalherrn aufgeben zu müssen. Gleichzeitig entzog er sich so gut wie allen Verpflichtungen des einen wie des anderen. Auch heute noch investiert er für gewöhnlich nichts in die Verbesserung des Landes; auch steuert er, außer gelegentlich einen Teil des Saatgutes, nichts zum Bedarf seiner Pächter an Arbeitskapital bei. Heute zahlt der typische asiatische Grundbesitzer nicht nur viel weniger Steuern als etwa die Grundbesitzer in Amerika oder in Europa, sondern er entgeht auch meist der Besteuerung seines aus dem Landbesitz bezogenen Einkommens.

Auch leistet er in der Regel keinerlei landwirtschaftliche Arbeit, nicht einmal in der Art der Aufsichtsführung. Es war und ist selten, daß ein Grundbesitzer mit bezahlten Arbeitern eine Farm betreibt. In der Regel lebt er in der Stadt und überläßt die Bearbeitung des Landes den Pächtern. Nur selten treibt er selbst die Pacht ein. Normalerweise wird das Eintreiben der Pacht einem lokalen Agenten übertragen. In vielen Fällen erhalten diese Mittelsmänner ein Dauerrecht zur Einziehung der Pacht gegen Zahlung eines festgesetzten Betrages an den Eigentümer des Landes. Besonders in Indien und Pakistan wiederholt sich dieser Vorgang bekanntlich mehrmals. Dadurch entstehen lange Ketten von Zwischenverpächtern.

Indem die europäische Einmischung individuelle Landbesitztitel schuf, trug sie zum Entstehen einer Umwelt bei, in der ein weiterer Agent der Veränderung der Agrarstruktur – der Geldverleiher – sich entfalten konnte. Sobald das Landpachtsystem an die westlichen Begriffe des Privateigentums angepaßt war, wurde der Boden zu einem handelsfähigen Aktivposten. Er konnte nunmehr als Sicherheit für Darlehen verpfändet und im Falle der Nichterfüllung eingezogen und transferiert werden.
Diese Verhältnisse gewannen noch durch einen weiteren Faktor Gewicht – nämlich durch die partielle Ausbreitung der Geldwirtschaft und der kommerziellen Landwirtschaft. Die Einführung der Geldwirtschaft stimulierte nur in beschränktem Umfang die Produktion und steigerte kaum die Erträge der Ackerbauern. Doch auf die Nachfrage hatte sie weitreichendere Auswirkungen. Der wirtschaftliche Kontakt mit den Europäern hatte zur Folge, daß eine breite Skala neuer Güter eingeführt wurde – zudem Güter, die nur mittels Geld bezogen werden konnten. Das Zusammenwirken dieser Phänomene bewirkte eine Kette von Störungen in der traditionellen Agrarstruktur, in welcher nun die Geldverleiher eine wichtige Rolle zu spielen begannen.
In der Subsistenzwirtschaft blieb die Tätigkeit der Geldverleiher darauf beschränkt, dem Bauern Geld zur Verfügung zu stellen, wenn er wegen einer Mißernte in Schwierigkeiten war oder wenn er für eine Hochzeit oder Beerdigung Geld benötigte. Durch die kommerzielle Landwirtschaft aber wurden Geldausgaben für Saatgut, Dünger und andere Kostenfaktoren für einen erfolgreichen Anbau der meisten kommerziellen Früchte notwendig.

Wenn der Anbau der zur eigenen Ernährung des Bauern bestimmten Feldfrüchte zugunsten der kommerziellen Produkte eingeschränkt wurde, brauchte er auch Geld für einen Teil seiner Nahrungsmittel. Ganz allgemein stieg sein Geldbedarf an; da sein Land nun veräußerbar war, verfügte er über ein zusätzliches Sicherheitsobjekt, und die Geldverleiher waren bereit, größere Summen vorzustrecken als vordem.
Nur selten begriffen die Bauern, und nicht immer die Geldverleiher, daß die für diese Konsumdarlehen gezahlten Zinsen ruinös waren, wenn sie auch für Kredite verlangt wurden, die zur Finanzierung der kommerziellen Landwirtschaft dienten. Dies besagt nicht, daß die heutigen Bauern in Südasien die Darlehen, die sie aufnehmen, immer für produktive Aufwendungen ausgeben. Vielfach werden die Kredite der Geldverleiher immer noch überwiegend traditionell verbraucht, besonders zur Deckung der Kosten für prunkvolle Zeremonien. Der Geldverleiher kann, indem er übertrieben hohe Zinsen berechnet oder indem er den Bauern dazu bringt, größere Kredite aufzunehmen, als er zu bewältigen vermag, den Prozeß der Depossedierung des Bauern beschleunigen.
Diese Unterhöhlung des Status des bäuerlichen Eigentümers erfolgte keineswegs in einheitlicher Form. Ironischerweise geschah es gerade in den prosperierenden Gebieten mit kommerzieller Landwirtschaft und nicht in den ärmeren Gebieten mit Subsistenzanbau, daß die Geldverleiher den bäuerlichen Besitzstand untergruben. Im wohlhabenden Punjab in Indien, in den fruchtbaren Deltas von Burma und Südvietnam sowie in den reichsten Gegenden von Indonesien stellte das Problem der Geldverleiher alle anderen Probleme der Landwirtschaft in den Schatten. In manchen Gebieten gerieten sogar die Großgrundbesitzer in die Hand der Geldverleiher, mit dem Ergebnis, daß diese ganze Dörfer übernahmen.
Viele Länder Südasiens haben das Recht von Ausländern, Land zu besitzen, gesetzlich eingeschränkt oder verboten, daß der Boden an Geldverleiher übereignet wird. Nur allzu häufig wurden aber Wege gefunden, diese Beschränkungen zu umgehen. Die Bauern gestatteten oft, daß das Land unter ihrem Namen eingetragen wurde. Oder es wurden Pachtverträge geschlossen, durch welche der verschuldete Bauer sein Land zu einem niedrigen Pachtsatz an den Gläubiger verpachtet und es dann zu einem

viel höheren Satz zurückpachtet. Dadurch verwandelte sich der Schuldner in einen Pächter auf dem juristisch ihm selbst gehörenden Boden.

Auch resultiert die Macht der Geldverleiher innerhalb der Agrarstruktur nicht ausschließlich aus ihrer Stellung als Finanzvermittler. Häufig stützt sie sich auch auf ihre Nebenfunktion als Kaufleute oder Grundbesitzer. Als Händler und Grundbesitzer hat der Geldverleiher beträchtliche Möglichkeiten, den realen Zinssatz weit über den Nominalbetrag hinaus zu erhöhen. Er kann willkürlich niedrige Preise für die Produkte, die der Bauer verkauft, und extrem hohe für die Güter, die er kauft, festsetzen, oder er kann den Pachtzins zum Nachteil des Bauern manipulieren. Eines der höchstentwickelten Systeme dieser Art ist das *Kuncha*-Reisanbausystem in Malaya. Dabei werden die Pächter zunehmend gezwungen, die Pachtzinsen in bar im voraus zu entrichten. Dadurch müssen sie Geld aufnehmen, um auf dem Land bleiben zu können. An diesem Punkt treten die Reishändler auf den Plan, die häufig zugleich auch Grundbesitzer und Kaufleute sind, und strecken die Mittel vor, wobei der Pächter eine festgesetzte Menge seiner Ernte im voraus zu Zinssätzen von oft 100 % und mehr verpfänden muß.

In den islamischen Gebieten wie etwa in Malaya ist es den Einheimischen häufig durch das religiöse Verbot des Zinsnehmens untersagt, sich selbst an einem solchen »Handel« zu beteiligen. In ganz Südostasien betreiben häufig Inder und Chinesen das Geschäft des Geldverleihens. Viele von ihnen wurden nunmehr durch protektionistische Gesetze vertrieben, aber es sind immer noch so viele geblieben, daß die Beziehungen zwischen den Bauern und den chinesischen und indischen Geschäftsleuten einer der explosivsten Streitpunkte Südostasiens ist.

Zur europäischen Einmischung und der Ausbreitung der Geldwirtschaft trat als dritter Faktor der Veränderung das in den meisten Gebieten während der Kolonialzeit stattgefundene schnelle Wachstum der Bevölkerung hinzu. Dieses Wachstum hätte mit einer entsprechenden Erweiterung der Anbaugebiete durch das Hinzutreten neuer Bauern einhergehen können. Aber selbst wo dies möglich gewesen wäre, wurde es durch die Hemmungen des Pachtsystems und durch die bestehenden Einstellungen verhindert. Fast überall war eine weitere Unterteilung und

Fragmentierung des Besitzes die Folge. Diese Faktoren wurden durch die traditionellen Moslem- und Hindugesetze verstärkt, welche verlangen, daß ein Grundstück zu gleichen Teilen an alle Erben aufgeteilt werden muß.
Zusammen mit dem von den Geldverleihern ausgehenden Druck brachten diese Traditionen immer kleinere landwirtschaftliche Betriebe hervor. Im Bezirk Poona in der Nähe von Bombay zum Beispiel war 1770 das durchschnittliche Grundstück etwa 16 Hektar groß. Gegen Ende des Ersten Weltkriegs war es auf etwa 3 Hektar geschrumpft. In Ceylon finden wir eine ähnliche Aufsplitterung, doch hier tritt noch der Umstand hinzu, daß viele Erben ihren Besitz behalten, aber in die nächste Stadt ziehen und ihn von jemand anderem mieten oder in Pacht bewirtschaften lassen. In weniger extremen Formen finden wir den gleichen Vorgang in ganz Südasien wieder. In all diesen Ländern gilt der Boden immer noch als die sicherste und ertragreichste Investition, und Landbesitz ist mit hohem Prestige verbunden. Außerdem hat der Landbesitz im eigenen Heimatdorf häufig auch einen Gefühlswert, der – aus wirtschaftlichen Gründen – noch zunimmt, wenn die Bodenpreise dauernd steigen.
Die wachsende Bevölkerung und diese dauernde Verringerung der Parzellengröße hat zur stetigen Verarmung vieler Bauern geführt. In dem Maß, wie die wirtschaftlichen Verhältnisse dieser Kleinbesitzer sich verschlechtern, stehen sie in Gefahr, ihr Land völlig zu verlieren, und ein wachsender Teil der Bevölkerung bleibt folglich ohne Land. Dieser Trend zur Landlosigkeit kommt natürlich in den verschiedensten Formen zum Ausdruck, nicht nur in der wachsenden Zahl von Pächtern, sondern auch in der zunehmenden Zahl von völlig Depossedierten, die zur Lohnarbeit Zuflucht nehmen müssen. Wie immer dieser Trend sich auch manifestierte, er hat zur Intensivierung der wirtschaftlichen Ungleichheit und zur Entstehung einer rigideren sozialen und wirtschaftlichen Schichtung auf dem Lande beigetragen. Diese Tendenzen zur ökonomischen Polarisierung wurden noch verstärkt durch den Verfall des ländlichen Handwerks.

Die Einführung des europäischen Eigentumsbegriffs, die Vermehrung des kommerziellen Elements in der Landwirtschaft und die Aktivität der Geldverleiher sowie das Bevölkerungswachstum haben gewiß die Struktur des Dorfes umgeformt. Aber es wäre falsch zu behaupten, wie dies häufig geschieht, daß diese Trends ganz allgemein zur »Desintegration« der agrarischen Gesellschaft geführt hätten. Vielmehr erfolgte eine Anpassung, die einen kaum vom hergebrachten unterschiedenen Typus der Sozialorganisation hervorbrachte.

Von zwei weitverbreiteten Mißverständnissen über die südasiatische Dorfstruktur sollte man sich frei machen: Das eine ist die Auffassung, daß das typische Dorf sich aus einer Masse armer, im Widerstand gegen die abwesenden Grundbesitzer und ihre lokalen Agenten geeinter Pächter zusammensetzt. Das andere Mißverständnis ist die Auffassung vom Dorf als einer Ansammlung selbstgenügsamer Bauernfamilien, die in harmonischer Eintracht zusammenleben. Es gibt zwar solche Dörfer, aber die übliche südasiatische Dorfstruktur ist weitaus komplexer. Häufiger ist sie ein hierarchisches System, das sich aus mehreren, durch ein Netz von wirtschaftlichen und sozialen Beziehungen verbundenen Gruppen zusammensetzt. Manche dieser Beziehungen gehen auf jahrhundertealte Traditionen zurück, die gegen Veränderungen höchst resistent sind. Andere sind aus jüngeren wirtschaftlichen und sozialen Entwicklungen entstanden, welche neue scharfe Interessenkonflikte erzeugten.

In fast allen südasiatischen Dörfern finden wir eine Anzahl von Gruppen mit recht divergierenden Interessen. Am Gipfel der dörflichen Sozialpyramide stehen die Landbesitzer, von denen es drei deutlich unterschiedene Kategorien gibt. Zur ersten gehören die Großgrundbesitzer, die Überbleibsel der entweder überlieferten oder durch die Kolonialpolitik geschaffenen Feudalstruktur sind. Die zweite bilden die nicht Ackerbau treibenden Besitzer kleinerer Güter, bei denen die Pachteinnahmen aus ihrem Land oft nicht die primäre Einnahmequelle, sondern einen Nebenerwerb darstellen. Die Angehörigen dieser beiden Gruppen sind für gewöhnlich abwesend, sie leben außerhalb der unkomfortablen und ärmlichen Dörfer, doch sie üben einen ungeheuren Einfluß auf das Dorfleben aus. Die dritte Kategorie umfaßt jene Grundbesitzer, die tatsächlich in den Dörfern leben und in den asiatischen Statistiken zumeist als »Anbau treibende Besitzer« klassifiziert werden.

Innerhalb der dritten Gruppe gibt es zwei Typen. Der eine, der bäuerliche Grundbesitzer, hat genügend Land, um einen Teil davon zu verpachten. Der andere, der gewöhnliche landbesitzende

Bauer, hat nur so viel, um sich und seine Familie zu erhalten, auch wenn er manchmal einen Knecht oder zur Erntezeit Saisonarbeiter beschäftigt. Zahllose Bauern in Südasien sind gezwungen, Land in Anteilspacht oder in anderen Formen der Leihpacht zu erwerben, um ihre Anbaufläche auf die zum Unterhalt einer Familie ausreichende Größe zu bringen. Der Unterschied zwischen gewöhnlichen Bauern und Pächtern wird in vielen Dörfern durch die Auswirkungen der Besitzfragmentierung verwischt. Aber während es zwischen diesen verschiedenen Gruppen viele Überschneidungen gibt, besteht kein Zweifel daran, daß diejenigen, welche kein Land besitzen und von der Arbeit für andere abhängig sind, die untersten Positionen in der ländlichen Sozialstruktur einnehmen.

Unglücklicherweise ist es unmöglich, eine klare statistische Aufgliederung dieser dörflichen Gruppen vorzunehmen. Für stringente Umfragen gab es keine offizielle Unterstützung, und einer der Hauptgründe hierfür ist wohl der, daß die Behörden auch nach Erreichung der Unabhängigkeit nicht das Risiko laufen wollten, durch die Veröffentlichung solcher Informationen der Forderung nach einer Agrarreform Auftrieb zu geben. Aber man darf allgemein annehmen, daß die zu ihrer Erhaltung auf Lohnarbeit in der Landwirtschaft Angewiesenen mindestens ein Drittel der Landbevölkerung ausmachen.

Die Unterteilung der Dorfbewohner in diese drei Hauptkategorien ist mehr als eine bloße Berufsgruppierung. Sie bezeichnet auch eine soziale Hierarchie. Die Wertskala, welche die soziale Rangordnung in den agrarischen Gebieten Südasiens bestimmt, ist immer noch eine stark vorkapitalistische. Der Landbesitz verleiht das größte Prestige; körperliche Arbeit, besonders für einen Arbeitgeber, das niedrigste. Mit einer Aufsichtsfunktion ist ein beträchtlicher Sozialstatus verbunden, aber das Prestige, das jene genießen, die sich überhaupt der Arbeit enthalten, ist ungleich größer. Die Lohnarbeiter haben einen noch viel niedrigeren Status als solche Personen, die auf eigene Rechnung eine manuelle Arbeit verrichten, während Bauern, die zwar ihr Land besitzen, aber es nicht selbst bestellen, das höchste Prestige genießen. Doch der Arbeiter verdient nicht notwendig weniger als der Pächter. Tatsächlich sind die Einnahmen des Lohnarbeiters manchmal höher als die des durchschnittlichen Pächters. Und zwar gerade deshalb, weil die geringere soziale Achtung, welche die Lohnarbeit genießt, es notwendig macht, einen etwas höheren wirtschaftlichen Anreiz zu bieten, um überhaupt eine ausreichende Zahl von Lohnarbeitern zu gewinnen.

In Indien steht die Struktur des Dorfes immer noch stark unter dem Einfluß des Kastensystems. Zwar bestimmt die Kaste nicht den ökonomischen Rang, doch sie beeinflußt das Bodenrecht und die Einstellung gegenüber dem Landbesitz. Manchen Brahmanen untersagen religiöse Bräuche das Pflügen, und sie legen dies sehr weitgehend als ein Verbot jeglicher landwirtschaftlicher Handarbeit aus. Aus diesem Grund verpachten einige sehr arme unter ihnen ihr winziges Stück Land an Pächter oder lassen die Arbeit durch Knechte verrichten. Durch diese strikte Einhaltung der Kastenvorschriften sinken sie wahrscheinlich noch tiefer in die Armut, aber diese Demonstration der Rechtgläubigkeit vermehrt womöglich ihr Ansehen in den Augen der Dorfbewohner.

Generell wird jeder in seine Position innerhalb der Dorfhierarchie hineingeboren, obgleich überall in Südasien – auch in Indien – eine gewisse Mobilität sowohl nach oben als auch nach unten auf der sozialen Stufenleiter möglich ist. Unglücklicherweise steigen die landlosen Pächter und Lohnarbeiter kaum jemals auf, wenn nicht die Regierung ihnen Land zur Verfügung stellt, und selbst zögernde Schritte in diese Richtung treffen meist auf hartnäckigen Widerstand. Der soziale Abstieg ist leichter zu kategorisieren. Gewöhnlich ist es ein allmählicher Prozeß. Der Bauer, der sein Land verliert, hat vielleicht noch ein paar Zugochsen und einiges Werkzeug. Wenn dies der Fall ist, kann er sich aufgrund seiner Kontakte zu den landbesitzenden Gruppen ein Stück Land auf Anteils- oder Barpachtbasis nehmen. Aber später zwingt ihn dann vielleicht eine Mißernte, seine Büffel zu verkaufen und seinen Lebensunterhalt als Saisonarbeiter zu verdienen. Er kann aber auch in die Gruppe der mehr oder weniger gebundenen Arbeiter absinken, die als Knechte für ihre Gläubiger arbeiten.

Es gibt, besonders aus der Zeit unmittelbar nach dem Zweiten Weltkrieg, Beispiele dafür, daß die Armen versuchten, sich gegen dieses System aufzulehnen und das Gesetz selbst in die Hand zu nehmen. Im allgemeinen hat jedoch die Dorfstruktur ein bemerkenswertes Maß an Stabilität und Widerstandskraft gegen Veränderungen bewiesen. Dies erklärt sich zum Teil durch die Stigmatisierung der Handarbeit. Den wenn auch armen Landbesitzern gelingt es, sich so anzupassen, daß die direkten Unannehmlichkeiten der Enteigneten ihnen erspart bleiben. Und die Pächter verspüren keine Interessensolidarität mit den landlosen Arbeitern.

Auch stoßen die Geldverleiher weniger auf Ablehnung, als der Außenstehende erwarten mag. Der Geldverleiher ist nicht einmal immer unbeliebt. Auch wenn er keiner einheimischen Volksgruppe angehört und, wie dies häufig geschieht, Zielscheibe gewalttätiger Leidenschaften werden kann, sind doch die Funktionen, die er ausübt, willkommen. Die Schuldner mögen sich über seine Konditionen beklagen, aber er leistet Dienste, welche die alternativen Kreditinstitute, die günstigere Bedingungen einräumen, bisher, besonders für die Landlosen, nicht ersetzen konnten.

Zum Fehlen einer wirklichen Mobilität innerhalb der Dorfstruktur trägt auch das Durcheinander verschiedener Interessen innerhalb des Dorfes selbst bei, die einander meist ausgleichen und sich irgendwo in der Mitte begegnen. Die bäuerlichen Landbesitzer zum Beispiel, die in vielen Teilen Südasiens einen erheblichen Anteil der marktgängigen Erträge bereitstellen, haben einleuchtende Gründe, die Preise für landwirtschaftliche Produkte hochzuhalten. Kleinbauern und Pächter andererseits bieten wenig zum Verkauf an und müssen womöglich gegen Ende der Anbauperiode sogar zusätzliche Nahrungsmittel einkaufen. Ihr Interesse an den Lebensmittelpreisen ist dem der Landbesitzer entgegengesetzt, und keine der beiden Gruppen teilt die Auffassung der landlosen Arbeiter, die selbstverständlich eher von niedrigen Preisen profitieren würden. Die gleichen widersprüchlichen Interessen beherrschen die Landlosen in bezug auf die Lohnhöhe. Ein Anteils- oder Leihpächter stellt vielleicht selbst Arbeitskräfte ein, und in diesem Fall möchte er so wenig wie möglich bezahlen. Andererseits verdingt er sich vielleicht selbst zeitweilig bei einem Nachbarn, und dann möchte er den höchstmöglichen Lohn bekommen.

Nicht einmal die Landreform hat die Befürworter und Gegner polarisiert. Jene Bauern, deren Besitz so klein ist, daß sie im Zusammenhang mit der Neuverteilung des Landes keine Enteignung befürchten müssen, ziehen am selben Strang wie die Gegner der Pläne, welche den landwirtschaftlichen Arbeitern Land zusprechen möchten. Häufig stellen diese Bauern in der Hochsaison einige Arbeitskräfte ein, und eine solche Umverteilung würde womöglich die Löhne in die Höhe treiben. Aber auch nicht-ökonomische Faktoren sind geeignet, alle Mitglieder der Dorfhierarchie im Kampf gegen die Ambitionen der landlosen Arbeiter um eigenen Landbesitz zu vereinigen. Besonders in Indien und Pakistan können alle Schichten außer der untersten gemeinsame Sache gegen die Bemühungen der Besitzlosen machen, einen gewissen Status und Ansehen zu erwerben, denn dies wird gemeinhin als skandalöse Zersetzung der Kastenregeln angesehen.

So hat sich das südasiatische Dorf gewissermaßen zu einem komplexen Molekül entwickelt, zwischen dessen einzelnen Bestandteilen extreme Spannungen bestehen. Obwohl diese Spannungen sich in der Art überlagern, daß ein Gleichgewicht gewahrt bleibt, ist es doch vorstellbar, daß sie sich so umorganisieren könnten, daß sie das Molekül zur explosiven Spaltung bringen. Dies würde vermutlich nicht spontan, sondern infolge eines kräftigen Angriffs von außen geschehen.

Diese Evolution der institutionellen Struktur des südasiatischen Dorfes von der alten Feudalstruktur zu den verschachtelten Gruppeninteressen der Gegenwart hat tiefgreifende Auswirkungen auf die sozialen und ökonomischen Verhältnisse Südasiens.

Aus dem Gesagten geht eindeutig hervor, daß die in der Region herrschenden Bedingungen sich nicht in das übliche Modell der westlichen ökonomischen Analyse einfügen, welches implizit unterstellt, daß die wirtschaftliche Aktivität überwiegend auf Transaktionen auf dem Markt ausgerichtet sei und daß Produktion und Handel folglich in Gestalt rationaler ökonomischer Kalkulationen diskutiert werden können. In Asien würde es wenig Folgen haben, würde man, wie dies im Westen häufig geschieht, die Agrarpreise subventionieren oder fixieren, um die Produktion zu stimulieren und die Marktsituation zu verbessern. Es werden Lebensmittel zum Verkauf an die nicht-landwirtschaftliche Bevölkerung zur Verfügung gestellt, aber dies geschieht in der Regel nicht durch das Mittel des Preismechanismus. Vielmehr sind der Grundbesitzer und der Geldverleiher die Hauptinstrumente der Output-Gewinnung aus der traditionellen Landwirtschaft. Dies schafft keine Anreize zur Steigerung der Produktionsleistung. Im Gegenteil, das so entstandene System hat weitgehend den Anreiz zur Steigerung der Produktivität durch die Intensivierung von Arbeitsinput und -effizienz oder durch ertragsteigernde Formen der Kapitalinvestition geschwächt.

Die unseligen Folgen der quasi-kapitalistischen Struktur der südasiatischen Landwirtschaft zeigen sich deutlich, sobald wir einmal die Situation eines wichtigen Mitglieds der ländlichen Gemeinschaft – des Pächters – näher betrachten. Die Unsicherheit seines Pachtverhältnisses nimmt ihm fast jeden Anreiz, ertragsteigernde Verbesserungen durchzuführen. Selbst eine so relativ schnell ertragbringende Investition wie der Einsatz von Kunstdünger bringt nicht schon bei der ersten Ernte volle Resultate. Und was noch bedeutsamer ist, die Tatsache, daß der Pachtzins sich nicht nach dem Nettogewinn, sondern nach dem Bruttoertrag richtet, stellt eine in das System eingebaute Abschreckung gegen intensivere Anbaumethoden dar. Auch der Grundbesitzer hat kaum Veranlassung zu investieren, denn er kann seinen Gewinn bequem auch ohne dies erzielen. Meist sind diese Grundbesitzer zufrieden mit dem, was ihr Besitz abwirft, und sie unternehmen nichts, um dessen Ertrag zu verbessern.

Nur zu häufig bedeutete die Übereignung des Bodens an einen nichtlandwirtschaftlichen Besitzer oder einen bäuerlichen Grundbesitzer, daß dieser dann durch einen Pächter bestellt wird, der noch weniger als der frühere Besitzer Veranlassung hat oder in der Lage ist, Verbesserungen einzuführen, während der neue Eigentümer seinerseits fern bleibt. Gleichzeitig behindert das soziale Statussystem im südasiatischen Dorf eine Steigerung der Produktion durch den effektiven Einsatz von Lohnarbeitern. Der Arbeitgeber hütet sich, seine Arbeiter zu stark einzuspannen, denn das auf der Handarbeit lastende Stigma erschwert es, überhaupt Arbeitskräfte zu bekommen. Manche ziehen ein Leben am Rande des Hungers auf einem winzigen gepachteten Grundstück dem höheren Realeinkommen vor, das durch Lohnarbeit zu erzielen wäre.

All diese Faktoren wirken zusammen, um die Anreize zur Verbesserung der Leistungsfähigkeit und Produktivität zu lähmen. Sie haben eine Situation geschaffen, in der die Verpächter den Überschuß aus der Landwirtschaft abschöpfen, ohne die Mittel zur Verfügung zu stellen, welche eine Steigerung dieses Überschusses ermöglichen würden. Sie verhinderten die Intensivierung des Anbaus, die – auch ohne vermehrte Zufuhr von Hilfsfaktoren – erreichbar wäre. In Anbetracht der einer effektiven Nutzung der Arbeitskräfte und einer Intensivierung der landwirtschaftlichen Produktion im Weg stehenden Hindernisse, die wir feststellen mußten, ist es wohl bemerkenswert, daß die Leistungen der traditionellen südasiatischen Landwirtschaft nicht noch schlechter sind.

Zweifellos macht die soziale und institutionelle Umwelt der traditionellen Landwirtschaft Südasiens die Enthaltsamkeit von produktiver Arbeit sehr attraktiv. Wiederum ist eine statistische Aufschlüsselung danach, wie viele Personen tatsächlich arbeiten und wo sie arbeiten, sowie nach Alter und Geschlecht nicht ohne weiteres möglich. In manchen südasiatischen Ländern, z. B. Indonesien und Südvietnam, gibt es nur grobe Schätzungen über den Umfang der Bevölkerung. Aber selbst wenn unsere Kenntnis der Arbeitsbeteiligungsraten und der diese beeinflussenden Kräfte immer noch unvollkommen ist, so wird doch deutlich, daß der Anteil der arbeitsfähigen Personen, die effektiv arbeiten, sehr gering ist, und außerdem, daß dieser Anteil, zumindest in einigen Ländern der Region, eine fallende Tendenz zeigt.

Auf der ganzen Welt sind die Bauern in gewissem Umfang vom Wechsel der Jahreszeiten abhängig. Zu manchen Zeiten des Jahres, wie der Saat- und Erntezeit, ist ihr Arbeitstag länger und schwerer als sonst. Aber für alle, die in Südasien mit der Landwirtschaft zu tun haben, weist das Arbeitsjahr lange Perioden der Untätigkeit auf. Eine königliche Kommission, welche das koloniale Indien untersuchte, stellte fest, daß die meisten Bauern zumindest zwei bis vier Monate völliger Muße im Jahr kannten. Eine andere, Mitte der 1950er Jahre angestellte Untersuchung befand, daß die landwirtschaftlichen Arbeitskräfte in Indien saisonbedingt bis zu 6 Monaten im Jahr untätig waren.

Offensichtlich zeigen die Kleinbesitzer, die ihr eigenes Land bearbeiten, und die bäuerlichen Grundbesitzer, die nur zu bestimmten Zeiten Arbeitskräfte einstellen, eine höhere Beteiligungsrate. In manchen Fällen werden Landarbeiter, die sich gegenüber einem Grundbesitzer verpflichtet haben, ihre Schulden abzuarbeiten, in der toten Jahreszeit im Haushalt oder für andere häusliche Aufgaben eingesetzt. In manchen Teilen Südasiens ist das Landwirtschaftsjahr scharf nach Trocken- und Regenzeiten unterteilt. Aber selbst dort, wo die Agrarproduktion vom Monsun abhängig ist, sollte das Arbeitsschema nicht völlig von den Jahreszeiten beherrscht sein. Die Auswirkungen des Klimazyklus auf die Nutzung der Arbeitskräfte könnte durch Veränderungen in der Anbauweise modifiziert werden. Selbst wenn das Klima nur eine geringe Flexibilität der Anbauformen erlaubt, ließen sich doch in der stillen Jahreszeit viele nützliche Arbeiten zur Verbesserung der Lebensbedingungen verrichten. Auf dem Lande bedürfen die Häuser, Straßen, sanitären Anlagen und die Wasserversorgung dringender Verbesserungen, die möglich wären, ohne die den Planern zur Verfügung stehenden Kapitalmittel übermäßig zu beanspruchen. In den nördlichen Klimazonen des Westens nutzten die Bauern, auch in der Zeit, als die Arbeitskräfte noch relativ immobil waren, die langen, strengen Winter, um Verbesserungen an ihren Häusern und Straßen vorzunehmen, ihre Werkzeuge und Geräte zu reparieren und traditionelle Handwerke auszuüben. Selbst vor hundert Jahren noch beruhte ihr höherer Lebensstandard auf der Tatsache, daß der Bauer des Westens in hohem Maß ein »all-round«-Mann war, der gewöhnt war, verschiedene Arbeiten für die Familie und seinen Hof zu verrichten, und der daher weniger von klimatischen Bedingungen abhängig war.

Die weit verbreitete Untätigkeit läßt sich nicht nur, wie häufig angenommen, unter dem Gesichtspunkt der jahreszeitlich bedingten Fluktuation analysieren. Sie muß zum Lebensstandard, den kulturellen Formen und den Institutionen, die der Veränderung der Anbaumethoden und der Diversifikation der Arbeit im Weg stehen, in Beziehung gesetzt werden. Unter diesen institutionellen Hemmnissen steht ein kulturelles Schema an erster Stelle, nach dem ein guter Teil des Jahres für Feste, Feiertage, Zeremonien und, im Fall der Moslems, ein ganzer Monat Fastenzeit beansprucht wird.

In jüngerer Zeit haben einige indische Führer gegen diese Lethargie der Bauern Stellung genommen, und sowohl Gandhi als auch Nehru haben ihre Landsleute offen der Faulheit geziehen. Insgesamt aber gibt es in Indien und den benachbarten Ländern überraschend wenig Kritik an der geringen Arbeitseffizienz und der kurzen täglichen oder wöchentlichen Arbeitszeit. Dies läßt sich zum Teil durch die national charakteristische Abneigung gegen die Erörterung von Versäumnissen und zum Teil durch die mehr oder minder vernünftige Einsicht erklären, daß die Abneigung gegen die Arbeit, besonders gegen harte Arbeit, nicht auf eine moralische Schwäche zurückzuführen, sondern durch institutionelle und andere, offenbar schwer zu verändernde Faktoren verursacht ist. In manchen Gebieten machen die klimatischen Extreme – zusammen mit dem niedrigen Niveau der Ernährung, der Vitalität und der Gesundheit – längere Ruhepausen notwendig oder zumindest wünschenswert. In den Monaten extremer Hitze und Feuchtigkeit sind die Kräftereserven häufig nach nur wenigen Stunden körperlicher Aktivität erschöpft. Dennoch können die klimatischen Verhältnisse nicht ausschließlich für die relativ kurzen Arbeitsphasen und die niedrige Effizienz der Arbeit verantwortlich gemacht werden, denn in den Agrargebieten in den großen Ebenen der Vereinigten Staaten sind Temperatur und Feuchtigkeit im Hochsommer oft nicht wesentlich erträglicher als in Südasien.

Die Ineffizienz und die verbreitete Untätigkeit werden noch aus verschiedenen anderen Gründen toleriert. Vor allem besteht kein institutioneller Ansporn, der die Menschen zur Arbeit, und zwar zu harter Arbeit antriebe. Auch abgesehen von den institutionellen Hindernissen verschwindet der Arbeitsanreiz häufig, sobald der minimale Ertrag, der das Überleben ermöglicht, erreicht ist. Diese für die Subsistenzlandwirtschaft in der ganzen Welt typische Haltung ist nicht gänzlich irrational. Der Ackerbauer, dessen Streben durch seine isolierte Situation bestimmt ist, sieht sich kaum veranlaßt, ein zusätzliches Einkommen zu erwerben, das es ihm erlauben würde, sein Konsumverhalten vielseitiger und reichhaltiger zu gestalten.

Die Folge dieser Faktoren ist, daß die Arbeiter, auch wenn sie anscheinend tätig sind, nur eine geringe produktive Leistung erbringen. Dies ist eine fundamentale Tatsache der südasiatischen Landwirtschaft. Der Nachkriegsansatz mit seinen Begriffen von »Arbeitslosigkeit« und »Unterbeschäftigung« verschleiert jedoch diese Verhältnisse. Wir sehen uns zu dem Schluß genötigt, daß der landwirtschaftliche Fortschritt keineswegs ausschließlich durch Kapital und Technologie beschränkt ist, trotz der in den Modellen der Nachkriegszeit bestehenden Tendenz, sie als die grundlegenden Determinanten der Arbeitsproduktivität zu behandeln. Eine vielleicht noch wichtigere Variable ist der Fleiß der Arbeitskräfte. Ihr Verhalten muß jedoch im Kontext einer sozialen und institutionellen Umwelt betrachtet werden, in der das Niveau der

Ernährung, der Gesundheit und der allgemeinen Vitalität niedrig ist und in der es kaum einen Anreiz zu harter Arbeit gibt.
Das Problem, den Pro-Kopf-Ertrag der Landwirtschaft zu steigern, ist nun nicht einfach durch die Einführung voneinander unabhängiger Maßnahmen zur Verbesserung des einen oder anderen Aspekts der Arbeitskräftenutzung zu lösen. Es würde wenig nützen, mehr Arbeiter zu beschäftigen, wenn dies nur die Arbeit aufteilen und ihre Dauer und Intensität verringern würde. Auch ist wenig damit gedient, wenn eine Gruppe der Agrargesellschaft gezwungen wird, härter oder länger zu arbeiten, während ein anderer Teil ganz oder teilweise um seinen Arbeitsbeitrag herumkommt.

Selbst in Anbetracht der gegenwärtigen, durch dürftige Fakten und die unzulängliche Erforschung der Arbeitskräftenutzung gekennzeichneten Situation ist es möglich, einige wichtige Schlußfolgerungen über das Elend der südasiatischen Landwirtschaft und über die Hindernisse, die ihrer Verbesserung im Weg stehen, zu treffen.
Es ist nirgends so, daß die Erträge, das Einkommen und der Lebensstandard durch einen umfangreicheren und intensiveren Arbeitsinput nicht wesentlich verbessert werden könnten. Aber die institutionelle Form der Landwirtschaft ist einer Produktivitätssteigerung durch eine bessere Nutzung der Arbeitskräfte sehr abträglich. Das Pachtsystem – besonders die Anteilspacht – ist doppelt schädlich. Sie tendiert nicht nur dazu, die Verfügung über die landwirtschaftlichen »Überschüsse« einer Gruppe von Landbesitzern zu geben, welche meistens nicht bereit sind, die Mittel zur Verbesserung der Produktivität des Bodens bereitzustellen, sondern sie zerstört auch die Initiative derer, die tatsächlich in der Landwirtschaft arbeiten.
Die einheimische Landwirtschaft Südasiens ist in einem Circulus vitiosus der Armut befangen. Es dürfte sich als sehr schwierig erweisen, diesen Kreislauf zu unterbrechen.

17. Die Agrarpolitik

Der Kampf um die langfristige wirtschaftliche Entwicklung Südasiens wird in der Landwirtschaft gewonnen oder verloren werden. Nicht nur leben die meisten Südasiaten vom Ackerbau, sondern auf diesem Sektor der südasiatischen Volkswirtschaften gilt mehr als auf jedem anderen, daß soziale Fortschritte unabhängig von ausländischer Hilfe möglich sind.

Wir wissen, daß die Arbeitskraft derer, die von der Landwirtschaft leben, nicht effektiv oder in dem Maß, wie es möglich wäre, ausgenutzt wird. Die Bedeutung dieser anscheinend einfachen Diagnose gewinnt noch mehr Gewicht durch die ebenso einfache Tatsache, daß die Agrarbevölkerung Südasiens täglich wächst und daß die Arbeitsbevölkerung in Südasien, gleichgültig welchen Erfolg die Regierungsprogramme zur Geburtenkontrolle haben werden, mit einer jährlichen Rate von zwei bis drei Prozent bis zum Ende dieses Jahrhunderts, d. h. also während des ganzen vom heutigen Planer überblickbaren Zeitraums wachsen wird, und daß die meisten dieser Neuankömmlinge in der Landwirtschaft werden verbleiben müssen.

Die allgemein gehegte Hoffnung, daß ein großer Teil dieser Neuzugänge zur Arbeitsbevölkerung in den kommenden Jahrzehnten außerhalb der Landwirtschaft produktiv eingesetzt werden könnte, ist eine Illusion. Die Landbevölkerung ist so groß, daß ihr Zuwachs in den nächsten zwanzig oder dreißig Jahren durch eine Wanderung vom Land in die Städte sich kaum merklich verringern wird. Unter dem Gesichtspunkt der Planung kommt eine Beschleunigung dieser Wanderung vom Land in die städtischen Slums ohnehin nicht als geeignete Maßnahme zur Behebung der Unterausnutzung der landwirtschaftlichen Arbeitskräfte in Betracht. Für die Millionen auf dem Lande Geborenen gibt es nirgendwo anders als in der Landwirtschaft berufliche Aussichten; nirgendwo sonst gibt es Platz für sie.

Für den Planer weist die Situation jedoch bestimmte Elemente auf, welche die Aussicht, mehr Arbeitskräfte produktiv in der Landwirtschaft zu absorbieren, zumindest für die nähere Zukunft günstig erscheinen lassen. An erster Stelle ist hier die Tatsache zu nennen, daß die Erträge in der südasiatischen Landwirtschaft so

außerordentlich niedrig sind, daß es relativ leicht fallen dürfte, die Produktivität zu steigern. Generell lassen sich die niedrigen Erträge und die fehlende Konzentration auf die Möglichkeiten der Ertragssteigerung durch die vorherrschenden Arbeitsmethoden erklären. Mit anderen Worten, es wird von traditionellen und allbekannten Anbaumethoden kein effektiver Gebrauch gemacht. Ohne jegliche Neuerungen und ohne Investitionen außer einer längeren und effizienteren Arbeitsleistung könnten die landwirtschaftlichen Erträge ganz erheblich gesteigert werden. Dies wird veranschaulicht durch die unterschiedlich hohen Erträge in verschiedenen Distrikten oder sogar einzelnen Farmen, welche durch betriebswirtschaftliche Untersuchungen ermittelt wurden.
Noch größere Ertragssteigerungen ließen sich durch die Anwendung moderner wissenschaftlicher Landwirtschaftstechniken erreichen. Aber man darf nicht vergessen, daß die moderne Technologie zum großen Teil im Westen entwickelt wurde und nicht immer für die südasiatische Landwirtschaft geeignet ist. Die Agrarforschung auf diesem Gebiet weist noch immer viele Lücken auf – so zum Beispiel hinsichtlich der örtlich beschränkten intensiven Erforschung der Wechselwirkung zwischen Klima- und Bodenverhältnissen, welche die schnelle Steigerung der Erträge in den Ländern der gemäßigten Zonen ermöglicht hat. Solche Untersuchungen müssen im Wissen um die Tatsache durchgeführt werden, daß die westlichen Techniken, welche auf eine schnell abnehmende Agrarbevölkerung abgestellt waren, sich nicht für Südasien eignen, wo wir es mit einer riesigen Zahl weitgehend ungenutzter Arbeitskräfte zu tun haben, die in den kommenden Jahrzehnten schnell zunehmen wird.
Hier zeigt sich insofern ein heller Streifen am Horizont, als die Arbeitstechniken in der Landwirtschaft Südasiens im Gegensatz zur allgemeinen Annahme heute nicht »arbeitsintensiv« sind. Der Arbeitsinput ist niedrig und ineffizient. Die südasiatische Landwirtschaft ist vielmehr »arbeitsextensiv«. Der geringe Hektarertrag ist vor allem eine Folge der zu geringen Nutzung der Arbeitskräfte. Die sich daraus ergebende Konsequenz ist einleuchtend: *Eine vollere Nutzung der Arbeitskräfte und ein höheres Produktionsniveau in der Landwirtschaft sind nicht nur miteinander vereinbare Ziele, sondern tatsächlich zwei Aspekte ein und derselben Sache.*

Die große Bedeutung einer Steigerung der landwirtschaftlichen Produktion wird nunmehr in ganz Südasien richtig eingeschätzt. Doch mit wenigen Ausnahmen hatten die Länder der Region kaum Erfolg mit ihren Bemühungen, die Landwirtschaftserträge zu steigern. Dies vorausgesetzt, müssen wir bei der Diskussion der in allen südasiatischen Ländern praktizierten Agrarpolitik gewisse Besonderheiten zur Kenntnis nehmen. Zum einen wird die geringe Nutzung der Arbeitskräfte, besonders hinsichtlich der Dauer und Effizienz, im allgemeinen ignoriert oder als separate, von der »Extensivität« der Landwirtschaft und der Tatsache der niedrigen Produktivität unabhängige Angelegenheit behandelt. Gelegentlich wird dieser Zusammenhang zwar konstatiert, doch die Forderung, die Arbeitskräfte besser zu nutzen, ist nie zum beherrschenden Thema landwirtschaftlicher Reformen erhoben worden. Der Einsatz öffentlicher Investitionen in der Landwirtschaft wurde zwar häufig erörtert, doch erfolgten keine weitreichenden Bemühungen in dieser Richtung, außer in jüngster Zeit in Pakistan.
Unglücklicherweise wurden die Probleme der Institutionen und Einstellungen ähnlich vernachlässigt. Statt dessen wurde zunehmend auf technologische Reformen Nachdruck gelegt, und die öffentlichen Verlautbarungen, in denen die Pläne zur Erweiterung der Produktion dargestellt werden, sprechen fast ausschließlich von solchen Reformen. Die westlichen wie auch die südasiatischen Regierungen verabschieden bei Konferenzen der FAO (Food and Agriculture Organization) und anderen zwischenstaatlichen Treffen Resolutionen, welche auf eine Landreform drängen. Dies ist jedoch eine bloße Geste. Die USA, obgleich sie sich verpflichtet fühlten, ihre Nahrungsmittelhilfe mit Bedingungen zu verknüpfen, legten den Empfängern lediglich nahe, technische Reformen durchzuführen und einen größeren Teil ihrer öffentlichen Entwicklungsausgaben von der Industrie auf die Landwirtschaft zu verlagern.
Währenddessen wiesen einige Wirtschaftsfachleute immer wieder darauf hin, wie wichtig es sei, einen Ansatz zu entwickeln, welcher den Faktor Mensch in den Vordergrund stellt. Ihre Gedanken werden unterstützt von Leuten mit Felderfahrung, die wissen, daß eine technische Beratung nur bis zu einem bestimmten Punkt Ergebnisse zeitigt, jenseits dessen die Kooperation der Bauern eine Schranke darstellt. Viele westliche Ökonomen, die

sich gelegentlich mit den Problemen der unterentwickelten Länder befassen, nehmen auch häufig ganz naiv an, daß diese Länder ihre landwirtschaftliche Produktion einfach durch eine Anhebung der Agrarpreise stimulieren könnten. Westliche Experten, welche die Situation der südasiatischen Landwirtschaft eingehender untersucht haben, urteilen hier vorsichtiger. Wie ihre südasiatischen Kollegen halten sie nicht viel von einer Subventionierung der Preise als Mittel zur Steigerung der landwirtschaftlichen Produktion.

Dies soll nicht besagen, daß die Landwirtschaftsreformer in völliger Unkenntnis des Zusammenhangs zwischen technischen und institutionellen Veränderungen handeln, sondern daß bei ihnen vielmehr ein Vorurteil wirksam ist, welches sie veranlaßt, letzteren geringere Bedeutung beizumessen. In der Kolonialzeit waren die Regierungen abgeneigt, in das Leben und die Gewohnheiten der einheimischen Bevölkerungen einzugreifen, wenn sie auch ihre Skrupel beiseiteschoben, sobald ihre Interessen dies erforderten, wie etwa im Fall des Bodenrechts, der Besteuerung sowie der Rekrutierung von Arbeitskräften für europäische Unternehmer. Ein Frontalangriff auf jene in der traditionellen Agrarstruktur verankerte Abneigung gegen Arbeitseinsatz und -leistung unterblieb aus Kostenerwägungen sowie wegen der allgemeinen Kolonialpolitik des *Laissez faire.*

Ironischerweise blieb diese Einstellung seit der Unabhängigkeit weitgehend bestehen, obgleich heute institutionelle Reformen mit weit mehr Energie vorangetrieben werden als in der Vergangenheit. Diese Voreingenommenheit zugunsten technischer Lösungen wurde durch die Nachkriegsauffassung von Planung unterstützt, die weitgehend die sich nicht nur aus den Institutionen, sondern auch aus den Einstellungen und Lebensformen und -standards ergebenden Probleme zu umgehen trachtete und die davon ausging, daß Kapitalinvestitionen die Erträge steigern würden. Diese Auffassung wurde bestärkt durch die Vision der »Wunder«, welche der Einsatz moderner Technik und Naturwissenschaft bewirken können. Und sie wurde auch durch die Berichte der als Berater dienenden westlichen Agrarplaner unterstützt, die – wiewohl sie häufig auf die Bedeutung institutioneller Reformen hinwiesen – sich für gewöhnlich auf das sicherere und angeblich neutralere Thema der technischen Reformen beschränken. Wenn diese Experten hierauf den Schwerpunkt ihrer Argumentation legen, so zeigt sich darin lediglich, wie wenig sie über die Institutionen und Einstellungen in Südasien und die Möglichkeit, diese zu verändern, wissen.

Allgemein ausgedrückt, geht der in den letzten Jahrzehnten vermerkte Produktionszuwachs in der südasiatischen Landwirtschaft eher auf die Vergrößerung der Anbauflächen als auf einen Ertragszuwachs pro Hektar zurück. Doch die Agrarplaner sind sich allgemein darin einig, daß einer weiteren Expansion dieser Fläche enge Grenzen gesetzt sind und daß sie in den meisten Fällen mit hohen Kosten verbunden wäre. Daher wird allgemein anerkannt, daß die Steigerung der Hektarerträge der wichtigste Pfeiler eines Programms zur schnellen Transformation der südasiatischen Landwirtschaft sein sollte.
Und dies nicht deshalb, weil es kein kultivierbares Land mehr gäbe. Unter einem grob quantitativen Gesichtspunkt werden in den südasiatischen Ländern nicht mehr als 10 bis 20 % der gesamten Landfläche bebaut. Auf dem indischen Subkontinent beträgt diese Zahl nur zwei Fünftel, wenn auch in Indien selbst gut die Hälfte der Gesamtfläche bestellt wird. Die von der FAO erarbeiteten statistischen Daten zeigen, daß die kultivierte Fläche Südostasiens zumindest verdoppelt werden könnte. Die Natur würde es erlauben, in Südasien etwa zwei- bis dreimal soviel landwirtschaftliche Arbeitskräfte zu beschäftigen, sogar bei den heute angewandten Techniken. Auf dem indischen Subkontinent sind die Möglichkeiten zur Erweiterung der Anbaufläche beschränkter, aber keineswegs gleich Null, besonders wenn andere als die traditionellen Methoden verwandt werden. Aber an den meisten Stellen würde eine solche Expansion schwere Maschinen und den Aufwand gewaltiger Summen, zumeist in knappen Devisen, voraussetzen.
Wenn also die Natur der landwirtschaftlichen Bevölkerung Südasiens keine harten Grenzen gesetzt hat, so wird die volle Nutzung des bestellbaren Landes durch andere Kräfte beschränkt. Die Landbesitzer, die ein Interesse an hohen Renditen und niedrigen Löhnen haben, bringen meist wenig Begeisterung für eine Expansion der Anbauflächen auf. Dies gilt besonders für Indien, wo das Problem dadurch kompliziert wird, daß die höheren Kasten sich der Besiedelung von Ödland und dem Erwerb von Bodenrechten durch niedrigere Kasten oder Angehörige der

Stammesvölker widersetzen. Zuweilen waren manche Regierungen auch abgeneigt, die Kultivierung von dörflicher Allmende zu fördern, da sie die Gefahr einer Bodenerosion befürchteten.
Die Kultivierung unbestellten Landes in größerer Entfernung von den Dörfern erfordert eine Neubesiedelung, und die meisten Bauern in Südasien sind sehr abgeneigt, ihre Heimat zu verlassen, gleichgültig wie übervölkert diese sein mag. In Sumatra und auf vielen der kleineren indonesischen Inseln gibt es große Flächen, welche besiedelt und entwickelt werden könnten. Aber die erforderlichen hohen Kosten und die fehlende Bereitschaft der Regierung, eine solche Umsiedlung zu organisieren, bedingten einen enttäuschend geringen Erfolg dieser Programme. Malaya hat systematisch neue Landflächen für den Plantagenanbau erschlossen. Dies ist jedoch eine langsame und zögernde Entwicklung. Viele südasiatische Länder kennen scharfe Kontrollen für Neusiedler. Würden diese gelockert, so ließen sich viele Gebiete rasch für den Anbau erschließen, wobei außer dem Bau von Straßen wenig öffentliche Investitionen erforderlich wären. Eine solche Bewegung bedürfte jedoch der Protektion durch die Regierung, um zu verhindern, daß reiche Landbesitzer und Unternehmer diese Landflächen durch bezahlte Arbeitskräfte in Besitz nehmen lassen.
Die für eine gründliche Beurteilung des Umfangs einer Erweiterung der Anbauflächen relevanten Fakten – besonders hinsichtlich der Qualität der unbestellten Flächen – sind noch immer weitgehend unbekannt, und in den meisten südasiatischen Ländern hat das Interesse der Planer an diesen Problemen in den letzten Jahren nachgelassen. Zumindest kann gesagt werden, daß die Kapazität der Bodenflächen noch nicht gründlich untersucht wurde. Die soziale und institutionelle Struktur und die traditionellen Anbaumethoden waren der Kultivierung von Flächen, die unter anderen Umständen für den Anbau erschlossen worden wären, nicht förderlich.

Eine der billigsten und vielversprechendsten Möglichkeiten, die anbaufähige Bodenfläche zu vermehren, wäre die Verringerung des Haustierbestandes. Die ungeplante Weidewirtschaft ist einer der für die geringe Qualität und Effizienz der südasiatischen Nutztiere verantwortlichen Faktoren. Die räumliche Belastung durch die Tiere ist am schwersten in Indien, gleich gefolgt von

Pakistan – und diese beiden Länder besitzen heute ein knappes Drittel des gesamten Rinderbestandes der Erde. In beiden Ländern ist das Verhältnis von Menschen zu Rindern wie zwei zu eins.

Experten wiesen darauf hin, daß die traditionellen Methoden der Viehweidewirtschaft für Gebiete mit hoher Bevölkerungsdichte völlig ungeeignet sind. Dieselbe Anzahl von Tieren könnte weit besser mit Hilfe von angebauten Futterfrüchten ernährt werden, was nur einen Bruchteil des heute als Weidefläche dienenden Bodens beanspruchen würde. René Dumont, der die Verhältnisse in der Region eingehend untersuchte, stellt fest, daß, wenn die traditionelle Beweidung auf der Dorfallmende durch den Anbau von Futterfrüchten ersetzt würde, ein Fünftel dieses Gemeindelandes wahrscheinlich mehr Futter geben würde als die gesamte heute beweidete Fläche.

Auch wird seit langem eine Verringerung der Gesamtzahl des Rinderbestandes empfohlen. Ein amerikanisches Expertenteam ermittelte, daß zumindest ein Drittel, vielleicht auch die Hälfte des indischen Rinderbestandes im Hinblick auf die Nahrungsversorgung als überflüssig anzusehen ist. Der Widerstand gegen das Schlachten von Kühen beruht selbstverständlich nicht nur auf den religiösen Vorurteilen in Indien. Die Rinder sind potentiell brauchbare Lieferanten von Energie, Brennstoff (Kot), Dünger und Nahrungsmitteln. Aber die Landwirtschaftsexperten glauben, daß ein wesentlich kleinerer, besser ernährter Rinderbestand einen wirksameren und rationelleren Einsatz der Zugtiere ermöglichen würde. Außerdem kam eine Forschungsgruppe der Ford Foundation zu dem Schluß, »daß mehr Dung produziert wird, wenn eine bestimmte Futtermenge von einem Tier konsumiert wird, als wenn diese auf zwei Tiere aufgeteilt wird«. Beinah in ganz Südasien werden die Rinder und Büffel kaum für die Milch- und Fleischversorgung genutzt. Wo mittlerweile in den Städten mehr Milch verbraucht wird, wie etwa in Singapur und Djakarta, wird diese weitgehend in Form von Milchpulver oder Büchsenmilch importiert. Von wenigen, aus Altersgründen geschlachteten Zugtieren abgesehen, beruht die Fleischversorgung in Südasien hauptsächlich auf Ziegen, Geflügel und – in nicht islamischen Ländern – Schweinen.

Würde die tierische Zugkraft durch Traktoren und andere Landwirtschaftsmaschinen ersetzt, so entstünden anfänglich hohe Kosten. Der Anbau ließe sich jedoch wesentlich verbessern, und der Einsatz von Traktoren würde, wie eine agrarbetriebswirtschaftliche Untersuchung im Punjab ergab, falls richtig organisiert, nicht teurer als der Einsatz von Zugbüffeln, womöglich sogar erheblich billiger sein. Aber eine solche Rationalisierung der landwirtschaftlichen Techniken läßt sich nicht ohne Veränderungen der institutionellen und sozialen Matrix erreichen. Es ist ihr nur wenig Erfolg beschieden, wenn die Aufsplitterung des Besitzes, die niedrigen Einkommen und das Pachtsystem entweder den Erwerb von Maschinen ausschließen oder ihren wirtschaftlichen Einsatz unmöglich machen. Ließen sich diese Hindernisse überwinden, dann wäre die Gesamtwirkung der Einführung von Traktoren wegen des Phänomens des Ursachenzirkels wesentlich größer.

Viele Planer setzen große Hoffnungen auf die Steigerung der südasiatischen Landwirtschaftsproduktion durch Bewässerungsmaßnahmen. Eine ständige Wasserversorgung verringert nicht nur die furchtbare Abhängigkeit vom Monsun, sondern sie würde auch mehr als nur eine Ernte im Jahr ermöglichen, wenn die Bauern zu einem solchen Arbeitsaufwand bereit wären. In manchen südasiatischen Ländern ist bereits viel zur Verbesserung der Bewässerung geschehen, und die Planung zielt noch weiter. Aber die bisherigen Ergebnisse, besonders die großen Bewässerungsprojekte, sind zumeist enttäuschend. Im allgemeinen haben die Bauern nur langsam von den ihnen gebotenen Möglichkeiten Gebrauch gemacht. Zu oft betrachten sie die Bewässerung lediglich als eine Art Versicherung gegen das Ausbleiben des Monsuns, nicht als Mittel zur Steigerung ihrer Erträge und zur Erzielung von mehr als einer Ernte. Selbst die saisonalen Überschwemmungen, die reiche Vorräte an Schlamm mitbringen, werden nicht im möglichen Umfang genutzt.

Für die mangelnde Nutzung dieser bestehenden Möglichkeiten muß zum großen Teil das überkommene institutionelle System verantwortlich gemacht werden. Die Bauern sind häufig nicht bereit, von dem ihnen zur Verfügung gestellten Wasser Gebrauch zu machen und zu zwei Ernten im Jahr überzugehen. Sie sind abgeneigt gegen Veränderungen ihres gewohnten Lebensrhythmus, und innerhalb der bestehenden Agrarstruktur haben sie manchmal solide wirtschaftliche Gründe für diesen Widerstand.

Wenn der Landbesitzer, die Wasserbehörden und die Lohnarbeiter alle darauf bestehen, daß der Bauer ihnen für die zweite Ernte dieselbe Summe bezahlt wie für die erste, und wenn die zweite für gewöhnlich geringere Erträge bringt und mehr Arbeit erfordert als die erste, dann stehen besonders die Anteilpächter dem ganzen Unternehmen skeptisch gegenüber. Es gibt jedoch bemerkenswerte Fälle, in denen die Bewässerung die landwirtschaftlichen Erträge sehr verbesserten, auch wenn die Vorteile noch nicht voll genutzt wurden.

Es muß daran erinnert werden, daß bewässerte Felder in der Regel große Mengen an Düngemitteln benötigen. Daher ist der vermehrte Einsatz von chemischen Düngemitteln eindeutig zu befürworten. Auch in dieser Hinsicht hinkt Südasien weit hinterher. Japan zum Beispiel verbraucht mehr Kunstdünger als Indien, obgleich seine Anbaufläche nur vier Prozent der indischen beträgt. Und Japan erntet auf dem Hektar fünfmal so viel Getreide wie Indien. Der springende Punkt ist jedoch, daß Kunstdünger gleich anderen landwirtschaftlichen Hilfsmitteln, nur dann maximale Ergebnisse erzielen, wenn sie im Zusammenhang einer allgemeinen Verbesserung der Anbaumethoden eingesetzt werden. Der Ertrag eines landwirtschaftlichen Betriebs ist ein Aggregat, das nur dann ein Maximum erreicht, wenn Bewässerung, Dünger und andere Hilfsmittel gleichzeitig in Dosen, die den örtlichen Klima- und Bodenverhältnissen angemessen sind, eingesetzt werden. Daraus ergibt sich eindeutig die Forderung nach einer gründlichen Forschung, welche den Planern und Politikern Handlungsanweisungen geben könnte.

Indessen ist es schon schwierig, auch nur eine dieser Agrarpraktiken zu verändern. Das folgende Zitat von McKim Marriott bietet eine aufschlußreiche Erklärung für diesen Sachverhalt: »Ich möchte einige der Einwände aufzählen, welche die Bauern in meinem Dorf und in anderen benachbarten Dörfern gegen ein verbessertes Weizensaatgut erhoben. Es stimme zwar, meinten sie, daß man, wenn es Gott gefällt, auf den mit dem verbesserten Saatgut der Regierung bestellten Feldern ein besseres Gewicht des Weizens erzielen könne: der Gewichtszuwachs sei tatsächlich sehr gut. Ein oder zwei Bauern hätten dies erprobt. Sie hätten jedoch nicht die Absicht, es zu wiederholen. Der Gehilfe im Saatgut-Geschäft sei ein unmöglicher Mensch. Er gebe zwar das Saatgut zu einem genügend niedrigen Zinssatz ab, aber er verlange die Rückzahlung zu einem bestimmten Datum, was alles andere als bequem sei, wenn man nach der Ernte andere Schulden zu zahlen habe. Und was nach unvernünftiger sei, der Saatgutverkäufer verlange, daß der Weizen rein angebaut und in dieser Form zurückgeführt werden solle, und nicht vermischt mit Gerste, Erbsen, Kichererbsen und Leinsamen, welche in einem schlechten Weizenjahr eine Sicherheit gegen eine völlige Mißernte darstellen. Und abgesehen von diesen mit der Kreditierung und der Verwendung des Saatguts verbundenen unmöglichen Bedingungen sehe man sich mal die Ernte an! Das Korn sei tatsächlich groß – so groß und so hart, daß die Frauen es in den alten Steinmühlen nicht richtig mahlen könnten. Der aus dem neuen Mehl hergestellte Teig lasse sich schwer kneten und kaum zu gutem Brot backen. Das neue Brot, die einzige Nahrung des armen Bauern, schmecke nicht wie das gute alte Brot: es sei fade und langweilig – was sich zum Teil natürlich dadurch erklärt, daß es nicht jenes Gemisch aus Gerste, Erbsen, Kichererbsen und Leinsamen enthält, das früher mit dem Weizen vermengt war. Man denke außerdem an die Kühe und Büffel! Sie verschmähten das Stroh des neuen Weizens. Sie würden verhungern, wenn wir ihn anbauten. Auch zum Decken der Dächer sei das Stroh ungeeignet. Es ergebe nicht mal ein gutes Feuer, an dem man sich im Winter die Hände wärmen könne.«

Wir zeigten bereits, daß die südasiatische Landwirtschaft nicht arbeitsintensiv, sondern arbeitsextensiv ist. Als Folge finden wir häufig die Vergeudung von Arbeitskraft und einen niedrigen Produktivitätsgrad. Zu den vielen Faktoren, welche eine Verbesserung der Situation verhindern, gehört der Glaube, daß neue Anbaumethoden die Zahl der Arbeitsplätze im landwirtschaftlichen Betrieb verringern würden. Dies trifft nicht zu. Eine fortgeschrittene Technologie verringert nicht die Möglichkeit einer besseren Nutzung der Arbeitskräfte. Im Gegenteil, sie erweitert sie. Tatsächlich besteht das Gemeinsame praktisch aller technischen Reformen darin, daß sie einen größeren Arbeitsinput erfordern, für den eine motivierende Notwendigkeit geschaffen werden muß.

Die südasiatischen Länder benötigen eine neue Technologie, welche sich auf eine gründliche Kenntnis der örtlichen Boden- und Klimaverhältnisse gründet und vollkommen der Tatsache

Rechnung trägt, daß die Arbeitskräfte in der Landwirtschaft ernstlich unterbeschäftigt sind, während sie in den kommenden Jahrzehnten sich schnell vermehren werden. Nach allem was wir heute wissen, ist die Tatsache hervorzuheben, daß die Mechanisierung nicht einmal mit weniger arbeitsintensiven Agrarmethoden einhergehen muß, wie dies in den westlichen Ländern geschah. Wenn man die in Südasien bestehenden Möglichkeiten sorgfältig untersucht, dann wird sich herausstellen, daß bestimmte Formen der Mechanisierung eine wesentliche Voraussetzung für die Intensivierung der Landwirtschaft sind.
Ein anderes, noch schwerwiegenderes Hindernis für die Verbreitung nicht nur der Mechanisierung, sondern aller technologischen Verbesserungen der landwirtschaftlichen Methoden, die wir hier zur Diskussion stellen, besteht, wie wir immer wieder betonen, in der fehlenden Bereitschaft der Ackerbauern, Neuerungen einzuführen, welche ihre Arbeit und ihr Leben verändern würden. Häufig wird die Kraft dieses Widerstandes von den technischen Experten unterschätzt. Vielversprechende technologische Neuerungen verlangen intensive Ausbildungs- und Trainingsprogramme, aber die dafür notwendigen Einrichtungen sind überall in Südasien unzureichend. Und selbst dort, wo es möglich wäre, technisches Personal zu rekrutieren und auszubilden, scheitert die Mission solcher Fachleute häufig daran, daß es ihnen nicht gelingt, in der Praxis zu arbeiten, ihr Gefühl, daß sie sich dabei die Hände schmutzig machen und sich erniedrigen, zu überwinden und die Unannehmlichkeiten des Lebens der Dorfbewohner zu teilen. Aus diesem Grund sind ehrgeizige und technisch vernünftige Reformpläne gescheitert, und es wäre leichtsinnig, das zukünftige Risiko ähnlicher Mißerfolge zu gering zu veranschlagen.
Heute fallen viele Maßnahmen der Verbesserung der Agrarproduktion in den öffentlichen Sektor und erfordern eine öffentliche »Organisation«. Es wird zunehmend üblich, das Problem einfach auf eines der Organisation zu reduzieren. Dies ist jedoch eine opportunistische Haltung. Sie dient dazu, die schweren sozialen und politischen Hemmungen und Hindernisse, die einer Einführung von Neuerungen im Weg stehen, zu ignorieren und die zu »organisierenden« öffentlichen Maßnahmen zu umgehen.

In den Jahren seit Erringung der Unabhängigkeit haben alle

südasiatischen Regierungen in gewissem Umfang versucht, Landreformen durchzuführen, und zumeist verpflichteten sich die neuen Regierungen, als sie an die Macht gelangten, zur Durchführung solcher Reformen. Aber nur in geringem Umfang erfolgte tatsächlich eine Neuverteilung des Landes infolge gesetzlicher Maßnahmen dieser Regierungen. Die meisten südasiatischen Regimes verzichteten vollkommen auf radikalere Maßnahmen der Landreform. Ihre Intervention beschränkte sich vielmehr auf eine protektive Gesetzgebung für einen Teil der reisanbauenden Pächter sowie auf Versuche, die Kooperation und die Gemeindeentwicklung zu fördern.

Daß keine Einigung über radikale Maßnahmen der Landreform erzielt werden kann, muß im Licht der vielfältigen, mit dem Pachtsystem verbundenen Interessen gesehen werden. Die breite Streuung des Landbesitzes auch unter den städtischen Ober- und Mittelschichten und den nicht Anbau treibenden Landbewohnern – wobei zu beiden Gruppen zahlreiche Regierungsbeamte gehören – schafft einen mächtigen Anti-Landreform-Block, mächtig nicht nur hinsichtlich seiner Wählerstimmen, sondern auch deshalb, weil er einen beträchtlichen Anteil der alphabetisierten Bevölkerung umfaßt.

Der geringe Eifer für radikale Reformen, der sich seit der Unabhängigkeit in der Region feststellen läßt, ist auch dem auf die nationalen Regierungen einwirkenden Zwang zuzuschreiben, ihre Macht zu konsolidieren und in der nahezu chaotischen Situation, die sie vorfanden, so etwas wie Ordnung und Stabilität zu schaffen. Aber auch weiterreichende ökonomische Bedenken gemahnten zur Vorsicht. Man war sich darin einig, daß die Wohltaten der Landreform sich nur langsam einstellen würden, während die neuen Regierungen völlig mit unmittelbaren Problemen ausgelastet waren. Auch gaben sie der Industrialisierung eine hohe politische Priorität; in einflußreichen Kreisen befürchtete man, daß das Tempo der Industrialisierung durch radikale Landreformen verlangsamt würde, weil diese auf kurze Sicht die Gesamtmenge der zur Ernährung einer anwachsenden nicht-landwirtschaftlichen Bevölkerung zur Verfügung stehenden marktgängigen Nahrungsmittel verringern würde. Was immer sonst ihre Schwächen sein mochten, eine durch das Pachtsystem und die Verschuldung belastete Agrarstruktur war und ist jedenfalls dazu geeignet, den Armen in der Landwirtschaft marktgängige

Nahrungsmittel abzupressen. Die Bauern, die sonst ihre Ernten überwiegend selbst verzehren würden, sind so gezwungen, diese zum großen Teil den Grundherren und Geldverleihern zu überlassen, welche die Nahrungsmittel in den Städten auf den Markt bringen.
Die südasiatischen Regierungen stehen daher vor einem ausweglosen Dilemma. Wenn es ihnen nicht gelingt, Landreformen durchzuführen, dann werden ihre Bemühungen, die landwirtschaftlichen Erträge wesentlich zu steigern, scheitern müssen. Wenn sie energisch größere Landreformen durchführen, dann gewärtigen sie das Risiko zumindest zeitweiliger Rückschläge in der Nahrungsmittelversorgung auf dem Markt. Außerdem sind die artikulierten und politisch einflußreichen Schichten überwiegend gegen eine gründliche Landreform eingestellt. Selbst wenn sie Lippenbekenntnisse für eine solche ablegen, werden sie doch jede dementsprechende Gesetzgebung entschärfen oder ihre Durchführung verhindern.

In Indien und Pakistan waren besonders die Vermittler, jene halbfeudale Grundbesitzerklasse, die sich durch die britische Variante des Landpachtsystems entwickeln konnte, vor der Unabhängigkeit die Zielscheibe von Feindseligkeiten. Anfangs fanden Bemühungen statt, diese Grundbesitzer zu eliminieren, die vor der Unabhängigkeit fast die Hälfte des indischen Bodens besaßen. Aber nach ambitionierten Anfängen triumphierten wie üblich die Kräfte des Kompromisses und der Halbherzigkeit, und vielen dieser Vermittler gelang es, sich dadurch zu erhalten, daß sie vorgaben, persönlich das Land zu bestellen.
Offen gesagt, verfolgte die Beseitigung der Vermittler in Indien und Pakistan auch nicht den Zweck, das Land denen zu übergeben, welche es tatsächlich bestellen. Vielmehr war sie als Maßnahme zur Wiederherstellung der ursprünglichen Klasse von »bäuerlichen Kultivatoren« geplant, die im Lauf der frühen Landnahme durch die Briten ihre Rechte verloren hatte. Das Land kam in die Hände von Mitgliedern der »Ackerbau treibenden Kasten« in den Dörfern und der Familien aus höheren Kasten, die ihr Einkommen traditionell aus dem Landbesitz bezogen und denen die kolonialen Pachtgesetze die Rechte privilegierter Pächter eingeräumt hatten. Diejenigen unter ihnen, welche das Land tatsächlich bearbeiteten, hatten schon vor den

Reformen mehr Anlaß als die gewöhnlichen Pächter, ihre Anbaumethoden zu verbessern, denn eine Steigerung ihrer Erträge war nicht direkt und unmittelbar mit einer Erhöhung des Pachtzinses verbunden.

Die Herrschaft des Vermittlers als eines halbfeudalen Häuptlings ist nun beendet. Eine Nebenfolge ist, daß die Macht in den Dörfern von der alten Klasse der abwesenden Landbesitzer und ihrer Agenten auf eine obere Mittelschicht übergegangen ist, die sich aus Kaufleuten, Geldverleihern und häufig in den Dörfern lebenden bäuerlichen Landbesitzern zusammensetzt. Damit wurde die Grundlage für eine mögliche Entwicklung der indischen Landwirtschaft nach kapitalistischen Gesetzen geschaffen; diejenigen, die diese Entwicklung befürworten, sind nicht bereit, weitere Veränderungen des Pachtsystems zu unterstützen. Andererseits war die Beseitigung der Mittelsleute für jene, die eine egalitärere Entwicklung der indischen Landwirtschaft wünschen, nur ein Anfang der Agrarreform. Aber es war ein wichtiger Anfang. Die Beseitigung der feudalen Großgrundbesitzer durch parlamentarische Maßnahmen war im ersten Jahrzehnt der Unabhängigkeit keine geringe Leistung, auch wenn die Schwäche und Korruption der Verwaltung den alten Herren noch auf einige Zeit hinaus erheblichen Einfluß einräumen.

Faßt man die Folgen der Begrenzung des Landbesitzes nach oben und der Umverteilung des Landes ins Auge, dann lassen sich eine Reihe von vorläufigen Verallgemeinerungen über die bisherige Erfahrung in Südasien anstellen. Es gibt keine revolutionäre Störung der Eigentumsverhältnisse in der Agrarstruktur. Die seit jeher bestehende Ungleichheit in der Dorfstruktur ist kaum in Frage gestellt. Die Tatsache, daß diese Maßnahmen keine günstige Publizität erreichten, trug zu einer wachsenden Frustration in der Landwirtschaft bei. Indessen ist es alles andere als sicher, daß die geringfügigen Neuerungen, welche von Regierungsseite in der landwirtschaftlichen Eigentumsordnung eingeführt wurden, vorteilhafte wirtschaftliche Ergebnisse gezeitigt hätten. In keinem Land Südasiens wurden die Pächter in nennenswertem Umfang zu Eigentümern des von ihnen bestellten Landes. So ist das fest verankerte Pachtsystem immer noch das grundlegende Problem. Alle Regierungen Südasiens haben legislative Maßnahmen ergriffen, um zumindest einigen, wenn schon nicht allen Pächtern einen gewissen Schutz angedeihen zu lassen und um die Ansprüche der Landbesitzer auf die Ernte zu beschränken.

Man muß sich klar machen, daß diese Pachtgesetze, wenn sie überhaupt wirksam sein sollen, sowohl einen maximalen Pachtzins vorschreiben als auch die sichere Beschäftigung des Pächters garantieren müßten, was sie offensichtlich nicht taten. Auch ist die Befolgung der Gesetze häufig problematisch. Sie sind oft bloße Schaustücke voller Schlupflöcher oder umfangreiche, äußerst komplizierte Dokumente, die der Pächter, selbst wenn er lesen könnte, kaum verstehen würde. Auch nach Erreichung der Unabhängigkeit blieben die Anteilspächter in Indien üblicherweise entschieden benachteiligt. In der Regel zahlen sie wesentlich höhere Zinsen als die privilegierten Pächter, und die Landbesitzer sind besonders daran interessiert, zu verhindern, daß sie in den Genuß ihrer Rechte als protegierte Pächter gelangen. Infolgedessen blieb die Anteilspacht nahezu in ganz Indien und Pakistan erhalten. Selbst wenn die Pächter technisch unter das Gesetz fallen, sind sie, da ihr Pachtverhältnis nicht abgesichert ist, in einer zu schwachen Position, um die gesetzlichen Pachtsätze durchsetzen zu können.

Daß es nicht gelingt, die Anteilspächter in die Gruppe der protegierten Pächter aufzunehmen, hat ernste Konsequenzen für die Entwicklung der Landwirtschaft. Unter den wirtschaftlichen und sozialen Bedingungen in einer Landwirtschaft, in der die Anteilspacht überwiegt, lassen sich Ungerechtigkeiten unglücklicherweise nicht einfach dadurch verhindern, daß man die Anteilspächter unter jene Pächter einreiht, die durch ein starkes Pachtrecht oder durch solche Gesetze, die den vom Grundbesitzer zu beanspruchenden Betrag beschränken, geschützt sind. In den ländlichen Gegenden Südasiens, wo der schnelle Zuwachs von Arbeitskräften die Nachfrage nach Ackerland in die Höhe treibt, ist es auch möglich, daß die Durchführung von Gesetzen, welche einen Minimalzins festsetzen, nachteilige soziale und wirtschaftliche Folgen zeitigt. Nur zu oft gerät der Pächter in Versuchung, sein Land zu einem wesentlich höheren Zins weiterzuverpachten, als er selbst bezahlt, und an der Basis der Pachtpyramide steht immer der Anteilspächter.

Eine weitere erhebliche Schwäche der Pachtgesetzgebung in Indien und Pakistan sowie in den Ländern Südostasiens besteht darin, daß ihre Durchsetzung in den Händen von Beamten liegt, denen häufig sowohl die Qualifikation als auch die für eine solche Arbeit notwendige Integrität fehlen. In Ceylon versuchte man einen anderen Weg zu beschreiten, indem man die Durchführung der Pachtgesetze lokalen, von den Bauern für diesen spezifischen Zweck gewählten Gremien übertrug, doch die ersten Erfahrungen waren enttäuschend. Nur ein kleiner Prozentsatz der Pächter und Grundbesitzer beteiligte sich an dieser Wahl, wenn es auch wahrscheinlich ist, daß viele Pächter sich eher aus Furcht vor der Vergeltung der Landbesitzer als aus mangelndem Interesse der Stimme enthielten. Infolgedessen mußten die Wahlen in vielen Dörfern abgeblasen werden.

Die Landpachtgesetze scheiterten also nicht deshalb, weil es keine gegeben hätte, sondern weil diejenigen, die verabschiedet wurden, nicht durchgesetzt werden konnten. Analphabetentum und Unwissenheit machen die meisten Pächter zur leichten Beute der Grundbesitzer und ihrer Agenten; daneben leiden sie auch häufig unter der Doppelrolle vieler Grundbesitzer als Landherren und Geldverleiher. Wenn die Pächter bei einem Landbesitzer verschuldet sind, dann müssen sie sich mit seinen Übergriffen auf ihre Rechte abfinden.

Unterstützung hingegen erhält der Pächter weder von jenen Bauern, die ein kleines Stück Land besitzen, noch von den Lohnarbeitern, die keinen Anlaß haben, sich um sein Geschick zu kümmern. Die Gruppe der Pächter selbst ist zu heterogen und in manchen Teilen Südasiens zu sehr durch die Klassenschranken unterteilt, als daß sie massenhaft gegen die Mißachtung der Gesetze Einspruch erheben könnten. Auch begegnet der Pächter dem Landbesitzer normalerweise mit Ehrfurcht und Hochachtung und bringt nicht den Mut auf, sich ihm zu widersetzen, selbst wenn dieser das Gesetz übertritt. Der Beamte, der über die Durchführung dieser Gesetze wacht, hat häufig noch mehr Respekt vor dem Grundbesitzer und wird sich hüten, gegen ihn einzuschreiten.

Eine erprobte Waffe der Bauern in ihrem dauernden Kampf mit dem Boden, dem Wetter und den Marktverhältnissen ist in vielen Teilen der Welt die Kooperative. Solche Organisationen ermöglichen es den Bauern, das benötigte Saatgut und die Düngemittel in Großhandelsmengen einzukaufen, Geld zu leihen, einander bei der Ernte zu helfen und – durch solche kooperativen

Bemühungen – ihre Produkte zu den vorteilhaftesten Preisen auf den Markt zu bringen. Unglücklicherweise hatten die Versuche mit verschiedenen Formen von kooperativen Zusammenschlüssen in Südasien nur wenig Erfolg, und die Hauptursache dafür ist die große soziale Ungleichheit in vielen Teilen der Region.

Die Programme für die lokale Kooperation wurden häufig so dargestellt, als wären sie revolutionär und könnten von sich aus schon die Voraussetzungen für mehr Egalität in den Dörfern schaffen. Dies war eine Illusion. Die Landreform und die Pachtgesetzgebung sind zwar, zumindest der Absicht nach, Mittel zur Herbeiführung einer grundlegenden Veränderung der Eigentumsrechte und der wirtschaftlichen Abhängigkeiten, doch die Strategie der Kooperative beinhaltet keinen Frontalangriff auf die bestehende inegalitäre Machtstruktur. In Wirklichkeit zielt sie darauf ab, die Verhältnisse zu verbessern, ohne diese Struktur anzutasten, und stellt in der Tat ein Ausweichen vor der Frage der Egalität dar. Wenn, wie es normalerweise der Fall ist, nur die höheren Schichten des Dorfes sich die durch kooperative Institutionen gegebenen Vorteile zunutze machen – und von den durch die Regierung für deren Entwicklung bereitgestellten Subventionen profitieren – können, dann läuft dies per Saldo auf eine Vermehrung, nicht auf eine Verminderung der Ungleichheit hinaus. Und dies gilt auch dann, wenn es das erklärte Ziel ist, den benachteiligten Schichten zu helfen.

Wie die Kooperativen-Bewegungen wurden auch die Gemeindeentwicklungsprogramme, welche die meisten südasiatischen Länder durchzuführen suchten, vom Ideal der Egalität beflügelt, und die Bedürfnisse und Interessen der niedrigeren Stufen der Dorfhierarchie wurden in den Vordergrund gestellt. Aber wie sich die Dinge entwickelten, bestand, besonders in Indien, die Tendenz zur Bevorzugung nicht nur der wohlhabenderen Dorfbewohner, sondern auch der wohlhabenderen Dörfer und Bezirke. Die Hoffnung, daß die Gemeindeentwicklungsprojekte, die seit der Unabhängigkeit eingeführt wurden, in der ganzen Region einen massiven Aufschwung bewirken würden, wurden enttäuscht. Die breite Unterstützung, die diese Programme zumindest in der Anfangszeit erhielten, hat inzwischen nachgelassen. Besonders die Teilnahme an den freiwilligen Arbeitsprogrammen – die nie besonders hoch war – hat offenbar vollkommen aufgehört, vor allem in Indien. Die Gemeindeentwicklung ist nicht länger als Unterstützung für die Selbsthilfe der unteren Schichten anzusehen. Tatsächlich hat sie sich zu einer Methode entwickelt, die Regierungshilfe den weniger Armen zuzuleiten.

Die Gemeindeentwicklung leidet zwar unter den Schwächen der Land- und Pachtgesetze und ihrer mangelhaften Durchführung, hat aber andererseits die Schwierigkeiten noch vermehrt, welche diesen anderen Reformbestrebungen, die in Indien ursprünglich ins Auge gefaßt worden waren, im Wege standen. Der landwirtschaftliche Aufbaudienst erfuhr in dem Augenblick einen lebhaften Aufschwung, als die Gruppe der bäuerlichen Landbesitzer durch die Beseitigung der Mittelsleute gestärkt wurde. Zumindest einige unter ihnen begriffen, daß mit der Modernisierung der Landwirtschaft Geld zu verdienen war und daß dabei mit der liberalen Unterstützung der Regierung gerechnet werden konnte. Nachdem die bäuerlichen Landbesitzer diese Lektion gelernt haben, sind sie weniger denn je bereit zuzustimmen, daß ihr Besitz zum Nutzen der weniger gut gestellten Dorfbewohner aufgeteilt wird. In einigen südasiatischen Ländern wurden Versuche mit der kooperativen Landwirtschaft, einer komplexeren Methode der Gemeindeentwicklung, unternommen. Auf den ersten Blick spricht in einem Land wie Indien vieles für eine kooperative Anbauplanung. Bei kooperativen Arrangements in der Landwirtschaft wäre es möglich, kleine, fragmentierte Besitztümer zu operationellen Einheiten zusammenzulegen, auf denen rationelle Prinzipien der Bodenbewirtschaftung und Landnutzung besser verwirklicht werden könnten. Gleichzeitig bieten große landwirtschaftliche Einheiten bessere Aussichten für die Einführung und die vernünftige Anwendung von ertragssteigernden Techniken wie etwa der Bewässerung und dem Einsatz von verbessertem Saatgut und von Düngemitteln sowie für die gemeinsame Verwendung von Arbeitstieren, Traktoren, Werkzeugen und Maschinen in den Betrieben.

Kurz, der kooperativen Landwirtschaft traut man häufig zu, daß sie die ganze institutionelle Matrix der südasiatischen Agrarstruktur transformieren und die tradierten Hindernisse, welche einem hohen Leistungsniveau, einer verbesserten Produktivität und einer rationelleren Nutzung der Arbeitskräfte im Wege stehen, überwinden könne. Nur in Indien wurden umfangreichere Versuche zur Einführung der kooperativen Landwirtschaft unternommen. Aber das indische Dorf, so wie es gegenwärtig ist, stellt keine günstige Umwelt für die Entwicklung der dafür notwendigen sozialen Harmonie dar. Ein Grund für den generellen Mißerfolg der kooperativen Landwirtschaft in Indien war, daß die Veränderung der Landbesitz-Strukturen unterblieb. Bislang haben die kooperativen Bemühungen praktisch keine Veränderung des Status quo bewirkt. Selbst die abwesenden Landbesitzer unterstützen in Indien den Gedanken der kooperativen Landwirtschaft, denn das individuelle Besitzrecht blieb erhalten und sie profitierten von den von der Regierung gebotenen Vorteilen und Hilfsmaßnahmen. Die unglücklichste Folge dieses Versuchs, eine kooperative Lösung zu finden, ist jedoch, daß dadurch die Aufmerksamkeit von den schwerwiegenden Problemen einer fundamentalen Strukturreform abgelenkt wurde.

In den letzten eineinhalb Jahrzehnten haben beinah alle westlichen und südasiatischen Wirtschaftswissenschaftler, die die Agrarprobleme der Region untersuchten, die Mobilisierung von Arbeitskräften zum Bau von Straßen, Brücken, Bewässerungssystemen und anderen Verbesserungen der ländlichen Infrastruktur gefordert. Es wurde behauptet, daß diese »Investitionen« über die benötigten Arbeitskräfte hinaus nur wenig zusätzliche Mittel erfordern würden. Sie setzen jedoch stets kollektive Anstrengungen voraus, und alle Bemühungen, die unterbeschäftigten Arbeitskräfte zu organisieren, sind in Südasien meist gänzlich oder beinah gescheitert. Es hat sich als nahezu unmöglich erwiesen, die Menschen zur Arbeit zu überreden, wenn dies nicht unmittelbar zu ihrem eigenen Vorteil war. Die landlosen Arbeiter und Anteilspächter in Indien zum Beispiel haben kein Motiv, unentgeltlich für Verbesserungen zu arbeiten, deren Vorteile den landbesitzenden höheren Schichten zugute kämen.

Man vernimmt häufig den Ruf nach stärkerer Führung an der Spitze und mehr Disziplin bei den mittleren Führern solcher Selbsthilfeprojekte. Noch öfter wird die Erklärung angeboten, daß die Möglichkeiten, die zu gering genutzten Arbeitskräfte zu mobilisieren, in einer Demokratie beschränkter seien als unter einem kommunistischen Regime. Dieser Hinweis erfolgt zuweilen in bedauerndem Ton. Häufiger wird mit Stolz vermerkt, daß kein Zwang eingesetzt werden sollte, auch wenn dadurch weniger erreicht werde. Im allgemeinen ist man jedoch in den meisten südasiatischen Ländern und ganz besonders in Indien eher als in den westlichen Ländern bereit, anzuerkennen, daß das kommunistische System mehr als nur Zwang einsetzt, wenn es die Massen zu kollektiven Anstrengungen mobilisiert. Man erkennt auch an, daß die rassische Gleichstellung, eine intensive Ausbildung, Propaganda und die in einem einmütigen Kader geleistete Organisationsarbeit dazu beitragen.

Eine greifbarere Schwierigkeit ist in Südasien das Fehlen von Organisatoren. Dieser Engpaß beruht nicht zuletzt auf der Knappheit befähigter und technisch gut ausgebildeter Personen, die die Arbeit am Ort befehligen und leiten könnten. Gelegentlich wird die Armee als letztes Hilfsmittel empfohlen. In Indien, das für seine Verteidigung gegen China und Pakistan eine große Armee unterhalten muß, wäre es tatsächlich ohne weiteres möglich, Soldaten für solche öffentlichen Aufgaben auszubilden. In Indonesien hat die Armee mit ihren »öffentlichen Aktionsprogrammen« den Bauern organisatorische Hilfe bei öffentlichen Arbeiten gewährt. Aber selbst wenn das Militär oder von ihm ausgebildetes Personal für die Leitung öffentlicher Arbeiten eingesetzt würde, stieße dies auf dieselben Schwierigkeiten, mit denen diejenigen, die sich um eine Verbesserung der Verhältnisse auf dem Land bemühen, zu kämpfen haben; die fundamentale Tatsache bleibt bestehen, daß die Dörfer, wie auch die Staaten und Nationen, durch die der inegalitären Agrarstruktur innewohnenden Unterschiede tief in sich gespalten sind.

Der Katalog der Enttäuschungen in dem nach dem Krieg geführten Kampf um die Verbesserung der südasiatischen Landwirtschaft ist lang. Die einzigen sichtbaren Ergebnisse der seit der Unabhängigkeit ergriffenen Maßnahmen sind wahrscheinlich die Stärkung der Oberschicht in den Dörfern und die damit verbundene Schlechterstellung der Anteilspächter und landlosen Arbeiter in den unteren Schichten der Agrargesellschaft. Die wichtigste Ursache dafür ist das Weiterbestehen der wirtschaftlichen und sozialen Ungleichheit in der ganzen Region und das lähmende Statusstreben der Menschen.

Dieser Trend der Ereignisse in der Nachkriegszeit hat weitreichende Konsequenzen. Alle Anzeichen deuten darauf hin, daß der günstigste Moment für eine radikale Umformung der Agrarstruktur versäumt wurde. Tiefgreifende Veränderungen wären vielleicht in der revolutionären Umwelt der ersten Nachkriegsjahre möglich gewesen. Doch wenn man sich damals vielleicht auf eine fundamentale Änderung des Besitz- und Pachtrechts hätte einigen können, so wäre dies heute nicht mehr möglich. Die durchgeführten Teilreformen haben die soziale und wirtschaftliche Stellung der ländlichen Oberschicht gestärkt, auf deren politische Unterstützung die heutigen Regierungen wesentlich angewiesen sind.

Solange der soziale Status durch Arbeit und die Sorge um den Lebensunterhalt gefährdet wird, während die völlige oder teilweise Enthaltung von produktiver Arbeit diesen hebt, bleibt der Gesamtertrag erheblich unter dem, was möglich wäre. Wenn es andererseits gelänge, die Verachtung der Arbeit durch Maßnahmen zur Verringerung der Ungleichheit zu beseitigen, dann ließen sich die Gesamtnutzung der Arbeitskräfte und die Produktion gleichzeitig vorantreiben. Anders als in den westlichen Ländern (zumindest nach der üblichen Einschätzung) besteht in Südasien eine Situation, in der *die Herbeiführung der sozialen und ökonomischen Gleichheit die Voraussetzung für eine substantielle langfristige Steigerung der Produktion ist.*

Einer solchen politischen Auffassung ist keineswegs ein leichter Erfolg beschieden; dieser hängt von zahlreichen Begleitumständen ab. Aber zumindest kann man sagen, daß die Maßnahmen zur Reform der Landwirtschaft, welche das Problem der Ungleichheit ignorieren, wahrscheinlich keine nennenswerten und vor allem keine dauerhaften Ergebnisse zeitigen werden. Dieses Versäumnis ist wahrscheinlich der schwerste Fehlschlag der bislang von den südasiatischen Regierungen unternommenen Anstrengungen zur Veränderung der institutionellen Struktur. Sogar jene Maßnahmen, die sich auf dem Papier anscheinend mit der Frage der Egalität befaßten – z. B. die Kooperativen und die Gemeindeentwicklung –, verfehlten in Wirklichkeit ihr Ziel. In vielen Erörterungen über Alternativpläne, die einen Aufschwung der südasiatischen Landwirtschaft bewirken könnten, wird die Umverteilung des Landes von vornherein mit der Begründung ausgeschlossen, daß diese lediglich kleine, unwirtschaftliche Besitztümer schaffen und die Leistungsfähigkeit der gegenwärtigen größeren Anbaueinheiten opfern würde. Solche Befürchtungen sind tatsächlich weit übertrieben. Man muß sich vor Augen halten, daß in der südasiatischen Landwirtschaft ein gewaltiger Unterschied zwischen den Besitzeinheiten und den Anbaueinheiten besteht. Die »Farm« in Südasien weist keine Ähnlichkeit mit den Farmbetrieben Nordamerikas oder Europas auf. Die südasiatische Farm ist nicht eine wirtschaftliche Einheit, die sich aus einem Haus für das Personal, einem Garten und einer Reihe von Gebäuden für die Lagerung der Ernte und das Unterstellen von Tieren und Maschinen zusammensetzt. Der Farmbetrieb besteht einfach aus einem Stück flachen Landes oder häufiger aus einer Reihe verstreuter kleiner Felder, wo es keine festen Anlagen außer vielleicht einem Brunnen oder manchmal Terrassen, Drainage- oder Bewässerungskanälen gibt.

Unter dem Gesichtspunkt der Arbeitskräftenutzung sprechen eindrucksvolle Argumente für eine radikale Umverteilung des Landes. Sie verspricht die Voraussetzungen für einen weitreichenden Wandel der Psychologie und der Einstellungen der ländlichen Arbeitskräfte zu schaffen, indem sie die Hemmungen gegenüber der Arbeit beseitigen könnte, die seit langem in der traditionellen, inegalitären Struktur verwurzelt sind. Eine radikale Umverteilung des Landes könnte diejenigen, die dadurch zu Landbesitz kommen, veranlassen, intensiver zu arbeiten und die tote Jahreszeit für ertragsteigernde Verbesserungen zu nutzen. Vor allem könnte sie den schwächenden Einfluß des vorherrschenden Anteilspachtsystems unterbinden. Dabei könnten diejenigen Ackerbau treibenden Bauern, deren Besitz durch eine solche Redistribution verringert würde, intensiver arbeiten, um zumindest einen Teil ihres verlorenen Einkommens wieder einzubringen.

Es wurde auch eingewandt, daß die Umverteilung des Landes neue Eigentümer hervorbringen könnte, deren Unerfahrenheit geringere Erträge verursachen würde. Aber die Anteilspächter und andere Pächter sowie die landlosen Arbeiter – und dies ist die Gruppe, die am meisten von der Neuverteilung profitieren würde – sind erfahrene Ackerbauern. Selbst wenn die neuen Eigentümer als Kultivatoren weniger qualifiziert wären als diejenigen, an deren Stelle sie träten, könnte ein stärkerer Arbeitsaufwand ihrerseits ohne weiteres die negativen Effekte ihrer minderen Qualifikation aufwiegen. Wie wir bereits ausführten, besteht ein erheblicher Spielraum für die Intensivierung der Landwirtschaft durch nichts anderes als die traditionellen Methoden, die entweder bekannt sind oder durch Aufbaufachkräfte verbreitet werden könnten, welche auf eine größere Bereitschaft stoßen würden, wenn die Bauern das Land, das sie bestellen, selbst besäßen. Auch das Argument, daß den neuen Landbesitzern das erforderliche Kapital fehlen würde, ist nicht stichhaltig. Diese Schwierigkeit ließe sich durch die Zusammenlegung der benötigten Ausrüstung und durch eine echte Kooperation überwinden, wozu auch ein Kreditsystem gehört, das in einer egalitäreren Sozial- und Wirtschaftsstruktur eher möglich wäre.

Sicher würde eine solche radikale Umverteilung des Landes nicht alle Hindernisse beseitigen, die dem landwirtschaftlichen Fortschritt im Wege stehen. Viel wäre durch technologische Verbesserungen und durch eine bessere Nutzung der Arbeitskräfte zu erreichen. Aber die Landredistribution könnte ein für die Einführung dieser Neuerungen empfänglicheres Klima schaffen. Dasselbe dürfte für die Kooperativen-Bewegung gelten. Selbst die kooperative Landwirtschaft hätte eine bessere Chance, wenn sie aufgrund einer besseren Zusammenarbeit erfolgte.

Aber auf lange Sicht muß noch ein weiteres und schwerwiegenderes Problem in Rechnung gestellt werden. Da protektive Maßnahmen fehlen, wäre es ein Irrtum, die Redistribution des Landes als befriedigende langfristige Lösung für die Probleme der südasiatischen Landwirtschaft zu betrachten. Der Übergang der Besitzrechte an die tatsächlichen Landbesteller könnte leicht durch die gegenwärtig wirksamen Kräfte untergraben werden. Damit die Neuverteilung des Landes eine dauerhafte Verbesserung bewirkt, müßte sie durch eine ähnlich radikale Streichung früherer Verpflichtungen bei den Geldverleihern, durch ein Verbot, neue Darlehen bei ihnen aufzunehmen, sowie durch Gesetze, welche die Belastung des Landes mit Hypotheken und den Verkauf verbieten, ergänzt werden. Solche Maßnahmen würden die radikale Landreform offenbar politisch noch weniger akzeptabel machen. Auch könnte die Gesetzgebung, mit der eine künftige Weiteraufteilung und Fragmentierung des Landes unterbunden und der Verkauf verboten würde, unter dem Druck des Arbeitskräftezuwachses in der Landwirtschaft zusammenbrechen. Daher kann man sich eine solche radikale Umverteilung des Landes optimal nur als eine ein für allemal eintretende Veränderung der Land-Pachtstruktur vorstellen, die durch ihre Schockwirkung die Hindernisse beseitigen könnte, welche unter dem gegenwärtigen System der Ungleichheit einer intensiveren Nutzung der Arbeitskräfte im Weg stehen.

Sollte die radikale Neuverteilung des Landes an die Bauern nicht nur politisch unrealistisch sein, sondern auch praktische Mängel aufweisen, dann erschiene die Verstaatlichung des Landbesitzes als eine vorteilhaftere Alternative. Das Problem der Fragmentierung und Aufteilung kleiner Besitztümer wäre damit ebenfalls gelöst; es ließe sich eine rationale Landnutzung und Planung einführen. Und die technischen Bewässerungseinrichtungen ließen sich besser ausnutzen. Doch eine solche radikale Konsolidierung des Landes, wiewohl ein interessanter Gedanke, kann politisch nicht in Erwägung gezogen werden. Dies ließe sich nur nach einer kommunistischen Revolution durchführen. Und in Südasien wären die Ergebnisse noch unbefriedigender als in der Sowjetunion und China, wo der Machtergreifung der kommunistischen Regierungen und ihrer Verstaatlichung des Landbesitzes eine lange Periode der Organisation und Vorbereitung vorausging. Anscheinend bietet der Kommunismus nicht einmal in der Theorie eine erfolgreiche Therapie für die Krankheiten der südasiatischen Landwirtschaft.

Wir hegen ernste Zweifel, ob es überhaupt möglich sein wird, ein Programm aufzustellen, das in jeder Hinsicht als ideal zu bezeichnen wäre. Wir haben uns jedoch davon überzeugt, daß die gegenwärtig beschrittenen Wege der Agrarpolitik und die in erster Linie diskutierten Alternativen nicht geeignet sind, die so dringend benötigte Veränderung herbeizuführen. Mit aller Vorsicht wollen wir versuchen, den Rahmen anzugeben, in dem eine neue Auffassung der Agrarpolitik mit Gewinn erörtert werden könnte. Dabei denken wir in erster Linie an ein Land wie Indien.

Bislang vereinigt die Agrarpolitik das Schlechteste aus zwei Welten: sie hat keine wirkliche Gleichheit bewirkt, mit dem Ergebnis, daß die Menschen mutlos und zynisch wurden, während das Leistungsprinzip nicht ausreichend anerkannt und befolgt wird.

In dieser Situation sollte die erste Lösung darin bestehen, daß die Regierung ein festes politisches Programm aufstellt und darauf achtet, daß dieses tatsächlich durchgeführt wird. Die zweite Lösung besagt, daß es, nachdem weder der politische Wille noch die administrativen Mittel für eine radikale oder zumindest eine einigermaßen effektive Landreform vorhanden sind, vorzuziehen sein dürfte, eine bewußte Entscheidung zugunsten der kapitalistischen Landwirtschaft zu treffen, so daß es dem progressiven Bauern möglich wäre, den vollen Gewinn seines Unternehmungsgeistes und seiner Arbeit einzubehalten, während die grundlegenden Fragen der Egalität und der institutionellen Reform unter einem anderen Gesichtswinkel und mit anderen politischen Mitteln angegangen werden sollten.

Eine Politik, welche die kapitalistische Entwicklung der Landwirtschaft fördert, ist scharf von einer des Laissez-faire zu unterscheiden. Tatsächlich verlangt sie eine weitgehende Veränderung des Status quo. Wie wir an anderer Stelle zeigten, besteht die einheimische Praxis der Landwirtschaft Südasiens normalerweise aus einer quasi kapitalistischen Kombination der nachteiligsten Merkmale der kapitalistischen und feudalen Wirtschaftsformen.

Zumindest darf eine wirklich kapitalistische Entwicklung nicht den passiven, parasitären Landbesitz von Personen dulden, die sich die Überschüsse des Agrarsektors aneignen, aber keinen Beitrag zur Produktion leisten. Die Anteilspacht sollte abgeschafft werden. Es wird nicht leicht sein, den Mißbrauch des Landes in den Händen von abwesenden Eigentümern, aber auch von auf dem Land ansässigen Besitzern, die behaupten, »Bauern« zu sein, dies aber nicht wirklich sind, zu unterbinden. Durch ein Steuersystem, welches das Einkommen der nicht aktiv arbeitenden Landbesitzer stark abschöpfen würde, sowie durch Gesetze, die in Zukunft den Erwerb von Bodenrechten durch nicht Landwirtschaft treibende, nicht ansässige Personen verbieten würden, ließe sich schon viel erreichen.

Gesetze dieser Art bestehen in vielen demokratischen Ländern, so etwa in Schweden, auch wenn das Übel der Abwesenheit von Grund und Boden dort wesentlich weniger verbreitet ist. Die Reform, an die wir denken, würde niemandem etwas wegnehmen, sondern den Landerwerb durch Personen, die nicht bereit sind, das Land zu kultivieren, unterbinden und besonders den Erwerb von Land durch Stadtbewohner verbieten. Tatsächlich ist es ein Indikator für die Machtverhältnisse in den südasiatischen Ländern und ihren ideologischen Reflex, *daß ein solcher gerader, praktischer Reformkurs, obwohl es eine Fülle von radikalen Verlautbarungen in der konventionellen Form von Schlagwörtern wie »soziale und ökonomische Revolution« oder »das Land in die Hand der Bauern« gab, nicht ernsthaft diskutiert wurde.*

Obwohl die Verwirklichung eines solchen Ansazes notwendig ziemlich nachlässig gehandhabt würde, woran wir nicht zweifeln, würde dieser gleichwohl gegenüber den in den Nachkriegsjahren vertretenen politischen Maßnahmen viele Vorzüge aufweisen. Im großen und ganzen orientierte sich die Politik der Agrarreform in der Zeit nach dem Krieg an der *Größe* des landwirtschaftlichen Besitzes als dem grundlegenden Kriterium. Wir hingegen schlagen vor, statt dessen das Kriterium der *funktionalen* Nutzung des Landes anzuwenden. Großer Landbesitz sollte nicht per se als Übel betrachtet werden, wenn er einen wirklichen Leistungs- und Produktivitätszuwachs bietet. Funktionale Überprüfungen der Leistungsfähigkeit und der genuinen Mitarbeit wären einer statischen Kontrolle der Besitzgröße bei weitem vorzuziehen.

Ein ehrlicher Versuch – auch wenn er nur unvollkommen durchgeführt würde –, in kontrollierter und beschränkter Form das kapitalistische Schema zu übernehmen, das sich in den westlichen Ländern allmählich herausgebildet hat, dürfte gegenüber den heute üblichen Maßnahmen und Praktiken erhebliche Vorteile bieten. Zumindest würde er zu einem konsequenteren Denken führen, indem er die trügerische Fassade eines sozialistischen Schemas beseitigen würde, die nicht nur von der Realität weit entfernt ist, sondern auch Unsicherheit bei den »Habenden« und Erwartungen bei den »Habenichtsen« hervorruft, die, wenn sie getäuscht werden, zu einer deprimierenden Desillusionierung führen.

Wie wir behaupteten, besteht nicht notwendig ein Konflikt zwischen den Zielen der Intensivierung der Agrarproduktion und der Absorption einer größeren Zahl von Arbeitskräften. Gleichwohl ist zu gewärtigen, daß eine solche Rivalität in manchen Fällen auftreten wird – zum Beispiel bei der unkontrollierten Einführung mechanisierter Verfahren. Aber wenn die Mechanisierung die Gefahr so nachteiliger Folgen wie der Vernichtung von Arbeitsplätzen mit sich bringen sollte, dann könnte ihr Einsatz durch eine entschlossene Regierungskontrolle überwacht werden.

Die Entwicklung eines genuin kapitalistischen Produktionssystems impliziert nicht die Wahrung des Status quo, sondern sie wäre, wie wir zeigten, als eine sehr radikale Landreform anzusehen, wenn auch anderer Art als die für gewöhnlich erörterten Pläne. Sie muß so angelegt sein, daß die Landbesitzer ermuntert werden, sich aktiv am Anbau zu beteiligen, zumindest in dem Sinn, daß sie echte landwirtschaftliche Unternehmer werden. Diese Politik muß besonders auf die allmähliche Abschaffung des Systems der Anteilspacht abzielen. Die landwirtschaftlichen Arbeiter andererseits sollten eine geachtete Stellung im kapitalistischen Agrarsystem einnehmen. *Zweifellos ist ein langfristiger Aufschwung der Landwirtschaft in Südasien unmöglich, wenn es nicht gelingt, die traditionelle Abneigung gegenüber der Handarbeit und besonders gegenüber der Arbeit als Lohnempfänger aus dem Wirtschaftssystem wie aus dem Bewußtsein der Menschen auszurotten.*

Maßnahmen zum Schutz der landwirtschaftlichen Arbeiter sind für die Verwirklichung dieser Art der Landreform ebenso wichtig wie die Schaffung von Anreizen für ein echtes Unternehmertum auf seiten der Landbesitzer. Durch solche Maßnahmen könnte dieses Agrarsystem allmählich die Merkmale eines Wohlfahrtskapitalismus annehmen. Bei diesem Plan gebührte hohe Priorität einem Programm, das *den Angehörigen der landlosen Unterschicht ein kleines Stück Land – und damit ein gewisses Ansehen und eine optimistische Lebensauffassung sowie auch eine kleine unabhängige Einkommensquelle zuspricht.* Besonders in den am dichtesten besiedelten Ländern der Region wäre es möglich, den Landlosen kleinere Anteile auf dem heute noch unbewirtschafteten Ödland zuzuweisen. In manchen Fällen steht in der Nachbarschaft bestehender Güter Land für die Landlosen zur Verfügung. Die bestehende Form des landwirtschaftlichen Besitzes braucht nicht ernsthaft gefährdet zu werden – in manchen Fällen brauchte sie überhaupt nicht in Mitleidenschaft gezogen zu werden. In den meisten übervölkerten Distrikten wäre eine gewisse Umsiedlung der Bevölkerung notwendig.

Ein gemäßigter Umverteilungsplan, der unter diesen Gesichtspunkten aufgestellt würde und weit weniger radikal wäre als die im allgemeinen erörterten und in gewissem Umfang auch gesetzlich verankerten Landreformen hätte zwei wichtige Argumente für sich: Erstens würde er ein Minimum an sozialer Sicherheit für die Besitzlosen innerhalb der Agrarstruktur bieten, indem er ihnen die Möglichkeit gäbe, sich ein bescheidenes Einkommen zu erarbeiten. Zweitens, und dies ist noch wichtiger, würde er das institutionelle und einstellungsbedingte Problem von Status und Würde an der Wurzel angreifen. Bei einem solchen beschränkten Umverteilungsplan wäre es jedoch notwendig, *daß die Landlosen das unabdingbare und unbeschränkte Recht erhalten, Land zu besitzen und wirtschaftlich zu nutzen.* Sollten die Dorfkooperativen in diesem Punkt irgendeine Kontrolle ausüben, wie dies bei den indischen Programmen der Fall ist, dann wäre das Hauptziel vereitelt. Eine sehr beschränkte Umverteilung des Landes würde die Probleme der Unterprivilegierten nicht unmittelbar lösen. Sie würden immer noch ein zusätzliches Einkommen aus anderen Quellen benötigen – entweder aus landwirtschaftlicher Lohnarbeit oder aus anderen Formen der Arbeit auf dem Land. Die Arbeiter könnten jedoch von einer wesentlich besseren Verhandlungsposition als bisher ausgehen. Und sobald ihr Status sich verbessert hätte, könnten sie ohne weiteres eine positivere Einstellung zu ihrer Arbeit gewinnen.

Auf jeden Fall ist eine langfristige Steigerung der Effizienz und der Erträge in der Landwirtschaft nur dann zu erreichen, wenn es gelingt, die südasiatischen Völker davon zu überzeugen, daß Lohnarbeit ein normales und gesundes Merkmal progressiver Volkswirtschaften ist. Immerhin bezieht die Masse der Bevölkerung in den entwickelten Ländern ihr Einkommen aus einem Arbeitsverhältnis, in dem sie von einem anderen abhängig sind. Aus demselben Grund müssen die Menschen in Südasien lernen, daß Lohnarbeit weder beleidigend noch erniedrigend ist. Bevor aber diese Lektion wirksam verarbeitet werden kann, wird es notwendig sein, ihnen – durch Landbesitz – ein gewisses Maß an Menschenwürde zu verleihen, das ihnen heute vorenthalten bleibt. Dieser Vorschlag läuft im Effekt auf eine nicht monetarisierte Sozialversicherung und auf ein an die südasiatischen Gegebenheiten angepaßtes System der sozialen Mobilität hinaus. Er würde einige Aussicht bieten, daß eines der grundlegenden institutionellen und einstellungsbedingten Hemmnisse des Fortschritts beseitigt werden und eine eindeutiger fortschrittliche Entwicklung eingeleitet werden könnte. Gelänge es mit einem solchen Programm den landwirtschaftlichen Fortschritt zu fördern, dann wäre damit für die Zukunft die Grundlage für eine formellere Organisation der Arbeit sogar in der Landwirtschaft geschaffen, die es den Arbeitern ermöglichen würde, ihre eigenen Interessen besser zu verteidigen und zu fördern. Allmählich würden dann, mit steigendem Einkommensniveau, modernere Formen der

Sozialversicherung, wie sie im Westen und in den kommunistischen Ländern entwickelt wurden, möglich und wirksam.

Der von uns vorgezeichnete Weg verlangt eine selektive Anwendung gewisser Methoden der Förderung des landwirtschaftlichen Fortschritts, die sich in den westlichen Ländern als erfolgreich erwiesen haben, obgleich diese mit Maßnahmen zu kombinieren wären, die den Eigenarten der institutionellen und sozialen Situation in Südasien besonders Rechnung tragen. Wir meinen eine modifizierte Form des Wohlfahrtskapitalismus für die Landwirtschaft. Unser Vorschlag ist weniger anspruchsvoll als die meisten Reformen, die in den verschiedenen Ländern oder bei den Vereinten Nationen diskutiert werden. Praktisch wäre unser Plan jedoch weitaus radikaler als alles, was bislang in Südasien erreicht wurde, und er würde wahrscheinlich dem Zweck der Produktivitätssteigerung in der Landwirtschaft und der Herbeiführung von mehr Egalität und Mobilität in der sozialen und ökonomischen Struktur weit effektiver dienen.

In politischer Hinsicht sind die Aussichten, die Agrarpolitik in eine solche Richtung zu lenken, alles andere als glänzend. Die wahrscheinlichste Entwicklung in den südasiatischen Ländern ist zweifellos eine Fortsetzung des gegenwärtigen Kurses. Unter dem Banner einer sozialen und ökonomischen »Revolution« wird man weiterhin über radikale institutionelle Veränderungen reden und diese hin und wieder in der einen oder anderen Form gesetzlich verankern. Nur sehr wenige Reformen dürften tatsächlich durchgeführt werden, und sowohl die Regierungspolitik wie auch die unter der Kontrolle der Regierung stehenden Entwicklungen, wie etwa die Vermehrung der Arbeitskräfte, werden wohl eine noch verschärfte Ungleichheit zeitigen. Weiterhin wird wahrscheinlich Unsicherheit hinsichtlich der Zukunft des Landbesitzes herrschen, und diese Tatsache wird genügen, um Produktionssteigerungen zu verhindern.

Die alles andere als harmlose Folge der üblichen Vorspiegelungen einer radikalen Ideologie, vor allem wenn diese von praktischen Leistungen weit entfernt sind, ist, daß sie eine realistische Diskussion über pragmatisch vernünftige radikale Maßnahmen verhindert haben. Doch solche Maßnahmen sind unumgänglich; daß sie notwendig sind, wenn eine Katastrophe vermieden werden soll, ergibt sich aus unserer hier und an anderen Stellen dieses Buches entwickelten Analyse.

18. Die Nutzung der Arbeitskräfte außerhalb der traditionellen Landwirtschaft

Der nicht-agrarische Sektor der südasiatischen Volkswirtschaft wurde, wie auch die Landwirtschaft, durch die Kolonialzeit stark beeinflußt. Die Europäer brachten ihre eigenen Formen der Leichtindustrie und – in größerem Umfang – ihre landwirtschaftlichen Verarbeitungsindustrien ins Land. Diese hatten kein sehr großes Gewicht, aber sie übten einen gewissen Druck auf das traditionelle städtische Handwerk aus. Die durch Maschinen hergestellten Produkte schufen nicht nur einen schärferen Wettbewerb, sondern führten auch zum gleichzeitigen Niedergang der Handwerksberufe, die unter der vorkolonialen Herrschaft bestanden hatten. Obwohl die traditionelle Produktion infolgedessen verfiel, verschwand sie nicht gänzlich. In allen südasiatischen Ländern ist sie immer noch die vorherrschende Form der Gütererzeugung, besonders unter dem Gesichtspunkt der beschäftigten Arbeitskräfte.

Diese Handwerksindustrien entwickelten meist viele der späteren Charakteristika der einheimischen Landwirtschaft. Die heutigen Handwerker arbeiten wie ihre Vorgänger weitgehend von Hand oder nur mit primitivem Werkzeug. Und wie die Bauern sind viele Handwerker, die für den Markt produzieren, von Geldverleihern, Rohstofflieferanten oder Mittelsleuten abhängig, die ihre Produkte aufkaufen und auf den Markt bringen. Viele südasiatische Handwerksunternehmen sind Familienbetriebe. Oft stellen sie Arbeitskräfte zur Unterstützung der Familienmitglieder ein, doch die bezahlten Arbeiter bilden nur eine Minderheit der Arbeitskräfte. In vielen Fällen schlafen diese Arbeiter im Betrieb und ihre Stellung gleicht der von Hausbediensteten. Sie helfen nicht nur bei der Produktion, sondern auch bei den Haushaltspflichten.

Viele der höher organisierten Unternehmensformen, die sich heute in Südasien finden, wurden von Anfang an von Europäern und anderen Ausländern, etwa chinesischen und indischen Geschäftsleuten initiiert, finanziert und geführt. In jüngster Zeit wurde ein großer Teil dieser Aktivitäten von Einheimischen oder von den nationalen Regierungen übernommen, und in manchen

Fällen haben die Südasiaten selbst stark verzweigte Unternehmungen aufgebaut. Aber die westlichen Formen der Betriebsorganisation, auch wenn sie in der partiellen Isolation der kolonialen Enklave eingeführt wurden, waren nicht völlig vom Einfluß der einheimischen sozialen und institutionellen Umwelt zu trennen. Wenn die wirtschaftlichen Institutionen und Praktiken des Westens auf Südasien übertragen wurden, dann bedurften sie einer erheblichen Anpassung, und ihre Auswirkungen auf die Nutzung der Arbeitskräfte in Südasien unterscheidet sich oft sehr von dem, was unter westlichen Bedingungen »normal« wäre.

Immerhin führten die Schwierigkeiten, die die Europäer in der Kolonialzeit mit der Rekrutierung von einheimischen Arbeitskräften hatten, zu ungewöhnlichen Maßnahmen. Häufig wurde kaum verschleierter Zwang eingesetzt, um Lohnarbeiter zu mobilisieren. Die Löhne waren oft so niedrig, daß die Männer gezwungen waren, ihre Familien in den Dörfern zurückzulassen. Dies erlaubte den Arbeitgebern wohl eine gewisse Lohnersparnis, aber es führte auch zu einer sehr instabilen Arbeiterschaft. Die Arbeitszeit war damals drückend lang, und die Arbeitsbedingungen waren ebenso ungünstig. Seit der Unabhängigkeit wurden in vielen südasiatischen Ländern Gesetze eingeführt, um diese Verhältnisse zu verbessern. Aber in ganz Südasien bleibt eine große Kluft zwischen den in den Gesetzen und Erlassen vorgeschriebenen und den tatsächlich bestehenden Bedingungen. Es genügt, nur einen beiläufigen Blick auf die Lebensbedingungen der Mehrheit der Industriearbeiter in einigen zufällig herausgegriffenen Industrieunternehmen zu werfen, um festzustellen, daß die herrschenden Wohn-, Gesundheits- und Ernährungsstandards nicht ausreichen, um ein Minimum an Effektivität zu gewährleisten. Auch kann man nicht behaupten, daß die Reglementierung der Arbeitszeit durch die Regierung wirksam durchgesetzt worden wäre.

Allgemein konnten die Betriebsführungspraktiken in Südasien also nicht die Umwelt schaffen, die zu einer hohen Arbeitseffizienz geführt hätte. Unter mehreren wichtigen Gesichtspunkten nahm der Großunternehmer, gleichgültig ob er Europäer oder Asiate war, gewisse Attribute eines abwesenden Grundbesitzers an. Zwar waren diese Leute eher als der typische abwesende Grundbesitzer bereit, in das ihnen unterstehende Unternehmen zu investieren, doch sie waren zuweilen beinah ebenso weit entfernt wie dieser von einer direkten Kontrolle über die laufenden Geschäfte. Eine Reihe von Funktionen, die in einer westlichen Volkswirtschaft direkt vom Management wahrgenommen werden, wurden an Mittelsleute delegiert, welche weitreichende Machtbefugnisse erhielten.

Ganz abgesehen von den Auswirkungen auf das Wachstum und die Expansionsmöglichkeiten des modernen Sektors der Wirtschaft hat diese Form des Managements einen weiteren, wenn auch weniger offensichtlichen Einfluß auf die Arbeitseffizienz. Unter modernen westlichen Verhältnissen hat sich die Gewerkschaftsbewegung als kräftiges Instrument einer zunehmenden Standardisierung der Arbeitsbedingungen erwiesen. In Südasien zeichnet sich die Gewerkschaftsbewegung im modernen Sektor der Industrie hauptsächlich durch ihre Schwäche aus. Obwohl dem eine Reihe interdependenter Faktoren zugrunde liegen – wozu auch die schwierige Verhandlungsposition der Arbeiter gehört, wenn diese wirtschaftlich und sozial so weit von ihren Arbeitgebern entfernt sind und es so viele Arbeitslose gibt –, ist dies zum Teil auf die betriebliche Gepflogenheit zurückzuführen, die Verantwortung an einheimische Aufseher oder Vorarbeiter zu delegieren. Diese Aufseher, die eine eigene Kraft darstellen, haben ein Interesse daran, die Arbeitsfluktuation hochzuhalten. Die strategische Position der Aufseher vereitelt auch die Heranbildung einer solide fundierten Arbeiterorganisation, weil die Aufseher selbst – die unter anderen Bedingungen ihre unbestrittenen Fähigkeiten in den Dienst der Gewerkschaftsarbeit stellen würden – ein begründetes Interesse am Status quo haben.

Es ist offensichtlich, daß sich im »modernen« oder »organisierten« Sektor der Industrie die Kräfte, welche den Einsatz der Arbeiter kontrollieren und ihre Leistung beeinflussen, erheblich von denen unterscheiden, die heute in typischen fortgeschrittenen Volkswirtschaften vorherrschen und in den westlichen analytischen Modellen vorausgesetzt werden. Obwohl auf dem modernen Sektor kapitalistische Techniken und Organisationsformen eingesetzt werden, die eine weit stärkere Strukturierung als jene der einheimischen wirtschaftlichen Institutionen aufweisen, ist er doch nicht dem Einfluß der allgemeinen Umweltbedingungen unterworfen. Die meisten modernen Unternehmen können sich trotz ihrem Enklavendasein nicht vollständig vom ökonomischen und sozialen Leben Südasiens unabhängig machen.

In den meisten südasiatischen Ländern besteht auch noch eine dritte Gruppe wirtschaftlicher Aktivitäten außerhalb der Landwirtschaft, die zumeist in den städtischen Distrikten lokalisiert ist und manchmal als »informell organisiert« bezeichnet wird. Diese umfaßt ein weites Spektrum heterogener Aktivitäten, denen nur eines gemeinsam ist: nämlich eine Reihe von institutionellen Merkmalen, die sich sowohl von denen der formeller strukturierten, westlich beeinflußten Produktionseinheiten als auch von den traditionellen, zumeist ländlichen Handwerksbetrieben unterscheiden. Meistens besteht dort jedoch die Tendenz, traditionelle Muster zu perpetuieren, so etwa die Stellung der Familie als der zentralen produktiven Organisationseinheit. Das Dienstleistungsgewerbe beschäftigt einen weit größeren Teil der städtischen Arbeitskräfte als die verschiedenen Bereiche der städtischen Industrie. Der überfüllte Sektor des Einzelhandels mit seinen wandernden Trödlern und Hausierern repräsentiert einen weiteren großen Teil der Arbeitskräfte, auch wenn dieses Feld, falls es – wie in vielen Teilen Südostasiens – von Fremden beherrscht ist, besser organisiert ist. Es ist ein Charakteristikum all dieser Berufszweige, daß der Arbeitsinput niedrig und unzureichend ist.

All diesen Formen der wirtschaftlichen Betätigung außerhalb der traditionellen Landwirtschaft fehlt generell jene institutionelle Kontrolle über die Arbeitsdauer und -leistung, wie sie für die westlichen Volkswirtschaften typisch ist. Obwohl Unternehmungen mit einem höheren Organisationsgrad in der Lage sind, die Arbeitsleistung besser zu kontrollieren und zu disziplinieren als die traditionelle Industrie oder andere locker organisierte Berufszweige, in denen die meisten städtischen Arbeitskräfte beschäftigt sind, ist die Effizienz ihrer Bemühungen gleichwohl schwer eingeschränkt. In der Großindustrie zum Beispiel ist die Leistungsfähigkeit stark durch das allgemein niedrige Ernährungs- und Gesundheitsniveau beeinträchtigt, ganz zu schweigen von den Auswirkungen der elenden Wohnverhältnisse auf die physische Leistungsfähigkeit und die Fluktuation der Arbeitskräfte. Im allgemeinen ist die körperliche Verfassung der Plantagenarbeiter besser. Doch ihre Situation unterscheidet sich insofern grundsätzlich von der anderer Arbeiter in fortgeschritteneren Volkswirtschaften, als sie häufig nicht über eine effektive Mobilität verfügen. Selbst wenn sie nicht durch langfristige Verträge gebunden sind, sind viele in einer fremden Umgebung gefangen, ohne daß es ihnen möglich wäre, zu einer anderen Beschäftigung überzuwechseln.

An diesem Punkt muß ein grundlegender Unterschied zwischen den Kräften, die in Südasien einerseits und im Westen andererseits das Problem der Arbeitslosigkeit auf lange Sicht beeinflussen, festgestellt werden. Südasiaten, die ihren Arbeitsplatz im organisierten Sektor der Wirtschaft verlieren, können sich einfach nicht den Luxus der »Arbeitslosigkeit« leisten. In einer Gesellschaft, in der es keine Unterstützung gibt, müssen jene, die nicht auf die Dörfer zurückgehen oder von der Hilfe ihrer Freunde und Verwandten leben können, irgendeine Arbeit im Rahmen der vielfältigen, mehr oder minder zufälligen wirtschaftlichen Aktivitäten in den Städten finden. Dasselbe gilt für den weit größeren Teil jener Arbeitskräfte, die nie im organisierten Sektor beschäftigt waren.

Auf lange Sicht wird jedoch das Vorhandensein nicht-landwirtschaftlicher Arbeitsplätze am stärksten durch das Anwachsen der städtischen Bevölkerung beeinflußt. Wenn dieser Trend durch die steigende Nachfrage nach Arbeitskräften in den Städten verursacht wäre, dann könnten die Arbeiter ganz einfach auf diesen neuen Arbeitsplätzen eingesetzt werden. Aber die Wanderung in die Städte Südasiens ist zum Teil durch den Verfall des bäuerlichen Landbesitzes und die Rezession des traditionellen ländlichen Handwerks bedingt. Zum anderen Teil ist sie durch die Verlockung der Städte als einer Fluchtmöglichkeit angesichts der Trostlosigkeit des Dorflebens bedingt. Die südasiatischen Planer gehen davon aus, daß diese Wanderung in die Städte anhalten wird. Manche betrachten sie als das unausweichliche Ergebnis der wirtschaftlichen Entwicklung, vergleichbar mit dem, was im Westen während der industriellen Revolution geschah. Aber ein solcher Vergleich ist höchst fragwürdig. Diese Tatsache wird zum Teil offiziell eingestanden, wenn nämlich gesagt wird, daß neue Beschäftigungsmöglichkeiten in den Stadtgebieten geschaffen werden müssen, wenn der Umfang der Arbeitslosigkeit nicht alarmierend anwachsen soll. Es werden dringend systematische und detaillierte Untersuchungen benötigt, um die Ursachen und Folgen dieser Wanderungsbewegungen zu erhellen. Unglücklicherweise schafft die offizielle Einstellung, die unterstellt, daß diese Wanderung vom Land in die Stadt ein normales und gesundes Nebenprodukt der industriellen Expansion sei, nicht gerade ein ideales Klima für solche Forschungen.

Ein wichtiges Thema, nämlich die Arbeitsdauer, wird außerhalb der traditionellen Landwirtschaft gründlicher untersucht als in dieser selbst. Die Jahreszeiten, die die Arbeitsweisen der Landwirtschaft so nachhaltig beeinflussen, affizieren die Arbeitsdauer in der Industrie und im Handel weit weniger. Außerhalb der Landwirtschaft ist die institutionelle Umwelt viel ausschlaggebender. In zunehmendem Maß wird die Länge des Arbeitstages und der Arbeitswoche im modernen, organisierten Sektor der städtischen Wirtschaft standardisiert und reglementiert. Aber im Gegensatz zur Situation in westlichen Ländern haben organisierte Proteste der Arbeiter selbst nur eine geringe Rolle bei den Bemühungen gespielt, die Arbeitszeit in der gütererzeugenden Industrie Südasiens zu verkürzen und zu reglementieren. Die spontane Organisation der Arbeiter ist schwach und wirkungslos, und bei der Verbesserung und Standardisierung der Arbeitsbedingungen entwickelten hauptsächlich die Regierungen die Initiative. Und obwohl es eine Fülle von offiziellen Bestimmungen gibt, ist deren Durchsetzung nur dürftig.

In gewissen Unternehmen des unorganisierten Sektors ist die Arbeitszeit zweifellos sehr lang. Dies gilt auch für viele Handwerksberufe. Da die Handwerker häufig schwer verschuldet sind und vom Druck ihres wirtschaftlichen Elends angetrieben werden, sind sie zu einem langen Arbeitstag gezwungen, wobei die Stundenzahl nur durch das Tageslicht beschränkt ist. Dennoch ist es eine grundlegende und einfache Wahrheit, daß häufig unproduktiver Müßiggang stattfindet und daß die Arbeitsintensität, die Qualifikation und der Fleiß der Arbeiter in der Regel gering sind und kaum eine Tendenz zur Verbesserung aufweisen. Diese Tatsache ist allgemein bekannt und wird häufig auch von den Südasiaten selbst festgestellt.

Im Licht der institutionellen Bedingungen der Wirtschaft Südasiens sind die wichtigsten Gründe dafür, daß die Arbeitseffizienz, auch auf dem organisierten Sektor, niedrig ist und bleibt, unschwer zu verstehen. Die Masse der Arbeiter ist nicht an einen ausdauernden, intensiven Arbeitsrhythmus gewöhnt, und das Management setzt Disziplin oft nur sehr locker durch. Tatsächlich ist man allgemein der Ansicht, daß harte Arbeitsnormen, welche die Leistung steigern würden, die Arbeitsplätze gefährden und sich daher gesellschaftlich schädlich auswirken würden. Daher tolerieren die Arbeitgeber häufig eine nachlässige Pflichterfüllung, mit der Begründung, daß dies den Arbeitern, die andernfalls wehrlos und ohne Unterhaltsmittel wären, irgendwie soziale Sicherheit böte. Und solange die Löhne niedrig bleiben, haben die Arbeitgeber wenig Anlaß, die Arbeitskräfte wirtschaftlicher zu nutzen oder höhere Leistungsnormen durchzusetzen. Die Gewerkschaften, die in der Regel wenig erfolgreich beim Aushandeln besserer Bedingungen sind, werden sehr lebendig, wenn es darum geht, gegen irgendwelche Veränderungen der etablierten Praktiken zu protestieren. Diese Einstellungen stehen im Einklang mit den allgemeineren Merkmalen, welche diese Länder als »weiche Staaten« kennzeichnen.

Während die Arbeitgeber im Westen mehr Anlaß haben, die Effektivität der Arbeitsleistung zu steigern, und mechanisierte Arbeitsgänge einen bestimmten Rhythmus und ein gewisses Tempo vorschreiben, das nicht ohne weiteres zu verändern ist, zeitigen diese Prozesse in Südasien in der Regel nicht dieselben Ergebnisse. Häufig läuft die gleiche Maschine in den südasiatischen Ländern mit langsamerer Geschwindigkeit, obgleich dieser Unterschied die durch die Praxis erworbenen Fähigkeiten und Fertigkeiten einengen mag. Dieser Zustand überrascht kaum. Ein unerfahrener Arbeiter – vor allem einer, der physisch unterlegen ist – ist im Vergleich zu seinem Kollegen aus den fortgeschrittenen Ländern schwer benachteiligt.

In manchen Ländern Südasiens herrscht die ganz allgemeine und akute Befürchtung, daß Arbeitskräfte durch Maschinen ersetzt werden könnten, und dies hat Auswirkungen auf die offizielle Politik. In Indien hat die Regierung Maßnahmen ergriffen, um die durch den Wettbewerb zwischen höher und niedriger entwickelten Techniken bedingten Entlassungen von Arbeitern zu minimalisieren. Die große Masse der in den Haushaltsplänen vorgesehenen Investitionen in maschinelle Anlagen wird den neuen Industriezweigen zugewiesen – ein Verfahren, durch welches der in den etablierten Industriezweigen vorhandene Widerstand gegen produktivitätssteigernde Maßnahmen umgangen wird. Im Westen wurde die Industrialisierung niemals durch jene besonderen Faktoren kompliziert, welche in weiten Teilen Südasiens eine wirksame Nutzung der Arbeitskräfte beeinträchtigen. Die Kasten, religiösen und ethnischen Schichtungen erlegen der beruflichen Mobilität in den städtischen Gebieten wie auch in den traditionsgebundenen Dörfern starre Grenzen auf. Zuweilen sind die Arbeitgeber gezwungen, auf eine rationale Organisation der Arbeitsstruktur zu verzichten, um diesen Vorurteilen zu gehorchen. Unter anderem verbieten diese es dem Arbeitgeber, einen tüchtigen Arbeiter zu befördern oder ihn in anderer Form zu belohnen. Wenn der Unternehmer nicht ernste Schwierigkeiten mit den Arbeitern riskieren will, dann darf er einem Angestellten nicht einen Status verleihen, der ihn über seine Stellung in der traditionellen Gesellschaft hinausheben würde. Ähnlich müssen die Arbeitsaufgaben sich nach den Vorurteilen der Arbeiterschaft richten.

Ein weiterer Faktor, nämlich die Berufsverteilung der Arbeitskräfte, bietet eine Erklärung für die niedrige durchschnittliche Produktivität, die jene, die sich wirtschaftlich betätigen, erreichen. Der Anteil derer, die im Dienstleistungsgewerbe und im Handel beschäftigt sind, übertrifft weit den Anteil der in der Produktion Tätigen. In den überfüllten Dienstleistungsberufen und im Handel ist die Produktivität im allgemeinen gering. Die Übervölkerung der Städte durch die Arbeitskräfte ist weniger durch die qualifizierten und disziplinierten Arbeiter, die vorübergehend keine Arbeit in der Industrie finden, als vielmehr durch die Neuankömmlinge auf dem städtischen Arbeitsmarkt verursacht. Ferner wird die Effizienz durch die dauernd an die Regierung gerichtete Forderung beeinträchtigt, immer mehr Arbeitnehmer zu beschäftigen, vor allem jene, die sonst die Reihen der »gebildeten Arbeitslosen« füllen würden.

Die in diesem Kapitel angestellten Überlegungen erlauben es uns, abermals den Kontrast zwischen den südasiatischen Verhältnissen und jenen, die für den Westen typisch sind, festzustellen. Selbst im modernen Sektor der südasiatischen Wirtschaftsstruktur hat sich vieles erhalten, das den Bedingungen einer fortgeschrittenen Wirtschaft fremd ist. Tatsächlich haben die Kräfte, welche die Nutzung des Arbeitskräftepotentials der Region beherrschen, wenig mit der modernen westlichen Erfahrung zu tun. Die

Institutionen und Einstellungen, welche sie formen und von ihnen geformt werden, sind so grundlegend verschieden, daß die westlichen Begriffsapparate, die von einer rationalen Betrachtung des Arbeitsverhältnisses und von der Annahme ausgehen, daß die institutionelle Struktur automatisch dazu tendiert, eine tüchtige Arbeitsleistung bei hohen und standardisierten Arbeitszeitnormen hervorzubringen, an den grundlegenden Realitäten vorbeigehen. Diese durch Institutionen und Einstellungen bedingten Unterschiede wiederum müssen vor dem Hintergrund der südasiatischen Wirtschaftsverhältnisse gesehen werden, wo die Arbeit immer noch schlecht belohnt wird, was wiederum Müßiggang und Verschwendung fördert.

Auf die Gefahr hin, daß die Probleme damit zu stark vereinfacht werden, läßt sich sagen, daß die Nutzung der Arbeitskräfte in der Region sich grundlegend durch eine Kombination von »Nachgiebigkeit« und Härte auszeichnet. Einerseits wirken mannigfache institutionelle Zwänge zusammen, um immer neue Aufgaben zu schaffen, und andererseits wird der Kreis derer, die legitimerweise einen Arbeitsplatz beanspruchen können, durch traditionelle und moderne Faktoren künstlich beschränkt. Gleichzeitig wird eine Reihe von Praktiken toleriert, welche den vollen Einsatz derjenigen, die nominell in einem Arbeitsverhältnis stehen, vereiteln. Insgesamt halten diese Kräfte den Ertrag pro Kopf der Bevölkerung niedrig.

In seinem Buch *Development for Free Asia* stellte Maurice Zinkin fest:

»Wenn diese Gesellschaften sich verbessern wollen, dann müssen sie mehr Nachdruck auf die Arbeit und weniger auf die Muße legen. Die Abwesenheit von der Fabrik, bedingt durch Erntearbeiten oder Hochzeiten am Heimatort, muß abnehmen. Die Menschen müssen mehr harken und jäten und weniger im Schatten der Bäume sitzen, weniger in den Cafés plaudern und mehr studieren, weniger Theorie treiben und mehr praktische Arbeit leisten.«

Ein anderer westlicher Beobachter, Woytinsky, weist in seinem Buch *India: The Awakening Giant* besonders darauf hin:

»... die Hauptursache der Schwäche Indiens liegt im Faktor Mensch. Es ist nicht der Mangel angeborener Begabungen oder technischer Qualifikationen bei den Menschen, sondern der Mangel an Initiative und Interesse, den eigenen wirtschaftlichen Status zu verbessern, die mangelnde Achtung der Arbeit ... Wäre es möglich, über Nacht alle

Fabriken von Michigan, Ohio und Pennsylvania nach Indien zu verpflanzen, ohne daß sich die wirtschaftliche Einstellung der Menschen dort ändern würde, dann wäre das Land in zwei Jahrzehnten genauso arm wie heute. Wenn andererseits die Psychologie von 150 Millionen Arbeitgebern, Selbständigen und Arbeitnehmern, welche die Arbeitsbevölkerung Indiens stellen, durch irgendeinen Zauber über Nacht nach dem Vorbild moderner Industrienationen verändert würde, dann wäre Indien zwei Jahrzehnte später voll von modernen Fabriken, Kraftwerken und Autobahnen, und sein Pro-Kopf-Einkommen hätte sich trotz des Mangels an inländischem Kapital um ein vielfaches vermehrt.«

Und wieder müssen wir erkennen, daß die Einstellungen nicht in einem Vakuum bestehen, sondern mit den sozialen Institutionen verwoben sind und durch diese getragen werden.

Die Mitglieder einer bestimmten Gruppe – die Gebildeten – haben sich eine einzigartige Position auf dem Arbeitsmarkt gesichert, auf dem sie einen separaten, von anderen Teilen unterschiedenen Sektor bilden. Sie beweisen eine bemerkenswerte Fähigkeit, sich auch ohne Erwerbsarbeit am Leben zu erhalten, wobei sie weitgehend auf Hilfe und Unterstützung ihrer Familien zurückgreifen. Während die Gebildeten ein hohes Maß an geografischer Mobilität von Stadt zu Stadt zeigen, ist ihre funktionale Mobilität sehr gering. Sie suchen nach einer nichtmanuellen Arbeit und sind nicht bereit, eine Arbeit zu akzeptieren, bei der sie sich »die Hände schmutzig machen«. Man muß auch bedenken, daß sogar Personen, die nur einigermaßen lesen und schreiben können, nachdem sie die Grundschule besucht oder die Oberschule vorzeitig verlassen haben, sich häufig als gebildet und frei von jeder Verpflichtung zu körperlicher Arbeit fühlen. Die Zahl dieser gebildeten Arbeitslosen hat seit der Unabhängigkeit stetig zugenommen. Anfang der 1960er Jahre wurde sie in Indien auf mehr als eine Million geschätzt.
Unter dem Gesichtspunkt der rationalen Planung ist eine solche Einstellung zur manuellen Arbeit offenbar der Entwicklung sehr abträglich. Der Versuch, eine moderne Industriestruktur aufzubauen, wird dadurch beeinträchtigt, daß es an qualifizierten Arbeitern fehlt, die rechnen und nach schriftlichen Instruktionen und Arbeitsplänen arbeiten können. Auch ist festzuhalten, daß die durchschnittlichen Arbeiter im Westen – und in den kommunistischen Ländern Osteuropas – in der Regel nicht weni-

ger, sondern mehr Bildung besitzen als die sogenannten »Gebildeten« in Südasien. Daß sogar graduierte Techniker Schreibtischarbeit bevorzugen und vor der Möglichkeit eines physischen Kontakts mit Maschinen zurückschrecken, trägt zusätzlich zur Hemmung der Entwicklung bei. Die durch eine solche Unterausnutzung der Arbeitskräfte bedingte Vergeudung ist tragisch.

Aber die mit Status und Einstellungen der Gebildeten in Südasien verbundenen Probleme reichen über die relativ einfache Frage der ökonomischen Verschwendung weit hinaus. Zumindest ebenso schwerwiegend sind die allgemeineren sozialen Konsequenzen der Entfremdung dieser Gruppe von der Masse ihrer Landsleute und von den Entwicklungsproblemen ihrer Nationen. Die erfolgreicheren unter ihnen werden durch Regierungsämter und kommerzielle Firmen absorbiert; ihr Abstand von den harten Realitäten des Lebens, von denen die Masse der Bevölkerung betroffen ist, reduziert ihren potentiellen Beitrag zu den Entwicklungsaufgaben auf ein Minimum. Jeder, der die südasiatischen Länder bereist hat, kann die eigenartig prätentiöse Atmosphäre bezeugen, die in den höheren Rängen der gebildeten Schicht vorherrscht. In den niedrigeren Schichten der gebildeten Arbeitslosen besteht eine noch geringere Identifikation mit den nationalen Interessen.

Dem Problem der Integration dieser wachsenden Zahl von gebildeten Arbeitslosen in die Arbeitswelt wurde besonders in Indien, Pakistan, Ceylon und auf den Philippinen viel Aufmerksamkeit gewidmet. Aber in den Empfehlungen für praktische Reformen wurde in der Regel nur die Notwendigkeit konstatiert, mehr für die Gebildeten akzeptable Arbeitsplätze – also nicht-manuelle Beschäftigungen – zu schaffen. Die für eine Veränderung der vorherrschenden Einstellungen erforderliche Kraft würde eine ebenso radikale Veränderung des gesamten Ausbildungswesens voraussetzen, und dieses System ist tief in der Sozialstruktur der südasiatischen Länder verwurzelt. Der praktische Reformer muß sich darauf konzentrieren, das Bildungsmonopol der Oberschicht durch eine Erweiterung und Neuordnung der Ausbildung zu durchbrechen.

19. Die Frage der Industrialisierung

In ganz Südasien ertönt der Ruf nach Industrialisierung. Wenn die intellektuellen Eliten behaupten, ihre Länder seien unterentwickelt, dann meinen sie damit, daß es zu wenig Industrie gibt. Daher gebrauchen die Sprecher der südasiatischen Länder häufig Ausdrücke wie »vorindustriell« oder »unterindustrialisiert« als Synonyma für »arm« oder »unterentwickelt«. Unter diesem Gesichtspunkt soll das Wachstum einer modernen Industrie Arbeitsplätze für die zu wenig ausgenutzten Arbeitskräfte schaffen, die sich heute sowohl in der Landwirtschaft als auch in den traditionellen und nur locker organisierten Sektoren der nichtlandwirtschaftlichen Berufe stauen. Die Industrialisierung gilt auch deshalb als wesentliche Voraussetzung einer Strategie der Entwicklung, weil sie der ganzen Wirtschaft Stimuli geben und sie aus ihrer Stagnation befreien würde.

Die intellektuellen Führer Südasiens glauben, genau wie ihre Kollegen im Westen, daß der gegenwärtige hohe Entwicklungsstand der fortgeschrittenen Länder eine Folge der durch die industrielle Revolution freigesetzten Kräfte sei. Ferner wurde die Ideologie der Industrialisierung in Südasien stark durch die schnelle, durch die Regierung geplante industrielle Entwicklung in der Sowjetunion beeinflußt. In der kommunistischen Ideologie gehört zur Industrialisierung ein theoretisches Programm, welches besonders den Aufbau einer möglichst umfassenden, auf der Schwerindustrie basierenden industriellen Struktur in jedem Land und sogar in jedem größeren Bezirk vorsieht. Dieses Schema wird heute meist als ganz natürliches Vorbild für jedes unterentwickelte Land akzeptiert. Beinah alle nicht traditionell eingestellten Intellektuellen der Region sind entscheidend von der kommunistischen Doktrin der geplanten und geleiteten Industrialisierung als einer Methode zur Förderung der Entwicklung beeinflußt. Für sie alle stellen die Erfolge der sowjetischen Planung eine Lektion dar, sie sie bei der Bestimmung ihres eigenen Entwicklungskurses gerne anwenden möchten. Auch die kommunistische Doktrin, daß eine wirkliche politische Unabhängigkeit von der Kolonialherrschaft nur durch eine geplante Industrialisierung zu erreichen sei, ist sehr überzeugend.

Diese Interpretation der Geschichte ist offensichtlich realistisch genug, um weitgehende Zustimmung auch bei jenen intellektuellen Führern Südasiens zu finden, die nichts mit dem Kommunismus zu tun haben, ähnlich wie sie heute auch von westlichen Ökonomen weitgehend akzeptiert wird. Allgemeiner ausgedrückt, die kommunistische Weltanschauung nährt auch das Mißtrauen gegen die westlichen Regierungen und ihre Auffassung von der Priorität der Industrialisierung im Rahmen der Planung.

Die Ideologie der Industrialisierung gewann auch Auftrieb durch den relativen Rückgang der Nachfrage nach jenen Rohstoffen, die Südasien seit jeher liefert, sowie durch die allmählich wachsende Erkenntnis der Konsequenzen des beschleunigten Bevölkerungswachstums. Südasien steht vor den schwerwiegenden Problemen seiner Landwirtschaft, in der es schwierig ist, auch nur eine annähernd volle Nutzung der Arbeitskräfte zu erreichen, die ebenfalls in dauernder, schneller Zunahme begriffen sind. In der modernen Industrie wären größere und schnellere Produktionssteigerungen möglich, weil es hier leichter wäre, die durch Einstellungen und Institutionen bedingten Hemmnisse, die einer effektiven Nutzung der Arbeitskräfte im Weg stehen, zu umgehen. Außerdem gibt es in der Industrie keine beschränkenden Faktoren analog der Verfügbarkeit von Boden in der Landwirtschaft, welche die Realisierung von Ertragssteigerungen hemmen würden. Auch ist trotz der geringen Qualität der wenigen südasiatischen Statistiken nicht zu bezweifeln, daß die Arbeitskräftenutzung und die Arbeitsproduktivität in den modernen gütererzeugenden Industrien Südasiens einen höheren Grad als an anderer Stelle der Vokswirtschaften der Region erreichen.

Die Attraktivität der Industrialisierung rührt zum Teil daher, daß sie Aussicht bietet, in einer rückständigen Wirtschaft moderne Techniken einzuführen und diese – besonders in der Schwerindustrie, aber auch in der Konsumgüterindustrie – auf die Energieversorgung und die maschinellen Anlagen anzuwenden. Die in Südasien eingesetzten Maschinen müssen anfangs zumeist aus den fortgeschrittenen Ländern importiert werden, und sobald der Weg der Industrialisierung einmal beschritten ist, gibt es in der Wahl der Techniken wenig Spielraum. Es bleibt jedoch eine gewisse Freiheit, das Verhältnis der Kapital- und Arbeitsfaktoren zu variieren. Dies gilt besonders für Bereiche wie die Bearbeitung, Verpackung und Verfrachtung von Rohstoffen und Fertigprodukten. In Südasien lassen sich diese Aufgaben ohne weiteres mit arbeitsintensiven Methoden bewältigen, was zumeist auch geschieht, wobei großzügig Arbeitskräfte eingesetzt werden, auch wenn der Produktionsprozeß selbst kapitalintensiv ist.

In nächster Zukunft haben die Länder der Region zumeist nur die Wahl, die Technologie der hochentwickelten Länder anzuwenden oder überhaupt auf moderne Maschinen zu verzichten – mit Ausnahme einer Möglichkeit, die bislang kaum erprobt wurde: nämlich der Entwicklung eines Handels mit gebrauchten Maschinen aus den fortgeschrittenen Ländern. Obgleich ein solcher Handel in westlichen Kreisen gelegentlich in Betracht gezogen wurde, sind die südasiatischen Länder von diesem Weg weniger begeistert – zum Teil deshalb, weil es keine befriedigenden Verfahren zur Bewertung gebrauchter Industrieanlagen gibt, zum anderen wegen der Unsicherheit hinsichtlich der Versorgung mit Ersatzteilen, und schließlich deshalb, weil sie es für nicht mit ihrer Würde vereinbar halten, sich mit dem »Zweitbesten« zu begnügen.

Alle südasiatischen Länder stehen vor dem Engpaß einer weitgehend unqualifizierten Arbeiterschaft und eines zahlenmäßig beschränkten, unerfahrenen Unternehmertums. Diese Tatsache läßt das Argument einigermaßen plausibel erscheinen, daß große, hochmechanisierte Industrieanlagen besser geeignet sind, um die vorhandenen Qualifikationen und technischen Kenntnisse optimal einzusetzen. Eine solche Politik erscheint rational, vorausgesetzt, daß zugleich auch die Zunahme technischer Qualifikationen gefördert und die sozialen Beschränkungen ihres effektiven Einsatzes überwunden werden. Andererseits ist eine solche Politik nicht ungeteilt als günstig zu beurteilen, wenn die moderne Technologie benutzt wird, um die sozialen und institutionellen Hindernisse zu umgehen, welche seit langem die ökonomische Leistungskraft beeinträchtigen und den niedrigen Nutzungsgrad der Arbeitskräfte perpetuieren.

Zum Teil beruht dieses Engagement für eine schnelle Industrialisierung auf einem einleuchtenden Kalkül: In den größeren und bevölkerungsreichsten Ländern der Region läßt sich bis Ende dieses Jahrhunderts – dann wird die Zahl der Arbeitskräfte doppelt so hoch sein wie heute – keinerlei substantielle Verbesserung des durchschnittlichen Lebensstandards erreichen, wenn nicht ein wesentlich größerer Teil der Arbeiter in produktiven Tätigkeiten außerhalb der Landwirtschaft beschäftigt wird. Dies gilt ganz unabhängig davon, welche Fortschritte die landwirtschaftliche Produktivität macht. Selbst in Burma, Thailand und Malaya, wo mehr Land zur Verfügung steht und wo es mehr Möglichkeiten zur Hebung des Lebensstandards gibt, erfordert die langfristige Perspektive, daß ein substantieller industrieller Aufbau stattfinden muß, um die Lebensbedingungen der schnell wachsenden Bevölkerung zu verbessern.

Diese einfache Logik *bietet an sich schon eine rationale Begründung für das Bestreben dieser Länder, die Industrialisierung so schnell wie möglich durchzuführen.* Und obgleich wir uns hier mit jenen Verhältnissen, die das Streben nach Industrialisierung behindern, mit den begrenzten Möglichkeiten, die sie bietet, um die Nutzung der Arbeitskräfte in absehbarer Zukunft zu verbessern, und mit der zwingenden Notwendigkeit einer Entwicklung auf vielen anderen Gebieten befassen wollen, darf diese Diskussion nicht so aufgefaßt werden, als sollten die südasiatischen Länder auf den Aufbau einer Industrie verzichten. Die Analyse der Gefahren und Schranken zeigt eher, wie wichtig und dringend es ist, die Hindernisse zu überwinden, die einer erfolgreichen Industrialisierung im Weg stehen.

In der Literatur über die Entwicklung Südasiens und der unterentwickelten Länder im allgemeinen wird stets vorausgesetzt, daß die Industrialisierung, auch auf kurze Sicht, erhebliche Auswirkungen auf die Beschäftigungssituation zeigte. Die »Schaffung von Arbeitsplätzen« ist das Hauptanliegen der Planer in allen Ländern der Region. Es ist jedoch nicht zu vergessen, daß die Zielvorstellungen sehr bescheiden sind – und dies angesichts der Priorität, die einer immer weitgehenderen Vollbeschäftigung im Rahmen der allgemeinen Planungsziele beigelegt wird, und daß die Erfolge für gewöhnlich weit hinter den Zielen zurückblieben.

Wir vertreten hier die unorthodoxe Meinung, *daß in Südasien auf mehrere Jahrzehnte hinaus nicht mit sehr weitreichenden Auswirkungen der Industrialisierung auf die Beschäftigungssituation zu rechnen ist,* d. h. also bis zu dem Zeitpunkt, an dem die Region wesentlich stärker industrialisiert ist. Allgemein ausgedrückt, die durch die Industrialisierung verursachte direkte

Nachfrage nach Arbeitskräften in der Produktion ist eine Funktion nicht nur des Industrialisierungstempos, sondern auch der Stellung, welche die modernisierte Industrie innerhalb der Wirtschaft einnimmt. Selbst bei einem sehr schnellen industriellen Wachstum wird dieses auf einige Zeit hinaus keine genügend große Nachfrage nach Arbeitskräften hervorrufen, um den Anteil der auf dem Industriesektor beschäftigten Arbeiter wesentlich zu steigern. Denn die Arbeitskräfte nehmen zu schnell zu. Noch für einige Zeit werden die Auswirkungen auf die Beschäftigungssituation unter dem Strich sogar negativ sein, wenn die moderne Industrie gegen die traditionellen arbeitsintensiven Produktionszweige konkurriert. Diese Dimensionen des Problems werden allgemein von denen übersehen, die die Industrialisierung als Allheilmittel gegen die »Arbeitslosigkeit« und »Unterbeschäftigung« ansehen.

Diese Zusammenhänge lassen sich durch ein hypothetisches Beispiel besser veranschaulichen. Nehmen wir an, daß ein Prozent der Arbeitskräfte am Anfang der Planungsperiode in der modernen Industrie beschäftigt sei und daß keine traditionelle Produktion bestehe. Nehmen wir ferner an, daß die Bevölkerung im arbeitsfähigen Alter gleichzeitig um zwei Prozent im Jahr wachse. Unter diesen Umständen würde ein zehnprozentiger jährlicher Zuwachs von Arbeitsplätzen in der modernen Industrie – was an sich schon ein sehr hoher Zuwachs ist, der in keinem südasiatischen Land erreicht wird – bedeuten, daß die in diesem Sektor unmittelbar zur Verfügung stehenden Arbeitsplätze nur fünf Prozent der Zunahme der Arbeitskräfte absorbieren würden. Mit anderen Worten, 95 Prozent von denen, die neu auf den Arbeitsmarkt treten, müßten ihr Auskommen in irgendeiner anderen wirtschaftlichen Betätigung finden. Setzen wir diese Annahmen voraus, dann würde sich, um schon vom ersten Jahr an den gesamten natürlichen Zuwachs der arbeitsfähigen Bevölkerung in die moderne Industrie zu integrieren, die ganz und gar unrealistische Notwendigkeit ergeben, die Zahl der in der Industrie Beschäftigten in einem Jahr zu verdreifachen. Die erforderliche Zuwachsrate würde mit der Zeit selbstverständlich sinken, aber für sehr lange Zeit geschähe dies nur äußerst langsam.

In diesem hypothetischen Beispiel haben wir die wahrscheinlichen Nebenwirkungen auf die bestehende gütererzeugende Industrie ganz vernachlässigt. Doch solche Nebenwirkungen auf die traditionelle Produktion stellen sich ein, wenn neue Unternehmungen, die zeitgemäße Techniken einsetzen, Güter auf den Markt bringen, die den von Kleinunternehmern und Handwerkern hergestellten Waren Konkurrenz machen. Auch eine halb modernisierte Industrie, die bereits besteht, müßte in gewissem Umfang eine weitere Rationalisierung einführen. Aber die Rationalisierung impliziert normalerweise, daß weniger Arbeitskräfte gebraucht werden, um einen bestimmten Güterausstoß zu produzieren. Durch entsprechende Planung ist es möglich, die traditionellen und weniger modernen Produktionszweige gegen diese Nebenwirkungen abzuschirmen. Dennoch besteht eine reale Gefahr, daß der leichte Zuwachs an Arbeitsplätzen in neuen, modernen Unternehmungen noch auf einige Zeit hinaus durch die Verringerung der Arbeitsplätze in der bereits bestehenden Industrie und in der traditionellen Produktion mehr als ausgeglichen wird.

Nebenfolgen wie diese stellen sich nicht ein, wenn die neugebildeten Produktionseinheiten entweder Ersatz für bislang importierte Güter produzieren oder ihre Waren auf den Exportmarkt bringen. Aber wie wir feststellten, ist die Erweiterung des Exports für die südasiatischen Länder äußerst schwierig. Der Ersatz für Importe hingegen bietet der neuen gütererzeugenden Industrie ein Betätigungsfeld ohne die Gefahr interner Nebenwirkungen, und diese Tatsache macht eine solche Lösung zusätzlich attraktiv. Wenn aber neue oder ausgebaute Industriebetriebe in direkten Wettbewerb mit den Überbleibseln des traditionellen Handwerks oder mit Herstellern aus anderen, noch nicht modernisierten Bereichen treten, dann werden die Gesamtwirkungen der Industrialisierung auf die Beschäftigungssituation noch auf lange Sicht negativ sein.

Das Problem dieser Nebenwirkungen auf die Nachfrage nach Arbeitskräften wirft einige andere wichtige Fragen auf. Es liefert zusätzliche starke Gründe, sich beim Aufbau neuer Industrien und bei der Modernisierung bestehender Unternehmen auf jene Sektoren zu beschränken, die Exportgüter oder Ersatz für Importgüter produzieren. Die Schwerindustrie ist ein sicheres Feld, denn diese Länder besaßen, als sie die Unabhängigkeit erreichten, keine nennenswerte Kapitalgüterindustrie. Aber selbst ein Land wie Indien, das aus zwingenden Gründen die Schwerindustrie bevorzugt, kann unmöglich alle seine Modernisierungsanstrengungen auf die exportorientierte oder den Import ersetzende Produktion konzentrieren.

In dieser Situation stehen die Planer und die Regierungen vor einem schwerwiegenden Dilemma. Langfristig verfolgen sie das Ziel, den industriellen Aufbau als Hebel für die Modernisierung der ganzen Wirtschaft einzusetzen. Aber ihr kurzfristiges Interesse, schwere Störungen der traditionellen Produktion und besonders des Handwerks zu vermeiden, konfligiert mit diesem langfristigen Ziel. Indien sucht dieses Dilemma zu lösen, indem es nicht nur seine Investitionen so weit wie möglich in die importersetzende Großindustrie lenkt, sondern auch das traditionelle Handwerk protegiert und der Rationalisierung bestimmter Bereiche der Großindustrie, welche mit der traditionellen Handwerksproduktion konkurrieren, Beschränkungen auferlegt. Maßnahmen letzterer Art werden besonders von den Arbeitern begrüßt, und die Sorge für deren Interessen veranlaßte die Regierung, eine »Automation ohne Tränen« anzustreben – d. h. ohne daß jemand seinen Arbeitsplatz verliert, auch wenn die Gesamtzahl der Beschäftigten sinken mag, sobald die durch das normale Ausscheiden bedingten Freistellen nicht besetzt werden.

Aber die neuen Unternehmen sind frei von solchen Beschränkungen. Und da die Unternehmer wissen, daß die Regierung daran interessiert ist, Arbeitsplätze zu schützen, und da sie das Risiko der Auseinandersetzung mit den Arbeitern kennen, falls sie später versuchen sollten, die Belegschaft zu verkleinern, sind sie zusätzlich motiviert, von Anfang an kapitalintensive, arbeitsparende Techniken einzusetzen. Dies schafft eine Kluft zwischen den in den neuen und den in den alten Betrieben verwandten Techniken. Die Kluft erweitert sich noch, wenn gleichzeitig die Investitionen in die älteren Betriebe durch die Regierungspolitik gebremst werden.

Die Planer in Südasien sind sich zumeist mehr oder minder der Möglichkeit bewußt, daß die moderne Industrialisierung im Anfangsstadium nur geringfügige direkte Auswirkungen auf die Beschäftigungssituation zeitigt, während die nachteiligen Nebenwirkungen erheblich sein können. Dies beeinträchtigte jedoch kaum die allgemeine Befürwortung der Industrialisierung als einer Möglichkeit, die in der Landwirtschaft und andernorts zu gering genutzten Arbeitskräfte zu absorbieren. Fest steht hingegen, daß die Industrialisierung, da weiterreichende Aus-

wirkungen nicht zu erwarten sind, unmittelbar nur eine sehr geringfügige Steigerung der Nachfrage nach Arbeitskräften schafft, wenn sie nicht gar die Gesamtzahl der Arbeitsplätze vermindert. Diese Situation ist selbstverständlich die unausweichliche Folge der ungünstigen Ausgangslage, in welcher der Aufbau einer modernen Industrie einsetzen muß, sowie der nachteiligen Rückwirkungen, die mit Sicherheit zu gewärtigen sind, wenn die Produktion der modernen Industrie nicht ausschließlich auf die im Ausland oder im Inland neu erschlossenen Märkte gelenkt wird.
Wenn von so bescheidenen Anfängen ausgegangen werden muß wie in den südasiatischen Ländern, dann ist auch von einem energisch vorangetriebenen industriellen Aufbau nicht zu erwarten, daß er neue Arbeitsplätze für mehr als nur einen Bruchteil des Zuwachses der arbeitsfähigen Bevölkerung schafft, und selbst dieser Zugewinn kann teilweise oder vollkommen durch die nachteiligen Nebenwirkungen aufgewogen werden – ja es könnte sogar eine Verschlechterung eintreten. Dies muß deutlich festgestellt werden, um die immer noch weit verbreiteten, völlig unrealistischen Erwartungen zu zerstreuen, daß sich eine schnelle Transformation der Berufsstruktur einstellen würde, sobald nur ein Programm der Industrialisierung durchgeführt werde.

Die Planer in Südasien neigten zwar dazu, die Auswirkungen der neuen Industriezweige auf die Beschäftigungslage zu überschätzen und die Wahrscheinlichkeit und das Ausmaß der nachteiligen Rückwirkungen zu unterschätzen, doch sie waren ebenso bereit, die von den ersten Schritten der Industrialisierung ausgehenden Stimuli zu überschätzen – nämlich die von der Industrialisierung erhofften Multiplikationseffekte. Diese Tendenz förderte einen übertriebenen Optimismus und zog die Aufmerksamkeit von den Schwierigkeiten und Hindernissen ab, welche die möglichen Multiplikationseffekte wahrscheinlich zunichte machen werden. Diese Selbsttäuschung ist nicht schwer zu verstehen. In der Anwendung auf Südasien haben die Nachkriegstheorien unrealistische Erwartungen hinsichtlich der indirekten Auswirkungen der Anfänge der Industrialisierung genährt.
Wir gingen von der Voraussetzung aus, daß in Südasien, besonders in Indien, Pakistan und in anderen Ländern mit hoher Bevölkerungsdichte, auf lange Sicht keine substantielle Entwick-

lung möglich ist, wenn es diesen Ländern nicht gelingt, einen größeren Teil ihrer Arbeitskräfte in modernen Industriezweigen oder anderen produktiven nicht-landwirtschaftlichen Tätigkeiten unterzubringen. Demgegenüber besteht jedoch die weit verbreitete Auffassung, daß eine solche Entwicklung ohne größere Verzögerungen möglich sei und daß die Inangriffnahme des industriellen Aufbaus auch auf kurze Sicht mächtige expansive Kräfte freisetzen würde, die das ganze Wirtschaftssystem durchdringen könnten. Sogar auf abstrakter und theoretischer Ebene wurden nur wenige Untersuchungen angestellt, um zu klären, durch welchen Mechanismus der vom industriellen Aufbau erwartete Impuls übertragen werden sollte.

Die grobe Auffassung von den raschen Auswirkungen der Industrialisierung ging zu oft von einer oberflächlichen Analogie mit den frühen Erfahrungen der westlichen Volkswirtschaften aus. Dort begann die industrielle Revolution mit einer Anzahl kleiner und manchmal größerer Industrien. Der Erfolg dieser Ausgangsbedingungen ermöglichte neue Initiativen, und diese wiederum zogen eine Verbesserung der Verhältnisse nach sich. Die Gesamtentwicklung erstreckte sich auf alle Aspekte des wirtschaftlichen und gesellschaftlichen Lebens. Bei näherem Hinsehen erweist sich dieses Bild von der Wirtschaftsgeschichte des Westens jedoch als Simplifizierung und Idealisierung. Im Rückblick ist es leicht möglich, die Unsicherheiten, Rückschläge und Verzögerungen, die den Erfolg begleiteten, zu übersehen. Gleichwohl waren die Bedingungen, die vor anderthalb Jahrhunderten im Westen vorherrschten, günstiger für kräftige und wirksame Folgen der Industrialisierung als die heutigen Gegebenheiten in Südasien.

Wenn die industrielle Expansion in der von den Planern erhofften Form eintreten würde, dann wäre einer der erwarteten Multiplikationseffekte »logistischer« Art. Es müssen neue Betriebe aufgebaut werden, und in den meisten Gebieten müssen die Energieversorgungs-, Transport- und Kommunikationseinrichtungen ausgebaut werden. Dadurch würde die Nachfrage nach Rohstoffen und anderen wesentlichen Investitionen steigen. Diese Nachfrage könnte selbstverständlich nicht ausschließlich aus heimischen Mitteln befriedigt werden. Sicher würden aber gewisse Stimuli auf lokaler Ebene wirksam werden. Gleichzeitig würde die Industrialisierung ein zusätzliches Expansionspotential in anderen Sektoren der Wirtschaft schaffen. Auf der Angebotsseite würde die Industrialisierung ebenfalls Multiplikationseffekte in Form einer dem Wachstum entsprechenden Kostensenkung zeitigen. All diese Veränderungen würden neue Einkommen schaffen. Wenn es nicht gelänge, wirksame Importbeschränkungen zu erlassen, dann würde ein Teil der gestiegenen Konsumnachfrage zuerst wahrscheinlich durch Importe befriedigt. Würden die Importe beschränkt, dann kämen die einheimischen Produzenten in den Genuß einer stärkeren Nachfrage nach Konsumgütern.

Diese Übertragung von Multiplikationseffekten durch die Schaffung einer neuen Nachfrage ist nicht weiter verwunderlich. Im wesentlichen handelt es sich um eine kumulative Expansion, die durch neue produktive Investitionen im Inland ausgelöst wird. Der wirtschaftliche Aufschwung, einmal initiiert, könnte sich daher aus eigener Kraft weiter entfalten. Wenn eine anhaltende industrielle Expansion geplant ist – tatsächlich wird sie nur voller Vertrauen erwartet –, dann müßten zusätzliche Investitionen hinzutreten.

Die allgemeine Struktur der südasiatischen Volkswirtschaften zeigt jedoch, daß gewaltige Hemmnisse und Hindernisse einer wirksamen Multiplikation wachstumsfördernder Impulse durch eine Steigerung der Nachfrage im Weg stehen. Die Volkswirtschaften der unterentwickelten Länder Südasiens weisen eine geringe Elastizität auf, und überall gibt es Engpässe. Selbst wenn alle wirtschaftlichen Stimuli, die sich aus den Anfängen der Industrialisierung ergeben, innerhalb der heimischen Wirtschaft freigesetzt werden könnten – was, realistisch betrachtet, nicht vollkommen und zuweilen nicht einmal angenähert möglich ist –, werden die Multiplikationseffekte nur schwach ausfallen. Durch eine vernünftige Planung wäre es aber schließlich möglich, die Engpässe und andere Hindernisse zu überwinden.

In allen Bereichen der Wirtschaft besteht ein Bedürfnis nach spezifischen Maßnahmen zur Förderung der Multiplikationseffekte, die auftreten, sobald die Nachfrage steigt. Neu gegründete Produktionsbetriebe riskieren ein frühes Ende, wenn es ihnen an ausreichenden Märkten fehlt. Das Angebot schafft von sich aus noch keine Nachfrage, während die Nachfrage als solche noch kein Angebot nach sich zieht. Aber selbstverständlich würde das Vorhandensein einer kräftigen Nachfrage und neuer

Angebote die Anstrengungen zur Überwindung der Mängel unterstützen. Alle politischen Maßnahmen brauchen, sollen sie Erfolg haben, Zeit zu ihrer Durchführung. In der Zwischenzeit können aber die treibenden Kräfte der Expansion bereits erschöpft sein.

Außerdem kann man in Südasien – anders als im Westen, wo dies mit einiger Sicherheit möglich ist – nicht damit rechnen, daß die wirtschaftlichen Stimuli der Expansion automatisch von günstigen Verhaltens-Reaktionen begleitet werden. Die allgemeine soziale Situation ist ein noch stärkeres Hindernis der Multiplikation durch eine Steigerung von Nachfrage und Angebot. Von Gesellschaften, die seit langem an die Stagnation gewöhnt sind, steht nicht zu erwarten, daß sie sich plötzlich auf unerwartete Chancen einstellen. Selbst im höher organisierten modernen Industriesektor der Wirtschaft, wo eine stärkere Sensibilität des Marktes gegeben ist, kann die Reaktion durch eine institutionelle Struktur behindert sein, die dynamischem Unternehmungsgeist keinen Anreiz bietet.

Dies ist die wichtigste Ursache dafür, daß das keynsianische Modell sich nicht auf diese Volkswirtschaften anwenden läßt. Das Denken in Begriffen der Wechselwirkung zwischen Gesamtnachfrage und Gesamtangebot ist hier nicht zulässig. Besonders wenn Engpässe schon bald nach dem Hinzutreten neuer Einkommen zu einer Preisinflation führen, setzen die südasiatischen Regierungen – und besonders die indische Regierung – direkte und indirekte Kontrollen ein, um die Initiative bestimmter Unternehmen zu blockieren. Dadurch haben sie bestimmte Formen der sekundären Expansion verhindert, die andernfalls möglich gewesen wären. Dies läuft auf eine unbeabsichtigte Abtötung der Multiplikationseffekte hinaus. Solche einschränkenden Maßnahmen erfordern jedoch eine obere Grenze, welche das Volumen der für die Volkswirtschaft als tolerierbar angesehenen Gesamtnachfrage beschränkt.

Die Engpässe, die für die geringe Elastizität der Volkswirtschaften verantwortlich sind, treten in mannigfachen Formen auf. Wo neue Industrien aufgebaut werden, sind oft die Transportsysteme überlastet und das qualifizierte Personal ist knapp. Andererseits kann die Kapazität der neuen Industrien oft nicht voll genutzt werden. Eine sinnvolle Planung kann viele dieser Schwierigkeiten reduzieren. Aber von einer lediglich pauschalen Planung sind die gewünschten Ergebnisse nicht zu erwarten. Die politischen Interventionen müssen direkt auf die einzelnen Engpässe in den verschiedenen Sektoren der Wirtschaft abgestimmt werden.

Eine der Schwierigkeiten, mit denen die Planer es bei ihrem Versuch, die möglichen Multiplikationswirkungen der Industrialisierung auf andere Sektoren zu kalkulieren, zu tun haben, ist die Tatsache, daß eine Zunahme der wirtschaftlichen Aktivität nicht notwendig zu einer Vermehrung der Arbeitsplätze führt. In den Dienstleistungsberufen etwa ist das Problem besonders kompliziert. Möglicherweise auftretende Sekundärfolgen für die Nachfrage nach Arbeitskräften könnten dort ohne weiteres durch die Verlängerung der Arbeitszeit oder eine Leistungssteigerung der bereits Beschäftigten aufgefangen werden. Wenn die Zahl der in Dienstleistungsberufen Tätigen steigt, dann ist dies eher eine Folge des Drucks von seiten der arbeitslosen oder unterbeschäftigten Arbeitskräfte, besonders der Zuwanderer aus den ländlichen Gebieten, als das Ergebnis der von der Industrialisierung ausgehenden Impulse.

Eine wesentliche Schwäche vieler Plankalkulationen ist die implizite Annahme, daß der Bevölkerungszustrom in die Städte eine Reaktion auf die gesteigerte Nachfrage nach Arbeitskräften sei, welche wiederum als Ausfluß der Industrialisierung angesehen wird. Sicher schwillt die städtische Arbeitsbevölkerung überall in der Region an, aber dies geschähe aller Wahrscheinlichkeit nach auch ohne jede Industrialisierung. Tatsächlich wäre es möglich, ein wesentlich höheres Maß an Industrialisierung durchzusetzen, als es sich heute irgendwo in Südasien findet, wenn man einfach die gegenwärtigen städtischen Arbeitskräfte umfassender und effektiver einsetzte; es würden keine neuen Arbeitskräfte vom Lande benötigt. Die Verstädterung wird aller Wahrscheinlichkeit nach anhalten, aber diese Urbanisierung wird kaum in nennenswertem Umfang eine Folge der Industrialisierung sein.

Abgesehen von diesen Auswirkungen der Industrialisierung durch das Steigen von Nachfrage und Angebot gibt es weitere Multiplikationseffekte, die möglicherweise ins Gewicht fallen könnten. Es steht zu erwarten, daß die Industrialisierung einen neuen Geist der Rationalität, des Unternehmertums, der Disziplin, Pünktlichkeit, Mobilität und Effizienz hervorruft.

Die Menschen werden dazu angehalten, technisch zu denken und ungewohnte Fertigkeiten zu beherrschen, und dies nicht nur in den neuen Industrieunternehmen, sondern auch in der übrigen Wirtschaft. Es werden wettbewerbsintensivere und vollkommenere Märkte entstehen, und leistungsfähigere kommerzielle und finanzielle Institutionen werden sich entwickeln. Alles in allem werden die Arbeitsorganisation und die Einstellung der Menschen zur Arbeit sich in einer Weise verändern, die zu einem Anstieg der Arbeitseffizienz in der ganzen Industrie führen dürfte. Die Engpässe werden leichter zu überwinden sein, und die Chancen für die Verbreitung von Mulitiplikationseffekten logistischer Art werden sich verbessern. Die von den neuen industriellen Initiativen ausgehenden Stimuli werden die Landwirtschaft und die traditionellen Produktionssektoren zu einer strafferen Organisation anhalten. All diese günstigen Ergebnisse sind als direkte Folge der industriellen Expansion zu erwarten. Ähnliche qualitative Veränderungen der Anschauungen, Einstellungen und Qualifikationen der Bevölkerung lassen sich wahrscheinlich nicht durch andere Formen der wirtschaftlichen Expansion, z. B. die Entwicklung der Landwirtschaft, herbeiführen.

Ob eine solche wirtschaftliche Entwicklung sich schnell durchsetzen und in ganz Südasien verbreiten wird, ist ungewiß. Vor allem sollten die Auswirkungen innerhalb der neuen Industriezweige selbst nicht überschätzt werden. Tief verwurzelte Rituale haben den Arbeitsbedingungen ihren Stempel aufgeprägt. So etwa werden die vielen traditionellen Feiertage weiterhin eingehalten werden, und der Arbeitstag dürfte weiter durch die Befolgung religiöser Pflichten unterbrochen werden. Da Klimaanlagen auch in den meisten neuen Fabriken nicht die Regel sein werden, werden die klimatischen Unbilden Unterbrechungen verursachen und die Arbeitsintensität verringern.

Noch unsicherer und zweifelhafter sind die Multiplikationseffekte außerhalb der neuen Industrien. Die institutionelle Struktur und die vorherrschenden Einstellungen hemmen Veränderungen, die substantielle Auswirkungen dieser Art zeitigen könnten. *Das Maß, in dem Multiplikationseffekte sich auf diesem Wege ausbreiten könnten, ist tatsächlich eine Funktion des bereits erreichten kulturellen, sozialen und ökonomischen Niveaus.* Arme Länder mit einer langen Geschichte der wirtschaftlichen Stagnation und sehr statischen sozialen Verhältnissen stehen daher vor ge-

waltigen Hindernissen, sobald sie versuchen, einen höheren Entwicklungsstand zu erreichen. Potentielle Multiplikationseffekte aller Art werden leicht erstickt.
Diese Lektion demonstrierte nachdrücklich die beschränkte Erfahrung der südasiatischen Länder mit den automatisierten und hochorganisierten modernen Industriezweigen. Die kleinen Enklaven, in denen westliche Formen der ökonomischen Organisation nachgeahmt wurden, haben keine nachhaltige Spur im Meer der sie umgebenden traditionellen Stagnation hinterlassen. Aus der Kolonialzeit ist nichts darüber bekannt, daß die wenigen modernen Industriezweige, die in Südasien aufgebaut wurden, die übrigen Bereiche der Wirtschaft irgendwie stimuliert hätten. Sie blieben Enklaven. *Es besteht offensichtlich die Gefahr, daß die heute geplanten industriellen Initiativen dieses koloniale Schema fortführen werden.* Jeder aufmerksame Besucher Südasiens muß feststellen, daß die primitiven Lebensformen und die traditionellen Arbeitsformen sich nur wenige Kilometer von den Städten mit ihren modernen Industrieunternehmungen entfernt, wie auch in den Slums dieser Städte selbst, erhalten haben.
Auch gelang es den modernen Industrien sicher nicht immer, einen dauerhaften Wandel der Einstellung gegenüber der Arbeit oder des Qualifikationsniveaus der unmittelbar in ihnen beschäftigten Arbeiter zu bewirken. Normalerweise wurde für die Ausbildung nur wenig aufgewendet, und die Masse der Arbeiter kam über ihre niedrige Qualifikation nicht hinaus. Außerdem waren bei denen, die nach einer gewissen Zeit der Lohnarbeit in ihre Heimatdörfer zurückkehrten, die Wirkungen des Kontakts mit straffer organisierten Formen der wirtschaftlichen Aktivität und einer reglementierteren Arbeitsdisziplin meist nur von kurzer Dauer.
Bei näherer Überprüfung erweist es sich, daß die Industrialisierungsideologie wenig überzeugende Argumente für die Annahme bietet, daß die institutionellen und einstellungsmäßigen Veränderungen, welche der wirtschaftlichen Entwicklung förderlich sind, gerade durch den industriellen Aufbau hervorgebracht werden. Daraus ist vernünftig zu folgern, daß spezifische Maßnahmen auf allen Gebieten – sogar weit außerhalb des eigentlichen Industriesektors oder in bezug auf die sogenannten wirtschaftlichen Faktoren – durchgeführt werden müssen, wenn kräftige und dauerhafte Multiplikationseffekte bezweckt werden.

Aus dem oben Gesagten lassen sich mehrere allgemeine Schlußfolgerungen ziehen, die weit über den Bereich der Industrie und der Wirtschaft hinausweisen.

Angesichts der schnell wachsenden Zahl der Arbeitskräfte in diesen Ländern besteht keine Aussicht, daß die Einkommen und der Lebensstandard wesentlich angehoben werden könnten, oder wenigstens daß die bislang eingetretene Verschlechterung der Situation ohne effektiven Einsatz eines wesentlich größeren Teils der Arbeitsbevölkerung außerhalb der Landwirtschaft und besonders in der modernen Industrie aufgehalten werden könnte. Aber die moderne Industrie kann noch auf Jahre hinaus, auch wenn sie schnell wächst, nur einen geringen Bruchteil des natürlichen Arbeitskräftezuwachses aufnehmen. In den Anfangsstadien der Industrialisierung dürfte es sogar schwerfallen, die absolute Zahl der in allen Bereichen der Produktion beschäftigten Arbeitskräfte auf gleicher Höhe zu halten. Nur in einem späteren Stadium ist zu erwarten, daß die moderne Industrie eine größere Nachfrage nach Arbeitskräften anmelden wird.

Aber die südasiatischen Länder sollten ihr Streben nach Industrialisierung nicht aufgeben. Im Gegenteil, die Tatsache, daß die Industrialisierung nur dann, wenn sie einen viel höheren Grad erreicht hat, allmählich weitreichendere Wirkungen zeitigen wird, besagt doch, daß diese Länder so bald wie möglich und so schnell wie möglich industrialisieren sollten. Dies bedeutet jedenfalls auch, daß sie ihr Streben nach Industrialisierung mit energischen politischen Maßnahmen kombinieren sollten, welche auf eine Steigerung der Arbeitskräftenutzung und der Produktivität auch in anderen Sektoren abzielen – einschließlich des größten und wichtigsten unter allen, der Landwirtschaft.

Man darf sich nicht darauf verlassen, daß sich aus dem industriellen Aufbau vorteilhafte Multiplikationseffekte ergeben werden. Allgemein ausgedrückt, hängt das Maß, in dem Stimuli der Veränderung und Verbesserung assimiliert werden können, vom Bildungsstand der Massen und von der Fähigkeit ab, die Einstellungen und Institutionen zu verändern. Die südasiatischen Länder stehen heute wie in der Kolonialzeit in Gefahr, winzige Inseln einer höher organisierten westlichen Industrie zu schaffen, die von einem Meer der Stagnation umgeben bleiben.

Wenn man die Industrialisierung auf den Sektor des Exports und der Importsubstitution beschränkt, so ist dies selbstverständlich vernünftig, denn es verringert die nachteiligen Auswirkungen des Wachstums der modernen Industrie auf die etablierte traditionelle Produktion. Aber selbstverständlich reicht eine Industrialisierung dieser Art nicht aus, um eine merkliche Veränderung der wirtschaftlichen Struktur dieser Länder herbeizuführen und ihrer Entwicklung Auftrieb zu geben. Wenn sie nicht durch direkte interventionistische Maßnahmen auf anderen Sektoren der Wirtschaft ergänzt wird, dann würde sie lediglich die aus der Kolonialzeit bekannten Schemata wirtschaftlicher Enklaven fortführen.

Die Industrialisierung als solche trägt wenig dazu bei, die Arbeitskräftenutzung in den eher traditionsverhafteten Sektoren der Wirtschaft, besonders auf dem Lande, zu steigern. Diese Probleme müssen jedes für sich mit Hilfe spezifischer reformfördernder Maßnahmen angegriffen werden. Sollen diese Reformen Erfolg haben, dann verlangt dies wiederum eine kräftige Entwicklung des Gesundheits- und Bildungswesens. Solche Maßnahmen sind nicht nur notwendig, um die übrige Wirtschaft für das Fehlen nennenswerter, automatisch von den industriellen Initiativen ausgehender Multiplikationseffekte zu entschädigen, sondern auch um die Industrialisierungsbemühungen zu unterstützen. Der Ursachenzyklus muß vervollständigt und geschlossen werden. Vor allem der Sektor der modernen Industrie kann sich nicht entfalten, wenn es nicht gelingt, zunehmende Mengen von Konsumgütern – besonders Nahrungsmittel – zu produzieren und auf den Markt zu bringen.

Das Ausmaß und die Hartnäckigkeit dieser Probleme werfen natürlich Prioritätsfragen auf. Diese werden zu oft nur unter dem Gesichtspunkt der Rivalität verschiedener Wirtschaftszweige um dieselben Ressourcen diskutiert. Es ist ein Irrtum anzunehmen, daß Größen wie Ersparnisse und Investitionen signifikant und eindeutig quantifizierbar seien. Ein solches Denken spiegelt sich in Plänen wider, welche Investitionen in Industriebetriebe und Ausgaben für die Landwirtschaft, das Gesundheitswesen, die Ausbildung und die Gemeindeentwicklung addieren und sie den finanziellen Mitteln als »Investitionen« und »Entwicklungsausgaben« gegenüberstellen. Dies vermittelt den falschen Eindruck, als könnte man die inländischen Ersparnisse und vom Ausland zur Verfügung gestellte Mittel gegeneinander substituieren. Eine Verminderung des Inlandskonsums z. B. setzt keine ausländi-

schen Mittel frei – und dies gilt besonders in Ländern wie Indien und Pakistan, wo außer lebenswichtigen Dingen heute kaum noch Konsumgüter importiert werden.
Der Nachkriegsansatz führt jedoch noch zu einem weiteren Mißverständnis. Viele politische Maßnahmen – besonders soweit sie ländliche Gebiete betreffen – verlangen die Durchführung institutioneller Reformen und gewaltige Anstrengungen auf dem Gesundheits- und Ausbildungssektor, erfordern jedoch nur beschränkte Mittel, welche häufig auf dem Lande selbst und ohne jede Belastung des modernen Industriesektors aufgebracht werden können. Im wesentlichen steht also fest, daß es noch einen erheblichen ungenutzten Spielraum gibt, um die Industrialisierung voranzutreiben, ohne die Entwicklung anderer Sektoren der Wirtschaft zu gefährden. In diesen Ländern, wo eine umfassende Planung stattfand, war es einer der schwersten politischen Fehler, daß man nicht ehrgeiziger und in größerem Umfang plante und das Streben nach Industrialisierung nicht durch ähnlich energische Anstrengungen auf anderen Gebieten ergänzte.
Zweifellos diente die Industrialisierung, die kaum auf den Widerstand begründeter Interessen trifft, als Entschuldigung dafür, daß Reformen auf anderen Gebieten nicht entschlossener vorangetrieben wurden. Was diese Länder brauchen, ist ein Programm, welches gleichzeitig eine große Zahl von das Wachstum hemmenden Faktoren verändert. Im Grunde ist es also die Aufgabe der Planer, all diese Veränderungen so zu koordinieren, daß sie die Entwicklung vorantreiben. Dies gerät leicht in Vergessenheit, wenn den Planungen und Zielen Prioritäten zugeschrieben werden.

20. Plädoyer für das Handwerk und die Kleinindustrie

Die Industrialisierung als imperatives Gebot der Wirtschaftspolitik blieb nicht unbestritten. Die rivalisierende traditionalistische Ideologie verlangt keine industrielle Revolution; vielmehr sucht sie die Formen der traditionellen wirtschaftlichen Organisation zu bewahren und zu stärken. Beide Ideologien protestieren jedoch gegen die Folgen der Kolonialwirtschaft. Die Vertreter der Industrialisierungsideologie beklagen im Prinzip, daß das moderne industrielle Wachstum durch die Politik der Kolonialmächte – oder durch das Fehlen einer solchen Politik – behindert wurde. Die Traditionalisten andererseits laufen Sturm gegen den Verfall des alten Handwerks, der ihrer Ansicht nach durch den Import von Industriegütern und später zum Teil auch durch die örtliche industrielle Produktion verursacht wurde. Im Gegensatz zu den Befürwortern der modernen Industrialisierung drängen sie auf eine Förderung des dörflichen Handwerks, denn sie halten diese für den wichtigsten Weg zum wirtschaftlichen und sozialen Aufschwung und zur nationalen Unabhängigkeit.
Die traditionalistische Ideologie besteht in einer Reihe von Varianten und verschließt sich einer bündigen Zusammenfassung. Doch die Traditionalisten aller Schattierungen haben eine Reihe von Glaubenssätzen gemeinsam. Sie halten dafür, daß das dörfliche Handwerk gefördert werden sollte, daß Maßnahmen zur Stärkung der Unabhängigkeit auf dörflicher wie auf nationaler Ebene ergriffen werden sollten und daß moderne Industrieprodukte – besonders importierte Konsumgüter – Mißtrauen verdienen.
Diese Form der traditionalistischen Ideologie ist in Indien stark ausgeprägt. Hier erlitten die Handwerker während der Kolonialzeit ein härteres Schicksal als irgendwo sonst in Südasien. Die Verluste der dörflichen Wirtschaft wurden in Indien in viel geringerem Maß ausgeglichen als in den übrigen Ländern, und die rigide Kastenstruktur war nicht anpassungsfähig genug, um sich erfolgreich an Veränderungen anzupassen. Die Wiederbelebung des Dorfes durch das dörfliche Handwerk wurde in der Befreiungsbewegung wirksam als Waffe der Propaganda einge-

setzt, und dies trug entscheidend zur Prägung der traditionalistischen Ideologie bei. Im Rahmen ihres nationalistischen Kampfes wurden die Inder aufgefordert, nicht nur westliche Produkte, sondern auch den westlichen Stil abzulehnen. *Swadeshi* (der Hindu-Ausdruck für die Bevorzugung der Produkte des eigenen Landes) wurde zu einem moralischen Prinzip erhoben.

Diese Ideologie ging jedoch über die Zurückweisung europäischer Produkte und Formen hinaus und hatte positive Konsequenzen für das zukünftige Bild der indischen Wirtschaft. Dies ist das bleibende Vermächtnis Mahatma Gandhis, dessen Ideen immer noch einen starken Einfluß auf die Traditionalisten des heutigen Indien ausüben. Seinem Denken lag eine gewisse Animosität gegen Maschinen zugrunde. Auch sah Gandhi in der Industrialisierung den Feind des dörflichen Handwerks. Die Verstädterung betrachtete er als ein Übel, welches das Lebensblut des Dorfes aussaugte.

Eine weitere, mit der traditionalistischen Ideologie verwobene Denkströmung ist die Vorstellung von der moralischen Überlegenheit der Selbständigkeit gegenüber der Lohnarbeit. In Südasien, besonders in Indien, wird die Auffassung, daß die Selbständigkeit eine besondere Tugend sei, durch die Rigidität einer Sozialstruktur verstärkt, in der der Lohnarbeiter verachtet wird. Diese besondere Variante der traditionalistischen Ideologie ist nicht ohne Vorbehalt als Vermächtnis Gandhis anzusehen, der das Kastensystem bekämpfte und die Würde jeglicher Arbeit betonte.

Wie die Planungsideologie in der Zeit nach der Unabhängigkeit, so implizierte auch *Swadeshi* eine Auflehnung gegen das passive Sichabfinden mit den wirtschaftlichen Verhältnissen. Mit Hilfe dieser emotionalen Faktoren trafen die Planungsanstrengungen des unabhängigen Indien nur auf wenig Opposition von seiten eines laissez-faire-liberalistischen Flügels. Es liegt also eine gewisse Ironie darin, daß gerade *Swadeshi* zur Stütze der nationalen Wirtschaftsplanung wurde und zweifellos zum autarken Gepräge dieser Planung beitrug.

In den übrigen südasiatischen Ländern finden wir zum Teil dieselben Themen wieder, aber dort ist die traditionalistische Ideologie schwächer als in Indien, denn sie kann sich nicht auf ein Gerüst wie das Denken Gandhis berufen. Gleichwohl entwickelte sich, besonders während des Kampfes um die Unabhängigkeit, eine Ideologie, welche die Stärkung des traditionellen Handwerks befürwortete. Wie in Indien spielte die Rückkehr zur traditionellen Kleidung eine wichtige Rolle innerhalb der Taktik der nationalistischen Bewegungen. Darüber hinaus gewann die Wiederbelebung des traditionellen Handwerks – besonders in der Textilproduktion – zusätzliches Gewicht durch die Notlage unter der japanischen Okkupation während des Zweiten Weltkrieges. Sowohl die Beschneidung der Importe als auch die Nachfrage der Besatzungsmacht stimulierten bestimmte Sparten der einheimischen Güterproduktion.

Sobald die Unabhängigkeit errungen war, mußten sich die Vertreter des Traditionalismus mit den eher nüchternen Zwängen der nationalen Planung befassen, in welche die Heim- und Kleinindustrie eingefügt werden sollte. Die Regierungen, die sich der Modernisierung verschrieben hatten, mußten ihrerseits bestimmte Kompromisse eingehen, um die Traditionalisten zu beschwichtigen. Aber es wird häufig übersehen, daß die Protektion und Förderung der Handwerksbetriebe nicht immer in Konflikt mit den Zielen der rationalen Planung steht, deren Schwerpunkt auf der Industrialisierung liegt.

Wir haben darauf hingewiesen, daß, selbst wenn es ganz vernünftig ist, so schnell wie möglich eine moderne Industrie aufzubauen, dadurch noch auf lange Sicht nur wenig neue Arbeitsplätze geschaffen werden, und es ist sogar möglich, daß während eines bestimmten Zeitraums weniger Arbeiter eine Beschäftigung in der gesamten gütererzeugenden Industrie finden werden. Inzwischen nimmt aber die Bevölkerung rapide zu. Unter diesen Umständen ist es wahrscheinlich, daß die Wirtschaft stagnieren wird, wenn nichts unternommen wird, um die Nutzung der Arbeitskräfte und die Produktivität sowohl in der Landwirtschaft als auch in jenem großen, aus Heimarbeitern in den Dörfern bestehenden Teil der Industrie zu verbessern.

Die Nachfrage nach den Produkten des dörflichen Handwerks hängt weitgehend von der Höhe der Einkommen in der Landwirtschaft ab. Aber selbst unter der Voraussetzung, daß die Agrarpolitik wesentlich erfolgreicher wäre als bislang in einem südasiatischen Land der Fall, ist es ein wesentlicher Bestandteil der Wirtschaftspolitik, die Stellung der dörflichen Handwerker zu schützen und wenn möglich zu verbessern. Da die industrielle Expansion auf den Gebieten des Exports und der Importsubstitution keine Nachwirkungen auf jene Produktionsformen zeitigt, welche die Traditionalisten schützen möchten, sind die Ziele der Industrialisierung und der Schutz der Heimindustrie grundsätzlich miteinander vereinbar.

Es gibt zwei Möglichkeiten, die Heimindustrie vor dem Wettbewerb der modernen Industrie zu schützen: Erstens, die Planer können die Entwicklung neuer Industrien so gestalten, daß ein solcher Wettbewerb eingeschränkt wird, und gleichzeitig die Heimindustrie subventionieren, um ihre Kosten niedrig zu halten. Zweitens, die Regierung kann die Protektion des dörflichen Handwerks ausbauen, indem sie ihm neue Geräte zur Verfügung stellt und es in Marktkooperativen organisiert. Für solche Maßnahmen spricht die Tatsache, daß sie die Anpassung notleidender und ökonomisch wehrloser Gruppen an die neue Situation erleichtern.

Aber eine solche Politik trifft auf große Schwierigkeiten. Was die Heimarbeiter selbst betrifft, so bestehen für sie in den kommenden Jahrzehnten wenig Aussichten auf eine weitgehende Anpassung, besonders deshalb, weil die Zahl der Arbeitskräfte bis zum Ende dieses Jahrhunderts rapide zunehmen wird. Und in dem Maß, wie die Industrialisierung fortschreitet, wird es immer schwerer zu verhindern sein, daß die moderne Industrie ihre Produkte billiger und attraktiver auf den Markt bringt. Dies wird noch durch den Umstand abgerundet, daß in dem Maß, wie die Einkommen steigen, auch eine größere Nachfrage nach diesen Produkten als nach jenen der Heimindustrie gegeben sein wird. Gleichwohl läßt es sich als berechtigter Teil der Planung vertreten, wenn die Industrialisierung in eine Richtung gesteuert wird, die weniger Konkurrenz für das Handwerk, ja sogar eine Subventionierung des Handwerks mit sich bringt.

In der politischen Diskussion Südasiens wurde dieses klare Argument zugunsten der Protektion und Subventionierung des Handwerks kompliziert und verwirrt durch das Hinzutreten der Idee, daß auch die Kleinindustrie begünstigt werden sollte. Für gewöhnlich trat man dafür ein, diese in ländlichen Gebieten anzusiedeln. Viele Traditionalisten wurden dazu gebracht, eine solche Auffassung zu vertreten und sogar ihre Forderung nach der »Unterstützung des dörflichen Handwerks« auf die Kleinindustrie auszudehnen.

Diese Doktrin entfernt sich allerdings weit von Gandhis Vorstellungen, wenn auch ihre Befürworter dies bestreiten mögen. Unter kleinindustriellen Betrieben versteht man Unternehmen, welche Lohnarbeiter beschäftigen und mit modernen maschinellen Techniken nach modernen Verfahren produzieren. Es gibt keine zuverlässige Definition dessen, was genau unter Kleinindustrie zu verstehen sei, aber eindeutig handelt es sich um Unternehmen, die größer, manchmal wesentlich größer als Handwerksbetriebe sind.

Wenn trotzdem viele Traditionalisten bereit sind, die Kleinindustrie als ein akzeptables Mittelding zwischen der Heimindustrie und der Großindustrie anzusehen, dann besteht die ideologische Verbindung zwischen ihr und dem häuslichen Handwerk in der Auffassung, daß die Industrie dezentralisiert werden sollte, oder genauer gesagt, daß die Betriebe über die ländlichen Gebiete verteilt werden sollten. Aber in allen südasiatischen Ländern hat die Kleinindustrie sich nicht nur in den Städten, sogar in den Großstädten festgesetzt, sondern dies wurde auch durch die Subventionspläne der Regierung begünstigt. Ohne ein hochentwickeltes Energieversorgungs- und Transportnetz ist es schwierig, auf dem Land Industrien aufzubauen, und es wäre töricht, wollte man zu diesem Zeitpunkt den natürlichen Trend zur Ansiedlung in den Städten verändern. Dies sollte jedoch nicht eine zukünftige Politik ausschließen, welche sie in die kleineren Städte und auf die Dörfer hinausweist. Obgleich solche politischen Zielvorstellungen oft betont und manchmal sogar überbetont wurden, hat kein asiatisches Land bisher damit sichtbare Fortschritte gemacht.

Von Anfang an wurde in allen südasiatischen Ländern behauptet, daß die kleinen Unternehmen Unterstützung verdienen, weil sie geringere Kapitalinvestitionen als die Großindustrie benötigen. Aber diese Behauptung ist stark in Frage zu stellen. Entsprechende Untersuchungen haben gezeigt, daß in einigen, wenn nicht in allen Fällen auch dann, wenn die kleineren Betriebe modern und mechanisiert sind, der erforderliche Kapitalaufwand pro Output-Einheit niedriger ist als in den größeren Betrieben. Auch kann man behaupten, daß das kleineren Industriebetrieben zugeführte Kapital tatsächlich aus Maschinen und Anlagen besteht, die häufiger im Inland und ohne Rückgriff auf Devisen produziert werden können. Ähnlich ist ein großer Teil des in der

Kleinindustrie gebundenen Kapitals manchmal arbeitendes Kapital, das nur »still liegt«, solange Rohstoff- und Produktvorräte gelagert werden oder bis die Zahlungen für letztere eingehen. Aber selbst wenn man solche Vorbehalte berücksichtigt, kommt dem Argument der Kapitalersparnis nicht viel Gewicht als allgemeine Begründung für die Unterstützung der Kleinindustrie zu.

Es gibt andere, zwingendere Gründe, der Kleinindustrie zu helfen. Von der Kleinindustrie gehen oft größere Multiplikationseffekte aus als von der Großindustrie. In der Kleinindustrie könnten die Arbeiter mehr Erfahrungen in der Arbeit mit Maschinen und ihrer Beherrschung sammeln. Und ganz abgesehen von der Frage, wie bei der Industrialisierung ein regionales Gleichgewicht zu wahren sei, stehen die südasiatischen Länder vor dem Problem, ein Gleichgewicht zwischen großen und kleineren Produktionseinheiten einzuhalten.

Es wäre sehr nachteilig für die Wirtschaft, wenn sie aus nur wenigen Großunternehmen und einer Vielzahl von landwirtschaftlichen und Handwerksbetrieben bestünde. Unter der Ebene der Großindustrie sollte es vernünftigerweise eine Schicht kleinerer Industrieunternehmungen geben. Die größeren und die kleineren Fabriken könnten einander in zwei Formen ergänzen. Zum einen könnten die großen Unternehmen die Fertigung von Einzelteilen und Wartungsarbeiten an kleinere Betriebe vergeben. Und zweitens könnten die kleineren Betriebe den großen einen erheblichen Teil der Materialien abnehmen, die sie zur Herstellung von Fertigprodukten benötigen.

Genau wie die Heimindustrie, so kann auch die Kleinindustrie vor einer erdrückenden Konkurrenz von seiten der Großindustrie geschützt werden. Import- und Investitionsbeschränkungen lassen sich in der Weise handhaben, daß ein geschützter Markt entsteht. Maßnahmen zur Modernisierung und Verbesserung der Produktivität lassen sich in der Kleinindustrie genauso einsetzen wie in der Heimindustrie. Und die Entwicklung kleiner Betriebe auf breiter Front setzt eine Vergrößerung der Märkte voraus, aber dies wird, besonders wenn das Gebiet der Produktion für den Export verschlossen ist, nur dann der Fall sein, wenn im Lande eine allgemeine Steigerung der Produktion und der Einkommen stattfindet.

Wollen wir die Fortschritte beurteilen, welche die südasiatischen

Länder mit der Förderung des Aufbaus der Heim- und Kleinindustrie gemacht haben, dann müssen wir die schwerwiegenden Hindernisse berücksichtigen, unter denen diejenigen, die eine Verbesserung herbeiführen wollen, zu arbeiten gezwungen sind. Schließlich gehen all diese Hindernisse auf die Unterentwicklung und auf das Fehlen eines kräftigen wirtschaftlichen Aufschwungs zurück. In dieser Hinsicht bietet Indien ein anschauliches Beispiel.

Die Protektion der Heimindustrie allein kann nicht mehr als eine defensive Maßnahme sein. Um die wirtschaftliche Stellung des Dorfhandwerkers entscheidend zu verbessern, ist es notwendig, die Gütermenge zu vermehren, die er produziert und verkauft. Ob der Markt mehr von seinen Produkten aufnehmen kann, hängt jedoch davon ab, ob ganz allgemein die Produktion und die Einkommen in der Landwirtschaft steigen. Auch müssen die Dorfhandwerker ihre Produkte verbessern, wenn sie stärker auf dem städtischen Markt Fuß fassen wollen. Aus diesem Grund wurden politische Maßnahmen eingeleitet, die den Arbeitern helfen sollten, die Qualität wie die Quantität ihrer Erzeugnisse zu verbessern. Aber man darf wohl erwarten, daß die Heimindustrie in Zukunft auf eine schärfere Konkurrenz stoßen wird, gleichgültig wieviel Protektion sie genießt. In dem Maß, wie die Menschen über Geld verfügen, das sie ausgeben können, gehen sie häufig von den traditionellen Produkten des Handwerks zu den neueren und häufig billigeren Produkten der Großindustrie über. Außerdem können die positiven Maßnahmen zur Verbesserung der Produktivität in der Heimindustrie auf lange Sicht die Gefahr einer technologischen Arbeitslosigkeit heraufbeschwören, indem sie die weniger leistungsfähigen Unternehmen aus dem Geschäft drängen.

In Indien stieg während der ersten drei Planperioden die Produktion der Spinnerei und Weberei ganz wesentlich an, und im Zusammenhang der hier diskutierten Probleme muß dies als eindrucksvoller Fortschritt angesehen werden. Aber die meisten anderen dörflichen Handwerke entwickelten sich weit weniger gut. Die Kosten für die Förderung der Heimindustrie waren hoch und sind offenbar im Lauf der Zeit noch gestiegen. Indische Sprecher schätzten, daß die Heimindustrie nach fünfzehn Jahren der Planung keine nennenswerte Zunahme der dort Beschäftigten aufwies und daß sie auch nicht nennenswert zur Verbesserung der wirtschaftlichen Verhältnisse auf dem Lande beigetragen hatte. Man muß sich jedoch daran erinnern, daß gerade in dieser Periode die Bevölkerung stark zunahm, während die Landwirtschaft relativ stagnierte. Stellt man diese Faktoren in Rechnung, dann ergibt sich, daß die Politik der Regierung nichtsdestoweniger Wertvolles geleistet hat. Ohne sie wäre das Problem der Unterbeschäftigung und Unterausnutzung der Arbeitskräfte noch akuter, und der Lebensstandard der Handwerker hätte sich noch mehr verschlechtert. Die traditionelle Produktion im ländlichen Indien auf dem gleichen Stand zu halten, wenn auch nur für einige Zeit, ist schon eine nicht zu gering zu veranschlagende Leistung.

Alle südasiatischen Länder haben versucht, ihre Kleinindustrie zu protegieren. Aber in ihrer Planung haben die meisten südasiatischen Ökonomen solche Produktionsgewinne lediglich unter dem Gesichtspunkt ihrer Auswirkung auf die Beschäftigungssituation betrachtet. In diesem Sinn haben sie ihre Untersuchungen auf die Berufstätigkeit als solche konzentriert und weitgehend die beiden anderen Komponenten der Arbeitskräftenutzung – nämlich wie lang und wie gut gearbeitet wird – ignoriert.

Wir wissen nicht, in welchem Maß Arbeitsdauer und -effizienz durch die auf die Heim- und Kleinindustrie angesetzten Maßnahmen beeinflußt wurden. Soviel wir jedoch über die Zusammenhänge zwischen Beschäftigung, Arbeitsdauer und -effizienz wissen, dürfen wir annehmen, daß alles, was die Arbeitsplätze vermehrt, auch die Effizienz dieser Arbeit verbessert. Die Organisation der dörflichen Handwerker in Kooperativen, wo sie der Gemeinschaftsdisziplin unterworfen sind, ihre Schulung in der Aufbauarbeit und durch andere Methoden und ihre Ausrüstung mit Werkzeugen und Maschinen werden wohl in diesem Sinn auch eine Verlängerung ihrer Arbeitszeit und eine Verbesserung ihrer Leistung bewirken.

Wir wissen jedoch, daß die Entwicklung vielfach nicht in dieser Richtung verlief. Zum einen stellen der niedrige Lebensstandard der meisten dörflichen Arbeiter und Handwerker sowie ihre generationenlange passive Anpassung an Verhältnisse, in denen die Arbeitskraft nur gering genutzt wird, ungeheure Hindernisse für eine Verbesserung dar. Diese lassen sich nicht ohne weiteres beheben, besonders angesichts der schnell wachsenden Zahl der Arbeiterschaft. Außerdem sind viele Handwerker, ähnlich wie die Bauern, in der einen oder anderen Form an Vermittler und Geldverleiher gebunden. Diese Mittelsleute haben ein offensichtliches Interesse, den Status quo zu erhalten und Reformen zu verhindern. Ihre destruktive Macht kann durch energische politische Maßnahmen gebrochen werden, aber die Reformer wären töricht, wenn sie die Kraft dieser Opposition unterschätzen würden.

Es spricht also sehr vieles dafür, die Handwerksindustrie in den Dörfern Südasiens zu schützen und zu fördern, besonders in den ärmeren Ländern. In den Dörfern gibt es für die meisten Handwerker keine alternativen Beschäftigungsmöglichkeiten, und der einzig mögliche Weg, ihr Los zu verbessern und sogar eine weitere Verschlechterung ihres Lebensstandards zu verhindern, besteht darin, ihnen so viel Marktprotektion wie möglich zu gewähren und gleichzeitig ihre Produktivität zu verbessern. Dies wird die nationalen Kosten senken, welche für die Bereitstellung geschützter Märkte erforderlich sind, aber es wird auch den Bedarf an solchen Märkten steigern. Es besteht nur wenig Hoffnung, daß auf dem Land eine Großindustrie aufgebaut werden könnte. Darüber hinaus spricht vieles dafür, die Ansiedlung der Kleinindustrie in den Städten zu fördern. Die Kleinindustrien können, gerade wegen ihrer weiten Verbreitung und der von ihnen zu erwartenden stärkeren Multiplikationseffekte, verhindern, daß das industrielle Wachstum in Südasien sich nur auf wenige Enklaven einer modernen Großindustrie beschränkt, wie dies in der Kolonialzeit der Fall war.

Die Erhaltung und Förderung der Heimindustrie sowie eine entsprechende Agrarpolitik führen dazu, daß es in den unterentwickelten Ländern Südasiens noch auf lange Sicht zwei klar unterschiedene Sektoren der Wirtschaft geben wird: einen kleinen, doch allmählich wachsenden voll modernisierten Sektor der großen und kleinen Industrieunternehmen und einen wesentlich größeren Sektor, in dem arbeitsintensive Techniken zum Einsatz kommen, die sich nicht allzu sehr von den traditionell gebräuchlichen unterscheiden, wo ein großer Teil der schnell anwachsenden Arbeitsbevölkerung Beschäftigung finden dürfte.

Da die modernisierte Industrie eine Einsparung von Arbeitskräften bewirkt, und da die Arbeitskräfte weiterhin bis zum Ende des Jahrhunderts schnell zunehmen werden, muß diese Situation akzeptiert werden, und zwar nicht als Übergangsphase, sondern als eine auf Jahrzehnte hinaus gültige Gegebenheit.

Unter diesen Umständen ist es ein Gebot der Stunde, die städtischen Kleinunternehmen so schnell wie möglich zu modernisieren. Die primäre Funktion der meisten progressiven Kleinunternehmen sollte nicht darin bestehen, ein Maximum an Arbeitsplätzen zu schaffen, sondern ihr Betätigungsfeld auszudehnen und damit die Industrialisierung zu beschleunigen.

Würde man die Vorstellung akzeptieren, daß die Landwirtschaft und das Handwerk – und oft auch die Kleinunternehmen – technisch rückständig bleiben müssen, und würde man die Planungsanstrengungen auf den Aufbau von Enklaven einer modernen Großindustrie beschränken, dann würde man damit ein Scheitern großen Stils vorbereiten. Gandhis soziales und ökonomisches Bekenntnis enthielt ein wesentliches Element der Rationalität, und die Programme zur Förderung der Heimindustrie, welche in der Nachkriegszeit entwickelt wurden, stellen zunehmend eine sinnvolle und realistische Entwicklungsplanung im Rahmen der sehr schwierigen bestehenden Verhältnisse dar.

21. Das Bevölkerungsproblem

Wir haben schon häufig auf die Definitionsschwierigkeiten hingewiesen, die sich aus der Anwendung von Begriffen aus den entwickelten Ländern auf die soziale Realität in Südasien ergeben. Im Hinblick auf die Bevölkerung sollte dies weniger problematisch sein. Wir sollten in der Lage sein, die Bevölkerungsfaktoren relativ einfach und klar darzustellen. Die Größe der Bevölkerung, ihre Alters- und Geschlechtsverteilung, die Zahl der Geburten und Todesfälle sind biologische Fakten, die sich in einer sowohl logisch faßbaren als auch der südasiatischen Realität angemessenen Weise definieren lassen. Diese Feststellungen beziehen sich auf die formale Demographie, besonders auf das quantitative Verhältnis zwischen Fruchtbarkeit, Sterblichkeit und Altersverteilung. Wenn wir jedoch über die einfache demographische Analyse hinausgehen und die Ursachen und Wirkungen untersuchen, dann treffen wir sofort auf komplexe soziale und ökonomische Bedingungen nicht biologischer Art. Auch bei der Untersuchung der Bevölkerungsbewegung müssen wir eine simplifizierende Anwendung von Begriffen und Methoden, die aus den entwickelten Ländern stammen, vermeiden.

Der Mechanismus der Bevölkerungsbewegung wird in Südasien durch die Dürftigkeit und Unzuverlässigkeit der Statistik verschleiert. Die Demographen versuchten zwar, dieses Manko auszugleichen, indem sie die Daten verbesserten und Techniken entwickelten, um aufgrund dürftiger Daten optimale Ergebnisse zu erzielen. Dennoch bleibt die Unzulänglichkeit der Bevölkerungsstatistiken ein großes Manko. In Burma und Südvietnam zum Beispiel gibt es keine zuverlässigen Zahlen über die Gesamtzahl der Bevölkerung, und in jedem dieser Länder ist die Registrierung von Geburten und Todesfällen unvollständig. Im allgemeinen nimmt die Zuverlässigkeit der Daten in dem Maß ab, wie die Aufbereitung von der einfachen Zählung der Gesamtbevölkerung zur Auszählung nach Frauen und Männern und besonders nach Alters- und Berufsgruppen fortschreitet. Aber selbst die Zahlen für die Gesamtbevölkerung variieren hinsichtlich ihrer Zuverlässigkeit von Land zu Land und je nach dem Zeitpunkt der letzten Volkszählung.

Erst vor wenig mehr als zehn Jahren stand immer noch die Frage, ob und in welchem Sinn die Länder Südasiens vor dem Problem des exzessiven Bevölkerungswachstums stünden, zur Debatte. Doch heute wird allgemein anerkannt, daß alle Länder in der Region in die kritische Phase eines sich scharf beschleunigenden Bevölkerungswachstums eingetreten sind und daß die Aussichten für eine erfolgreiche wirtschaftliche Entwicklung wesentlich von den Bevölkerungstrends abhängen. In den letzten Jahren ist eine wahrhafte demographische Revolution zu beobachten, deren Tempo und Dimensionen ohne Vorbild sind. Diese Revolution hatten die Experten nicht vorhergesehen. Bis vor kurzem extrapolierten sie lediglich aus früheren Trends. Folglich blieben ihre Berechnungen stets hinter den tatsächlichen Geschehnissen zurück. Kurz, die jüngsten Zensusdaten und andere Informationen zeigen, daß die erwarteten Zuwachsraten drastisch nach oben berichtigt werden mußten, und daß die Zuwachsrate im Steigen begriffen war und ist. Der Mechanismus dieses demographischen Trends ist einfach. Die Sterblichkeit hat deutlich abgenommen, während die Fruchtbarkeitsrate auf derselben Höhe wie bisher – d. h. seit zuverlässige Schätzungen vorliegen – blieb oder noch weiter anstieg. Der natürliche Bevölkerungszuwachs – und die Reproduktion – stiegen daher plötzlich und rapide an, worin sich der Rückgang der Sterblichkeit in vollem Umfang widerspiegelte.

Es ist eine einleuchtende Tatsache, daß die hohe Fruchtbarkeitsrate und der Rückgang der Sterblichkeit unabhängig sind von den Veränderungen des Lebensstandards – von denen die Masse der Menschen so gut wie überhaupt nicht betroffen ist. Wenn nichts geschieht, um die Fruchtbarkeit zu verringern, dann wird Südasien weiterhin eine sehr hohe und sogar steigende Bevölkerungswachstumsrate erleben. Sollte dies geschehen, dann gilt das Diktum des Demographen, daß Todesfälle und Geburten auf lange Sicht wieder ein Gleichgewicht erreichen müssen – wenn die Fruchtbarkeit sich nicht entsprechend der neuen Sterblichkeitsziffer senken läßt, dann muß die Sterblichkeit irgendwann in der Zukunft wieder zunehmen. Auf Südasien angewandt, gilt erstens die Annahme, daß unter den in den voranstehenden Kapiteln beschriebenen Arbeits- und Lebensbedingungen der gegenwärtige Bevölkerungstrend, wenn er nicht revidiert wird, die Entwicklungsanstrengungen zunichte machen muß. Dies würde zu einer progressiven Verschlechterung der Einkommen und des Lebensstandards führen. Und zwar würde dies zuerst in den größeren, dichter bevölkerten und ärmeren Teilen der Region eintreten, die in der Gesamtanalyse die wichtigste Stelle einnehmen. Sobald die Einkommen und der Lebensstandard zu fallen beginnen, wird die Sterblichkeit an einem bestimmten Punkt keine autonome Größe mehr sein und direkt davon beeinflußt werden.

Im Hinblick auf die vorhersehbare Zunahme der Arbeitskräfte im Verhältnis zu den Rohstoff- und Landreserven sind die dadurch bedingten Bevölkerungskrisen, soweit die armen Länder betroffen sind, ein spezifisch asiatisches Phänomen. Außerhalb Südasiens stehen nur China, Nordafrika (einschließlich Ägypten) und der karibische Teil Lateinamerikas vor einer ähnlichen Situation. Sogar Teile Südasiens – wie das kleine Laos, Kambodscha und einzelne Gebiete in all diesen Ländern – sind weiterhin eher unterbevölkert als übervölkert in dem abstrakten Sinn, daß es eine Fülle unerschlossener natürlicher Ressourcen gibt, die eingesetzt werden können, um den Zuwachs zu absorbieren.

Aber selbst in diesen Fällen muß eine Entwicklung stattfinden, und diese ist abhängig von den heimischen institutionellen Reformen, besonders in bezug auf den Landbesitz und das Pachtsystem, von verbesserten Bildungs- und Ausbildungsmöglichkeiten und vor allem von einem für Reformen günstigen politischen Klima. Sie setzt auch finanz- und handelspolitische Maßnahmen von seiten der reichen Länder zur Unterstützung der sich entwickelnden Länder voraus. Wenn diese Bedingungen nicht durch eine entsprechende Politik im In- und Ausland geschaffen werden, dann ist es möglich, daß die Übervölkerung weiterhin anhält, wobei ein Land »überbevölkert« bleiben kann, auch wenn es reichlich über natürliche Ressourcen verfügt.

Die Kolonialzeit schuf die Grundlagen für das starke Bevölkerungswachstum in Südasien. Wie wir an anderer Stelle dieses Buches erörterten, taten die Kolonialmächte viele Generationen lang wenig, um den Lebensstandard in ihren Besitzungen zu verbessern. Aber gegen Ende ihrer Herrschaft fand ein gewisser Fortschritt auf dem Gebiet der Gesundheitseinrichtungen statt. Auch verringerte die Anwesenheit der Kolonialmächte in Südasien, wie auch in Afrika, wesentlich die durch Kriege unter den eingeborenen Völkern bedingte Sterblichkeitsrate. All dies hatte offenbar eine kumulative Wirkung. Von 1800 bis 1850 betrug die Bevölkerungszuwachsrate in Südasien 9 Promille bezogen auf das Jahr. Anfang des Jahrhunderts war sie auf 10 Promille, zu Beginn der 1960er Jahre auf mehr als 20 Promille angestiegen.

Es ist bekannt, daß Bevölkerungsprognosen durch die Wirklichkeit übertroffen werden, und häufig besteht eine extreme Diskrepanz zwischen den Prognosen und den Fakten. Auf der internationalen Bevölkerungskonferenz in Paris 1937 wurde z. B. eine Prognose für die Bevölkerung Javas, eine der am dichtesten bevölkerten Inseln der Welt, bis zum Ende dieses Jahrhunderts vorgelegt. Bereits 1955, so schätzt man, übertraf die tatsächliche Bevölkerung Javas die für das Jahr 2000 vorgesehene Zahl um fünf Millionen. Selbst vergleichsweise jüngere Prognosen konnten die wirklichen Proportionen des Bevölkerungswachstums, das in Südasien nach dem Zweiten Weltkrieg einsetzte, nicht vorherbestimmen. Daher haben die öffentlichen Entwicklungspläne bis in die jüngste Zeit die Bevölkerungszuwachsrate – häufig gröblich – unterschätzt.

Nachdem wir diese Einschränkungen vorausgeschickt haben, wollen wir die nachstehenden Prognosen über die Entwicklung der Fruchtbarkeit und Sterblichkeit in den südasiatischen Ländern während der nächsten Jahrzehnte wagen, wobei wir voraussetzen, daß es von seiten der Regierungen keine Bemühungen zur Verbreitung der Geburtenkontrolle und keine Änderung in der gegenwärtigen Bevölkerungspolitik oder ihrer Effektivität geben wird:

1. Die Sterblichkeit wird weiterhin zurückgehen, wenn auch in den einzelnen Ländern in unterschiedlichem Maß. So wird die Lebenserwartung der zwischen 1975 und 1980 Geborenen sehr wahrscheinlich betragen: a) etwa 65 Jahre oder etwas mehr in Malaya und Ceylon; b) etwa 60 Jahre in Thailand und auf den Philippinen; c) 50 bis 52 Jahre in Indien, Indonesien, Südvietnam, Burma und Pakistan.

2. Die Fruchtbarkeit wird während dieser ganzen Periode in allen Ländern der Region konstant bleiben oder sogar etwas zunehmen.

3. Die internationale Bevölkerungswanderung wird keinen erheblichen Einfluß auf die Bevölkerungstrends in Südasien haben.

Es ist eine Tatsache, daß die Bevölkerungen Südasiens gegenwärtig sehr schnell anwachsen – mit einer größeren Zuwachsrate, als Europa sie jemals in seiner demographisch belegten Geschichte aufwies – und daß in manchen dieser Länder alle Anzeichen darauf hindeuten, daß die Zuwachsrate sich noch schneller steigern wird. Das wichtigste Merkmal dieses Wachstums ist, daß in den nächsten Jahrzehnten durch Eingriffe der Regierungen, ganz gleich wie energisch, entschlossen und konzertiert diese sein mögen, nur wenig, wenn überhaupt etwas getan werden kann, um die mächtigen sozialen Triebkräfte, die es verursachen, in Schach zu halten. Selbst wenn die Fruchtbarkeit in den nächsten Jahrzehnten wesentlich zurückgehen sollte – was, wie unsere Analyse zeigt, nicht spontan eintreten wird – würde dies den Bevölkerungstrend für eine Zeitspanne von drei Jahrzehnten nach dem Einsetzen dieses Rückgangs nicht verändern.
Die gegenwärtige Altersverteilung in diesen Ländern mit ihrer relativ großen Zahl junger Menschen, die durch die hohen und noch zunehmenden Fruchtbarkeitsraten der letzten Jahrzehnte bedingt ist, impliziert ein großes Wachstumspotential, welches für die Zeit einer Generation weiter wirksam bleiben wird. Erst nachdem in einer Generation ein Rückgang der Fruchtbarkeitsrate einsetzt, könnte die Zahl der im fortpflanzungsfähigen Alter stehenden Menschen fallen.
Es ist jedoch wichtig festzustellen, daß das Trägheitsmoment des Bevölkerungswachstums noch auf mehrere Jahrzehnte hinaus ein Weiterbestehen der hohen Zuwachsrate der Gesamtbevölkerung sichert, selbst wenn man davon ausgeht, daß die Fruchtbarkeit, infolge der Bevölkerungspolitik der Regierungen, extrem zurückgehen sollte. Die Auswirkungen auf das Wachstum der Arbeitsbevölkerung werden sich noch mehr verzögern. Daraus ergeben sich bedeutsame Konsequenzen für die Bevölkerungspolitik. Wegen des großen Trägheitsmoments des Bevölkerungswachstums ist es um so dringlicher, mittels einer aktiven Politik der Bevölkerungsbeschränkung die Bremsen so bald wie möglich anzuziehen. Aber eine solche Politik kann nur verwirklicht werden, wenn die Verantwortlichen bereit sind, das nationale Interesse sehr langfristig ins Auge zu fassen. In einer kürzeren Perspektive – und seien es 15 bis 30 Jahre – erscheinen die Veränderungen, die auch durch eine sehr erfolgreiche Bevölkerungspolitik herbeigeführt werden könnten, notwendig als sehr beschränkt.

Durch die Ein- und Auswanderung wird die künftige Bevölkerungsstärke in keinem südasiatischen Land wesentlich beeinflußt werden. Nach dem Ersten Weltkrieg erließen die meisten entwickelten Länder der Welt politische Vorschriften zur Beschränkung der Einwanderung aus dem Ausland. Nichts deutet darauf hin, daß die entwickelten Länder diese Beschränkungen, vor allem soweit es um die Einwanderung armer, unqualifizierter und häufig analphabetischer Farbiger geht, in absehbarer Zukunft lockern werden. Wir müssen davon ausgehen, daß für keines der südasiatischen Länder die Möglichkeit der Auswanderung gegeben ist. Selbst wenn manche dieser Schranken fortfielen, würden die südasiatischen Führer eine solche Auswanderung nicht begrüßen. Auch wenn dies nicht der Fall wäre, würden doch die meisten Menschen Südasiens wenig Gefallen daran finden, ihre Heimat aufzugeben und die Härten eines neuen Lebens in einem fremden Land in Kauf zu nehmen. Aber wenn das Bevölkerungsproblem Südasiens schon nicht durch eine Auswanderung aus der Region zu lösen ist, dann läßt es sich erst recht nicht durch Wanderungsbewegungen innerhalb der Region lindern. Heute ist nicht damit zu rechnen, daß jene Wanderungsbewegung aus Indien (und China) nach Caylon und Malaya wieder aufleben wird, die bis nach dem Zweiten Weltkrieg anhielt.
Demographisch stehen wir am Ende einer Epoche. Die friedliche Wanderung armer Menschen wird eine immer geringere Rolle bei der Anpassung an wirtschaftliche Gegebenheiten spielen. Mit dem Ersten Weltkrieg begannen sich die Grenzen der reichen Länder zu schließen; die armen Länder selbst folgten ihnen nach. Und die seit kurzem unabhängigen unterentwickelten Nationen Südasiens haben ihre Politik auf diesen weltweiten Trend abgestimmt.

Es ist klar, daß die Bevölkerungszuwachsrate in den südasiatischen Ländern heute weitgehend unabhängig vom Tempo ihrer wirtschaftlichen Entwicklung ist. Die Entwicklung könnte sich darauf auswirken, wie schnell und in welchem Umfang die Sterblichkeitsrate zurückgeht, denn sie bestimmt den Lebensstandard und dürfte auch die Höhe der für die Verbesserung der gesundheitlichen Verhältnisse aufgewendeten öffentlichen Mittel beeinflussen. Aber die Fruchtbarkeit wird, wenn sie weiterhin spontanen Kräften unterworfen ist, auf dem traditionell hohen Niveau bleiben oder sogar noch etwas zunehmen, ganz gleich ob eine wirtschaftliche Entwicklung stattfindet oder nicht. Die schnelle und sogar noch beschleunigte Bevölkerungszunahme verzögert generell den wirtschaftlichen Fortschritt in Südasien und bedingt die Stagnation, wenn nicht den Verfall der Wirtschaft – was je nach den in den einzelnen Ländern herrschenden Verhältnissen früher oder später eintreten wird. Da die Auswanderung keine gangbare Lösung ist und da keiner Regierung etwas anderes übrig bleibt, als die Sterblichkeitsziffer weiterhin zu senken, stehen die Regierungen der Region vor der praktischen Frage, ob sie versuchen sollen, einen Rückgang der Fruchtbarkeitsrate einzuleiten, der spontan nicht stattfinden wird.

Unserer Untersuchung der wirtschaftlichen Konsequenzen der Bevölkerungstrends liegt die von Coale und Hoover demonstrierte Tatsache zugrunde, daß ein Rückgang der Fruchtbarkeitsrate auf mindestens zwanzig oder dreißig Jahre hinaus den Umfang der arbeitsfähigen Bevölkerung in den unterentwickelten Ländern nicht nennenswert beeinflussen würde. Für die kommenden fünfzehn Jahre versteht sich dies von selbst; aber die Berechnungen zeigen, daß ein solcher Effekt auch in den darauf folgenden fünfzehn Jahren nur allmählich und langsam wirksam werden wird. Daher wird sich die Auswirkung einer rückläufigen Fruchtbarkeit auf die Zahl der Produzenten um beinah eine Generation verzögern. Die Wirkung auf die Zahl der Konsumenten tritt jedoch sofort ein. Die relative Zahl der nicht zur arbeitsfähigen Bevölkerung Gehörenden beginnt sofort zu fallen, sobald die Fruchtbarkeitsrate zurückgeht.

Die positiven Folgen eines Rückgangs der Zahl der in Südasien geborenen Kinder liegen auf der Hand. Der Anteil der Kinder an der Gesamtbevölkerung würde progressiv abnehmen – je weniger junge Menschen ins fortpflanzungsfähige Alter gelangen, desto weniger Kinder werden geboren. Noch später, wenn die Fruchtbarkeitsziffer sich auf einem niedrigeren Niveau als heute stabilisieren würde, wäre es wahrscheinlich, daß die Altersverteilung ein »normales« Bild böte und nicht mehr einen abnorm hohen Anteil an Jugendlichen und Kindern aufwiese. Wenn weniger Kinder versorgt werden müßten, dann würde das Einkommen der Eltern, wie immer wir es berechnen wollen, steigen. Wenn der Gesamtzuwachs der Durchschnittseinkommen für einen gesteigerten Konsum aufgewendet würde und wenn auf das durchschnittliche Kind und den durchschnittlichen Erwachsenen derselbe relative Anteil der Konsumtion entfiele, dann würde, entsprechend der Steigerung des Pro-Kopf-Einkommens, eine Verbesserung des Lebensstandards eintreten. Jedermann würde besser essen und besser wohnen; und alle hätten mehr Anteil an den Bildungs- und Gesundheitseinrichtungen und anderen durch öffentliche Haushaltsmittel bereitgestellten Annehmlichkeiten.

Eine Nebenwirkung des höheren Konsumtionsniveaus wäre die Steigerung der Produktivität, da sowohl mehr als auch effizienter gearbeitet würde. Bei einem höheren Einkommensniveau könnte auch mehr gespart und vielleicht sogar investiert werden, auch dürften die Steuereinnahmen der Regierung steigen. Außerdem hätte das Steigen der Einkommen noch andere, subtilere Folgen. Die in vielen Teilen Südasiens herrschende große Armut ist zumindest teilweise für die Apathie der Massen und ihr fehlendes Interesse für die Bemühungen, die Einstellungen und Institutionen zu verändern, die moderne Technologie einzuführen, die Hygiene zu verbessern usw., verantwortlich.

Es leuchtet also ein, daß *der Rückgang der Fruchtbarkeit unmittelbar günstige Auswirkungen wirtschaftlicher und allgemein menschlicher Art zeitigen würde und daß diese Auswirkungen weitreichend wären, sich summieren und im Lauf der Jahre noch zunehmen würden.* Sie würden auch unabhängig von der Bevölkerungsdichte eintreten: derselbe Kausalmechanismus ist in dünn wie in dicht besiedelten Ländern wirksam.

Die Zunahme der Arbeitsbevölkerung ist von einer zweiten Kategorie von Effekten begleitet. In allen südasiatischen Ländern nimmt die arbeitsfähige Bevölkerung wesentlich schneller zu als jemals vorher, und zwei- oder dreimal so schnell wie in Westeuropa, auch bevor noch dort die Folgen der Geburtenkontrolle einsetzten. Dieses Wachstum wird anhalten. Fast alle, die in 15 oder 20 Jahren ins arbeitsfähige Alter treten, sind bereits geboren. Welche Anstrengungen auch unternommen werden, um die Geburtenziffer zu senken – sie werden diese Altersgruppen nicht mehr beeinflussen.

In einem früheren Kapitel stellten wir fest, daß die einzige Hoffnung, diese wachsende Menschenmasse produktiv einzusetzen, auf lange Sicht in der Fortführung der Industrialisierung liegt. Kurzfristig, d. h. in den nächsten Jahrzehnten, ist es eine wichtige Voraussetzung der Planung in den südasiatischen Ländern, daß die Landwirtschaft bei weitem den größten Teil des erwarteten schnellen Arbeitskräftezuwachses wird aufnehmen müssen. *Es muß das Ziel der landwirtschaftlichen Planung sein, die Nutzung der Arbeitskräfte zu verbessern, und dies während die Zahl der Arbeitskräfte rapide zunimmt.*

Doch dies kann bestenfalls nur einen Aufschub gewähren. Wenn die Industrialisierung nicht schließlich den Punkt erreicht, an dem sie unter dem Strich positive und substantielle Auswirkungen auf die Beschäftigungssituation der wachsenden Arbeitsbevölkerung zeitigt, dann wird das Elend der Massen in der Landwirtschaft zunehmen, und in der allgemeinen wirtschaftlichen Entwicklung wird eine Stagnation oder sogar eine Rezession eintreten. Es ist völlig unrealistisch anzunehmen, daß der Zuwachs der arbeitsfähigen Bevölkerung entsprechend den gegenwärtigen und zukünftigen Geburts- und Sterbeziffern in irgendeinem Land Südasiens unbeschränkt absorbiert werden kann, ohne daß Katastrophen eintreten.

Es ist daher eine natürliche Voraussetzung der Bevölkerungspolitik, daß sie eine sehr langfristige Perspektive anlegen muß, und dies um so mehr angesichts des in Südasien gegebenen hohen Anteils der Jugend an der Bevölkerung. Da etwa 40 % der südasiatischen Bevölkerung unter fünfzehn Jahre alt sind – gegenüber nur 20 bis 25 % in den westlichen Ländern – und da sich sogar in der fortpflanzungsfähigen Altersgruppe die Altersverteilung entsprechend zuspitzt, ist ein außerordentlich langer Bremsweg nötig, bevor das Bevölkerungswachstum und besonders das Wachstum der Arbeitsbevölkerung einigermaßen verlangsamt werden kann. Selbst wenn in dem einen oder anderen südasiatischen Land das voraussehbare Wachstum der arbeitsfähigen Bevölkerung in absehbarer Zeit noch nicht so gefährlich erscheint, so ist dies kein Argument dafür, die Maßnahmen zur Reduzierung der Geburtenziffer aufzuschieben. Und man darf nicht vergessen, daß es einer langen Zeit der Massenschulung bedarf, bevor eine Politik, die sich für die Verbreitung der Geburtenkontrolle einsetzt, sichtbare Auswirkungen auf die Fruchtbarkeitsraten zeitigt.

Obwohl wir das Problem hier nur in allgemeinen Zügen behandelten und obwohl wir dauernd vermieden, es über unsere

Kenntnis der Tatsachen hinaus zu spezifizieren, glauben wir doch folgern zu dürfen, *daß die Betrachtung der wirtschaftlichen Auswirkungen der Bevölkerungstrends den Regierungen der südasiatischen Länder alle Ursache gibt, so bald und so energisch wie möglich politische Maßnahmen zu ergreifen, um die Masse der Bevölkerung zur Geburtenkontrolle anzuhalten.*

Mit Ausnahme der katholischen Philippinen haben die Regierungen aller südasiatischen Länder, zumindest in jüngster Zeit, tastende Schritte in Richtung auf eine allgemeine Geburtenkontrolle unternommen. Aber keinem Land ist bislang eine merkliche Verringerung der Geburtenziffer gelungen. Selbst in Indien, wo die Bevölkerungspolitik früh einsetzte, gehen die Geburtenziffern nicht zurück. Wenn es um die Mitte der 1960er Jahre irgendwelche Fortschritte der Geburtenbeschränkungspolitik gab, dann wurden diese auf jeden Fall durch die zurückgegangene Zahl der Krankheits- und Sterbefälle und vielleicht auch durch eine Lokkerung der die Fruchtbarkeit beschränkenden Sitten aufgefangen; die Bevölkerungszahl steigt noch immer.

Die Tatsache, daß die Regierungen der Region sich vorsätzlich zu einer restriktiven Bevölkerungspolitik auf der Grundlage der Schwangerschaftsverhütung entschlossen haben oder entschließen, ist in der modernen Weltgeschichte einmalig. Japan ist das einzige Land außerhalb Südasiens, das einen solchen Weg beschreitet, aber es tut dies erst, nachdem Indien voranging, und anfangs noch nicht mit voller Konsequenz. Der drastische Rückgang der Fruchtbarkeit in den westlichen Ländern seit dem letzten Viertel des 19. Jahrhunderts, und die noch früheren Anzeichen dieses Trends in Frankreich und andernorts waren nicht die Folge einer restriktiven Bevölkerungspolitik. Im Gegenteil, alle Kräfte der organisierten Gesellschaft – die Justiz, die Beamtenschaft, die Kirche, die Pädagogen, die Presse, die Ärzte – wurden mobilisiert, um die Geburtenkontrolle zu verhindern. Die Praktiken der Schwangerschaftsverhütung verbreiteten sich trotz dieses Widerstands, weil die Menschen sie selbst wünschten und sich mit ihr vertraut machten.

Heute ist die römisch-katholische Kirche der größte und bestorganisierte Opponent der Geburtenkontrolle. Aber selbst das Fundament dieser Opposition wird bereits brüchig. Früher bekämpften die kommunistischen Länder aktiv die Geburtenkontrolle, wobei sie den marxistischen Standpunkt vertraten, daß ein sozialistischer Staat nicht auf sie angewiesen sei. Auf der Weltbevölkerungskonferenz von 1954 in Rom lieferten sich die Delegierten des Sowjetblocks und katholische Theologen einen komischen Wettbewerb, bei dem die beiden Gruppen sich in der Behauptung zu überbieten suchten, daß es nirgends auf der Welt wirkliche Bevölkerungsprobleme gebe, sondern daß lediglich gewaltige wirtschaftliche und soziale Reformen vonnöten seien. Heute erleben wir in den kommunistischen Ländern Europas eine Lockerung der »marxistischen« Bevölkerungsdoktrin. Dies mag teilweise eine zufällige Folge der Entstalinisierung sein. Im Grunde spiegelt sich darin jedoch eher das Bedürfnis wider, die öffentliche Politik zu einer besseren Übereinstimmung mit den privaten Moralauffassungen zu bringen – ein Thema, das früher oder später in jedem Land zur Debatte steht und das heute bereits der katholischen Kirche zu schaffen macht.

In den späteren Jahren der Kolonialzeit begannen die intellektuelle Elite und die nationalistischen Führer in Indien einzusehen, daß der indische Subkontinent »übervölkert« ist. Ihre Befürchtungen wurden im Westen bestätigt, und die Behauptung von Malthus, daß die Welt eines Tages ihre Ressourcen erschöpft haben werde, wurde von vielen westlichen Intellektuellen übernommen. Malthus war entschieden gegen die Geburtenkontrolle als Mittel zur Einschränkung des Bevölkerungswachstums. Daher ist »Neomalthusianer« eine falsche Bezeichnung für jene Radikalen in den westlichen Ländern, die den Kampf für die Geburtenkontrolle aufnahmen und ihn schließlich gewannen.

In Indien finden wir ein anderes Bild. Das Gespenst der Übervölkerung und Verelendung wurde nicht gebannt; die weit verbreitete Armut der Massen war eine unabweisbare Realität. Nur kleine, westlich beeinflußte Gruppen in den Städten praktizierten die Geburtenkontrolle, und wann die Massen sie spontan übernehmen würden, war nicht abzusehen. In Indien war es tatsächlich nicht möglich, das Bevölkerungsproblem rational anders als in neomalthusianischen Begriffen zu diskutieren, denn die Beschränkung der Bevölkerungszahl mußte im Kontext des steigenden Lebensstandards gesehen werden. Die indischen Intellektuellen, angespornt durch ihre radikalen britischen Freunde, erhoben weniger die Forderung, öffentliche und politische Widerstände gegen die Einführung der Geburtenkontrolle zu beseitigen – diese waren unerheblich –, sondern sie forderten positive politische Maßnahmen zur Unterstützung der allgemeinen Verbreitung der Geburtenkontrolle, um die Fruchtbarkeit unter Kontrolle zu bringen. Dies wurde ein um so dringenderes Anliegen, als die Vision einer wirtschaftlichen Entwicklung zu einem höheren Lebensstandard auftauchte. Die geistigen Fundamente bestanden bereits, als die Kolonialzeit zu Ende ging. Daher konnte in der Ära der Unabhängigkeit ein rationaler politischer Kurs eingeschlagen werden.

In den übrigen südasiatischen Ländern setzte sich die neomalthusianische Bewegung langsamer durch. Lange Zeit gab es nicht mehr als einige Erklärungen der nationalen Führer, daß das Problem der Bevölkerungspolitik in Angriff genommen werden müsse, gelegentliche private Initiativen zur Einrichtung von Kliniken oder zur Propagierung der Familienplanung und zuweilen Hinweise auf die Bevölkerungsfrage in den Planungsdokumenten. Aber bis zur Mitte der 1960er Jahre gab es in keinem der übrigen Länder eine nationale Politik zur Verbreitung der Geburtenkontrolle.

Gleichwohl zeigte es sich, daß die Idee einer auf der Förderung der Geburtenkontrolle fußenden Bevölkerungspolitik sich schon damals in allen Ländern Südasiens durchzusetzen begann, einschließlich der katholischen Philippinen, aber selbstverständlich mit Ausnahme der rückständigsten Länder wie Laos und Kambodscha. In Indonesien und Burma bekundet man bestenfalls ein spärliches und ambivalentes Interesse an einer solchen Politik. Aber in Thailand sprach der damalige Premierminister Feldmarschall Sarit Thanarat in einer Rede anläßlich der Verabschiedung des Staatshaushalts 1962 bereits seine Befürchtungen über die starke Zuwachsrate der Bevölkerung in seinem Land aus – die damals auf nicht mehr als 3,6 % pro Jahr veranschlagt wurde.

Gleichzeitig entwickelte sich in der westlichen Welt eine manchmal übertriebene Begeisterung für die Geburtenkontrolle in den südasiatischen Ländern. Der Ruf nach Aktionen beschränkte sich zwar (und tut es immer noch) überwiegend auf die protestantischen Länder, aber diese sind die reichsten und mächtigsten und bestimmen den Ton. Dieses plötzliche Interesse des Westens hatte jedoch eine rückläufige Wirkung auf manche südasiatische Führer. Es trat um die gleiche Zeit auf, da die früheren Kolonien von einer Woge nationalistischer Gefühle mitgerissen wurden. Daß der weiße Mann sich für eine Beschränkung ihrer Bevölkerungszahl einsetzte, machte gar zu sehr den Eindruck, als versuchte der Westen damit, die Macht der Asiaten zu blockieren. Einigen der glühendsten Nationalisten erschien dies sogar als eine Form des Völkermords durch Geburtenkontrolle. Aber welche Befürchtungen diese Führer vor einem Jahrzehnt auch hegen mochten, heute beginnen sie die offensichtliche Tatsache zu akzeptieren, daß sie sich selbst Gedanken über eine Verlangsamung ihres Bevölkerungswachstums machen müssen.

Bei der Behandlung ihrer Bevölkerungsprobleme und bei ihrem Bemühen um geeignete politische Maßnahmen sind die südasiatischen Länder nur an eine feststehende Wertprämisse gebunden, welche enorme praktische Konsequenzen hat; jeder Versuch, das Bevölkerungswachstum zu bremsen, muß auf Maßnahmen beschränkt bleiben, die sich auf den Fruchtbarkeitsfaktor beziehen. Eine hohe Sterblichkeit nur deshalb in Erwägung zu ziehen oder auch nur zu tolerieren, weil sie das Bevölkerungswachstum verlangsamt, verbietet sich von selbst. Als Wertprämisse ist dies unbestreitbar die Grundlage aller öffentlichen Politik in Südasien wie auch in der übrigen zivilisierten Welt. *Was in einem vernünftigen Rahmen getan werden kann, um Krankheiten zu bekämpfen und den vorzeitigen Tod zu verhindern, muß geschehen, ungeachtet der Auswirkungen auf das Bevölkerungswachstum.* Diese mit dem seit langem geltenden Ethos des ärztlichen Berufs übereinstimmende Wertung ist seit einiger Zeit der Grundstein der Bevölkerungspolitik sowohl in der kommunistischen wie in der nichtkommunistischen Welt. Diese Wertprämisse wird hier als das genommen, was sie ist: ein moralischer Imperativ.

Da das Hauptargument für eine restriktive Bevölkerungspolitik in Südasien ökonomischer Art ist – nämlich die Aufrechterhaltung und Verbesserung des Lebensstandards und die Einleitung einer breit angelegten ökonomischen Entwicklung –, konzentriert sich diese Politik auf die Größe der Bevölkerung. Es ist ihr Hauptanliegen, die Fruchtbarkeit und damit das Bevölkerungswachstum zu senken. In diesem Sinn ist die südasiatische Politik wahrhaft neomalthusianisch. Letzten Endes wurde sie auch deshalb zu einer neomalthusianischen, weil die Geburtenkontrolle sich nicht spontan durchsetzte, wie dies im Westen und in den kommunistischen Ländern Europas geschah, und weil kaum zu erwarten ist, daß dies in der nächsten Zukunft der Fall sein wird. An dieser Stelle mag es zur Veranschaulichung der komplexen Anforderungen, die an die politischen Prinzipien Südasiens gestellt sind, beitragen, wenn wir die heutige Bevölkerungspolitik in Südasien mit den Gegebenheiten in den meisten fortgeschrittenen westlichen Ländern vergleichen, wie sie sich heute, da die öffentliche und private Moral beschwichtigt und die Geburtenkontrolle weitverbreitet ist, darstellt.

Zwischen beiden Regionen bestehen drastische Unterschiede. Zum einen gab es in Nordwesteuropa keinen Anlaß, eine Übervölkerung zu befürchten, und sicher auch keine ökonomischen Motive, eine niedrigere Gesamtzahl der Geburten zu fordern. Im Gegenteil, man war sich allgemein bewußt, daß die Fruchtbarkeit leicht bis zu dem Punkt absinken konnte, wo die Bevölkerung sich nicht mehr reproduziert. Ein Rückgang der Bevölkerungszahl wurde allgemein als unerwünscht abgelehnt. Hinter diesem Werturteil spielten ökonomische Erwägungen nur eine geringe Rolle, aber sicher sprachen sie auch nicht für eine entgegengesetzte Wertung. Und ganz bestimmt gibt es nirgends in Nordwesteuropa, wie in Südasien, eine Begründung für den Versuch, die Fruchtbarkeitsrate mit Hilfe öffentlich-politischer Maßnahmen zu senken.

Im Gegenteil, die Bemühungen, die Gegner der Geburtenkontrolle zu überzeugen und die Familienplanung durchzusetzen, finden nicht statt, um die Fruchtbarkeitsrate zu senken, sondern um die Voraussetzung dafür zu schaffen, daß Angehörige aller sozialen und wirtschaftlichen Klassen selbst die Familiengröße bestimmen können, die jedem die besten Möglichkeiten in der Familie bieten. Das Interesse an der Durchsetzung der Geburtenkontrolle galt in Nordwesteuropa nicht der Quantität sondern der Qualität der Bevölkerung sowie der Verbesserung der Bedingungen, unter denen die Kinder aufwachsen. Allgemein gesagt, herrscht in den kommunistischen Ländern Europas ein ähnlicher Trend. In mancher Hinsicht wurden die Konsequenzen der neuen Situation in diesen Ländern schneller und umfassender akzeptiert. Dies zeigt wieder einmal, welche Bedeutung Idealen und politischen Vorstellungen zukommt, die über das Thema des Kalten Krieges hinausweisen.

Die Länder Südasiens hingegen sind gezwungen, hauptsächlich

den quantitativen Aspekt der Bevölkerungsentwicklung in den Vordergrund zu stellen. Lebenswichtige wirtschaftliche Interessen zwingen sie, durch die Verbreitung der Geburtenkontrolle auf eine Senkung der Fruchtbarkeitsziffer hinzuarbeiten. Denn die Geburtenkontrolle setzt sich nicht spontan durch, vor allem nicht mit der erforderlichen Eile. Ihre Bevölkerungspolitik ist notgedrungen neomalthusianisch, während die Politik der westlichen und europäischen Länder dies nicht ist.

Dennoch sind die Ergebnisse in beiden Fällen ähnlich. Da die südasiatischen Länder ihre neomalthusianische Bevölkerungspolitik durchzusetzen trachten, können sie nach keinem anderen Prinzip als dem der Familienplanung handeln, welches auch die Grundlage der im Westen und zunehmend in den fortgeschrittenen kommunistischen Ländern sich durchsetzenden Bevölkerungspolitik ist. Im Rahmen dieses Prinzips und durch seine immer vollkommenere Verwirklichung werden die südasiatischen Länder ihre Menschen in vielschichtiger Weise ummotivieren müssen – in diesem Fall heißt dies, daß sie sie dazu bewegen müssen, weniger Kinder in die Welt zu setzen. Eine staatliche Führung durch Zwangsmaßnahmen in diesen persönlichen Angelegenheiten ist nicht erfolgreich. Sie war es nicht einmal in den kommunistischen Ländern, wo sie einst erprobt wurde. Daher müssen Informationen über die Geburtenkontrolle verbreitet und die wirksamsten Antikonzeptiva den Massen zugänglich gemacht werden.

Auch müssen die südasiatischen Länder vorsichtig mit einer Politik verfahren, welche kinderreiche Familien bevorzugt – die meist auch die ärmsten und hilfsbedürftigsten sind –, damit sie keinen Anreiz bieten, Kinder in die Welt zu setzen. Ein Konflikt liegt hier aber nur vor, solange die Unterstützung kinderreicher Familien in Form von Bargeld an die Eltern ausgezahlt wird. Zweifellos stellt alles, was für die Kinder getan wird, eine Form der Unterstützung dar – von der Verbesserung der Gesundheitseinrichtungen, der Bildungs- und Ausbildungsmöglichkeiten bis hin zur Austeilung von Schulmahlzeiten. Aber wenn die Zuwendungen in Naturalform an die Kinder und nicht als Bargeld an die Eltern verteilt werden, dann verringert sich das Risiko, damit einen Anreiz zum Kinderkriegen zu schaffen. Häufig haben solche Maßnahmen sogar einen entgegengesetzten Effekt, indem sie die wirtschaftlichen Vorteile, welche die Eltern durch ihre Kinder genießen, vermindern. Mehr als im Westen wird die Wohlfahrt der Kinder in Südasien auf sozialisierte Konsumtionsformen zurückgreifen müssen, wobei die Kinder durch den Aufbau von Gemeinschaftseinrichtungen in zunehmendem Umfang das erhalten, was sie direkt und in Naturalform benötigen.

Das natürliche Ziel, das in Südasien anzustreben sein wird, wenn eine Senkung der Fruchtbarkeitsrate gelingt, muß auch eine Verbesserung der Bevölkerungsqualität sein. Sobald die Geburtenkontrolle allgemein praktiziert wird, wird die Bevölkerungspolitik sich natürlich zunehmend an der Wohlfahrt der Familien und der Lebensqualität der Nation orientieren. Und sogar schon bei der Durchsetzung des Hauptziels, nämlich der Senkung der Fruchtbarkeitsrate, werden die südasiatischen Länder in den verschiedensten Formen die Wohlfahrt der Kinder und die Lebensqualität der Bevölkerung verbessern. Das Bevölkerungsproblem ist grundsätzlich ein moralisches Problem, und in dem Maß, wie humanitäre Prinzipien sich durchsetzen, wird es zunehmend als solches betrachtet werden. Hinsichtlich der mannigfachen damit verbundenen sozialen und ökonomischen Probleme beginnt sich so etwas wie ein der ganzen Welt gemeinsames Ethos zu entwickeln.

Bis heute haben eine Reihe von ideologischen, politischen, ökonomischen und sozialen Faktoren manche Länder Südasiens daran gehindert, sich offiziell zur Politik der Geburtenkontrolle zu bekennen, und bis in die jüngste Zeit ermöglichten sie es keinem dieser Länder, eine Politik zu verfolgen, die weit und tiefgreifend genug wäre, um eine überhaupt registrierbare Verlangsamung des Bevölkerungswachstums zu bewirken. Aber die in religiösen Systemen wurzelnden Hindernisse und Hemmnisse, welche in der übrigen Welt eine so wichtige Rolle spielten, sind in Südasien wesentlich schwächer. Tatsächlich gibt es keine expliziten, klar formulierten Verbote der Geburtenkontrolle in den Schriften der größeren südasiatischen Religionen – des Hinduismus, Buddhismus oder Islam. Zwar ist gegenwärtig von den Führern dieser Religionen nicht zu erwarten daß sie sich in die intellektuelle Avantgarde einreihen, die für die Geburtenkontrolle eintritt, aber manche haben explizit zumindest bestimmte Formen und Motive der Geburtenkontrolle gebilligt. Die katholischen Philippinen sind hier selbstverständlich atypisch. Dort

wurde bis vor kurzem jedes offizielle Eintreten für die Geburtenkontrolle verhindert oder erschwert, auch wenn die Stellung der Katholiken heute nicht mehr unbestritten ist.
Aber in den übrigen Ländern, wo der Buddhismus, der Hinduismus und der Islam immer noch eine sehr wichtige Rolle im täglichen Leben und in den sozialen Beziehungen der Menschen spielen, genügt es nicht, wenn sie lediglich keine Einwände gegen die Geburtenkontrolle erheben. Allen etablierten Religionen ist eine konservative Grundhaltung gemeinsam, aus der heraus sie Veränderungen fürchten und ablehnen, die sich aus der freien rationalen Reflexion ergeben und durch technische Mittel verwirklicht werden; es ist dieselbe instinktive Abneigung, die in allen Ländern im Frühstadium ihrer Entwicklung gegen Maschinen und neue Transportmittel vorhanden war. Wichtig ist allein die Tatsache, daß es in Südasien, sobald die Notwendigkeit einer Bevölkerungspolitik auf politischer Ebene anerkannt ist, keine so starke und organisierte Opposition von religiöser Seite gibt wie einst im Westen – außer in gewissem Umfang, zumindest noch für einige Zeit, auf den Philippinen.
Eine Behinderung der Bevölkerungspolitik aus politischen Ursachen finden wir in Ländern, die schwerwiegende Minoritätenprobleme haben, wie etwa Ceylon. Auf seiten der Mehrheit besteht oft der Wunsch, eine möglichst starke Majorität zu bewahren, während die Minderheit wachsen möchte. Es wurde berichtet, daß ein schwedisches Familienplanungsprojekt in Ceylon in Schwierigkeiten geriet, weil es in Distrikten mit singhalesischer Bevölkerung begonnen wurde. Man befürchtete, daß in dieser Gruppe die Fruchtbarkeit sinken würde, ohne daß die Tamilen nachzogen. Wo es einen ethnischen Dualismus gibt, dort wird dieser geradezu notwendig ein ungeheures Hindernis für eine gemeinsame Politik der Geburtenkontrolle darstellen. In Malaya wird die Haltung der Malayen und der Chinesen meist durch die Befürchtung beeinflußt, daß die Geburten in ihrer jeweils eigenen Gemeinschaft zurückgehen könnten, ohne daß die andere nachfolgt. Trotzdem unterstützt die von den Malayen dominierte Regierung die Einrichtung von Familienplanungskliniken.
Ein anderes Beispiel dafür, wie die Realität mißverstanden wurde, war der Glaube der Regierung Sukarno in Indonesien, daß die Bevölkerungsprobleme sich durch eine Verpflanzung von Siedlern aus Java und Bali auf die übrigen Inseln und Sumatra lösen

ließen. Der Fehler Sukarnos bestand nicht darin, daß er sich für die Auswanderung einsetzte, was eine ganz vernünftige und empfehlenswerte Maßnahme war, sondern daß er dazu neigte, deren potentiellen Einfluß auf das Bevölkerungswachstum in Java zu überschätzen. Präsident Sukarno, dessen Blindheit für die ökonomischen Tatsachen des Lebens wesentlich zu seinem Sturz beitrug, gelang es, den weit verstreuten Indonesiern ein Nationalgefühl einzupflanzen. Er war unbändig stolz auf das Potential seines Landes, und der Gedanke, daß die Indonesier ihre zunehmende Bevölkerung nicht versorgen könnten, war ihm fremd.

Die grundsätzliche Haltung der indonesischen Führer zur Geburtenkontrolle kam deutlich in einem Interview zum Ausdruck, das Sukarno Bernhard Krisher für *Newsweek* gab:

»Ich glaube trotzdem, daß wir die Geburtenkontrolle hier nicht brauchen. Meine Lösung lautet: mehr Land nutzbar machen; denn wenn man das ganze Land Indonesiens erschließt, dann kann man 250 Millionen Menschen ernähren, und heute habe ich erst 103 Millionen. Es war [der pakistanische] Präsident Mohammad Ayub Khan, der, als er die vielen Kinder in Indonesien sah, sagte: ›Sukarno, ich zittere, wenn ich Kinder sehe. Kinder schaffen Probleme‹. ›Ja, dein Land ist arm‹, sagte ich ihm, ›in meinem Land – je mehr, um so besser‹.«

Sukarno weigerte sich zu glauben, daß sein Auswanderungsprogramm böse scheitern würde und daß die Zahl der Menschen, die von Java und Bali nach Sumatra gingen, weit unter der Zahl der allein in Java neu geborenen Kinder blieb. Seit dem Sturz Sukarnos hat die Militärjunta, die nun in Indonesien regiert, zumindest der Ford Foundation die Möglichkeit gegeben, einige Geburtenkontrollkliniken in Java einzurichten.

Überall, auch in Indien, trägt ein systematisches Vorurteil zur Unterschätzung des Bevölkerungsproblems bei. Die künftigen ökonomischen Probleme der Schaffung von Arbeitsplätzen für eine wachsende Zahl von Arbeitskräften werden in den Vordergrund gestellt, wobei das Interesse von den Möglichkeiten einer unmittelbaren wirtschaftlichen Erleichterung, die sich durch eine Verringerung der Kinderzahl pro Haushalt erreichen ließe, abgezogen wird.

Außerdem gibt es ein Phänomen, das als »Zahlenillusion« zu bezeichnen wäre. Im allgemeinen Sprachgebrauch wird zwischen »zahlreich« und »groß« nicht klar unterschieden, und nur wenige Intellektuelle können sich diesbezüglich vor einer Verwechslung bewahren. Größe wird bewußt und unbewußt mit Macht in Beziehung gesetzt; ihr Zusammenhang mit dem Prestige ist offenbar. Und es ist für einen Asiaten schwer zu akzeptieren, daß seine Nation zu groß sei und daß sie nicht mehr wachsen solle – und diese Schwierigkeit wird noch durch die Beunruhigung des Westens über die Bevölkerungsexplosion in Asien genährt.

Bei der Beurteilung dieser Einstellung dürfen wir nicht vergessen, daß wir sie nicht direkt mit der europäischen Haltung vergleichen können, die hier der Geburtenkontrolle zugute kam. Unter diesem Vorbehalt können wir feststellen, daß in den südasiatischen Ländern weit weniger günstige Bedingungen für das Erwachen des Wunsches nach einer Beschränkung der Kinderzahl gegeben sind – eines Wunsches, der stark genug wäre, um eine dauerhafte und wirksame Geburtenkontrolle nach sich zu ziehen. In gewissem Sinn läßt sich das Gebären und Aufziehen von Kindern in Südasien sogar als eine Investition auffassen; Kinder bieten eine gewisse Sicherheit für den Krankheitsfall und das Alter, und häufig nehmen sie den Eltern schon frühzeitig einen Teil ihrer Arbeitslast ab. Unter den in Südasien herrschenden Lebensbedingungen wird von den Kindern eher erwartet, daß sie Pflichten gegenüber ihren Eltern erfüllen, als daß die Eltern gegenüber den Kindern verpflichtet wären. Außerdem leben die meisten Südasiaten räumlich und in der Familie enger zusammen als die Menschen im Westen. Es gibt mehr Frauen, Mütter, Großmütter und ältere Schwestern, die sich an der Last der Kinderpflege beteiligen.

Ferner herrscht in allen südasiatischen Ländern, vor allem bei den Hindus, die Auffassung, daß männlicher Nachwuchs erstrebenswert sei. Ein junger Mann erreicht in diesen Gesellschaften nicht den vollen Status des erwachsenen Mannes, bevor ihm nicht ein Sohn geboren wurde, und für die Hindus ist es wichtig, daß nach dem Tode eines Mannes sein Schädel von seinem Sohn geöffnet wird. Daher ist es notwendig, einen Sohn zu haben, und angesichts der hohen Sterblichkeit möglichst sogar zwei oder drei. Dies beeinträchtigt die Geburtenkontrolle, besonders in der ersten Zeit der Ehe. Man kann nur hoffen, daß diese Haltung abgeschwächt wird, sobald die Säuglings- und Kindersterblichkeit merklich zurückgeht.

Man muß auch bedenken, daß solche Auffassungen sich nicht in der Isolation, sondern im Kontext der täglichen politischen Realität entwickelt haben. Und kurzfristig ist es verständlich, warum jede Regierung zögert, der Bevölkerungsfrage die notwendige Aufmerksamkeit zuzuwenden. Die Regierungen der südasiatischen Länder sind mit drückenden politischen Sorgen aller Art belastet, und sie versuchen unbeirrt, ihre ökonomische Entwicklung zu planen. Die Bevölkerungsfrage erscheint daher nur als blasses Wölkchen über dem Horizont des Schicksals der Nation. Zum Teil ist diese Auffassung für die Planer, die sich mit wirtschaftlichen Problemen befassen, ganz natürlich, und sie sind es, die normalerweise den Rahmen abstecken, in dem das Planungsdenken sich bewegt. Die südasiatischen Regierungen befinden sich in einer dauernden schweren Krise. Weit in die Zukunft zu blicken und sich umfangreiche Aufgaben aufzubürden, zugleich aber mit all den unmittelbar anstehenden Problemen fertigwerden zu müssen, wird um so unangenehmer, als die Bevölkerungsfrage zweifellos Zündstoff enthält. In Indien und Pakistan besteht nichtsdestoweniger die Tendenz, mit Nachdruck die Politik der Geburtenkontrolle zu verfolgen, und verschiedene andere südasiatische Länder bewegen sich, wie wir zeigten, in dieselbe Richtung.

Aber es genügt nicht, politische Beschlüsse zu fassen. Für die Durchführung eines Programms zur Verbreitung der Geburtenkontrolle unter den Massen müssen zahlreiche Kader auf verschiedenen Ebenen ausgebildet, organisiert und erfolgreich in Aktion gesetzt werden; das ganze Unternehmen muß in einen allgemeinen administrativen Rahmen integriert werden. Und wie auf allen anderen Gebieten stehen die Regierungen vor jenen Schwierigkeiten, die wir in dieser Studie summarisch unter dem Schlagwort vom »weichen Staat« zusammenfaßten und die im allgemeinen dazu beitragen, die Durchführung und den Erfolg politischer Maßnahmen zu vereiteln. Wenn die neuen Pläne zur Geburtenkontrolle ihre Ziele nicht erreichen sollten, dann wird das Scheitern der Planerfüllung wahrscheinlich eher auf solche Hemmnisse im administrativen Bereich als auf die durch die Haltung der Massen bedingten Hindernisse zurückzuführen sein.

Wir stellten fest, daß es so gut wie keine historischen Erfahrungen mit der Geburtenkontrolle bei einer weitgehend analphabetischen Bevölkerung gibt, die ihr Leben zumeist in einer stagnierenden ländlichen Wirtschaft fristet, die nur einen geringen Lebensstandard bietet. Es gibt jedoch zwei wichtige Unterschiede hinsichtlich der Ausgangsbedingungen, die möglicherweise die südasiatischen Länder stark begünstigen könnten. Zum einen läßt sich die Geburtenkontrolle in den südasiatischen Ländern willkürlich durch öffentlich-politische Maßnahmen durchsetzen. Zum anderen besteht die Möglichkeit, technische Verhütungsmittel einzusetzen. Die Verbreitung der Geburtenkontrolle im Westen – und ähnlich auch in den europäischen kommunistischen Ländern – resultierte direkt aus einer Veränderung der Einstellungen, noch bevor solche Mittel zur Verfügung standen. Lange Zeit ließ sich die Empfängnis nur durch den Koitus interruptus verhüten; auch weiterhin ist er in den westlichen Ländern, wo die Menschen ansonsten gebildet und die Einkommen sehr hoch sind, eine der wichtigsten Verhütungsmethoden. Die in den südasiatischen Ländern eingeleiteten öffentlichen Kampagnen können von Anfang an in weit größerem Maß auf technische Verhütungsmittel zurückgreifen, als dies in den westlichen Ländern möglich war. Die Verfügbarkeit intra-uterinaler Antikonzeptiva hat die Aussichten für eine rasche Verbreitung der Geburtenkontrolle vollkommen verändert, und die aktive Unterstützung von seiten gemeinnütziger Organisationen wie der Ford Foundation, die diese in Südasien zur Verfügung stellen, ist ein weiterer Vorteil. Da man heute allgemein von der Effektivität oraler Antikonzeptiva überzeugt ist, ermöglicht die »Pille« eine weitere und noch leichtere Methode der Geburtenkontrolle.

Alles in allem sind wir davon überzeugt, daß die wirtschaftliche Entwicklung in den südasiatischen Ländern nicht nur langsamer verlaufen wird, wenn diese nicht wirksame Maßnahmen zur Verringerung der Geburtenzahl ergreifen, sondern daß sie dann auch Gefahr laufen werden, daß der Lebensstandard sinkt. Es ist nicht auszuschließen, daß Pakistan, Indien und Java bereits in die Phase ihrer Geschichte eingetreten sind, in der diese Entwicklung beginnt. Die Bevölkerungspolitik ist als integrierender Bestandteil der Wirtschaftspolitik anzusehen. Besonders in den größeren und ärmeren Ländern sind energische und koordinierte Anstrengungen für die Bevölkerungsplanung wie auch für alle anderen Arten der Planung verzweifelt notwendig, wenn die Katastrophe vermieden werden soll.

Die wirtschaftlichen Auswirkungen der Geburtenrate sind nicht nur ganz erheblich, sondern auch kumulativer und progressiver Natur. Besonders da politische Maßnahmen die Geburtenziffer nur allmählich beeinflussen können, ist es unumgänglich, daß diese so bald wie möglich eingeleitet werden. Die analphabetischen Menschenmassen müssen zu einer Verhaltensänderung bewogen werden, und die artikulierten Oberschichten müssen ihre Hemmungen überwinden und dürfen nicht länger zögern, energische Maßnahmen zur Verbreitung der Geburtenkontrolle zu ergreifen.

Bei den Massen besteht die latente Bereitschaft zu einer positiven Einstellung gegenüber der Geburtenkontrolle. Eine aufklärende Propaganda sollte wesentlich dazu beitragen, diese Bereitschaft noch zu fördern. Eine solche Propaganda hätte desto mehr Erfolgsaussichten, je höher das Bildungsniveau der Bevölkerung ist. In ihrem dritten Plan setzte sich die indische Regierung das Ziel, die Familienplanung so weit voranzutreiben, daß bis 1973 die Geburtenrate auf 25 Geburten pro Tausend Einwohner reduziert würde. Bedenkt man die bis heute (1971) gemachten Erfahrungen, dann fällt es schwer, auch nur an eine angenäherte Erfüllung dieser Prognose zu glauben.

Wie in dieser Untersuchung festgestellt, ist die Bevölkerungsexplosion die wichtigste soziale Veränderung, die in der Nachkriegszeit in Südasien stattfand. Sie ist wichtiger als alle anderen Reformen und Entwicklungsbemühungen, und sie hat viel dazu beigetragen, diese Bemühungen zu vereiteln. Möglicherweise wird die Verbreitung der Geburtenkontrolle die größte Veränderung der nächsten Jahrzehnte sein, welche Reformen und die wirtschaftliche Entwicklung allmählich leichter durchführbar machen wird. Aber ob die Geburtenzahl im nächsten Jahrzehnt abnehmen wird und ob sie schnell abnehmen wird – dies erscheint ungewiß.

Fünfter Teil

Die Bevölkerungsqualität

22. »Investition in den Menschen«

Eine Untersuchung über die Armut der Nationen wäre nicht vollständig ohne eine Untersuchung über die Qualität des Lebens der Menschen. Und deren grundlegende zwei Elemente sind die Gesundheit und die Ausbildung. Mit unserer Prämisse der voneinander abhängigen Entwicklungszyklen postulieren wir, daß ein Mensch, um sein wirtschaftliches und soziales Leben zu verbessern, auch seine Gesundheit und seine Ausbildung verbessern muß. Wir vertreten diese Auffassung, obgleich wir wissen, daß eine scharfe Definition oder Messung dieser Qualitäten unmöglich ist.

Wenn wir nun Südasien unter diesem Aspekt untersuchen, dann tun wir dies unter zwei Voraussetzungen: Die eine besagt, daß es keine überzeugenden Anzeichen dafür gibt, daß die Menschen in Südasien irgendwelche biologischen Eigenschaften hätten, welche sie anfälliger für Krankheiten machen als andere Völker der Erde; die Unterschiede hinsichtlich der gesundheitlichen Verhältnisse werden aus den Umweltfaktoren erklärt. Die andere Annahme besagt, daß das Durchschnittsniveau der Intelligenz und der geistigen Fähigkeiten, die für ein erfolgreiches Lernen erforderlich sind, sich ebenfalls nur wegen dieser Umweltfaktoren unterscheiden.

Auch wenn die besten statistischen Daten vorlägen, wäre es unmöglich, präzise festzustellen, was Gesundheits- und Ausbildungsstandards sind; auch können wir keine verbindlichen Aussagen darüber treffen, wo solche Standards für diese beiden Qualitäten angesetzt werden sollten. Die quantitative Erfassung der Gesundheit wird noch durch die Tatsache erschwert, daß die Informationen über die gesundheitlichen Verhältnisse in Südasien mangelhaft sind und häufig völlig fehlen. Selbst wenn es Schätzungen über das Vorkommen bestimmter Krankheiten mit bekannten Symptomen gibt, lassen sich nur ganz grobe Vermutungen über die Verbreitung latenter Krankheiten und allgemeiner psychischer oder physischer Schwächen, die auf die schlechte Ernährung und die Streuung pathogener Faktoren unter der Bevölkerung zurückgehen, anstellen. In Südasien sind diese schwer zu diagnostizierenden Gesundheitsschäden vielleicht wichtiger für die nationale Entwicklung als die deutlicher sichtbaren. Die Menge der verschiedenen Formen vorhandener medizinischer Einrichtungen steht in keinem direkten Verhältnis zur gesundheitlichen Situation oder ihrer Verbesserung, und dies gilt um so mehr in bezug auf die für das Gesundheitswesen aufgewandten Mittel.

In der Diskussion der gesundheitlichen Verhältnisse wird häufig auf die Sterblichkeit Bezug genommen. Wir definieren diesen Begriff eher formal als totale Absenz von Gesundheit. Diese Definition ist wesentlich einfacher als der Begriff der gesundheitlichen Verhältnisse, und sie ist leichter quantifizierbar und meßbar. Die Daten über die Sterblichkeit sind daher weitaus besser als diejenigen, die über jene komplexe Gruppe von Gegebenheiten vorliegen, welche wir mit dem Terminus Morbidität oder mangelhafte Gesundheit bezeichnen. Die Verwendung der Sterblichkeitsziffern – allgemeine oder altersspezifische Zahlen oder Sterbetafeln – zur Indikation der gesundheitlichen Verhältnisse ist jedoch nicht zulässig. Sie bezeichnen lediglich die Resultate aus zwei zusammenwirkenden Faktoren: Das Vorkommen von Krankheiten mit möglicherweise tödlichem Verlauf und das Maß, in dem es nicht gelingt, den tödlichen Ausgang dieser Krankheiten zu verhindern. Sie sind ein mangelhafter Maßstab für die Morbidität. Für sich allein genommen besagen sie weder etwas über die Häufigkeit und Dauer von Krankheiten noch über den Grad der Gesundheitsschäden, etwa bei Blindheit oder entkräftenden Krankheiten des Verdauungsapparats.

In Wirklichkeit könnte man sich vorstellen, daß ein großer Teil der Bevölkerung dauernd oder die meiste Zeit leidend ist oder zumindest der normalen Vitalität entbehrt, auch wenn die Sterbeziffern sinken und die Lebenserwartung steigt. Es ist sogar vorstellbar, daß die Leute nur länger leben, um in größerem Umfang als zuvor unter den auszehrenden Bedingungen schlechter Gesundheit zu leiden. Diese warnenden Überlegungen sind besonders angebracht im Hinblick auf die gegenwärtige, im Wandel begriffene Gesundheitssituation in Südasien. Es wird eine mächtige neue medizinische Technologie eingesetzt, um potentiell tödlichen Krankheiten vorzubeugen oder sie zu heilen, aber der Lebensstandard der Massen steigt nicht in dem Maß, wie es wünschenswert wäre, oder verschlechtert sich sogar. Wenn die medizinische Technik und ihre Anwendung weiterhin verbessert werden, dann dürfte die Sterblichkeit noch einige Zeit zurückgehen, auch wenn der Lebensstandard sich verschlechtern sollte und die Menschen weniger widerstandsfähig gegen Krankheiten, zunehmend entkräftet und weniger arbeitsfähig würden. Es ist nicht auszuschließen, daß, wenn nicht bald ein Rückgang der Geburten eintritt, oder radikale soziale und ökonomische Reformen durchgeführt werden, oder das Ausland viel weitreichendere und effektivere Hilfe leistet, einige der ärmsten Länder sich demnächst in einer solchen Situation befinden werden – oder sich bereits darin befinden.

Ebenso schwierig, wenn nicht noch schwieriger ist es, relative Standards der Ausbildung zu bestimmen. Ausbildung kann in vielen Formen stattfinden, und wieder gibt es keinen gemeinsamen Nenner. In der landwirtschaftlichen Aufbauarbeit zum Beispiel können bedeutende Anstrengungen mit Menschen unternommen werden, die Analphabeten sind und dies bleiben werden. Bei allen Formen der Ausbildung ist die Verbesserung der Einstellungen zumindest ebenso wichtig wie die Vermittlung von Kenntnissen.

In Südasien herrscht großer Mangel an faktischen Informationen in bezug auf alle Aspekte der Ausbildung – und selbst in so einfachen Punkten wie der Alphabetisierung und dem Schulbesuch sind die Schätzungen sehr dürftig. Aber selbst wenn zuverlässige Daten zur Verfügung stünden, wären sie keine geeignete Grundlage für die Berechnung eines »Bildungsstandards« oder der Veränderung eines solchen Standards.

Jeder Versuch, den Ausbildungsstandard anhand der für die Ausbildung aufgewendeten finanziellen Mittel – oder der bereitgestellten Einrichtungen, etwa der beschäftigten Lehrer – zu bemessen, ist zum Scheitern verurteilt. Denn vor allem pflegt das Ergebnis der Ausbildung sowohl in Gestalt der Vermittlung von Kenntnissen als auch die Verbesserung der Einstellungen in keinem festen Verhältnis zu den aufgewandten Mitteln zu stehen. Bei allen Formen der Ausbildung findet in Südasien eine große Vergeudung statt, und manches ist einfach als falsche Erziehung zu bezeichnen. Setzt man Modernisierung und Entwicklung als Ziele voraus, dann werden die falschen Kenntnisse und die falschen Einstellungen vermittelt oder bewahrt. Dies besagt, daß eine Verbesserung der Ausbildung eine bessere Nutzung der Mittel und nicht nur einfach eine mengenmäßige

Vermehrung der für diesen Zweck aufgewandten Mittel voraussetzt.

Außerdem lassen sich weder die Gesundheits- noch die Ausbildungssituation isoliert betrachten. Schon deshalb nicht, weil die gesundheitlichen Verhältnisse und die Ausbildung stark voneinander abhängig sind. Einerseits ist die Fähigkeit eines Kindes, die ihm gebotenen Bildungsmöglichkeiten voll zu nutzen, von seiner Gesundheit abhängig. Die Fähigkeit eines Erwachsenen, das Wissen und die Fertigkeiten, die er erwirbt, zu nutzen, hängt von seiner geistigen und physischen Leistungsfähigkeit ab. Andererseits ist der Grad, bis zu dem die gesundheitlichen Verhältnisse verbessert werden können, von den Kenntnissen der Menschen und ihrer Einstellung zur Hygiene abhängig. Sowohl Gesundheits- als auch Ausbildungsstandards hängen wiederum vom gesamten sozialen Milieu ab, besonders von den herrschenden Einstellungen und Institutionen. Reformen auf dem Gebiet der Gesundheit und der Ausbildung sind notwendig soziale oder sogar kommunale und Familien-Reformen. Aus technischen Gründen sind sie für gewöhnlich vergeblich, solange sie nicht in großem Stil durchgeführt und in eine geplante Entwicklung integriert werden.

In diesem Zusammenhang müssen wir festhalten, daß besonders die Einstellungen durch die Gesetzgebung und durch administrative Maßnahmen, welche für bestimmte Verhaltensformen eine Belohnung oder Strafe aussetzen, verbessert werden können. Die Effektivität solcher Maßnahmen läßt sich steigern, wenn dasselbe Ziel durch entsprechende Aufklärungsbemühungen unterstützt wird. Daher muß jeweils eine Propagandakampagne für einen bestimmten Zweck – z. B. die Verbreitung der Geburtenkontrolle – geführt werden. Wenn das Ziel erreicht wird, ist dies selbstverständlich eine Verbesserung der Ausbildungssituation, auch wenn diese durch Mittel bewirkt ist, die gemeinhin nicht als Methoden der Ausbildung bezeichnet werden.

Da das Gesundheitswesen und die Ausbildung eine so spröde Materie sind, wird unsere Betrachtung eine Vielfalt von Phänomenen einbeziehen und den Zusammenhang mit dem gesamten Sozialsystem einschließlich dem Erbe der Vergangenheit herzustellen suchen. Damit ist jedoch keine eindeutige, zusammenfassende Feststellung über die relativen Gesundheits- und Ausbildungsstandards in den südasiatischen Ländern oder über das

Maß, in dem diese Standards sich verändern, getroffen. Außerdem wird unsere Analyse, da zuverlässige Statistiken, auch über spezifische Faktoren der Situation, fehlen, weitgehend auf Schätzungen, auf die Meinung von Experten mit Felderfahrung sowie auf unsere eigenen Eindrücke und Beurteilungen zurückgreifen.

Unsere Wertprämissen, die wir bei der Behandlung der Gesundheits- und Bildungsproblematik zugrunde legen, sind durch die allgemeine Erwünschtheit einer Entwicklung gerechtfertigt.
Für jeden Menschen ist die Gesundheit ein wichtiger Bestandteil seines Wohlergehens und des Wohlergehens der ihm Nahestehenden. Die ihm zur Verfügung stehenden Gesundheitseinrichtungen sind ein Teil seines Lebensstandards. Ja, die Gesundheit nimmt unter den Menschenrechten heute eine ähnliche Position ein wie das Modernisierungsideal der Egalität. Aber abgesehen von ihrem Eigenwert haben Fortschritte auf dem Gesundheitssektor einen instrumentellen Wert für den Entwicklungsprozeß, da sie andere soziale und wirtschaftliche Verhältnisse beeinflussen. Die andere Seite dieses Ursachenzyklus besteht darin, daß die Gesundheit selbst durch sozio-ökonomische Faktoren wie Einkommen, Lebensstandard und besonders Ernährung beeinflußt wird.
Auf den ersten Blick erscheint eine Verbesserung der Gesundheitssituation als uneingeschränkt vorteilhaft, da die Arbeitsleistung zum Teil vom Gesundheitszustand einer Nation abhängig ist. Mit einer Verbesserung des Gesundheitszustandes wird jedoch meist ein Rückgang der Sterblichkeit und sogar ein gewisser Anstieg der Fruchtbarkeit – und mithin eine sich auf die Entwicklung nachteilig auswirkende Bevölkerungszunahme – einhergehen. Es besteht also ein Konflikt, aber die Verbesserung der gesundheitlichen Verhältnisse ist ein moralischer Imperativ, wie wir im vorigen Kapitel feststellten.
Die Gesundheit stellt auch einen eigenständigen Wert dar. Selbstverständlich hat der einzelne einen Nutzen aus der Entwicklung seiner Fähigkeiten, und alles was seine Möglichkeiten, am Leben und der Kultur seines Landes und der Welt teilzunehmen, erweitert, bereichert ihn persönlich. Praktischer gewendet, ist die Ausbildung für den Menschen deshalb wichtig, weil sie ihm die Möglichkeit bietet, sein Einkommen zu verbessern und seinen Lebensstandard zu steigern; Bildungseinrichtungen sind also, wie Gesundheitseinrichtungen, ein Bestandteil des Lebensstandards.

Und wie die Gesundheit, so wird auch der Zugang zur Bildung allmählich als ein Menschenrecht anerkannt.
Es liegt in der Natur der Sache, daß Verbesserungen auf dem Gebiet der Bildung und Ausbildung zu einer Verbesserung der sozialen und ökonomischen Verhältnisse führen müssen. Aber in Südasien zeitigt die Ausbildung nicht immer solche wohltätigen Resultate. Manchmal wird Bildung von den Studenten (und ihren Familien) aus Gründen für wertvoll gehalten, die der Entwicklung abträglich sind. Zum Beispiel wird in der ganzen Region die physische Arbeit verachtet, und dies beeinflußt die Art, wie die Menschen Bildung beurteilen und wie sie Nutzen aus ihr ziehen. Wenn es aber infolge der Ausbildungsbemühungen gelingt, die Einstellungen zu verändern, so daß die Menschen ihre eigenen Ziele mit dem Entwicklungsstreben der Nation identifizieren können, dann wird dieser Konflikt der Wertungen sich auflösen und der Eigenwert der Bildung würde sogar noch größere Anstrengungen auf diesem Gebiet rechtfertigen, als ihr bloßer instrumenteller Wert für die Entwicklung nahelegt.
In jüngster Zeit traten eine Reihe von Ereignissen ein, welche bei den Führern Südasiens zu einem vermehrten Interesse an Fragen der Gesundheit und der Ausbildung führten. Das Beispiel der westlichen Wohlfahrtsstaaten, die Bedeutung, die diesen beiden Qualitäten in den kommunistischen Ländern beigemessen wird, die Hilfe der Vereinten Nationen – all dies wirkte zusammen, um das Streben nach Verbesserungen zu bestärken. Bislang wirkten diese Einflüsse sich am meisten auf die gebildeten und privilegierten Schichten Südasiens aus. Die breiten Massen in diesen Ländern wurden dagegen nur oberflächlich davon berührt.
Dies zeigt sich in der Tatsache, daß die Behörden auf Schwierigkeiten stoßen, wenn sie versuchen, die Menschen zu einem rationaleren Verhalten in bezug auf die Gesundheitspflege und die Hygiene zu veranlassen. Die Massen mögen etwas mehr Interesse an einer besseren Ausbildung haben, auch wenn sie häufig einer u. a. damit bezweckten Veränderung der Einstellungen Widerstand leisten. Die Regierungen zeigen zunehmend Bereitschaft, sich auf beiden Gebieten zu betätigen, jedoch nur in beschränktem Umfang. Mit Ausnahme weniger Maßnahmen, wie etwa einer Anti-Malaria-Kampagne, genießt die Gesundheitspolitik keine besondere Priorität. Eine wichtigere Stelle in den Plänen nehmen die Maßnahmen zur Hebung des Ausbildungs-

standes ein. Wenn dadurch die Entwicklung noch nicht stärker beeinflußt wurde, so geht dies zum Teil auf das explosive Anwachsen der im Schulalter stehenden Bevölkerung sowie zum Teil auf Fehler und Schwächen in der Überwachung der Bildungsbemühungen zurück.

Die relativ geringe Priorität, die genuine und radikale Reformen auf dem Gebiet der Gesundheit und der Ausbildung genießen, läßt sich auch auf die herrschende Entwicklungsphilosophie zurückführen. Wie wir immer wieder in dieser Untersuchung feststellten, werden die ökonomische Literatur und die Pläne von Theorien beherrscht, die auf einer unkritischen Anwendung von Begriffen und analytischen Modellen aus den entwickelten Ländern auf die Situation Südasiens beruhen. Die Richtung der Wirtschaftsplanung in den unterentwickelten Ländern ist durch Modelle vorgezeichnet, die auf dem Konzept des Kapital/Output-Verhältnisses beruhen. Eine Konsequenz dieses Nachkriegsansatzes ist die Annahme, daß »nicht-ökonomische« Faktoren, nicht nur Institutionen und Einstellungen, sondern auch Lebensstandard einschließlich Gesundheits- und Ausbildungseinrichtungen, vernachlässigt werden dürfen. Die primäre und häufig ausschließliche Bedeutung, die Investitionen in physisches Kapital für die wirtschaftliche Entwicklung genießen, setzt eine solche Annahme voraus.

In allerjüngster Zeit haben die Ökonomen jedoch die Tatsache wiederentdeckt, daß das Wachstum der hochentwickelten Länder Westeuropas sich nicht nur durch die Höhe der Investitionen in physische Anlagen erklären läßt. Aber diese Ökonomen waren nicht bereit, auf das traditionelle Kapital/Output-Verhältnis zu verzichten. Statt dessen erweiterten sie den Begriff der Kapitalinvestition über die physischen Investitionen hinaus auf »Investitionen in Menschen«, manchmal auch als »Investitionen in menschliche Fähigkeiten« oder »Investitionen in menschliche Ressourcen« bezeichnet. Dabei sind sie gleichwohl gezwungen, die breite Vielfalt spezifischer Faktoren auf eine oder vielleicht zwei Kategorien zu reduzieren, für die definitive Kosten errechnet werden können. Von Anfang an konzentrierte das Interesse sich auf die Ausbildung, wenn auch die Frage der Gesundheit gelegentlich in den Vordergrund rückte. Aber die meisten ausführlicheren Modelle reduzieren die Investitionen in den Menschen auf den einzigen Faktor der Ausbildung.

Der Befund, daß es in den entwickelten Ländern innerhalb des Kapital/Output-Modells ein Residuum gab, welches durch physische Investitionen allein nicht erschöpfend zu erklären war und für das man dann die Ausbildung einsetzte, beruhte auf Statistiken, wie sie für die unterentwickelten Länder nicht existieren. Gleichwohl zögerten die Wirtschaftswissenschaftler nicht, diese Theorie auf die unterentwickelten Länder anzuwenden. Manche Ökonomen weisen auf die Tatsache hin, daß, da die unterentwickelten Länder moderne Techniken benützen müssen, wie sie in den fortgeschrittenen Ländern entwickelt wurden, Investitionen in die Ausbildung für sie wichtiger seien, als sie es für die westlichen Länder in den frühen Phasen ihrer Entwicklung waren. Mit Ausnahme dieser allgemeinen Erörterungen gibt es bislang nur wenig Interesse für die wissenschaftliche Erforschung der Auswirkungen, die die Ausbildung unter den sehr unterschiedlichen Verhältnissen in den unterentwickelten Ländern zeitigt. Die neue Theorie wurde einfach qua Analogie angewandt. Die Situation ist tatsächlich einigermaßen paradox. Während die Planung in Südasien und in den übrigen unterentwickelten Regionen sowie die ökonomische Literatur über Entwicklungsfragen überwiegend weiterhin von der Auffassung ausgehen, daß physische Investitionen der Motor der Entwicklung seien, finden wir heute eine wachsende Zahl von Wirtschaftswissenschaftlern, die diese Auffassung ablehnen und die Entwicklung, besonders in den unterentwickelten Ländern, in erster Linie als einen Bildungsprozeß ansehen.
Vernachlässigen wir im Augenblick die Frage, ob es möglich und richtig ist, Bildung und Erziehung unter finanziellen Gesichtspunkten einfach als Investition zu betrachten, so müssen wir doch feststellen, daß die Erzieher in Südasien und andernorts ohne weiteres dieser neuen ökonomischen Denkrichtung beipflichten. Tatsächlich ist es eine bemerkenswerte, die zerstörerische Arbeitsteilung der Sozialwissenschaften und die Isolierung der traditionellen Ökonomie bezeugende Tatsache, daß die Wirtschaftswissenschaftler nach dem Zweiten Weltkrieg eine Entwicklungstheorie aufstellen konnten, die ausschließlich von physischen Investitionen ausgeht – eine Theorie, die so ungeeignet ist, das wirtschaftliche Wachstum zu erklären, daß einige unter ihnen dann später die »Investition in den Menschen« entdeckten.
Dies ist verwunderlich, bedenkt man die reichhaltige Literatur,

die in der Vergangenheit von auf Ausbildungsfragen spezialisierten Wissenschaftlern und Praktikern zusammengetragen wurde. Nirgends wurde je eine Diskussion über die wirtschaftliche Entwicklung geführt, bei der Verbesserungen auf dem Gebiet des Bildungswesens nicht eine entscheidende Rolle gespielt hätten. Die große Ausnahme bilden Theorie und Planung in den unterentwickelten Ländern seit dem Zweiten Weltkrieg. Länger als ein Jahrhundert war die Bedeutung der Bildung für die Entwicklung ein zentrales Thema der pädagogischen Literatur gewesen. Immer schenkten die Ökonomen der Ausbildung und der Bildungsreform viel Beachtung, wenn sie zu erklären suchten, warum die wirtschaftliche Entwicklung in den verschiedenen Epochen und Ländern so unterschiedlich verlief. Doch keiner dieser Wissenschaftler versuchte, wie die Nachkriegsökonomen dies taten, die Bildungsreform in die begriffliche Zwangsjacke quantitativer finanzieller Investitionen zu pressen, die sich in einem Kapital/Output-Verhältnis ausdrücken lassen. Dies ist die einzige Neuerung, die der jüngste wirtschaftswissenschaftliche Ansatz erbracht hat.
Selbstverständlich ist es zu begrüßen, wenn nun eine neue Auffassung vertreten wird, welche die Bedeutung der Bildung betont. Wir kritisieren diese jedoch deshalb, weil sie in ihrer Rebellion gegen den Nachkriegsansatz nicht konsequent genug war. Die Vertreter dieser neuesten ökonomischen Schule begnügen sich damit, Bildung als eine unter anderen Investitionen mitzuzählen. Aber das von ihnen vorgelegte Modell beruht auf einer Reihe von ungerechtfertigten Annahmen. In diesem Fall wird unterstellt, daß Bildung eine homogene, durch finanzielle Kosten auszudrückende Größe sei. Das Modell impliziert auch die Vorstellung, daß die herrschenden Einstellungen, Institutionen und jene Aspekte des Lebensstandards, die über die Bildungseinrichtungen hinausgehen, für das Problem ohne Belang seien und daß die Auswirkungen aller anderen gleichzeitig eingesetzten politischen Maßnahmen völlig vernachlässigt werden dürften. Da diese Unterstellungen logisch inkonsistent und der Realität nicht angemessen sind, kann die Anwendung des Kapital/Output-Modells nur den Weg zu einer realistischen und relevanten Forschung blockieren.

Unsere Untersuchungen zeigten eindeutig, daß die produktivitätssteigernden Auswirkungen der Bildung und sogar das Interesse der Menschen, Bildung zu erwerben, davon abhängig sind, in welchem Maß institutionelle Reformen stattfinden. Solche Reformen lassen sich nicht nur durch legislative und administrative Mittel erreichen, und sie erfordern eine Reihe zusätzlicher politischer Maßnahmen, um wirksam zu werden. Behandelt man die Bildungsfrage nur unter dem Gesichtspunkt der Investitionen, so bedeutet dies ein Ausweichen vor dem Egalitätsproblem. Doch die soziale und wirtschaftliche Ungleichheit bestimmt ganz entscheidend den Erfolg der Bemühungen, den Bildungsstand zu verbessern, und Fortschritte auf dem Ausbildungssektor bewirken häufig nichts anderes als eine neue inegalitäre Stratifikation. Diese neueste Theorie von der Investition in den Menschen ist folglich erheblich durch ein Vorurteil verzerrt, das mit unseren Wertprämissen konfligiert.

Wir wollen damit nicht die Bemühungen auf dem Bildungssektor herabsetzen oder die Bedeutung physischer Investitionen leugnen. Es geht lediglich darum, daß eine Analyse, die nicht den institutionellen Rahmen, in dem die ökonomischen Variablen sich bewegen, völlig mit einbezieht, vielmehr disparate Faktoren zusammenfaßt, die sie von anderen komplementären Aktivitäten isoliert, nicht nur oberflächlich, sondern irreführend sein muß. Die Abstraktion vom institutionellen Bezugsrahmen und von den durch diesen Rahmen geprägten und ihn wiederum tragenden Einstellungen ist sowohl in Südasien als auch im Westen opportunistisch. Es ist ein mit einem Vorurteil behafteter Ansatz.

Diese Neigung, die Kategorie der Investition in den Menschen nur auf die Ausbildungskosten zu beschränken, wirft unmittelbar die Frage auf, warum die Ökonomen die andere wichtige Bevölkerungsqualität, nämlich die Gesundheit, vernachlässigten. Dies läßt sich nicht mit der Schwierigkeit erklären, den Begriff Gesundheit oder Ziele der Gesundheitspolitik zu definieren, denn es ist zumindest ebenso schwierig, Bildungs-»Standards« festzulegen. Die finanzielle Bewertung der Aufwendungen und ihrer Effektivität ist im Fall der Ausbildung ebenso unmöglich wie im Fall der Gesundheit. Faktische Daten sind in beiden Fällen gleich wenig bekannt. Auf jeden Fall ließen die Ökonomen und vor allem die Modellbauer unter ihnen sich durch definitorische Schwierigkeiten oder den Mangel empirischer Daten niemals davon abhalten, sich mit Problemen zu befassen und

Lösungen zu präsentieren, die Kenntnisse vortäuschten. Die Tatsache, daß eine Verbesserung der gesundheitlichen Verhältnisse regelmäßig von demographischen Veränderungen begleitet ist (einem Rückgang der Sterblichkeit und unter Umständen einem Anstieg der Fruchtbarkeit), welche die Einkommen und den Lebensstandard herabdrücken, rechtfertigt es nicht, den Gesundheitsfaktor zu vernachlässigen, besonders da diese sekundären Veränderungen durch eine leichte Differenzierung der Modelle in diese eingebracht werden könnten.

Es ist also ganz ungerechtfertigt, die gesundheitlichen Verhältnisse aus dem Bild der Entwicklung herauszuhalten. Schlechte Gesundheit wirkt sich sehr schädlich auf die Anhebung von Arbeitseinsatz und -leistung in den unterentwickelten Ländern Südasiens aus. Wenn wir tatsächlich die Investitionen in die Gesundheit und die Investitionen in die Ausbildung zusammenfassen und die menschlichen Ressourcen mit Hilfe dieser beiden Dimensionen der Bevölkerungsqualität definieren, dann müssen wir auch alle Kosten einbeziehen, die bei der Verbesserung der gesundheitlichen Verhältnisse anfallen, nicht nur die Aufwendungen für Gesundheitseinrichtungen selbst. In allen südasiatischen Ländern – und besonders in den größten und ärmsten, Indien und Pakistan – ist eine der wichtigsten Ursachen des schlechten Gesundheitszustands die Unterernährung und Fehlernährung der Massen. Die Mehrheit der Südasiaten gibt mehr als die Hälfte ihres Einkommens für Nahrungsmittel aus, und trotzdem sind sie unterernährt. Auch stehen ihnen nicht die Kleidung, Wohnungen und sanitären Einrichtungen zur Verfügung, die sie brauchten, um sich einigermaßen leistungsfähig zu erhalten. Letzten Endes muß also durch eine Steigerung des lebenswichtigen Konsums vor allem von Nahrungsmitteln oder Aufwendungen, die solche Steigerungen ermöglichen, ein besserer Gesundheitszustand herbeigeführt werden, was für die hochentwickelten Länder nicht gleichermaßen gilt.

Daraus folgt, daß der neue Begriff »Investition in den Menschen« nicht nur die Konsumtion von Ausbildungs- und Gesundheitseinrichtungen, sondern praktisch die gesamte lebenswichtige Konsumtion einbegreifen müßte, wenn die ihm zugrunde liegenden Überlegungen logisch konsistent sein sollen. Der marginale produktivitätssteigernde Effekt ist jedoch bei den verschiedenen Sparten der Konsumtion unterschiedlich. Manche Konsumformen sind relativ unproduktiv und manche sind sogar von negativem Wert für die Gesundheit. Das wirkliche Problem der Planung besteht darin, die Konsumtion so zu gestalten, daß sie die Entwicklung beschleunigt. Dieses Problem ist keinesfalls durch die Feststellung geklärt, daß der größte Teil der Konsumtion in diesen armen Ländern Investitionen in den Menschen darstellt. Was die Planer wissen müssen, das sind die Auswirkungen von Konsumtionssteigerungen verschiedenster Art, und in dieser Hinsicht geben die Modelle überhaupt keinen Anhaltspunkt.

Zusammenfassend läßt sich sagen, daß die jüngste Opposition einiger Wirtschaftswissenschaftler gegen den Nachkriegsansatz sicherlich heilsam ist, insoweit damit die exklusive Bedeutung, die den physischen Investitionen in jener Phase zukam, in Frage gestellt wird. Die politische Auffassung der häretischen Richtung, daß größere Anstrengungen zur Verbesserung der Ausbildung, wenn sie vernünftig geplant und geleitet werden, der Entwicklung förderlicher sind als manche physischen Investitionen, ist sehr wahrscheinlich richtig – wenn auch daraus nicht der Schluß gezogen werden darf, daß das konventionelle Modell lediglich einer umfassenderen Definition der Kapitalinvestition bedürfte, um verwendbar zu sein. Dasselbe gilt wahrscheinlich auch für weitreichende Bemühungen zur Verbesserung der Gesundheit, wiewohl es das primäre Ziel solcher Bemühungen sein müßte, die Konsumtion lebenswichtiger Güter und besonders die Versorgung mit Nahrungsmitteln zu steigern. Wiederum läßt sich dies nicht aus dem Kapital/Output-Modell ableiten, auch wenn das Modell Maßnahmen auf dem Gesundheitssektor berücksichtigen würde. Der Investitions-Ansatz ignoriert nicht nur die Tatsache, daß Reformen der Institutionen und Einstellungen, die eher von politischen Entscheidungen als von Haushaltserwägungen abhängig sind, notwendig werden, damit sich die Investitionen in den Ausbildungssektor »bezahlt machen«, sondern auch die allgemeinere Erwägung, daß der Erfolg von Bildungsprogrammen sowohl von der auf allen anderen Gebieten verfolgten Politik als auch von der Durchführung der Bildungsprogramme selbst abhängig ist.

Möglicherweise werden manche Vertreter der Wirtschaftswissenschaft, deren Ansichten hier zur Diskussion gestellt wurden, unserem Urteil allgemein beipflichten. Aber *wenn der Begriff »Investition in den Menschen« so weit revidiert wird, daß er dieser*

Kritik Rechnung trägt, dann wird er virtuell jeden theoretischen Inhalts entleert; er ist dann bloß noch ein vager Bestandteil der Propaganda für eine rationalere und umsichtigere Entwicklungsplanung, die nicht nur physische Investitionen, sondern auch andere Veränderungen mit einbezieht.

Um Mißverständnissen vorzubeugen, müssen wir betonen, daß wir gegen die Verwendung von Modellen nichts einzuwenden haben. Noch weniger sind wir gegen den Versuch abgeneigt, quantitative Urteile zu treffen. Wir halten nichts von der Auffassung, daß manche Faktoren »qualitativer« Natur sind. Im Prinzip müssen die Sozialwissenschaftler stets danach streben, alle ihre Kenntnisse in meßbare Quantitäten zu übersetzen. Gleichwohl müssen die Modelle wie die quantitativen Befunde logisch konsistent und gründlich durch Tatsachen belegt sein. Wir brauchen dringend mehr Kenntnisse darüber, wie die verschiedenen Entwicklungsbemühungen einander beeinflussen und wie sie durch die institutionellen Gegebenheiten beeinflußt werden. Sobald mehr Daten zur Verfügung stehen, wird es Raum für Modelle geben, die klar, logisch konsistent und der Realität adäquat sind.

Die Auffassung, daß die südasiatischen Länder mehr Mittel für die Verbesserung der Gesundheits- und der Bildungssituation aufwenden sollten, ist wohl im großen und ganzen richtig, aber sie ist auch sehr allgemein und trägt nichts zur Klärung der wirklich wichtigen Fragen bei, nämlich: in welche Richtung sollen Gesundheits- und Bildungsprogramme zielen, wie weit sollen sie vorangetrieben werden, welche Mittel sollen dabei eingesetzt werden, und welche anderen politischen Maßnahmen wären nötig?

Die Kritik an der konventionellen Nachkriegsauffassung von Planung, welche die Entwicklung ausschließlich von physischen Investitionen abhängig macht, ist berechtigt, aber aus Gründen, die tiefer liegen als die von der neuesten ökonomischen Schule vorgebrachten. Durch eine allgemeine »Theorie« der Investitionen in den Menschen als Motor des wirtschaftlichen Wachstums wird sie nicht im mindesten gestärkt oder präzisiert. Die quantitativen Schlußfolgerungen, die aufgrund des neuen erweiterten Kapital/Output-Modells erzielt werden, sind ebenso fiktiv wie z. B. die Berechnungen des Prozentsatzes von »unterbeschäftigten« Arbeitskräften innerhalb der Arbeitsbevölkerung. Indem sie elegant Wissen vortäuschen, wo tatsächlich keines ist, erleichtern sie es, der mühseligen Aufgabe auszuweichen, die Realität in all ihrer Komplexität zu untersuchen. Die in diesem Kapitel vorgebrachte abstrakte Kritik will mit nutzlosen Theorien aufräumen, die auf Vorurteilen beruhen, welche den wissenschaftlichen Fortschritt obstruieren und in eine falsche Richtung lenken.

23. Die Gesundheit

Die schlechten gesundheitlichen Verhältnisse stehen in unmittelbarem Zusammenhang mit beinah allen Aspekten des Lebens in Südasien. Die Tatsache, daß die Verbesserung der Gesundheit für den einzelnen einen eigenständigen Wert darstellt, impliziert, daß die zur Verfügung stehenden Gesundheitseinrichtungen ein wichtiger Bestandteil des Lebensstandards eines Landes sind. Gleichzeitig ist das Vorhandensein so gut wie aller anderen Konsumtionsgüter, einschließlich Nahrung, Wohnungen, Bekleidung, sanitäre Anlagen und Bildungseinrichtungen, für den Gesundheitszustand von Bedeutung. Eine Verbesserung der gesundheitlichen Situation würde den Arbeitsinput und die Leistung steigern. Sie könnte auch die Fläche des kultivierbaren Landes vergrößern, etwa wenn malariaverseuchte Gebiete drainiert oder mit Insektiziden besprüht werden. Der Einfluß, den das Klima auf die Nutzung der Arbeitskraft hat, hängt eng mit dem Einfluß des Klimas auf die Gesundheitsverhältnisse zusammen. Der Gesundheitszustand ist offenbar eine Determinante der Fruchtbarkeit und Sterblichkeit und folglich auch der quantitativen Bevölkerungstrends. Eine Politik, der es gelänge, die Geburtenkontrolle unter den Massen zu verbreiten, sollte sich auch in Form einer Verbesserung der Gesundheit von Müttern und Kindern auswirken. Soweit ein Rückgang der Geburten den Lebensstandard hebt, direkt durch eine geringere Sorgelast und indirekt durch ihre Auswirkung auf die Nutzung der Arbeitskräfte, wirkt sich eine solche quantitative Bevölkerungsentwicklung auf die allgemeinen gesundheitlichen Verhältnisse aus.

Während der langen Jahrhunderte, in denen Südasien aus der Unabhängigkeit unter die Kolonialherrschaft gelangte, waren die Fortschritte der ärztlichen Versorgung und der Gesundheitseinrichtungen im modernen Sinn bestenfalls minimal und in manchen Fällen gleich Null. Dennoch wurden, nachdem die Europäer gekommen waren und sich in ihren Kolonien etabliert hatten, Anfänge einer westlichen medizinischen Praxis eingeführt. Zumeist blieb die wenige Hilfe, die geleistet wurde, auf Kolonialeuropäer und einheimische Aristokraten, denen jene einen Dienst erweisen wollten, beschränkt.

Während der Kolonialzeit gab es einen merklichen Rückgang der Sterblichkeit. Zum Teil war dieser auf das Fehlen von Kriegen zurückzuführen (die Kolonialmächte führten zwischen ihren Kolonien kaum Kriege). Aber teilweise verdankte sich dies auch einer Verbesserung des kolonialen Gesundheitswesens und den Maßnahmen, die bei Mißernten gegen den Hunger unternommen wurden. Lange Zeit unternahmen aber die Kolonialregierungen nur wenig, um die Eingeborenen in der Medizin, der Hygiene und der Gesundheitsfürsorge zu unterweisen oder für diese im selben Umfang wie für sich selbst zu sorgen.

Die Eingeborenen verließen sich weiterhin auf ihre traditionelle Heilkunst, die mit einheimischen Kräutermischungen und spirituellen Heilverfahren arbeitete. Als die ersten europäischen Ärzte eintrafen, gab es auf dem Gebiet der einheimischen Heilkunst tatsächlich kein Vakuum. Die Wirksamkeit dieser Heilkunst, die während der Kolonialzeit verfiel, war eine andere Frage. Gegen Ende der Kolonialepoche wurden die Menschenmassen auf dem Land und in den städtischen Slums kaum noch von der medizinischen Vorsorge erfaßt, die in der Kolonialzeit üblich gewesen war, außer daß sie per Dekret zu Zwangsimpfungen gegen Pocken aufgerufen wurden.

In der Epoche der Unabhängigkeit, die nach dem Zweiten Weltkrieg einsetzte, begann die Bevölkerung Südasiens unerwartet und mit explosiver Geschwindigkeit zu wachsen. Verhängnisvollerweise war dies die einzige signifikante Veränderung, die in jüngster Zeit in Südasien stattfand. Wie wir in Kapitel 21 erläuterten, resultiert diese aus einem Rückgang der Sterblichkeit, der mit in der Geschichte beispielloser Beschleunigung einsetzte. Die Erklärung hierfür ist nicht etwa in einer Verbesserung des Lebensstandards zu suchen, denn dieser hat sich für die breiten Massen kaum verbessert. Auch in bezug auf die Ausbildung oder die Einstellung zur Hygiene wurden keine so großen Fortschritte gemacht, als daß diese nennenswerten Einfluß auf die Morbidität und Mortalität gehabt hätten.

Der rapide Rückgang der Sterblichkeit – der in den verschiedenen Ländern jeweils zu anderer Zeit und unter anderen Ausgangsbedingungen einsetzte – läßt sich vielmehr auf den Einsatz einer neuen, auf den jüngsten wissenschaftlichen Entdeckungen beruhenden medizinischen Technologie zurückführen, die es ermöglichte, verschiedene Krankheiten bei geringen Kosten zu heilen – und dies ganz unabhängig vom Lebensstandard, den Einstellungen oder den Gewohnheiten der betroffenen Menschen. Starke chemotherapeutische Drogen und Antibiotika revolutionierten die Behandlung einer Reihe von Infektionskrankheiten, und DDT und andere Insektizide spielten ebenfalls eine wichtige Rolle. Diese Produkte waren über Jahrzehnte hinweg in den fortgeschrittenen Ländern entwickelt worden. Durch die Massenproduktion standen sie in großen Mengen zu niedrigen Preisen zur Verfügung. Auch war ihr Gebrauch so einfach, daß sie durch Leute mit rudimentärer Ausbildung eingesetzt werden konnten.

In ihrem Zusammenwirken veränderten diese Produkte die Bedingungen der Verhütung und Heilung von Krankheiten etwa in ähnlicher Weise, wie die Entdeckung der Atomenergie die Kriegführung verwandelte. Die Malaria, einst die häufigste einzelne Krankheitsursache in Südasien, wurde in der ganzen Region zurückgedrängt, und besonders Indien machte mit ihrer Bekämpfung beachtliche Fortschritte. In anderen südasiatischen Ländern gibt es Programme zur Kontrolle der Tuberkulose, die zu Beginn dieses Jahrhunderts weit verbreitet war. Aber nur Malaya, Singapur und Ceylon haben diese Programme mit einiger Energie vorangetrieben. Außerhalb des indischen Subkontinents und Burmas wurde die Geißel der Pocken recht erfolgreich unter Kontrolle gebracht. Für die Zukunft bestehen günstige Aussichten, daß die Malaria schon bald fast überall in Südasien ausgerottet sein wird. Dasselbe dürfte für die Pocken gelten, obwohl, da Millionen Menschen geimpft und nachgeimpft werden müssen, die knappen personellen und materiellen Mittel dadurch noch stärker beansprucht werden.

Durch die neuen medizinischen Entdeckungen und die Technik der Massenkampagnen war es den südasiatischen Regierungen möglich, mit relativ geringem Einsatz das Bild der Krankheits- und Sterbefälle wesentlich zu verbessern. Wahrscheinlich wird die Medizin in den kommenden Jahren noch stärkere Medikamente, Pestizide und Impfstoffe entwickeln. Aber die Bemühungen zur Verhütung und Heilung von Krankheiten werden zunehmend Reformen auf den Gebieten Ernährung, sanitäre Einrichtungen, Hygiene sowie eine bessere Versorgung mit korrekt ausgebildetem medizinischen Personal, entsprechender Ausrüstung, Kliniken und Krankenhäusern erfordern. Auch die medizinische Technik wird sich hilfreich auswirken, vor allem aber im Zusammenhang mit verstärkten Anstrengungen auf diesen anderen Gebieten. Ein weiterer Fortschritt wird daher teurer sein und langsamer eintreten.

Der Einsatz von Massenkampagnen zeigt, daß die südasiatischen Regierungen die ungeheure Bedeutung präventiver Maßnahmen im Kampf gegen die Krankheit begriffen und akzeptiert haben. Dies wiederum bedeutet, daß sie den Methoden der modernen Medizin vertrauten, denn die einheimische Medizin kennt nur Heilung, nicht aber Vorbeugung. Die Stellung der modernen Medizin in den südasiatischen Ländern wurde ferner bestärkt durch deren Beteiligung an der neugeschaffenen Weltgesundheitsorganisation (WHO) und die Hilfe, die diese Behörde und andere öffentliche und private Gesundheitsorganisationen seit dem Krieg leisteten.

Vor diesem Hintergrund überrascht die Feststellung, daß die Gesundheitsprogramme bislang keine höhere Priorität im Rahmen der Entwicklungsprogramme der südasiatischen Länder erhielten. Hygienische Verbesserungen werden kaum einmal unter den Hauptzielen dieser Pläne erwähnt. Obwohl jedes dieser Länder ein eigenes Gesundheitsministerium hat, bekleiden die Minister, wo ein solcher Unterschied besteht, in der Regel keinen Kabinettsrang. Eine andere Methode zur Beurteilung, welchen Wert die südasiatischen Regierungen der Gesundheitspolitik beimessen, ist der Vergleich der öffentlichen Ausgaben für das Gesundheitswesen mit dem Volkseinkommen oder dem Bruttosozialprodukt. Die öffentlichen Ausgaben für die Gesundheit waren in allen südasiatischen Ländern durchweg nicht nur in absoluten Zahlen wesentlich niedriger, sondern sie umfaßten auch einen geringeren Anteil des Bruttosozialprodukts dieser Länder, als es in den entwickelten Ländern der Fall ist. Ceylon und Malaya – wobei zu bedenken ist, daß sie nach südasiatischen Maßstäben relativ wohlhabend sind – messen der öffentlichen Gesundheitspolitik mehr Priorität bei als die übrigen Länder der Region. Doch wenn man die öffentlichen Ausgaben *per capita* heranzieht, dann gaben Ceylon und Malaya nur etwa 10 % dessen aus, was die reichen westeuropäischen Länder aufwenden.

Alle südasiatischen Länder begannen ihre Unabhängigkeit mit stark heruntergekommenen Gesundheitseinrichtungen und einer geringen Zahl von Ärzten. Indien und Ceylon waren in einer relativ besseren Position als die übrigen Länder, aber in Indonesien, Pakistan und Burma gab es so gut wie kein qualifiziertes ärztliches Personal. Zwar haben sie alle im Vergleich zum Ausgangspunkt erhebliche Fortschritte gemacht, doch sogar die am besten ausgestatteten Länder Südasiens hatten 1960 weniger als ein Fünftel der Ärzte, die in den westeuropäischen Ländern praktizierten. Stellt man die größere Zahl von Krankheitsfällen in Rechnung, dann sind sie in einer noch schlechteren Situation. Außerdem sind die praktizierenden Ärzte nicht so gut ausgebildet, und wer Medizin studiert, tut dies unter wesentlich schwierigeren Verhältnissen als im Westen. Besonders an Fachärzten herrscht großer Mangel in der ganzen Region. Trotz dem allgemein niedrigen Ausbildungsstand der südasiatischen Ärzte wird manchmal behauptet, daß sie angesichts der Armut dieser Länder und des ungeheuren unbefriedigten Bedarfs an medizinischer Versorgung zu lang und zu gut ausgebildet werden. So meint John Kenneth Galbraith:

»Als Laie fragte ich mich manchmal, ob die medizinische Ausbildung wirklich der Situation des armen Landes angemessen sei ... Die Voraussetzung einer ... umfassenden Ausbildung ist in der modernen Medizin unabdingbar (in den Vereinigten Staaten, in Europa und auch in Neu Delhi). Aber wenn wir in dem Entwicklungsland mit seinen knappen Mitteln auf hohen Maßstäben für die Wenigen insistieren, verweigern wir dann nicht den Vielen die ärztliche Hilfe? Haben wir nicht in den Hauptstädten gute Ärzte um den Preis, daß es niemanden gibt, der im Dorf ein gebrochenes Bein schienen oder ein schmerzlinderndes Mittel verschreiben kann?«

Doch alle südasiatischen Länder verfolgten die Politik, die Qualifikationsstandards des Arztberufs so hoch wie möglich anzusetzen, auch wenn dies bedeutet, daß es noch auf lange Sicht an Ärzten fehlen wird. Noch akuter als der Mangel an Ärzten ist in Südasien das Fehlen von Krankenschwestern. Neben der Knappheit der Ausbildungseinrichtungen und der fehlenden Grundausbildung sind dafür noch andere Faktoren verantwortlich. Besonders in Indien verabscheuen die höheren Hindu-Kasten körperliche Kontakte, wie sie mit der Krankenpflege und der Geburtshilfe verbunden sind. Dieses Vorurteil übernahmen auch die Moslems in Pakistan und Malaya.
Fast überall in der Region, außer in Indien, Ceylon, Malaya und

Singapur, herrscht akuter Mangel an qualifizierten Apothekern. Vor allem auf dem Land sind gut geführte Apotheken praktisch unbekannt. Überall sind ausgebildete Ärzte und Krankenschwestern, soweit überhaupt vorhanden, für die Landbewohner außer Reichweite; diese müssen sich in weit entfernte Städte begeben, bis sie überhaupt ein Krankenhaus finden. Einige südasiatische Regierungen haben jedoch mit Hilfe internationaler Organisationen begonnen, der ländlichen Bevölkerung Hilfe zu bringen und ein landesweites Netz von Gesundheitszentren aufzubauen, die eine gewisse Versorgung gewährleisten.
Obwohl die einheimische Medizin verfallen ist und nur wenig offizielle Unterstützung genießt, hat sie für die Landbevölkerung und für die unteren Klassen in den Städten ihre Macht nicht eingebüßt. Die Gründe hierfür sind nicht ausschließlich ökonomischer Art, und auch der Mangel an modernen medizinischen Einrichtungen ist nicht dafür verantwortlich. In den Augen der Dorfbewohner sind die Qualitäten eines Praktikers der einheimischen Medizin denen eines westlich ausgebildeten Arztes überlegen. Weder isoliert der eingeborene Praktiker seine Patienten fern von der Familie im Krankenhaus, noch begegnet er ihnen mit Spott, wenn sie ihre Krankheiten auf die Rache der Götter zurückführen. Er sagt niemals, er wisse nicht, was ihnen fehlt, und er verlangt keine Bezahlung, bevor Resultate sichtbar sind. Diese Einstellung sowie die begründeten Interessen der eingeborenen Praktiker könnten die Einführung einer modernen medizinischen Versorgung beeinträchtigen, wenn nicht das Angebot solcher Dienstleistungen weit davon entfernt wäre, die bestehende Nachfrage zu befriedigen.

Das Klima Südasiens, das einen so mächtigen Einfluß auf viele soziale Zustände in der Region hat, bietet die ideale Umwelt für das Entstehen und die Verbreitung von Parasiten und Infektionskrankheiten. Die neuere medizinische Technologie hat den Ländern der Region wirksame Waffen für den Kampf gegen diese Krankheiten in die Hand gegeben. Mehr könnte getan werden, wenn es gelänge, die medizinischen und sanitären Einrichtungen, die hygienischen Verhältnisse, den Lebensstandard – besonders hinsichtlich der Ernährung – zu verbessern. Aber auf diesen Gebieten hängt die Versorgung vom Niveau der Wirtschaft ab, und auch hier übt das Klima durch seine Auswirkungen auf die Arbeitsleistung, die Bodenbeschaffenheit, die Vegetation und das physische Kapital einen nachteiligen Einfluß aus. Diese ganze Kette zirkulärer Ursachen für die schlechte Gesundheitssituation läßt sich wegen der in den südasiatischen Ländern herrschenden großen Armut, die jedoch selbst zum Teil durch die nachteiligen Auswirkungen des Klimas auf die Gesundheit bedingt ist, nur schwer unterbrechen.

Die Hauptursache für Unterernährung und falsche Ernährung in Südasien ist selbstverständlich die Armut und besonders die niedrige Produktivität von Mensch und Boden in der Landwirtschaft. Abhilfe soll hier generell die Entwicklung schaffen, aber dies wird kein leichter Weg sein, zum Teil deshalb, weil die Mängel der Ernährung die Arbeitsfähigkeit der Menschen bereits beeinträchtigen.

Eine weitere Ursache des verheerenden allgemeinen Gesundheitszustands in Südasien ist der fehlende Fortschritt auf dem Gebiet der Umwelthygiene. Ein Grund hierfür ist sicher die Kostspieligkeit der erforderlichen Materialien und die Knappheit des Aufsichtspersonals. Wieder stellen wir fest, daß die Armut die Hauptursache für das hartnäckige Weiterbestehen von Verhältnissen ist, welche die Gesundheit schwer beeinträchtigen, während gleichzeitig die schlechten Gesundheitsverhältnisse dazu beitragen, die Armut zu erhalten, indem sie den Arbeitseinsatz und die Arbeitsleistung gering halten. Ein weiterer Grund, warum Fortschritte auf diesem Gebiet nur langsam eintreten, ist die mangelnde Bereitschaft der Menschen zur Mitarbeit.

Die Verbesserung der öffentlichen Hygiene ist also nicht nur ein Problem der Erschließung notwendiger finanzieller, materieller und menschlicher Ressourcen. Sie ist auch ein Problem der Massenbildung. Es muß den Menschen mehr Rationalität und Fürsorglichkeit in bezug auf ihre Gesundheit beigebracht werden. Wenn es gelänge, sie davon zu überzeugen, daß der Einsatz lohnt, dann könnten sie die langen Ruhezeiten in der Landwirtschaft nutzen und mit Hilfe geeigneter, am Ort vorhandener Materialien ihre Wohnverhältnisse verbessern. Insbesondere könnten sie, wenn ihnen ihr Abscheu vor Haus- und Reinigungsarbeiten abzugewöhnen wäre, ihre Wohnungen und deren Umgebungen in einem gesünderen Zustand halten.

Die Einstellungen zur öffentlichen und privaten Hygiene ist untrennbar mit den gesellschaftlichen Verhältnissen verwoben und spiegelt sich in den religiösen Dogmen, abergläubischen Vorstellungen, sexuellen Bräuchen und Riten der Region. Dies bedeutet jedoch nicht, daß Kampagnen zur Verbesserung der Hygienegewohnheiten aussichtslos wären. Eine Untersuchung der Gesundheitsverhältnisse in Südasien vermittelt den Eindruck, daß solche Kampagnen sehr notwendig sind und daß besonders Lehrer und Schulen systematisch und in weit größerem Umfang als bisher einbezogen werden sollten.

Wollen wir die Gesundheitsverhältnisse in der Region beurteilen, dann deutet alles, was wir über die zeitliche Planung und die Wirksamkeit der Massenkampagnen, die nicht nur die Sterblichkeit, sondern auch die Krankheitsziffer gesenkt haben, sowie über die Verbesserung der Gesundheitseinrichtungen wissen, darauf hin, daß die Rangordnung der Länder in bezug auf den Gesundheitszustand in etwa ihrer Reihenfolge hinsichtlich der Sterblichkeit entspricht. Letztere wiederum entspricht ziemlich genau ihrer Rangordnung in bezug auf die wirtschaftliche Entwicklung und den Lebensstandard, besonders den Stand der Ernährung. Dies ist nicht weiter verwunderlich, denn je wohlhabender die Menschen sind, desto besser sind sie gegen Mangelkrankheiten gefeit und desto eher können sie eine adäquate ärztliche Behandlung in Anspruch nehmen. Dennoch fallen in Südasien auch die höheren Einkommensschichten häufig der allgegenwärtigen Ansteckungsgefahr zum Opfer. Die Maßnahmen zur Verhütung von Krankheiten mögen zwar den Menschen aller Schichten etwa in gleichem Umfang zugute kommen, aber die Maßnahmen zur Vermehrung des ärztlichen Personals und der Krankenhauseinrichtungen bevorzugen eher die Angehörigen höherer Einkommensschichten.

Vergleichen wir Gesundheit und Arbeitsleistung, dann müssen wir feststellen, daß zwischen beiden Faktoren eine komplizierte Kausalbeziehung besteht. Es ist jedoch praktisch nichts geschehen, um einen Maßstab für dieses Verhältnis zu finden. Es gab wohl einige Untersuchungen über den Zusammenhang zwischen schlechter Ernährung und Arbeitsleistung. Diese Studien bekräftigen den Eindruck, daß eine weniger als optimale Nahrungsmittelaufnahme sehr deutliche direkte Auswirkungen auf die Arbeitsfähigkeit der Menschen hat.

Die Gesundheitsschäden würden Arbeitseinsatz und -effizienz vielleicht weniger beeinflussen, wenn bei den Südasiaten nicht die weit verbreitete Auffassung bestünde, daß schwere körperliche Arbeit oder das Heben schwerer Gewichte Krankheit verursacht. Diese Meinung ist ganz verständlich, da die Arbeit oft unter Bedingungen stattfindet, die ernste Gesundheitsrisiken mit sich bringen. Sie können die Menschen aber auch davon abhalten, lange und schwer zu arbeiten. Mißverständnisse dieser Art sind bis zu einem gewissen Grad Rationalisierungen von Einstellungen, die ihrerseits nicht unabhängig von den örtlichen Verhältnissen sind. Manche charakteristische Eigenschaften der Südasiaten, die dort wie auch im Westen häufig als »asiatische Werte« idealisiert werden, ihre Neigung zur Kontemplation, zum Übersinnlichen, zur Muße und Spiritualität, mögen so zum Teil durch Gesundheits- und Ernährungsmängel bedingt sein.

Wir haben versucht, die Interrelation der mit dem Gesundheitsproblem zusammenhängenden Faktoren herauszuarbeiten. Unter dem Gesichtspunkt der Planung hängt der Effekt jeder einzelnen politischen Maßnahme auf dem Gesundheitssektor von allen übrigen politischen Maßnahmen ab und läßt sich nicht für sich allein bestimmen. Dies heißt, daß es unmöglich ist, einer einzelnen Maßnahme einen bestimmten Gewinn in Gestalt verbesserter Gesundheitsverhältnisse zuzuschreiben. Mehr als jede andere Form der Planung muß die Planung besserer gesundheitlicher Verhältnisse intuitiv vorgehen, wobei Einzelinformationen durch faktisch abgesicherte Schätzungen ergänzt und in den Rahmen einer Strategie eingefügt werden müssen. Der Angriff muß auf der breitest möglichen Front vorangetragen werden und eine Reihe von einander unterstützenden Maßnahmen kombinieren. Die Bildung und die Verbreitung rationalerer Einstellungen haben ganz allgemeine Auswirkungen auf die Gesundheitsverhältnisse, und dies fügt all den übrigen Gründen, die für Maßnahmen zur Verbesserung der Ausbildung sprechen, einen weiteren hinzu. Die Aufgabe, die Menschen über spezifische Gesundheitsrisiken zu informieren, fällt jedoch, wie auch die Verbesserung der hygienischen Verhältnisse, in die Zuständigkeit der Gesundheitsbehörden.

Wir haben den Eindruck, daß generell zu wenig auf dem Gebiet der Gesundheitserziehung geschieht. Wie im Fall der Geburtenkontrolle sind umfangreiche, intensive Propagandafeldzüge vonnöten. Auch eine verbesserte Gesundheitsgesetzgebung und eine bessere Durchsetzung dieser Gesetze ist erforderlich. Im Idealfall wären solche politischen Maßnahmen auf dem Gebiet der Legislative und Administration mit den Gesundheitskampagnen zu integrieren, die sie durch Anreize und Strafen unterstützen sollten.

In den letzten Jahrzehnten wurde die moderne medizinische Technik mit gutem Erfolg im Kampf gegen bestimmte, in Südasien grassierende Krankheiten eingesetzt. Diese Kampagnen sind weitgehend verantwortlich für den stattgefundenen Rückgang der Morbidität und Mortalität. Der weitere Fortschritt wird zunehmend von den öffentlichen Aufwendungen, von einer verbesserten öffentlichen Kooperation auf dem Gebiet der Hygiene sowie von mehr und besseren medizinischen Einrichtungen abhängen.

Aus verstreuten und unzulänglichen Informationen, die uns zur Verfügung stehen, schließen wir, daß die südasiatischen Länder gut beraten wären, wenn sie eine energischere Gesundheitspolitik verfolgen und ihre Durchführung auf eine festere Basis stellen würden, indem sie vollständigere Gesundheitsstatistiken erarbeiteten und eine intensivere wissenschaftliche Forschung betrieben.

24. Das Erziehungswesen: das Vermächtnis

Wann immer Erziehung unter dem Gesichtspunkt der Entwicklung erörtert wird, muß sie sowohl den Zweck verfolgen, die Einstellungen zu rationalisieren und zu verändern als auch Kenntnisse und Fertigkeiten zu vermitteln. Diese Forderung ist in den unterentwickelten Ländern Südasiens viel dringender, wo die Einstellungen und Institutionen, welche die Entwicklung behindern, so fest verwurzelt sind. Dies ist einer der zwingenden Gründe, warum die Erzieher Südasiens nicht unkritisch die Erziehungspraktiken und Maßnahmen der entwickelten Länder des Westens übernehmen können. Auch können sie es sich nicht leisten, ihre Erziehungsprogramme in den kommenden Jahren so langsam wie bisher durchzuführen.

Den südasiatischen Ländern muß an einer wesentlich schnelleren Verbreitung von Einstellungen, Kenntnissen und Fertigkeiten gelegen sein, welche die Entwicklung fördern, denn sie müssen in ihrer Entwicklungsplanung Hindernisse überwinden, zu denen unter anderem die unvorhersehbar hohe Bevölkerungszuwachsrate gehört. Da ihre Ausgangsbedingungen in mancher Hinsicht wesentlich ungünstiger sind, dürfen sie nicht abwarten, bis nacheinander Generationen von Schulkindern mit neuen Ideen und Einstellungen in Kontakt kommen, sondern sie müssen energische Anstrengungen für die Erwachsenenbildung unternehmen. Und da die irrationalen Einstellungen wie auch die Unwissenheit und die mangelnden Qualifikationen der erwachsenen Bevölkerung geeignet sind, die Unterweisung der Jugend zu beeinträchtigen, kommt der Erwachsenenbildung zusätzlich ein instrumenteller Wert als Mittel der Effektivitätssteigerung der Schulerziehung der Kinder zu. Hinsichtlich der Rationalisierung der Einstellungen muß man erkennen, daß, gleichgültig welche Verhaltensveränderungen eine Regierung mit Hilfe administrativer und legislativer Maßnahmen, zu denen auch Strafen und Anreize gehören, herbeizuführen sucht, diese der Erziehungspolitik im weiteren Sinn unterstellt werden müssen.

Denn sowohl bei Kindern als auch bei Erwachsenen ermöglicht die Alphabetisierung und die Allgemeinbildung den Erwerb spezifischer Qualifikationen und kann zur Rationalisierung der

Einstellungen beitragen. Umgekehrt schaffen rationalere Einstellungen eine motivationale Bereitschaft, welche die Alphabetisierung und den Erwerb von Wissen und Kenntnissen erleichtert. Im allgemeinen muß es der Hauptzweck der Erziehungspolitik sein, die Erziehungsbemühungen in eine solche Richtung zu lenken und so zu verteilen, daß sie der nationalen Entwicklung maximale Impulse geben.

Die Erziehungsreform in Südasien ist alles andere als ein nur quantitatives Problem der Bereitstellung von mehr Ausbildungsmöglichkeiten. Das Problem besteht ebenso sehr, wenn nicht noch mehr in der Beseitigung der falschen Ausbildung und der großen Verschwendung von Ausbildungsmitteln. Und während es auf dem Gebiet der Gesundheitspolitik eine medizinische Technik gibt, die auf alle Menschen und weitgehend auch auf Tiere anwendbar ist, verfügt man über keine entsprechende »Bildungstechnologie«.

Das Bildungsproblem in Südasien muß neu durchdacht werden, wobei die sozialen Verhältnisse in den betreffenden Ländern sowie deren Streben nach wirtschaftlicher Entwicklung berücksichtigt werden müssen. Und um dies zu erreichen, können die Planer nicht einfach mit allen alten Traditionen brechen und sich einer idealen, einfachen Bildungstechnik zuwenden, wie es im Fall der Gesundheitspolitik möglich ist. Wir können das Problem der Reformen auf diesem Gebiet nicht darstellen, ohne daß wir unsere Aufmerksamkeit den bestehenden Traditionen und der Wirkung, die sie heute immer noch haben, zuwenden. Im allgemeinen ist diese Wirkung schädlich, jedoch nicht ausschließlich.

Die Basis der älteren Erziehungstradition, auf der die südasiatischen Nationen heute ihre modernen Bildungssysteme aufzubauen suchen, ist eine komplexe Struktur. Ihre Anfänge liegen in der kaum noch erkennbaren Dämmerung der südasiatischen Geschichte. Zu jener Zeit oblag die Ausbildung in der Region vor allem den religiösen Funktionsträgern. Südasien war die Geburtsstätte oder der Nährboden dreier großer Weltreligionen: Hinduismus, Buddhismus und Islam. Jede entwickelte starke Erziehungsimpulse unterschiedlicher Art. Die treibende Kraft war jedoch nicht die Religion, wie die Massen sie verstanden. Denn die populäre Religion war damals wie heute wenig dynamisch. Sie diente lediglich der Sanktionierung der ererbten

Einstellungen und Institutionen. Die Menschen wurden nicht angeregt, sich um Unterweisung zu bemühen. Die Erziehungsimpulse gingen vielmehr von der Oberschicht der Priesterschaft in den religiösen Organisationen aus. In allen drei Religionen waren die Priester zum größeren Teil Lehrer, und in gewissem Maß ist dies noch heute der Fall. Zumeist konnten sie die Schrift als Unterrichtsmedium einsetzen, denn schon frühzeitig wurden ihre heiligen Texte schriftlich festgehalten.

Entsprechend der Hindu-Tradition war Bildung ausschließlich oder hauptsächlich das Privileg einer sozialen Gruppe, der Brahmanen. Aber schon früh gab es erhebliche Abweichungen von dieser Hauptströmung der Hindu-Tradition. In dem Maß, wie die Edelleute und Kaufleute, die nicht Brahmanen waren, zu Wohlstand und Macht gelangten, forderten und erhielten sie eine pragmatischere Erziehung für sich und ihre Kinder sowie ihre Untergebenen.

Der Buddhismus und der Jainismus, diese außerordentlichen Reformbewegungen, die den Hinduismus in Frage stellten, gelangten zu großem Einfluß und begründeten ihre Systeme der religiösen Unterweisung. Später wurde es bei den Buddhisten üblich, daß die Klöster für die Dauer der religiösen Unterweisung in den heiligen Texten Knaben aufnahmen, die nicht immer Mönche werden mußten, und sie darüber hinaus nicht nur in den Grundzügen des Lesens und Schreibens, sondern auch in weltlicheren Dingen unterrichteten. So gewannen die Klosterschulen mitunter eher die Funktion von normalen Schulen; die Knaben besuchten den Unterricht, während sie weiterhin zu Hause bei ihren Familien wohnten. Aber die buddhistische Religion ist schon seit Jahrhunderten keine aktive Kraft der Modernisierung und Entwicklung mehr.

Der Islam kam von außerhalb, im Gefolge einer Eroberung, nach Südasien. Als Folge nicht nur der religiösen Überzeugung, sondern auch des Zwangs oder des Appells an opportunistische Interessen wurden ganze Gemeinschaften oder Kasten bekehrt, häufig ohne viel geistige Vorbereitung. Nach dem Koran war es jedoch eine religiöse Pflicht, die Jugend zu unterweisen. Wie viele andere vorzügliche Gebote dieses heiligen Buches wurde auch diese Pflicht häufig vernachlässigt. Es ist unwahrscheinlich, daß viele Moslemkinder regelmäßig die Schulen in den Moscheen besuchten, höchstwahrscheinlich geschah dies so gut wie nie.

Und als diese Schulen dann dazu übergingen, wie sie es auch heute noch oft tun, den Schüler nur in der Rezitation des Koran auf Arabisch zu unterweisen, können sie kaum besonders effektive säkulare Lehrinstitute gewesen sein. Auch heute noch erfolgt bei den Malayen und in manchen Gegenden Indonesiens der Grundunterricht durch Moslemlehrer, wobei er weitgehend auf der Rezitation des Koran beruht.

Die ersten Kolonisatoren, die aus Europa in Südasien eindrangen, waren zwei katholische imperialistische Mächte, nämlich Spanien und Portugal. Anders als die protestantischen Mächte, die Niederlande und Großbritannien, die später auf den Plan traten, verfolgten sie von Anfang an eine geplante Erziehungspolitik. Neben der wirtschaftlichen Ausbeutung war es ihre Mission, die Heiden zum christlichen Glauben zu bekehren. Wichtig ist dabei, daß diese Pflicht in dem Sinn interpretiert wurde, daß die Unterweisung der Menschen im Lesen und Schreiben als notwendig angesehen wurde – ein Vorgehen, das kaum gerechtfertigt gewesen wäre, wenn das wichtigste und einzige Ziel nur die politische Macht oder die kommerzielle und fiskalische Ausbeutung gewesen wäre.

Die weitreichendsten Folgen hatte dies auf den Philippinen, die länger als dreieinhalb Jahrhunderte unter spanischer Herrschaft standen. Schon früh im 17. Jahrhundert wurden die Grundlagen eines Systems der sekundären und tertiären Ausbildung gelegt, die nicht nur auf die religiöse Unterweisung ausgerichtet war. Und die Priester und Mönche, die eng mit den zivilen Behörden zusammenarbeiteten, bauten ein Netz von Elementarschulen auf, die sowohl religiösen als auch weltlichen Lehrstoff unterrichteten. 1863 beschloß die spanische Kolonialverwaltung ein Grundschulpflichtprogramm, wonach alle Kinder zwischen sieben und dreizehn Jahren Anspruch auf freie Ausbildung hatten. Als die Spanier sich eine Generation später zurückzogen, war dieses Programm noch weit von der Verwirklichung entfernt. Gleichwohl waren die Philippinen bereits den meisten anderen südasiatischen Kolonien auf dem Gebiet der Volksbildung voraus. Von Anfang an legten die amerikanischen Kolonialbehörden auf den Philippinen besonderen Nachdruck auf die Erziehung und prägten ihr ihren eigenen Stempel auf. Auch erhielt die Erziehung neue Impulse durch die beabsichtigte Amerikanisierung der Einstellungen. Alles in allem ist die kurze Herrschaft der USA

über die Philippinen, was die Erziehung betrifft, als ein bemerkenswerter Erfolg zu werten. Sie hinterließ einen Alphabetisierungsgrad, der zu den höchsten in ganz Südasien gehört, und ein blühendes System von Sekundär- und Hochschulen.
Die Holländer, die den Portugiesen bald in das Gebiet des heutigen Indonesien folgten, zeigten kaum missionarischen Eifer. Ihre Politik hinsichtlich des kolonialen Bildungswesens variierte je nach den ökonomischen Umständen. Zuweilen wurden ehrgeizigere Programme angekündigt, aber nur wenig wurde tatsächlich verwirklicht, und als die Herrschaft der Holländer im Zweiten Weltkrieg durch die Japaner beendet wurde, gehörte der Alphabetisierungsgrad zu den niedrigsten in der Region. Die Leistungen der Holländer auf dem Gebiet der Sekundär- und Hochschulausbildung waren noch armseliger. Nur eine Handvoll indonesischer Jugendlicher gelangte an die Universität, und weniger als Tausend hatten bei Beginn der Unabhängigkeit eine akademische Berufsausbildung. Ironischerweise waren gerade sie es, die die Kader des Unabhängigkeitskampfes bildeten.
Ceylon, das sich heute mit den Philippinen den Ehrenplatz des höchsten Alphabetisierungsgrades in der Region teilt, profitierte vom Einfluß der portugiesischen, holländischen und schließlich britischen Herrschaft sowie von den bedeutenden Erziehungsbemühungen der Buddhisten. Zwar erhielt Ceylon während der Kolonialzeit niemals eine Universität, aber dort war es mehr als in den übrigen südasiatischen Kolonien üblich, daß die Studenten ihre Ausbildung im Ausland, für gewöhnlich in Indien oder England fortsetzten. Ceylon erhielt frühzeitig und seit 1924 in zunehmendem Umfang Selbstverwaltungseinrichtungen, wobei die ceylonesischen Politiker sich für die Förderung des Bildungswesens wie des Gesundheitswesens einsetzten.
Es waren ebenfalls Missionare, katholische wie protestantische, die die ersten westlichen Erziehungsimpulse nach Indien brachten. Sie erhielten dabei oft nur wenig Unterstützung von seiten der Kolonialbeamten; eher noch stießen sie auf deren Widerstand. Es wäre eine interessante Spekulation, wie die Geschichte des indischen Erziehungswesens verlaufen wäre, wenn Indien von einem katholischen Land kolonisiert und beherrscht worden wäre oder wenn – in jüngerer Zeit – die Briten als Nation, ähnlich wie die Amerikaner, schon frühzeitig den Idealen der Selbstverwaltung und Volksbildung verpflichtet gewesen wären.

Schließlich erwachte bei den britischen Kolonialbehörden doch noch das Interesse für die Sekundär- und Hochschulausbildung. In den 1760er und 1770er Jahren gewährten sie den damaligen Schulen der Hindus und Moslems geringfügige finanzielle Unterstützung, und diese Praxis wurde 1813 durch die Charta der *East India Company* bestärkt. In einer dramatischen politischen Wende wurde 1835 beschlossen, alle angemessenen Mittel aufzuwenden, um ein englisches Erziehungssystem aufzubauen, wobei der Unterricht in englischer Sprache erfolgen sollte.

Die britischen Behörden jener Zeit setzten die neue Politik mit Nachdruck durch, denn sie mußten Eingeborene in der Verwaltung beschäftigen und wollten die westliche, genauer die englische Zivilisation in der Oberschicht des indischen Volkes verbreiten. Diese Entscheidung wäre jedoch kaum gefallen, wenn nicht die artikulierte indische Oberschicht stark davon überzeugt gewesen wäre, daß eine Verwestlichung der indischen Kultur in ihrem eigenen Interesse lag. Diese Haltung machte sich bezahlt, und dies um so mehr, als die Briten eine wesentlich liberalere Politik zu verfolgen begannen als die Franzosen und Holländer in ihren Kolonien, und entsprechend ausgebildeten Indern Zugang zu verantwortlichen Positionen in der Administration gewährten.

Aber man dachte nicht daran, Englisch zur Volkssprache zu machen. Außerdem besagte die neue politische Richtung, die fast bis zum Ende der Kolonialzeit verbindlich war, daß die Volkserziehung in den Landessprachen nicht unterstützt werden sollte. Dies wurde zum Teil um so leichter akzeptiert, als damals die artikulierten Inder selbst nicht forderten, daß etwas zur Erziehung der Massen geschähe. Als solche Forderungen später erhoben wurden, waren sie entweder platonische Ideologie oder in der Praxis folgenlos, bis Gandhi mit Nachdruck egalitäre Ideale in die indische Diskussion einbrachte und die nationalistische Bewegung im Kampf für die Interessen der »schweigenden Millionen« Indiens mobilisierte.

Auf dem Gebiet der Sekundärausbildung eröffnete die politische Entscheidung von 1835 eine Epoche des schnellen Aufbaus von Schulen für die indische Oberschicht, die mit zunehmendem Tempo bis zum Ende der Kolonialzeit und darüber hinaus andauerte. Aber die Struktur dieses ganzen Systems war durch die Tatsache bestimmt, daß es hauptsächlich um die verliehenen Zeugnisse ging und daß diese Zeugnisse der Paß für den Eintritt in den Regierungsdienst waren. In allen indischen Schulen, deren Unterricht auf den Eintritt in die höhere Ausbildung abzielte, lag der Schwerpunkt auf den »humanistischen« Fächern. So gut wie nichts geschah für die naturwissenschaftliche oder technische Ausbildung. Alles war darauf abgestellt, die Menschen für subalterne Positionen in der Kolonialverwaltung auszubilden.

In Burma, das erst in den 1850er Jahren völlig unter die britische Herrschaft geriet, wiederholte sich das indische Schema, wenn auch in geringerem Umfang. In Malaya verlieh die ethnische Vielfalt der Bevölkerung der schulischen Ausbildung ein anderes Gepräge. Während die Chinesen ihre eigenen Schulen aufbauten und ihre Kinder zur weiteren Ausbildung oft nach China sandten, waren die Malayen, mit Ausnahme einer dünnen Oberschicht von Höflingen und Grundbesitzern in der Umgebung der Sultane, weniger unternehmungsfreudig. Angesichts dieser Situation eröffneten die Briten den Einheimischen nur sehr langsam Positionen in der Verwaltung, damit die Chinesen nicht übermäßig bevorzugt wurden.

In Französisch-Indochina profitierte das Erziehungswesen weniger als in den älteren Kolonien von der frühen Missionstätigkeit. Die Franzosen waren weniger liberal bei der Aufnahme von Eingeborenen in die Verwaltung. Die relativ beschränkte Zahl von Schulen, die sie unterstützten, trugen den Stempel des französischen Ausbildungssystems. Am meisten waren davon die eher fortgeschrittenen Vietnamesen betroffen. In Laos und Kambodscha folgte die Erziehung weitgehend der alten buddhistischen Tradition, wobei die Knaben durch die Mönche in den Klöstern unterrichtet wurden. Die indochinesische Universität in Hanoi wurde erst 1917 gegründet.

Das schwerste Handicap, das die aus der Kolonialherrschaft hervorgegangenen neuen Nationen zu tragen hatten, war die Unwissenheit ihrer Bevölkerungen. Ein wichtiges Merkmal war der geringe Alphabetisierungsgrad und die noch geringere Verbreitung einer funktionalen Bildung. Diese Feststellung gilt ganz allgemein, trotz der diesbezüglichen Unterschiede zwischen den Philippinen und Ceylon am einen, oberen Ende der Skala und Indien, Pakistan und Indonesien am anderen.

Ein Element des kolonialen Erbes, das eine für die unabhängigen

Regime schwer zu überwindende Schwierigkeit darstellt, ist die Tatsache, daß, soweit Schulen für das Volk vorhanden waren, die Ausbildung der Lehrer, vor allem der Grundschullehrer vernachlässigt wurde. Besonders in Indien und Pakistan beeinträchtigten der traditionell niedrige Sozialstatus der Lehrer und ihre schlechte Entlohnung deren Rekrutierung und lähmte das Interesse für eine Anhebung ihrer Qualifikation durch eine entsprechende Ausbildung.

Bei den Unterrichtsmethoden der Vorkolonialzeit lag der Schwerpunkt, wie wir feststellten, auf dem Auswendiglernen von Texten, ganz gleich ob die Schüler sie verstanden oder nicht. Gewiß war diese Methode in den islamischen Schulen an den Moscheen notwendig, wo ein großer Teil des Lehrplans dem Lesen des Koran in arabischer Sprache gewidmet war. Doch das Auswendiglernen war auch in allen anderen einheimischen Schulen der ganzen Region üblich. Der Unterricht ist immer noch zumeist dogmatisch und autoritär; er fördert kaum Fragen, eine kritische Haltung oder ein Interesse am Selbststudium außerhalb und jenseits der Schule.

Dieses autoritäre Vermächtnis wurde auch weitgehend auf das Universitätsstudium übertragen. An den südasiatischen Universitäten ist der westliche Besucher auch heute noch erstaunt über die unkritische Haltung des durchschnittlichen Studenten. Er erwartet, daß der Professor und die Lehrbücher – oder ausgewählte Passagen aus den Lehrbüchern – ihm das benötigte Wissen vermitteln, und er akzeptiert, was ihm geboten wird, ohne über das Zuhören, Lesen und Auswendiglernen hinaus eigene geistige Anstrengungen aufzubringen. Seine Unterwürfigkeit in dieser Hinsicht steht in einem seltsamen Gegensatz zu seiner Bereitschaft zum Protest, wenn er glaubt, daß die Examensanforderungen übermäßig hoch seien. Er hat auch ein aggressives Bewußtsein von der Tatsache, daß er als Universitätsstudent zu einer Elitegruppe gehört oder bald gehören wird.

Hinsichtlich der Motivation besteht zwischen einem durchschnittlichen Studenten in den westlichen oder kommunistischen Ländern und einem durchschnittlichen Studenten in Südasien sicher nur ein relativer Unterschied. Doch dieser Unterschied ist außerordentlich bedeutsam unter dem Gesichtspunkt der nationalen Entwicklung. Der Unterricht in den südasiatischen Schulen aller Stufen entmutigt das unabhängige Denken und die Entwicklung jener fragenden, experimentellen Bewußtseinshaltung, die so wichtig für die Entwicklung ist. Er soll lediglich die Studenten befähigen, Examina zu machen und Titel zu erwerben. Der Titel, nicht das Wissen oder die Fähigkeiten, die er bezeugen soll, ist das angestrebte Ziel.

Dies ist das Erbe der Kolonialzeit, genauer gesagt, eine Nachwirkung des Bestrebens der Kolonialregimes, eine einheimische gebildete Elite aufzubauen, die in Verwaltungsfunktionen dienen und akademische Berufsfunktionen versehen konnte. Aber die Tatsache ist nicht zu übersehen, daß diese Form der Erziehung in den südasiatischen Ländern wegen des tief verwurzelten Statusbewußtseins der Menschen in diesen stagnierenden alten Gesellschaften auf einen fruchtbaren Boden fiel.

In ganz Südasien betrachten die Gebildeten ihre Ausbildung als Unterpfand, das sie von jeder Verpflichtung befreit, sich mit körperlicher Arbeit die Hände schmutzig zu machen. Zweifellos ist diese Geringschätzung der körperlichen Arbeit ein sehr schweres Hemmnis für die Entwicklung, wie auch Mahatma Gandhi immer wieder betonte. In der ganzen Region besteht ein umgekehrtes Verhältnis zwischen der Verbreitung und der Tragweite dieses Vorurteils und dem Grad der Alphabetisierung und Volksbildung: das Vorurteil ist meist in denjenigen Ländern am stärksten, wo die Volksbildung am weitesten zurückgeblieben ist. Diese Beobachtungen legen auch den Schluß nahe, daß Alphabetisierungskampagnen und die allgemeine Schulbildung der Kinder dringend notwendig sind, um dieses Vorurteil gegen die manuelle Arbeit auszurotten.

In der Regel trugen die Kolonialmächte durch ihre Erziehungspolitik – bzw. das Nichtvorhandensein einer solchen – ihr Teil zur Stärkung dieses Vorurteils bei. Ihr Ziel war es nicht, die Grundhaltung der Menschen zu verändern und sie auf eine Weiterentwicklung vorzubereiten, sondern gefügige Angestellte und untergeordnete Beamte auszubilden. All dies müssen wir bedenken, wenn wir feststellen, wie schwierig es war, die Sekundär- und Hochschulausbildung durch die Erweiterung der berufsbildenden und technischen Fächer auf Kosten der literarischen und akademischen Fächer zu reformieren. Die gebildete Elite Südasiens teilt sich jedoch mit den Kolonialregierungen in die Verantwortung für den extremen Konservativismus des Schulsystems, der zweifellos ihrer Voreingenommenheit gegenüber der manuellen Arbeit und dabei ihren sozialen und ökonomischen Vorrechten sowie ihren vermeintlichen Interessen zugute kam.

In fast allen südasiatischen Ländern werden Mädchen durch das Erziehungssystem, auch auf der Grundschulstufe, stark benachteiligt, und in der ganzen Region ist der Alphabetisierungsgrad der Frauen geringer als der der Männer. Dies geht zum Teil auf die mangelhafte Regierungsinitiative auf dem Bildungssektor zurück. Die volksbildenden Einrichtungen waren völlig unzureichend, und die Sekundärschulen waren »karriere-orientiert« im Hinblick auf den Verwaltungsdienst. Hauptsächlich liegt die Erkärung jedoch in den volkstümlichen Einstellungen, die bis in die Vorkolonialzeit zurückreichen. Die drei asiatischen Religionen kümmerten sich wenig um die Erziehung der Mädchen und wiesen den Frauen in der Regel eine untergeordnete Stellung zu, wenn auch der Buddhismus in dieser Hinsicht egalitärer war als auf anderen Gebieten.

Diese aus der Kolonial- und Vorkolonialzeit überkommenen Gegebenheiten stellen ungeheure Hemmnisse und Hindernisse für die Entwicklung dar, und es muß uns nicht überraschen, wenn die Bildungsreformen in den heute unabhängigen Ländern Südasiens langsamer vorankommen und weniger zur Steigerung des Entwicklungspotentials beitragen, als man hoffen möchte. *Das Erreichen der Unabhängigkeit hat bei den Menschen und in der Gesellschaft keine Wunder gewirkt.* Die bestehenden Bildungseinrichtungen sind Teil eines größeren institutionellen Systems, das auch die soziale Schichtung einbegreift; und dieses System ist getragen von den Einstellungen der Menschen, die selbst durch die Institutionen geprägt sind. Den südasiatischen Völkern fehlt es nicht nur an einer ausreichenden Bildung – sie besitzen auch weitgehend die falsche Bildung. Und in das ganze System der Einstellungen und Institutionen sind starke Interessen verwoben, die alle Maßnahmen zur Überwindung dieser Mängel vereiteln und entstellen.

In allen südasiatischen Ländern wird die durchzuführende Bildungsreform noch durch die Bevölkerungsexplosion erschwert. Die Zahl der Kinder nimmt so rapide zu, daß die verantwortlichen Behörden sich schon anstrengen müssen, um nur den Status quo der Schulbildung und Alphabetisierung zu erhalten. Dieses

Hemmnis der Bildungsreform gehörte nicht zum Erbe der Kolonialzeit. Seine Auswirkungen traten nach dem Zweiten Weltkrieg zu den oben erwähnten Hindernissen und Hemmnissen hinzu.

25. Alphabetisierung und Erwachsenenbildung

Die neuen unabhängigen Regierungen Südasiens haben in der Nachkriegszeit von Anfang an der Bildungsreform hohe Priorität im Rahmen ihrer Politik beigemessen. Aber in allen Ländern neigten die Planer in erster Linie zu einem quantitativen Denken: wie viele Studenten waren immatrikuliert? in wie vielen Kursen? in wie vielen Schulen? Nicht gefragt wurde, wie gut sie lernten, was ihnen beigebracht wurde oder wie das Ausbildungssystem, das sie von den Kolonialherren übernommen hatten, verbessert werden konnte, um die Entwicklung zu beschleunigen.

Alle Länder der Region maßen der Alphabetisierung ihrer Bevölkerungen große Bedeutung bei. Im Hinblick auf dieses Ziel versuchten sie fast ausschließlich, die Zahl der Grundschulbesucher zu steigern. Die Erwachsenenbildung, gewiß eines der wichtigsten Elemente der Entwicklung, genoß eine relativ geringe Priorität.

Wie viele, auch der Autor selbst, glauben, ist es außerordentlich wichtig für die Entwicklung, daß die unterentwickelten Länder Südasiens so schnell wie möglich das Niveau der funktionalen Bildung steigern. Diese Meinung wird häufig durch den Hinweis auf die skandinavischen Länder, Deutschland und die USA untermauert. Alle diese Länder wiesen im frühen 19. Jahrhundert einen bemerkenswert hohen Alphabetisierungsgrad auf, und diesem schreibt man es zu, daß ihre schnelle Entwicklung möglich war. Aber die Ausgangsbedingungen sind, wie wir darstellten, in Südasien so völlig anders, daß man nicht automatisch Vergleiche mit den westlichen Ländern anstellen kann.

Noch weniger zuverlässig sind die Informationen über die Bedeutung der Alphabetisierung für die Entwicklung, die wir aus Untersuchungen über das gegenwärtige Niveau der Alphabetisierung und der Entwicklung in verschiedenen Ländern beziehen. Die Korrelation erscheint hoch, aber dies besagt nicht, was Ursache und was Wirkung ist. Doch offensichtlich sind Alphabetisierungsfortschritte und Fortschritte der wirtschaftlichen Entwicklung voneinander abhängig. Man darf wohl mit einiger Sicherheit annehmen, daß bestimmte gemeinsame Faktoren wirksam sind, welche die beiden Formen des Wachstums Hand in Hand vorantreiben; es ist anzunehmen, daß sie sich gegenseitig und kumulativ beeinflussen. Internationale Vergleiche hinsichtlich der Korrelation zwischen dem Niveau der Alphabetisierung und der wirtschaftlichen Entwicklung geben keinen Hinweis auf das Problem dieser Kausalbeziehung. Da es keine intensive Forschung über den Wert der Alphabetisierung für die Entwicklung gibt, müssen wir uns vorläufig mit allgemeinen und unspezifischen Feststellungen begnügen.

In der Nachkriegszeit wurde die Bedeutung der Alphabetisierung häufig gering veranschlagt. Dieses auf romantischen und traditionalistischen Vorstellungen beruhende Argument wertet die Weisheit des analphabetischen Bauern oder Arbeiters auf. Dabei wird unterstellt, daß diese Menschen nützliche Kenntnisse erwerben können, auch ohne daß sie des Lesens und Schreibens kundig sind. Diese Auffassung tat zwar dem Wunsch nach einer Erweiterung der Elementarbildung für Kinder keinen Abbruch, doch in den meisten südasiatischen Ländern schwächte sie die Initiative für Alphabetisierungskampagnen als Teil der Erwachsenenbildung.

Wir sind davon überzeugt, daß diejenigen, die der praktischen Ausbildung den Vorzug geben, die Effektivität einer nicht durch Kenntnisse im Lesen und Schreiben unterstützten Ausbildung überschätzen und, was noch wichtiger ist, die Bedeutung dieser Kenntnisse für die elementare Berufsausbildung in Südasien unterschätzen. Menschen, die Pläne und schriftliche Anweisungen lesen und verstehen können, sind allemal bessere Industriearbeiter als jene, die dies nicht können. Bauern, die einfache Berechnungen durchführen und Broschüren lesen können, sind progressivere Landwirte als jene, die es nicht vermögen. Die verschiedenen Bemühungen, eine lokale Selbstverwaltung zu organisieren, Kooperativen aufzubauen und ganz allgemein die moderne technologische und industrielle Entwicklung einzuleiten, deren Südasien so sehr bedarf, setzen alle einen hohen Alphabetisierungsgrad der Bevölkerung voraus.

Ganz allgemein eröffnet die Kenntnis des Lesens und Schreibens Kommunikationswege, die andernfalls verschlossen blieben. Sie ist die Voraussetzung für den Erwerb weiterer Fähigkeiten und die Entwicklung rationalerer Einstellungen. Es ist zwar richtig, daß die Alphabetisierung auch auf der Grundstufe nicht das

einzige Erziehungsziel sein kann. Aber alle anderen Elemente des komplexen Wandels, der durch die Erziehung erreicht werden soll, hängen, wenn auch nicht in einfacher, direkter Beziehung, von der Alphabetisierung ab.
Eine andere Richtung vertritt die Auffassung, daß das, was Südasien am dringendsten brauche, ein Ausbau der Sekundärausbildung auf weiterführenden Schulen sei. Wir halten diese Auffassung für falsch. Um die wirtschaftliche Entwicklung zu stimulieren, ist es notwendig, daß die Erziehung frühzeitig ein so breites Fundament wie möglich erhält, denn damit steigt die Zahl der Kandidaten für die Sekundär- und Tertiärausbildung, und mithin nimmt die Qualität der Ausgewählten zu. Ein solches Verfahren würde auch der Entwicklung der ganzen Nation dienen und nicht nur Enklaven innerhalb einer stagnierenden Wirtschaft schaffen. In der besonders prekären Situation der größeren und ärmeren Länder Südasiens bedarf es daher, wie wir glauben, massiver Anstrengungen, um die gesamte Bevölkerung so schnell wie möglich zu alphabetisieren. Ein marginaler Fortschritt wäre nicht ausreichend.

Wiederum wird unser Versuch, die südasiatischen Bildungsfaktoren quantitativ einzuschätzen, durch die dürftigen Statistiken beeinträchtigt. Die Daten bezüglich der Alphabetisierung sind in der Region völlig unzureichend. Vor allem besteht erhebliche Ungewißheit in bezug auf die Definition der Alphabetisierung und deren Anwendung. Normalerweise versteht man unter Alphabetisierung den Erwerb der elementaren Fähigkeit zu lesen und zu schreiben. Nach einer Definition der UNESCO ist derjenige »alphabetisiert, der einen kurzen, einfachen Text aus dem Bereich seines täglichen Lebens lesen und schreiben kann«. Diese Definition ist zwar ganz allgemein gültig, aber sie ist nicht sehr spezifisch, und es gibt Abweichungen in den verschiedenen Ländern. Auch wenn ein Kriterium der Alphabetisierung deutlich festgestellt wurde, so garantiert dies nicht, daß die Zensus-Statistiker dieses korrekt interpretieren und es im ganzen Land einheitlich anwenden oder daß sie die Wahrheit erfahren, wenn sie allgemeine und vage Fragen über die Fähigkeiten eines Menschen im Lesen und Schreiben stellen. Wir müssen davon ausgehen, daß alle Zahlen über die Alphabetisierung in Südasien wie auch in allen anderen unterentwickelten Ländern übertrieben sind.

Was die gegenwärtige Situation betrifft, so bilden neun Länder drei unterschiedliche Gruppen. In der ersten Gruppe, zu der Ceylon, die Philippinen und Thailand gehören, erscheint das Alphabetisierungsniveau hoch – über 70 % der Männer und über 50 % der Frauen können lesen und schreiben. In der mittleren Gruppe, Burma, Malaya und Indonesien, besteht eine große Kluft zwischen den Geschlechtern. Über 50 % der Männer sind alphabetisiert, dem stehen aber nur 25 bis 40 % der Frauen gegenüber. In der unteren Gruppe, zu der Pakistan, Indien und Südvietnam gehören, beläuft sich der Alphabetisierungsgrad auf nur etwa 40 % oder darunter, und bei den Frauen bewegt die Zahl sich zwischen 8 und 13 %. Die Rangordnung der Länder nach dem Alphabetisierungsgrad korrespondiert wiederum einigermaßen mit dem Rang ihres wirtschaftlichen Entwicklungsgrades. Diese Zahlen sind jedoch mit starkem Vorbehalt zu behandeln. Doch auch wenn sie übertrieben sind, geben sie eine ungefähre Vorstellung von den relativen Unterschieden innerhalb der Region.

In Indonesien scheint der steile Anstieg der Alphabetisierungskurven zu bestätigen, daß dieses Land, anders als die übrigen Länder Südasiens, bei seinen Erwachsenenbildungsprogrammen einigen Erfolg zu verzeichnen hatte, denn die Angehörigen der höheren Altersklassen waren bereits über das Schulalter hinaus, als Indonesien in den 1950er Jahren begann, sein Bildungssystem auszubauen. Aber auch hier ist Vorsicht am Platze, um nicht die Tatsachen mit dem Wunschdenken des Nationalstolzes zu vermischen.

Mit Ausnahme Indonesiens fanden die Alphabetisierungsfortschritte hauptsächlich im Rahmen des Schulsystems statt. Den stärksten Alphabetisierungszuwachs verzeichnete der Bevölkerungsteil unter 30 Jahren. Wieder finden wir den bekannten Unterschied zwischen der Stadt- und der Landbevölkerung. Die Länder mit dem niedrigsten Alphabetisierungsgrad haben die größte Landbevölkerung. Die männlichen Städter bilden eine Sondergruppe. Selbst in Indien gelten sie zu über 60 % als alphabetisiert. Am anderen Ende der Skala stehen die Frauen auf dem Lande. Selbst in Ceylon übersteigt der Alphabetisierungsgrad der Frauen auf dem Land kaum 50 %.

In vielen südasiatischen Ländern genügt es nicht, nur in einer Sprache lesen und schreiben zu können, man muß zumindest noch eine zweite Sprache oder einen lokalen Dialekt beherrschen. Auch ist zu fragen, wie viele Menschen eine oder mehrere westliche Sprachen beherrschen. Diese Form der Alphabetisierung ist wichtig für diejenigen, die eine höhere Ausbildung anstreben oder sich auf den Regierungsdienst vorbereiten. Häufig wurde die Sprache der früheren Kolonialmacht zur Verkehrssprache, zur einzigen Sprache, die in allen Teilen des Landes – wenn auch nur in der dünnen Ober- und Mittelschicht – verstanden wird.

Es ist möglich, daß jemand zwar ein wenig lesen und schreiben kann, aber nicht genug, um seine Kenntnisse praktisch anzuwenden. In der Literatur finden wir daher häufig den Begriff »funktionale Alphabetisierung«. Es ist sehr schwer, dessen Bedeutung genau zu definieren. Definieren wir ihn als die Fähigkeit, zum eigenen praktischen Gebrauch richtig lesen, schreiben und rechnen zu können, so entspricht dies zwar dem gesunden Menschenverstand, ist aber als Definition nicht spezifisch genug. Auch arithmetische Kenntnisse sind ein wichtiger Aspekt der funktionalen Alphabetisierung. Unter dem Gesichtspunkt der wirtschaftlichen Entwicklung sind sie zumindest ebenso wichtig wie die »verbale Alphabetisierung«. Es liegt auf der Hand, daß es in der Landwirtschaft wie auch in der Industriearbeit sehr wichtig ist, nicht nur mit Verständnis Ziffern lesen und schreiben zu können, sondern sie auch bei einfachen Additionen, Subtraktionen und Multiplikationen mathematisch zu gebrauchen. Die ganze Diskussion um die Alphabetisierung wird schwer dadurch beeinträchtigt, daß die Fähigkeit, Zahlen sinnvoll zu gebrauchen, in der Literatur vernachlässigt wird. Über die arithmetischen Fähigkeiten wurden keinerlei Daten gesammelt.

Es ist so schwierig, die funktionale Alphabetisierung direkt zu messen, daß die Analytiker von der Annahme ausgehen, diese Kenntnisse würden durch ein gewisses Minimum an formaler Ausbildung vermittelt. Die UNESCO nimmt eine Schulzeit von vier Jahren als minimale Norm an. Wir bezweifeln aber, ob diese Zeit in Südasien ausreichend ist, wo die Ausbildung häufig von geringer Qualität, der Schulbesuch unregelmäßig und das Familien- und Dorfmilieu analphabetisch ist.

In Anbetracht des hohen Anteils an Analphabeten in der Region sollte man annehmen, daß die südasiatischen Länder, als sie die Unabhängigkeit erlangten, energische Maßnahmen zur Alphabetisierung der Erwachsenen ergriffen. Die UNESCO geht davon aus, daß, wenn jedes Jahr nur 10 % der analphabetischen Erwachsenen die Gelegenheit erhielten, einen Kurs in Lesen und Schreiben zu besuchen, alle Aussicht bestünde, das Analphabetentum in recht kurzer Zeit zu beseitigen. So ist die Erwachsenenbildung nicht nur wichtig für die weitere Entwicklung, sondern sie könnte auch dazu beitragen, die Erziehung der Kinder effektiver zu gestalten. Alles was wir wissen deutet darauf hin, daß Kinder analphabetischer Eltern eher in der Schule zurückbleiben und folglich selbst leichter zu Analphabeten werden. Die schädigende Wirkung eines analphabetischen Elternhauses macht sich am stärksten in den Vorschuljahren bemerkbar, in denen die Einstellungen, die später erhalten bleiben, geprägt werden.

Trotzdem nimmt in den südasiatischen Ländern die Erwachsenenbildung keine bevorzugte Stellung in den Plänen für die Bildungsreform ein. Indonesien bildet vielleicht eine gewisse Ausnahme. Organisationen der Erwachsenenbildung existieren auch in allen übrigen Ländern, aber im Wettbewerb um die Haushaltsmittel schneiden sie gegenüber den etablierten Schulbürokratien schlecht ab. Dies wurde anscheinend unabsichtlich durch die internationalen und zwischenstaatlichen Gremien unterstützt, die seit dem Zweiten Weltkrieg bestrebt sind, Südasien bei seinen Bildungsproblemen zu helfen. Diese Organisationen machten sich bald das Konzept der »Fundamental- oder Sozial-Erziehung« zu eigen, das schwer von dem zu trennen ist, was in Indien und zumeist in der Literatur als »Gemeinde-Entwicklung« bezeichnet wird.

Alphabetisierung um ihrer selbst willen, sagten wir, sei nicht genug, und die Erziehung sollte darauf abzielen, Kenntnisse, Fertigkeiten und Einstellungen von praktischer Bedeutung zu vermitteln. Dies gilt natürlich ebenso für den Unterricht auf allen Ebenen und in allen Formen. Aber es ist beunruhigend, daß vergleichsweise wenig getan wurde, um die Schulen zu reformieren und stärker an den praktischen Bedürfnissen zu orientieren, während die Erwachsenenbildung entweder völlig vernachlässigt oder in etwas so »Praktisches« verwandelt wurde, daß es nicht mehr als ernsthafter Versuch der Alphabetisierung der Menschen gelten kann. Die Alphabetisierung läßt sich jedoch nicht auf eine Ebene mit den anderen, hier aufgezählten positiven Zielen stellen, denn sie ist vielmehr ein Instrument, mit dessen Hilfe die übrigen Ziele erreicht werden können. Tatsächlich ist sie eine Voraussetzung besserer Erfolge bei allen praktischen Bestrebungen.

Hinter dieser Entwicklung stand die romantische, traditionelle Vision vom einfachen, aber aufrechten Bauern, der nicht lesen und schreiben können muß, um im Bereich seines eigenen Lebens weise zu handeln. In diesem Zusammenhang erscheint das üblicherweise zum Ausdruck gebrachte starke Interesse für die Alphabetisierung der nächsten Generation durch den Ausbau der Grundschule ein wenig paradox. Die Tatsache, daß es nicht gelang, die landwirtschaftlichen Erträge zu steigern, veranlaßte die Reformer in jüngerer Zeit zu fordern, daß die Gemeinde-Entwicklungsprogramme mehr Nachdruck auf die landwirtschaftliche Aufbauarbeit legen sollten, durch die eine Produktionssteigerung möglich wäre, auch wenn dies bedeutete, daß die »Sozialerziehung« zurückgedrängt würde. Letztere beschränkte sich im Grunde auf die Erhaltung oder Wiederbelebung bestimmter Elemente der überkommenen Kultur sowie auf die Sorge für Unterhaltung, Freizeitmöglichkeiten und den allgemeinen moralischen Fortschritt.

Glücklicherweise spricht nun manches dafür, daß die in Rede stehende ideologische Nachkriegsentwicklung einen Wendepunkt erreicht haben könnte. Die instrumentelle Bedeutung der Alphabetisierung für die Bildung im allgemeinen und damit auch für die wirtschaftliche Entwicklung wurde vor etwa zehn Jahren von den Bildungsplanern auf oberster Ebene wiederentdeckt. Der Entschluß, die Erwachsenenbildung stärker zu fördern, der sich in Regierungserklärungen und in den auf internationalen Bildungskonferenzen getroffenen Vereinbarungen ausdrückt, ist eine Anerkennung der Tatsache, daß Südasien nicht warten kann, bis die heutigen Schulkinder erwachsen sind. Praktisch zeitigte dieser ideologische Wandel jedoch wenig Resultate.

Es müßten eine ganze Reihe von eng miteinander verbundenen Problemen in Angriff genommen werden, um die Erwachsenenbildung in Südasien zu einem wirksamen Bestandteil des Ausbildungssystems zu machen. Auf den Dörfern wie in den Städten müßte der Schwerpunkt auf der Modernisierung liegen, und dies bedeutet Veränderung und Mobilität. Die Alphabetisierungskampagnen müssen weiterhin eine brauchbare Form der Alphabetisierung anstreben, und es muß darauf geachtet werden, daß die Menschen ihre neu erworbenen Fähigkeiten auch einsetzen. Die Alphabetisierung sollte auch nicht aus dem berufsorientierten Ausbildungsprogramm für Erwachsene herausgenommen werden. Auf jeden Fall müssen diese Programme, für die die *Food and Agriculture Organisation* (FAO) und die *International Labour Organisation* wertvolle Pionierarbeit geleistet haben, in die allgemeinen Erwachsenenbildungsprogramme integriert werden.

Vor allem sollte die Erwachsenenbildung nicht von der Unterrichtung der Kinder in den Grundschulen getrennt werden. Die Grundschullehrer sollten regelmäßig einen Teil ihrer Zeit für die Unterweisung Erwachsener aufwenden. Ja, sie sollten aufgefordert werden, sich als örtliche Führer der Erwachsenenbildungsbewegung zu betätigen. Der Wert ihrer Mitarbeit hängt jedoch davon ab, inwieweit sie als »Intellektuelle« in ihren Gemeinden respektiert werden, was wiederum von ihrer Ausbildung, ihren Gehältern und ihrem Sozialstatus abhängig ist.

Wir stellen fest, daß die Erwachsenenbildung in den südasiatischen Ländern weit notwendiger ist als in den entwickelten Ländern, und daß sie eine andere Ausrichtung und andere Inhalte braucht. Folglich wäre es unklug, einfach die Methoden der westlichen Länder zu übernehmen. Was gebraucht wird, das sind Experimente. Das ganze Schema, bei dem die Kinder in den Schulen isoliert und daneben »Klassen« für die Erwachsenen eingerichtet werden, ist in Frage zu stellen. Möglicherweise wäre ein Programm, bei dem ganze Familien oder Gemeinden als Einheiten unterrichtet werden, erfolgreicher.

Jedenfalls sollten die Schulen sich zu so etwas wie Gemeindezentren entwickeln und eine aktivere Rolle bei der Einleitung sozialer Veränderungen spielen. Dies gilt auch für die Kollegien und Universitäten. Studentenkader könnten einen Teil der Aufgaben der Erwachsenenbildung übernehmen und damit den Institutionen ihres Landes und der ganzen Gesellschaft viel Nutzen bringen. Auch könnte ein energischer Ausbau der Universitäten dazu beitragen, die ziellose Unruhe so vieler Studenten zu befrieden, und eine größere Zahl von ihnen in den Lehrerberuf führen.

Die Organisation und Durchführung der Erwachsenenbildungskurse bedarf der professionellen Gestaltung – aber auch der Begeisterung. Die Alphabetisierungsbemühungen müssen den Charakter einer Bewegung oder Kampagne annehmen. Der angebliche »Wissensdurst« in den Dörfern ist – wie die marxistisch beeinflußte These von einer »Revolution der steigenden Erwartungen« – weitgehend ein Mythos der Oberschicht, besonders sobald er auf die ländlichen Distrikte mit ihrer traditionell genügsamen Landwirtschaft angewandt wird. Die Bildung, selbst wenn sie an den praktischen Entwicklungsproblemen orientiert ist, findet beim Volk keine spontane Zustimmung, am allerwenigsten in den Dörfern. Am Anfang aller Bildungsbemühungen ist es daher nötig, diese Zustimmung zu mobilisieren – durch Propaganda und durch das Beispiel am Ort. Die Menschen müssen entsprechend konditioniert werden, damit sie von den Ausbildungsmöglichkeiten Gebrauch machen.

Ein besonderes Hindernis für die Schaffung einer modernen Einstellung zur Bildung ist die Dürftigkeit der Kommunikationsmedien sowie die Tatsache, daß die bestehenden Medien hauptsächlich das Bewußtsein derer ansprechen, die bereits funktional gebildet und in ihrem Denken moderner sind. Wie zu erwarten, entspricht die Rangfolge der südasiatischen Länder hinsichtlich der Qualität ihrer Kommunikationsmedien recht genau ihrer Rangordnung im Hinblick auf die wirtschaftliche Entwicklung.
Die audiovisuellen Medien könnten, wo vorhanden, eingesetzt werden, um auch die Analphabeten zu unterrichten. Sie dienen heute mehr der Unterhaltung als der Information, aber selbst dabei können sie oft zur Veränderung der Einstellungen im Sinne der Modernisierung beitragen. Da das Transistorradio so leicht und billig zu beschaffen ist, sollte es als Instrument der Bildungskampagne Verwendung finden. Sogar die einheimischen Künste, etwa die *Molam*-Spiele in Laos und Thailand, könnten zur Verbreitung der Bildung genutzt werden.
Aber am schwersten werden die Bildungsbemühungen durch den Mangel an Schreibpapier und Papier für den Druck von Büchern und anderen Unterrichtsmaterialien beeinträchtigt. Einer der Hauptgründe dafür, daß ein Minimum an Kenntnissen im Lesen und Schreiben so selten in funktionale Bildung umgesetzt wird und daß die soeben Alphabetisierten leicht wieder ins Analphabetentum zurückfallen, ist die Tatsache, daß die Menschen nichts zu lesen und kein Papier zum Schreiben haben. Obwohl seit 1950 die Menge des für kulturelle Zwecke verbrauchten Papiers pro Kopf der Bevölkerung in allen südasiatischen Ländern

erheblich zugenommen hat, ist es immer noch nur ein geringer Bruchteil dessen, was den fortgeschrittenen Ländern, etwa den USA und Schweden, zur Verfügung steht.

Alle südasiatischen Länder leiden bei ihren Bildungsprogrammen schwer darunter, daß sie nicht in der Lage sind, ihre Bemühungen durch eine wesentlich erweiterte Versorgung mit Papier für das Lesen und Schreiben zu unterstützen. Die Konferenz über die Papier- und Pappeherstellung in Asien und dem Fernen Osten, die 1960 in Tokio stattfand, stellte in ihrem Bericht fest, daß, wenn nicht energische Maßnahmen zur Förderung des Aufbaus von Papierindustrien in der Region unternommen werden, »die ernste Gefahr besteht, daß die laufenden Bildungsprogramme in Frage gestellt werden, die Schaffung einer informierten Bürgerschaft verzögert wird, die antiquierten Verteilungssysteme beibehalten werden und der industrielle Fortschritt gehemmt wird«.

26. Das Schulsystem

Die Nationen Südasiens, die alle bis auf eine früher Kolonien westlicher Mächte waren, traten in die Phase ihrer Unabhängigkeit mit einem Schulsystem, das in verwässerter Form von den Mutterländern übernommen worden war. Der Charakter dieses Systems, wie es den Interessen sowohl der Kolonialmacht als auch der einheimischen Oberschicht entsprach, wurde in Kapitel 24, wo wir das Erbe der Kolonialzeit behandelten, kurz angedeutet.

Als die Unabhängigkeit errungen war, setzten sich die Führer mancher südasiatischer Länder, vor allem Jawaharlal Nehru dafür ein, das ganze Ausbildungssystem zu »revolutionieren«. In Indien hatte Mohanda Gandhi schon Jahrzehnte vor der Unabhängigkeit die Forderung nach einer radikalen Veränderung des Ausbildungssystems aufgestellt. Aber gerade dies geschah weder in Indien noch in anderen südasiatischen Ländern außer in gewissem Umfang in Ceylon. Die prinzipiellen Reformen des überkommenen Systems wurden bis heute nicht verwirklicht. Einer der verdienstvollsten Pädagogen Indiens, J. P. Naik, erklärte 1965: »Was in den letzten sechzehn Jahren geschah, ist lediglich eine Erweiterung des früheren Systems mit einigen marginalen Veränderungen des Inhalts und der Techniken.«

Ohne daß ernsthafte Reformversuche unternommen worden wären, entwickelte das ererbte Schulsystem sich hauptsächlich in einer konservativen Richtung des Laissez-faire, und ein anschwellender Strom von Schülern wurde durch die etablierten Kanäle geleitet, wobei nichts anderes geschah, als daß diese Kanäle dort, wo der Druck am stärksten war, etwas erweitert wurden. Indessen wurde die Erwachsenenbildung, die als Komplement der schulischen Ausbildung der Kinder so wichtig wäre, so gut wie völlig vernachlässigt, wie wir in Kapitel 25 zeigten.

Lediglich die Studenten und ihre Eltern aus den gebildeten, artikulierten Oberschichten können Druck ausüben. Die Lehrer und die Schulbürokratien stellen ebenfalls wichtige, aber insgesamt konservative Kräfte dar. Die Trägheit gegenüber Reformen ist in der inegalitären ökonomischen und sozialen Schichtung und der ungleichen Machtverteilung verankert. Die Revolution des Schulsystems, von der Gandhi und Nehru träumten, würde eine

»soziale und ökonomische Revolution« voraussetzen, von der sie ebenfalls sprachen, die aber ausblieb und auf eine ungewisse Zukunft vertagt wurde, während die tatsächliche Entwicklung auf eine Vermehrung der Ungleichheit hinauslief. Andererseits würde jene letztere Reform die erstere voraussetzen.

Tatsächlich blieb sogar die äußere Struktur der Schulsysteme erhalten. Wie das Erziehungswesen auf allen Stufen durch das Prüfungssystem der Colleges beherrscht wird, welche die Studenten auf den Eintritt in den öffentlichen Dienst vorbereiten, wurde ebenfalls in Kapitel 24 dargestellt. Im »Examensrummel« spiegelt sich nicht nur der übermäßige Einfluß der tertiären Institutionen auf die Grund- und weiterführenden Schulen wider, sondern noch mehr das abnorme Statusdenken in einer inegalitären und weitgehend stagnierenden Gesellschaft.

In Indien und Pakistan gehörten zum kolonialen Erbe eine Reihe von Privatschulen, auch auf der Grundstufe. Über ihre Qualität gibt es keine statistischen Daten, aber wir wissen, daß sie heterogener sind als die öffentlichen Schulen. Manche Schulen, darunter solche, die für europäische Kinder und die Kinder der einheimischen Spitzenschicht eingerichtet wurden – und die in eigenartiger Vorliebe für das Englische »Public Schools« genannt werden –, gehören zu den besten des Landes. Andere Privatschulen sind wegen der Nachlässigkeit der Inspektion sehr schlecht.

Die Hauptschwierigkeit, die sich aus der weiten Verbreitung dieser Privatschulen ergibt, ist die Abschwächung der behördlichen Lenkung, Inspektion und Kontrolle der Gesamtentwicklung des Schulsystems. So ist es z. B. schwierig, die Grund- und weiterführende Schulung nach technischen und beruflichen Gesichtspunkten auszurichten, wie dies die erklärte Politik aller südasiatischen Länder vorschreibt, wenn die Privatschulen weiterhin nur traditionellen Lehrstoff anbieten. Unter diesen Umständen überrascht es allerdings, daß die Verstaatlichung des Schulsystems in Südasien so wenig Interesse erweckt – und dies um so mehr, wenn wir uns daran erinnern, daß viele dieser Länder sich zu einer sozialistischen Orientierung bekennen. Vom westlichen Standpunkt aus erschiene es logisch gerechtfertigt, das öffentliche Schulsystem auszubauen und die staatlichen Subsidien für die Privatschulen, besonders die Konfessionsschulen, einzustellen,

soweit sie sich nicht fest in das öffentliche Schulsystem eingliedern. Ceylon ist das einzige südasiatische Land, das Maßnahmen in dieser Richtung ergriffen hat.
In den meisten südasiatischen Ländern werden auf allen Stufen des Schulsystems, in den privaten wie in den öffentlichen Schulen, Gebühren erhoben. Zumeist sind diese Gebühren gering, zum Teil auch deshalb, weil viele Privatschulen von der Regierung subventioniert werden. Aber es ist befremdlich, daß das Gebührensystem kaum einer konstruktiven Kritik unterzogen wurde. Soweit eine Diskussion stattfand, bezog sie sich nur auf die Erwünschtheit einer unterschiedslosen Senkung der Gebühren, besonders in den Grundschulen, oder auf die Notwendigkeit, die Gebühren aus finanziellen Gründen beizubehalten. Eine Neuordnung der Gebühren als Mittel zur Lenkung der Studenten in eine geplante Richtung – z. B. fort von den allgemeinen weiterführenden Schulen und hin zur berufsvorbereitenden Schule – wurde nicht einmal zur Debatte gestellt. Bedenkt man, welcher Nachdruck in den südasiatischen Ländern gerade auf die Planung gelegt wird, so illustriert dies abermals, daß auf dem Ausbildungssektor tatsächlich eine Laissez-faire-Haltung herrscht.
Abermals bildet Ceylon einen Sonderfall. Dort wurde das Prinzip der Gebührenfreiheit in allen Schulen, auch auf der tertiären Stufe eingeführt, mit Ausnahme sehr weniger privater Schulen, die es vorzogen, unsubventioniert zu bleiben. Doch im allgemeinen wird auch in den übrigen südasiatischen Ländern die Gebührenfreiheit in den öffentlichen Grundschulen allmählich eingeführt.

Schon seit den Anfängen der Unabhängigkeit wurde in allen südasiatischen Ländern eine wesentliche Reformforderung erhoben, nämlich die Überwindung des Analphabetentums unter den Massen. Da insgesamt nur wenig Anstrengungen unternommen wurden, Erwachsene zu unterrichten, was selbstverständlich auch den begründeten Interessen der Schulbürokratie entgegenkam, wurde das Ziel der Alphabetisierung in ein Programm der beschleunigten Erfassung der Kinder in den Primärschulen übersetzt.
Die indische Verfassung von 1950 enthält die kühne Feststellung, daß innerhalb von 10 Jahren die gebührenfreie Schulpflicht für alle Kinder bis zum vierzehnten Lebensjahr verbindlich sein

sollte. 1951 bekannte sich die indonesische Regierung zu dem Ziel, bis 1961 die allgemeine Grundschulpflicht einzuführen. Die übrigen Länder Südasiens waren etwas vorsichtiger, obgleich sie – mit Ausnahme Pakistans – bereits einen höheren Alphabetisierungsgrad und mehr Grundschulen aufwiesen. Aber im Karachi-Plan von 1959 einigten sich die Erziehungsminister aller asiatischen Mitgliedstaaten der UNESCO auf das Ziel, bis 1980 eine allgemeine obligatorische und gebührenfreie Grundschulausbildung von nicht weniger als 7 Jahren einzuführen.

Es soll hier nicht kritisiert werden, daß die meisten Länder weit hinter ihren unrealistischen Zielen zurückblieben. Die Kapazitätserweiterung der Primärschulen macht ungeheure Schwierigkeiten, besonders in den ärmeren Ländern. Allen Kindern eine Grundschulausbildung zu geben, ist in Südasien mit viel größeren Belastungen verbunden als in den entwickelten Ländern – schon deshalb, weil die Kinder einen viel größeren Prozentsatz der Bevölkerung stellen, welche selbst wesentlich schneller wächst. Und dann haben die südasiatischen Länder, besonders die ärmsten unter ihnen, kaum eine Basis, auf der sie aufbauen könnten. Das bedeutet vor allem, daß sie einen erheblich geringeren Teil ihrer Kinder einschulen. Und von Anfang an herrscht Mangel an dem, was zum Betrieb von Schulen benötigt wird: Schulgebäude, Lehrer, Bücher, Schreibpapier usw.

Doch es muß noch ein weiterer triftiger kritischer Einwand erhoben werden. Obwohl es stets das erklärte Ziel war, dem Ausbau der Grundschule den Vorrang zu geben, um den Alphabetisierungsgrad der Bevölkerung zu heben, entwickelten die weiterführenden Schulen sich wesentlich schneller und die Hochschulen am schnellsten. Ganz allgemein besteht die Tendenz, daß die Planziele für den Ausbau der Grundschule nicht erreicht werden, während die Ziele im Hinblick auf die Erweiterung der Sekundär- und Tertiärstufe – manchmal ganz erheblich – übertroffen werden. Und dies trotz der Tatsache, daß die Ausbildung auf der Sekundärstufe drei- bis fünfmal kostspieliger ist als die Grundschule und die Ausbildung auf der Tertiärstufe fünf- bis siebenmal teurer als auf der Sekundärstufe.

Wir erleben hier, wie die Entwicklung unter dem Druck von Eltern und Schülern der Oberschicht, die überall die politische Macht innehat, von den geplanten Zielen abweicht. Noch bemerkenswerter ist die Tatsache, daß die Tendenz zur Abweichung vom Standpunkt der Planungsziele am deutlichsten gerade in den ärmsten Ländern Pakistan, Indien, Burma und Indonesien ist, die mit viel geringeren Kinderzahlen in den Grundschulen begannen und daher am meisten Grund hätten, mit besonderem Nachdruck das Programm der Grundschulen vorrangig zu verwirklichen. Im allgemeinen sind es gerade die ärmsten Länder, welche auch relativ am wenigsten für die Grundschulerziehung ausgeben und die größten Abweichungen von den geplanten Zielen zugunsten der sekundären und tertiären Schulen zulassen.

Obige Vergleiche wurden anhand der öffentlichen Schulstatistiken angestellt. Immer wieder bemängeln wir in dieser Studie die Dürftigkeit der Statistiken über das Bildungswesen und ihre fragwürdige Kompilation und Verwendung. In Kapitel 25 wiesen wir auf die Unzuverlässigkeit der Alphabetisierungs-Statistiken hin und vertraten die Meinung, daß sie die Verbreitung des Analphabetentums, vor allem des funktionalen Analphabetentums, schwer überschätzen.

Der zweite wichtige Begriff, der in den unterentwickelten Ländern in der Debatte über Bildungsfragen Verwendung findet, ist die Schulerfassung der Kinder. In der Literatur, besonders soweit sie von Ökonomen stammt, die sich in jüngster Zeit für die Bildung als einen Faktor der Entwicklung zu interessieren beginnen, wird meist ganz unschuldig und unkritisch unterstellt, daß die veröffentlichten Einschulungsdaten tatsächlich zutreffen und Aufschluß darüber geben, wie viele Kinder tatsächlich die Schule besuchen. Die zu optimistischen Urteile über die Bildungssituation und ihre jüngste Verbesserung beruhen auf den Einschulungsstatistiken.

Die Unzuverlässigkeit der Erfassungszahlen läßt sich durch ein Beispiel illustrieren: Nach dem Zensus von 1961 besuchten in Pakistan weniger als 15 % der Kinder zwischen fünf und neun Jahren die Schule, während nach der Einschulungsstatistik beinah 30 % der Kinder aus der nur wenig verschiedenen Altersgruppe von sechs bis zehn Jahren als eingeschult gezählt wurden. Auch ist daran zu erinnern, daß in Pakistan die Schüler, welche die den Sekundärschulen angegliederten Grundschulkurse besuchen – dies sind etwas mehr als 20 % aller Schüler –, nicht in den Einschulungsstatistiken der Grundschule gezählt werden.

Statistische Diskrepanzen dieser Art kommen wohl vor allem in Pakistan vor, das in Südasien hinsichtlich der wirtschaftlichen wie auch der bildungsmäßigen Errungenschaften an letzter Stelle rangiert. Doch die eingehendere Untersuchung zeigt, daß die Einschulungsstatistiken ganz allgemein einen übertriebenen Eindruck von der Leistung der Schulen vermitteln, also vom Umfang des tatsächlichen Schulbesuchs der Kinder – was selbstverständlich eine wichtige Frage ist.

Am stärksten ist eine solche Täuschung in den Aufnahmestatistiken für die Grundschulen wirksam, in geringerem Maß für die Schulen der Sekundär- und Tertiärstufe. Außerdem ist dieser inflationistische Hang der Einschulungsstatistiken am deutlichsten in den ganz armen Ländern, in denen die Bildungssituation am unzulänglichsten ist, wie Pakistan, Indien und Indonesien – die auch bei weitem die größten sind und die überwiegende Mehrheit der Menschen in Südasien repräsentieren. Die veröffentlichten Statistiken tendieren also dazu, die bestehenden Unterschiede zwischen den ganz armen und den weniger armen Ländern der Region zu unterschätzen. Die Abweichung von den Planungszielen zuungunsten der Grundschulbildung ist auch in der Realität in den sehr armen Ländern ausgeprägter, als ein Vergleich ihrer Einschulungszahlen ausweist.

Ähnliches gilt für die Unterschiede zwischen den einzelnen Ländern. Mit anderen Worten, die Schulbesuchszahlen für Mädchen, Kinder in ländlichen Gebieten und ganz allgemein Kinder in armen Bezirken sind, soweit sie den Einschulungsstatistiken entstammen, überhöht. Hätten wir Informationen über die klassenspezifischen Unterschiede, dann würden wir zweifellos feststellen, daß nicht nur die Aufnahmezahlen für die Kinder aus ärmeren Familien niedriger sind, sondern daß auch ihre niedrigeren Zahlen stärker überhöht sind.

Der größte Mangel der Einschulungsstatistiken besteht darin, daß ein Kind, das als eingeschult gilt, nicht notwendig das ganze Jahr über, regelmäßig oder überhaupt die Schule besucht. Hier ist ein starker Verzerrungsfaktor am Werk, weil die Lehrer wie die Schulverwaltung die Planziele erfüllen und Ergebnisse vorzeigen möchten. Die entscheidenden Größen sind also der tatsächliche Schulbesuch und die Retentionsziffern am Ende eines Schuljahres. Nebenbei gesagt, unsere Bewertung der Schulerfassungszahlen beruht auf verstreuten Informationen aller Art, die wir in der offiziellen und inoffiziellen Literatur dieser Länder fanden. Diese Schätzungen sind selbstverständlich höchst unsicher. Wahrscheinlich sind sie aber besser als die Zahlen, die auf den unkorrigierten Einschulungsdaten beruhen. Auch lenken sie die Aufmerksamkeit auf die wirklich relevanten Probleme und fordern daher eine Verbesserung der offiziellen Statistiken heraus.

Während in Indien wahrscheinlich nur jedes dritte Kind jemals in die Grundschule eintritt und sie beendet, ist es in Pakistan nur jedes sechste. Nur in Ceylon und Malaysia beendet die Mehrheit der Kinder die Grundschule. Burma liegt irgendwo dazwischen. Auf den Philippinen und in Thailand, wo relativ mehr Kinder in der ersten Klasse beginnen, ist der Prozentsatz der Verluste durch vorzeitige Schulabgänge immer noch sehr hoch. In Indonesien ist das Verhältnis etwas besser, wenn auch nicht wesentlich.

Der unregelmäßige Schulbesuch, das Wiederholen von Klassen und der vorzeitige Abgang stellen eine ungeheure Verschwendung von Mitteln dar. Würden die Gesamtausgaben für die Grundschulen pro Kopf der Kinder berechnet, die erfolgreich die Grundschule beenden und ein gewisses Maß an funktionaler Bildung erwerben, dann wären die Kosten pro Schüler wesentlich höher als für gewöhnlich angegeben. Unglücklicherweise wären die so berechneten Kosten pro Schüler besonders hoch in den ärmeren Ländern und in den ländlichen Bezirken. Die Verschwendung ist dort am größten, wo sie am wenigsten verkraftet werden kann.

Die häufig erlassenen Gesetze zur Regelung der Schulpflicht und des Schulbesuchs können diese Situation nicht verbessern – schon deshalb nicht, weil sie dort, wo keine ausreichenden Schuleinrichtungen zur Verfügung stehen, nicht angewandt werden können. Aber sie werden auch dort nicht durchgesetzt werden können, wo der regelmäßige Schulbesuch nicht fester Bestandteil der Lebensformen ist. Besonders in den ärmeren Ländern und auf dem Land finden die Eltern, wenn sie ihre Kinder von der Schule fernhalten, dafür eine Rechtfertigung in vielen immer noch verbindlichen Traditionen und Lebensformen. Ein wichtiger Rechtfertigungsgrund ist auch ökonomischer Art. Die Kinder beteiligen sich traditionell schon in frühem Alter an der Arbeit; sie werden als billige Arbeitskräftereserve betrachtet.

Es wurde wenig getan, um diesen Gepflogenheiten entgegenzuwirken. Für die Schulen in allen Gegenden eines Landes, in der Stadt wie auf dem Land, sowie auf allen Stufen, gelten dieselben Ferienregelungen. Man hat sich kaum ernsthaft bemüht, die Ferien mit den Jahreszeiten abzustimmen, in denen die Kinder am dringendsten als Hilfskräfte auf den Feldern oder als Entlastung für die Erwachsenen zur Beaufsichtigung und Versorgung jüngerer Kinder benötigt werden. Besonders in den ärmeren Ländern und Bezirken zeichnet sich das Schulsystem durch einen allgemeinen Mangel an Leistung und Disziplin aus. Wenn die Schüler eine Weile von der Schule zurückgehalten wurden, müssen sie die Klassen wiederholen, und damit bahnt sich häufig eine Situation an, in der es dann ganz natürlich erscheint, sie überhaupt von der Schule zu nehmen.
Die Probleme des unregelmäßigen Schulbesuchs, der Wiederholung und des vorzeitigen Abgangs sind noch kaum untersucht worden. Dabei wäre es für die Schulbehörden der südasiatischen Länder eine der dringendsten Aufgaben, sich umfassende, detaillierte Informationen zu diesen Fragen zu beschaffen. Dies ist eine wesentliche Voraussetzung ihrer politischen Planung, die sich die Beseitigung der Ineffizienz und der Vergeudung von Mitteln an der eigentlichen Basis zum Ziel setzt.

Anders als in manchen Teilen der westlichen Welt, stellen in Südasien die Schulbauten kein ernsthaftes Problem dar. Bei dem fast überall in der Region herrschenden warmen Klima genügt es häufig, den Schulhof abzugrenzen und ein einfaches Dach gegen Sonne und Regen zu errichten. Wären die Ferien besser geplant, dann ließen sich die Schwierigkeiten noch weiter verringern. Wo Schulgebäude notwendig sind, könnten sie aus örtlich vorhandenem Material erbaut werden und dürften kaum Kosten verursachen. Dies gilt vor allem für die Grundstufe, wo nur wenig Unterrichtsmaterial benötigt wird. Aber wenn schon die Frage der Schulbauten nicht problematisch ist, dann ist es bestimmt der Mangel an Lehrmaterial, Büchern, Schreibpapier und Unterrichtsmitteln aller Art, vor allem in den ärmeren Ländern, und dort wiederum besonders in den ländlichen Bezirken.
Eine noch wichtigere Voraussetzung für eine effektive Grundschulerziehung ist das Vorhandensein adäquat ausgebildeter und motivierter Lehrer. Alle Länder Südasiens behelfen sich mit einer

großen Zahl als »nicht qualifiziert« klassifizierter Lehrer. Berücksichtigt man die bereits vorhandenen oder geplanten Einrichtungen, dann werden innerhalb des nächsten Jahrzehnts nur die Philippinen, wo die Lehrerausbildung auf der Tertiärstufe stattfindet, und vielleicht Ceylon und Malaysia in der Lage sein, die unausgebildeten Lehrer durch ausgebildete zu ersetzen. Der Lehrermangel wird zusätzlich verschärft durch die Abneigung der Jugend, den Lehrerberuf zu ergreifen, ausgenommen in Ceylon und auf den Philippinen. In anderen südasiatischen Ländern gibt es zusätzliche Schwierigkeiten durch die traditionelle Haltung gegenüber außerhalb des Familienhaushalts arbeitenden Frauen, und für alleinstehende Frauen ist es besonders schwierig, auf den Dörfern berufstätig zu sein.

Darüber hinaus ist die Einstufung der Lehrer als »qualifiziert« mit großer Vorsicht zu betrachten. Besonders in den ärmeren Ländern sind die wenigsten von ihnen qualifiziert im eigentlichen Sinn des Wortes. Auch konzentrieren sich die Lehrer meist auf die Städte und ganz allgemein auf die höher alphabetisierten Gebiete. In Indien und erst recht in Pakistan, die diesbezüglich in unterschiedlichem Maß hinter Ceylon, den Philippinen, Thailand und sogar Indonesien hinterherhinken, sind die Gehälter und der Sozialstatus der Grundschullehrer außerordentlich niedrig. Dies wiederum hat negative Auswirkungen auf die Rekrutierung dieses Berufsstands und die Aufnahme der Lehrer bei der Bevölkerung, besonders auf dem Land.

In den ärmeren Ländern vor allem ist es dringend notwendig, die Lehrerausbildungsstätten zu verbessern und zugleich den ökonomischen und sozialen Status der Grundschullehrer anzuheben, was begabte junge Leute ermuntern würde, diesen Beruf zu ergreifen, und den Lehrern bessere Möglichkeiten gäbe, die Kinder und die Gemeinschaft zu beeinflussen. Die Verbesserung der Lehrerausbildung hat eine Reihe von Voraussetzungen, die in einem armen Land nur schwer schnell zu erfüllen sind: eine bessere schulische Vorbereitung vor dem Eintritt in die Lehrerausbildung, eine längere Ausbildung, vor allem eine radikale Reform des Lehrplanes und tatsächlich der ganzen geistigen Haltung, aus der heraus die Lehrer arbeiten. Die Anhebung der Gehälter ist in den ärmeren Ländern besonders schwierig, da die Lehrergehälter, so niedrig sie auch sind, einen großen Prozentsatz der Gesamtkosten des Schulwesens ausmachen, besonders deshalb, weil

so wenig für Unterrichtsmittel und andere Einrichtungen ausgegeben wird.
Schon auf der Grundstufe hat die komplexe linguistische Situation der südasiatischen Länder ernste Konsequenzen für den Unterricht. So ergibt es sich, daß gerade die zwei ärmsten Länder, Indien und Pakistan, die größten Schwierigkeiten haben, weil dort an den Grundschulen in mehreren Sprachen – und Schriften – unterrichtet wird, häufig von Lehrern, die nicht einmal in einer davon sehr firm sind. Welche guten kulturellen und politischen Gründe auch für eine solche Zwei- oder Mehrsprachigkeit der Schulen in diesen sehr großen Ländern vorliegen mögen, dort, wo sie im Hinblick auf die nationale Konsolidierung und die allgemeine Beteiligung an der Regierung erforderlich ist, wurde sie zu Recht als »Hemmschuh des schulischen Fortschritts« bezeichnet. Wie Edmund J. King feststellte, ist »der Stundenplan aller Kinder im linguistischen Bereich bereits überfrachtet, bevor noch etwas anderes gelernt wird«.
Aus diesem Grund sind die Schulen zu sehr am Bücherwissen orientiert, und dies, obwohl den Schülern nur sehr wenig Bücher und kaum Schreibpapier zur Verfügung stehen. Dies bestärkt eine schlechte Tradition aus der Kolonial- und Vorkolonialzeit, die wir im Kapitel 24 erwähnten. Gandhis Absicht, den Lehrplan mehr am Leben in der Gemeinschaft auszurichten und ihm Elemente der manuellen Arbeit einzuverleiben, wurde nicht verwirklicht. Und die »basic schools«, welche eine verwässerte Form von Gandhis Vorstellungen darstellen und als Teil des Grundschulsystems geführt werden, werden von den Familien der Oberschicht gemieden.
Fassen wir das Gesagte zusammen, dann ist in den ärmeren Ländern und Bezirken, in denen bei weitem die größte Zahl der südasiatischen Kinder heranwächst, die Grundschulsituation beinah als aussichtslos zu bezeichnen. Sogar wenn die Kinder die Schulen bis zum Ende der Grundstufe durchlaufen, bereiten diese sie nicht für die Aufgaben der Entwicklung vor, sondern für weitere Stagnation und Armut.

Wie wir schon feststellten, nehmen die Schülerzahlen an den Sekundärschulen schneller zu als an den Grundschulen. Mit Ausnahme von Malaya und Indonesien wechseln mindestens die Hälfte der Grundschulabsolventen in die weiterführenden Schulen über. Diese sind zumeist als »allgemeinbildende« Schulen des kolonialen Typus erhalten geblieben.

Das Dilemma an den Sekundärschulen beginnt schon damit, daß die Schüler generell keine ausreichende Vorbereitung mitbringen. Dieses Problem wiegt schwerer in den Ländern, wo die Grundschule nur fünf Jahre oder weniger umfaßt – d. h. in Pakistan, im überwiegenden Teil Indiens und in Burma.

An den weiterführenden Schulen wird der Unterricht noch stärker durch die linguistischen Komplexitäten beeinträchtigt. Außer den einheimischen Sprachen wird oft zumindest noch eine westliche Sprache verlangt. Selbst heute wäre es nahezu unmöglich, eines der südasiatischen Länder – ausgenommen Thailand, Burma und vielleicht Indonesien – ohne Zuhilfenahme einer Fremdsprache zu verwalten. Die offiziellen einheimischen Sprachen sind linguistisch unterentwickelt: komplexe Begriffe, besonders auf technischem und naturwissenschaftlichem Gebiet, lassen sich in diesen Sprachen nicht ausdrücken. Wie an den Grundschulen verdrängt das Sprachstudium die übrigen Unterrichtsfächer, und die Leistungen in den Sprachen sind der Maßstab für den Unterrichtserfolg. Dies ist einer der Gründe, warum es so schwierig ist, die aus der Kolonialzeit übernommenen »allgemeinbildenden« oder akademischen Schulen in Schulen von eher praktischer Orientierung zu verwandeln.

Über die physische Ausstattung der Sekundärschulen – Gebäude, Bibliotheken, naturwissenschaftliche Labors und Unterrichtsmittel, besonders Bücher und Schreibpapier – gibt es keine statistischen Daten. Nach unserem allgemeinen Eindruck und den in der Literatur verstreuten Angaben zu urteilen, ist diese Ausstattung, wenn schon nicht ausreichend, so doch der in den Grundschulen sowohl qualitativ als auch quantitativ überlegen. Weiterführende Schulen finden sich häufiger in den städtischen Regionen, und ihre Schüler kommen zumeist aus der Oberschicht im umfassenderen Sinn dieses Begriffs. Auch gewinnt man den Eindruck, daß die Standards der physischen Ausstattung wie auch der Qualifikation der Lehrer, wiewohl allgemein niedrig, in jenen Ländern, die sich auf einem höheren wirtschaftlichen Niveau befinden – besonders Ceylon und Malaya –, beträchtlich höher sind, und dies gilt auch in den ärmeren Ländern für die Privatschulen, die hauptsächlich den Kindern der obersten Gesellschaftsschicht offenstehen.

Bedenkt man auch, welch schädliche Traditionen aus der Kolonialzeit übernommen wurden, wie schlecht die Schüler auf den Eintritt in die Sekundärschulen vorbereitet sind, wie weitgehend unqualifiziert und frustriert das Lehrpersonal ist und welch starke Belastung ein Unterricht in mehreren Sprachen und Schriften darstellt, dann überrascht es kaum, daß der Unterricht in den meisten weiterführenden Schulen Südasiens, besonders in den größeren und ärmeren Ländern, keinen hohen Maßstäben gerecht wird. Ein schwerwiegender Faktor, der die Verbesserung des Unterrichts in den Sekundärschulen beeinträchtigt, ist die beispiellose, ungeplante, rapide Zunahme der Schüler an den Sekundärschulen. Vor allem in den ärmeren Ländern und in den ärmeren Bezirken führt diese Zunahme meist zu einer weiteren Senkung der bereits niedrigen Unterrichtsstandards.
Ein größere Aufmerksamkeit erforderndes Problem ist der Charakter der Lehrbücher. Dieses Problem ist besonders relevant in den weiterführenden Schulen. Nachdem wir in den verschiedenen Ländern Südasiens mehrere Hundert Lehrbücher gesehen und uns beim *Bureau International d'Education* in Genf kursorisch mit einer recht umfassenden Auswahl des Unterrichtsmaterials vertraut gemacht haben, glauben wir, daß die Bücher nur sehr langsam an die heutigen Bedürfnisse angepaßt werden. Die »Fremdartigkeit« der Bücher geht zum Teil auf ihren Inhalt zurück, der in überraschend hohem Maß Überbleibsel der Kolonialzeit ist. Zum Teil drückt sich darin auch der Mangel an Autoren aus, die Lehrbücher zusammenstellen können, ohne sich stark an die ausländische Tradition anlehnen zu müssen. Die Lehrbücher haben nicht nur ein starkes Odium der Fremdheit, sie haben auch wenig mit der modernen Welt zu tun.

Selbstverständlich ist es riskant, aufgrund der Eindrücke, die sich aus einer zufälligen und kursorischen Auswahl ergeben, Schlußfolgerungen zu ziehen. Doch wie die vorhandenen Unterlagen beweisen, findet kaum eine sinnvolle Orientierung der Sekundärschulen am Aufbau einer modernen nationalen, aber auch rationalen Kultur statt, die ein Potential für die weitere Entwicklung beinhalten würde. Der Übergang zu einer einheimischen Sprache als Unterrichtsmedium ist kaum geeignet, den Stand der Dinge zu bessern. In Anbetracht dessen darf es nicht verwundern, daß der Unterricht in den meisten Sekundärschulen Südasiens keinen hohen Maßstäben entspricht. In einem schonungslosen Bericht gab das *Indian Secondary Education Committee* 1958 eine gute allgemeine Zusammenfassung der Kritik an der Ausbildung der Sekundärschulen in der Region. Seit damals ist wenig geschehen, um diese Kritik gegenstandslos zu machen. Die rapide Expansion der Sekundärschulen hat das Qualitätsniveau noch mehr gesenkt. Die Kommission stellte fest:

1. Der heutige Lehrplan ist zu eng gefaßt;
2. er ist zu literarisch-abstrakt und zu theoretisch;
3. er ist überladen, ohne reichhaltigen und sinnvollen Stoff zu bieten;
4. er berücksichtigt zu wenig praktische und andere Aktivitäten, die, wenn das Ziel die Heranbildung der Gesamtpersönlichkeit ist, sinnvollerweise in ihn aufgenommen werden müßten;
5. er befriedigt nicht die verschiedenen Bedürfnisse und Fähigkeiten der Jugend;
6. er wird zu stark von Prüfungen beherrscht;
7. er beinhaltet nicht die technischen und berufsvorbereitenden Fächer, die so notwendig sind, um die Schüler auf die Beteiligung an der industriellen und wirtschaftlichen Entwicklung des Landes vorzubereiten.

Ein wichtiger Aspekt dieser Situation ist die Tatsache, daß die große Mehrheit der weiterführenden Schulen, trotz aller Anstrengungen der Nachkriegszeit, den Unterricht am praktischen Leben zu orientieren, nützliche Fertigkeiten zu vermitteln und vor allem auf die praktische, berufsvorbereitende und technische Ausbildung mehr Nachdruck zu legen, den bereits festgestellten allgemeinen akademischen und literarischen Charakter behielt, der durch die elitäre Oberklassenerziehung der Kolonialzeit geprägt wurde. Und dies in solchem Umfang, daß wir bei unserer Bemühung um Statistiken über die weiterführende Ausbildung andere Schultypen weitgehend vernachlässigen konnten.

In keinem Land gibt es Anzeichen dafür, daß eine radikale Veränderung bevorsteht. Die Zunahme des Schulbesuchs der berufsvorbereitenden und technischen Richtung – wenn auch prozentual meist etwas günstiger – ist in absoluten Zahlen nur gering. Und so gut wie nirgends wurde der Lehrplan der allgemeinen Sekundärschulen, die in erster Linie von der erwähnten Expansion betroffen waren, in irgend zureichender Weise modernisiert. Dies mag überraschen, denn in dieser Hinsicht sind sowohl die politischen Führer als auch die Experten ungeteilt der Meinung, daß eine radikale Veränderung nötig sei; diese Forderung war sogar vor der Unabhängigkeit in Britisch-Indien fast ein Jahrhundert hindurch in offiziellen Berichten erhoben worden.

Ein solcher Konservativismus erklärt sich aus einer Reihe von Elementen. Einige davon erwähnten wir bereits: der diesbezügliche Einfluß der Colleges und des Prüfungssystems; die Notwendigkeit eines allgemeinen Vorbereitungsunterrichts für die in die Sekundärschulen eintretenden Schüler, besonders in den ärmeren Ländern mit kürzerer Dauer und geringerer Effektivität der Grundschulerziehung; die Überlastung des Lehrplans durch das Sprachenstudium, wiederum vor allem in den ärmeren Ländern. Eine wesentliche zusätzliche Schwierigkeit bildet die Knappheit an Personen, die technische Fächer lehren könnten, besonders weil diese auch im Regierungsdienst und der Industrie benötigt werden, wo sie bessere Gehälter und einen besseren Sozialstatus erwarten können als im Schuldienst. Außerdem erfordert der Unterricht in den naturwissenschaftlichen, technischen und berufsvorbereitenden Fächern kostspielige Laboratorien und andere spezifische Unterrichtsmittel.

Zu alldem tritt die schwere Last der Tradition hinzu. Sie wird noch verstärkt durch die begründeten Interessen all derer, die im Schulsystem beschäftigt sind und von denen die meisten gute Gründe haben, Veränderungen abzulehnen, in deren Rahmen vielleicht weniger Bedarf für ihre eigenen Qualifikationen und Methoden bestünde. Noch wichtiger ist, daß die herrschende Oberschicht, die mit den »Gebildeten« identisch ist, starkes Interesse daran hat, die Kluft zwischen sich selbst und den Massen aufrechtzuerhalten. Die Tatsache, daß eine eher praktische, berufsvorbereitende Orientierung der Sekundärschulen häufig die Teilnahme an der verachteten körperlichen Arbeit erfordern würde, und daß solche Schulen ihre Studenten wahrscheinlich auf Berufe vorbereiten würden, bei denen manuelle Arbeit zur normalen Routine gehört, trägt dazu bei, daß solche Schulen weniger populär sind als die traditionellen.

Die Folge ist auf der mittleren Stufe des industriellen Managements ein permanenter Mangel an ausgebildetem Personal, das nicht ausschließlich auf Schreibtischfunktionen beharrt. Selbst diejenigen Absolventen der allgemeinen Sekundärschulen, die nicht auf der Tertiärstufe weiterstudieren, sondern nach kolonia-

ler Tradition eine Arbeit als Büroangestellte suchen, sind in der Regel für die modernen Anforderungen einer solchen Beschäftigung nicht ausgebildet, da sie über keine Kenntnisse in Kurzschrift, Schreibmaschine, Registratur und ähnlichen Büroarbeiten verfügen.
Diese Situation läßt fast nirgends eine Besserung erkennen. Ein jüngerer Bericht aus Indien stellt fest: »Das Mißverhältnis zwischen dem Bildungssystem und den sozio-ökonomischen Erfordernissen unserer sich entwickelnden Gesellschaft hat sich noch verschärft. Die Folge ist eine Zunahme der ›gebildeten Arbeitslosen‹, die mit dem Mangel an ausgebildetem Personal Hand in Hand geht.«

Die Expansion des tertiären Bildungssektors, also der Universitäten und Colleges, ist noch akzentuierter, besonders in den ärmeren Ländern. Die tertiäre Ausbildung wiederum leidet unter der unzulänglichen Ausbildung in den Sekundärschulen, besonders in den ärmeren Ländern, wo die Sekundärschule durch die kürzere Dauer der Grundschulerziehung und das allgemein niedrigere Leistungsniveau sowohl der Grund- als auch der Sekundärschulen beeinträchtigt sind. Die linguistischen Schwierigkeiten fallen auf der tertiären Stufe noch schwerer ins Gewicht, wo die funktionale Befähigung zur Lektüre in einer Fremdsprache gefordert wird, obwohl diese Anforderung selten zufriedenstellend erfüllt wird.
Trotz der riesigen Investitionen in Gebäude, Bibliotheken, Laboratorien, Ausrüstung und Unterrichtsmittel tendiert die außerordentlich schnelle Zunahme der Studenten in diesen Ländern dazu, das niedrige Niveau zu perpetuieren und es häufig sogar noch weiter zu drücken. Die Qualität der akademischen Lehrer ist gering, und sie neigt häufig zu weiterer Verschlechterung. Die Verluste durch Studenten, die nie einen Abschluß machen, ist an den tertiären Ausbildungsstätten noch höher als an den Sekundärschulen.
Auf der Tertiärstufe sollten die Schulen – noch mehr als auf der Sekundärstufe – praxisorientiert sein und die Studenten auf bestimmte Berufe vorbereiten. So gut wie alle Experten in Südasien wie im Ausland beanstanden jedoch, daß die Hochschulen immer noch ein Überangebot an »allgemeingebildeten« Akademikern hervorbringen, die in Kulturwissenschaften, Jura, Sozial-

wissenschaften und »akademischer« Naturwissenschaft ausgebildet werden und das Heer der unterqualifizierten Verwaltungsangestellten, Büroangestellten und »gebildeten Arbeitslosen« vermehren, die von ihren Familien unterhalten werden und auf eine Erweiterung des öffentlichen Dienstes drängen. Gleichzeitig werden immer mehr Ingenieure, Landwirtschaftstechniker, Ärzte, Dentisten, Pharmakologen und nicht zuletzt auch Lehrer aller Stufen benötigt. Dies gilt für alle südasiatischen Länder.
Die Schwierigkeiten, die Struktur der Hochschulausbildung zu verändern, damit sie den Bdürfnissen der Entwicklung besser entspräche, sind etwa dieselben wie die bereits erwähnten, die es verhindern, daß Anstrengungen unternommen werden, die Sekundärschulen mehr an den beruflichen Anforderungen zu orientieren oder sie zumindest praktischer und weniger »akademisch« zu gestalten: es sind die hohen Kosten, die bei der technischen Ausbildung für Anlagen und Unterrichtsmittel anfallen, sowie die Schwierigkeit, im Wettbewerb mit der Regierung und der Industrie Lehrer anzuwerben. Die Hochschulen, die in der Regel hohe Gebühren verlangen, haben darüber hinaus ein finanzielles Interesse am Zuwachs der eingeschriebenen Studenten in den künstlerischen und juristischen Fächern, wo die Marginalkosten pro Student niedrig sind. Diese objektiven Ursachen werden noch bestärkt durch die aus der Kolonialzeit tradierten Vorstellungen davon, wie eine Oberklassen-Eliteausbildung aussehen sollte.

Ein in der bisherigen Darstellung der südasiatischen Ausbildungssituation immer wieder auftauchendes Thema ist die sehr hohe Korrelation zwischen dem ökonomischen Niveau eines Landes und seinen Errungenschaften in bezug auf die Ausbildungsstätten.
Zwei kleine, weniger arme Länder, nämlich Ceylon und Malaya, sind heute an dem Punkt angelangt, wo sie allen Kindern eine Grundschulausbildung von sechs Jahren bieten können. Besonders in Ceylon steigt auch die Zahl der Schüler, die eine weiterführende Ausbildung genießen. Ausgehend von einem relativ höheren Grad der Alphabetisierung nähern sich diese Länder nunmehr der allgemeinen Alphabetisierung der jüngeren Generation. Dies sollte es ermöglichen, jenes der Entwicklung und der Verwirklichung des Gleichheitsideals im Wege stehende Hinder-

nis zu beseitigen, das auf der Verachtung der manuellen Arbeit seitens der »Gebildeten« beruht. Wenn Bildung nicht mehr das Monopol einer dünnen Oberschicht ist, dann dürfte es leichter sein, die Klassenschranke zu beseitigen zwischen denen, die die körperliche Arbeit leisten, und denen, die sich nicht die Hände schmutzig machen.

Nach dem Krieg begannen Ceylon und Malaya mit einem quantitativ weniger entwickelten System der tertiären Ausbildung und einem geringeren Prozentsatz von Oberschulabsolventen, die ihr Studium auf Hochschulen forsetzten, welch letztere jedoch allgemein ein hohes Niveau aufwiesen. Auch wurden die Studenten zur Tertiärausbildung häufiger ins Ausland geschickt. Beide Länder bauen heute ihre tertiären Ausbildungsstätten schnell aus und halten sie dabei auf recht hohem Niveau. Da relativ mehr Kinder eine Ausbildung auf der Sekundärstufe erhalten, ist man dort im Begriff, die Mauer des Ausbildungsmonopols der Oberklassen zu durchbrechen. Besonders Ceylon hat einen wichtigen Schritt zur Demokratisierung der Ausbildung getan, indem es auf allen Stufen die Gebührenfreiheit einführte. Insgesamt waren sie jedoch nicht viel erfolgreicher als die ärmeren Länder, wo es darum ging, der tertiären und gar der sekundären Ausbildung eine praktischere, berufsorientiertere Form zu geben. Sogar ihre Grundschulausbildung hat einen übermäßig »akademischen« Lehrplan. Zweifellos würde eine Veränderung, weg von der traditionellen allgemeinbildenden Orientierung des Unterrichts in den Schulen auf allen drei Stufen, wenn sie nur mutig durchgeführt würde, die Ausrottung der Vorurteile gegen körperliche Arbeit beschleunigen.

Abgesehen von diesen beiden kleinen, weniger armen Ländern erhalten die Kinder in Südasien entweder überhaupt keine Schulbildung oder sie verlassen die Schule, bevor sie dauerhafte Fähigkeiten im Lesen und Schreiben erworben haben. Die Philippinen und Thailand könnten jedoch Ceylon und Malaya nacheifern, wenn es ihnen gelänge, die dauernden Verluste durch vorzeitige Schulabgänger zu senken. Indonesien ist, obgleich relativ ärmer, hinsichtlich der Grundschulausbildung in einer etwas besseren Situation, denn es ist ein Land, wo trotz eines außerordentlich dürftigen Niveaus der Planung und der Politik Verbesserungen auf dem Bildungssektor in der Öffentlichkeit stets relativ mehr Anklang fanden.

Besonders die Philippinen zeichnen sich dadurch aus, daß dort ein relativ großer Teil der Jugend eine Ausbildung auf der Sekundär- und Tertiärstufe erhält. Obwohl diese nicht von sehr hoher Qualität ist, dürfte doch das größere Angebot an etwas besser Ausgebildeten auf dem Arbeitsmarkt der Abneigung gegen die manuelle Arbeit entgegenwirken. Schon seit der Kolonialzeit unter der Herrschaft der Vereinigten Staaten war man auf den Philippinen bestrebt, den Lehrern und den Schulen einen höheren ökonomischen und sozialen Status sowie eine zentralere Stellung im Leben der örtlichen Gemeinschaft zu verleihen, man war aufgeschlossener gegenüber Versuchen, den Unterricht vor allem auf der Grundstufe zu verbessern und zu modernisieren, und die Erwachsenenbildung machte dort etwas bessere Fortschritte als in den übrigen Ländern der Region mit Ausnahme Indonesiens.

Zwar haben alle diese Länder noch ungelöste Probleme der Bildungspolitik, doch die größten und umfassendsten Schwierigkeiten haben die ärmsten Länder Südasiens, Pakistan, Indien und Burma. Gemeinsam stellen sie bei weitem den größten Bevölkerungsanteil der Region. Wenn wir im folgenden zur Erörterung politischer Schlußfolgerungen übergehen, dann beziehen wir uns in erster Linie auf diesen größeren, ärmeren Teil der Region, aber in vielen Einzelfragen werden unsere Schlußfolgerungen gewiß auch für die übrigen erwähnten Länder gelten.

Die unglückliche Bildungssituation der ärmeren Länder erklärt sich zum Teil ganz einfach und direkt aus ihrer Armut. Es gibt zu wenig Mittel zur Förderung des Bildungswesens. Aber das Problem ist noch komplizierter. Diese Länder – mit Ausnahme Burmas – sind auch inegalitärer, d. h. es besteht eine breite Kluft zwischen der gebildeten Oberschicht und den Massen.

Zwischen Armut und Ungleichheit besteht eine kausale Interrelation. Das Bildungsmonopol ist – neben dem Landbesitzmonopol – die wichtigste Basis der Ungleichheit, und in den ärmsten Ländern verteidigt es seine Stellung am stärksten. Dies sogar dann, wenn Anstrengungen unternommen werden, um einen allgemeineren Zugang zur Bildung und Ausbildung zu schaffen. Der Mechanismus, von dem die ärmsten Länder am stärksten betroffen sind, ist ein Klassen-Vorurteil, das sich in Vergeudung und Verlusten ausdrückt: vorzeitiger Abgang (Drop out), Wiederholung von Klassen, Herausfallen der Kinder schon aus der Grundschule, und auf den höheren Stufen Scheitern im Examen.

Unter der geringeren Zahl der Kinder in den armen Ländern, die in die erste Klasse der Grundschule eintreten, sind Mädchen, Kinder aus ländlichen Gebieten und allgemein Kinder aus benachteiligten Familien unterrepräsentiert. Unregelmäßiger Schulbesuch, Wiederholung und »Drop outs« finden sich daher in diesen Kategorien am häufigsten. Nur ein kleiner Prozentsatz aller Kinder beendet die Grundschule, die, wie wir sahen, in diesen ärmeren Ländern, und dort vor allem in den ärmsten Bezirken, von geringerer Qualität und kürzerer Dauer ist.

So ist schon auf dieser frühen Ausbildungsstufe ein schwerwiegender Selektionsprozeß im Gang, der generell zum Ausschluß der Kinder aus weniger privilegierten Gruppen tendiert. Dies ist auch eine Erklärung dafür, daß in diesen Ländern ein so hoher Prozentsatz der Kinder, die die Grundschule absolvieren, auf die weiterführende Schule geht. Die vorzeitigen Abgänge von den Sekundärschulen und das spätere Versagen in den Abschlußexamina impliziert eine weitere Selektion in derselben Richtung. Von den wenigen aus einer Altersgruppe, die die Sekundärstufe absolvieren, tritt wiederum die Mehrheit in die tertiären Ausbildungsstätten ein. Und abermals wiederholt sich das bekannte Muster: die relativ wenigen Studenten aus Familien niedriger sozialer und wirtschaftlicher Schichten sind häufiger »Drop outs« oder scheitern häufiger in den Diplomprüfungen der Tertiärschulen.

Bei diesem Selektionsmechanismus sind eine Reihe wirtschaftlicher und sozialer Faktoren wirksam. Eine wichtige Gruppe von Faktoren ist ökonomischer Natur. Obwohl die Grundschulausbildung angeblich gebührenfrei ist, finden wir häufig Nebenkosten verschiedener Art. Die Notwendigkeit, die Kinder zur Arbeit heranzuziehen, macht sich natürlich in den armen Familien stärker bemerkbar. Auf der Sekundär- und noch mehr auf der Tertiärstufe ist das System der Kolleg-Gebühren immer noch von Bedeutung.

Die ökonomischen Abschreckungsmechanismen gegen die Einschulung armer Kinder sind in einer sozialen Umwelt wirksam, die noch in manch anderer Hinsicht zur Perpetuierung des Oberklassenmonopols an der Bildung tendiert. Da Eltern aus der Unterschicht gewöhnlich nur eine geringe oder gar keine Bildung genossen haben und Analphabeten sind, werden sie sich weniger für die Ausbildung ihrer Kinder einsetzen. Die Rede vom »Bildungshunger« auf den Dörfern ist weitgehend romantische Illusion, vor allem in den ärmsten Ländern der Region – obgleich es zweifellos Ausnahmen geben mag.

Für die große Mehrheit der Kinder aus der Unterschicht, welche die Schule besuchen, ist die häusliche Umwelt einem Ausbildungserfolg nicht förderlich. Die Familie lebt gedrängt in einer Hütte, in der es in der Regel weder Tisch noch Stuhl gibt; Lesen und Schreiben spielen im Leben der Familie kaum eine Rolle, und entsprechendes Material ist nicht vorhanden; nach Sonnenuntergang gibt es kein Licht, besonders in den ärmeren Landbezirken. Der Unterschied des häuslichen Milieus zwischen den wenigen wohlhabenden und »gebildeten« Familien und der großen Zahl der Unterschichtfamilien ist als Faktor des Schulerfolges von ungeheurer Bedeutung – und dies mehr als in den fortgeschrittenen Ländern. Wären die Schulen auch hervorragend, so wäre es doch weiterhin sehr problematisch, die Kinder zum Eintritt in die Schule, zum Verbleiben und zum schließlichen Erfolg zu motivieren.

Die Folge ist ein eingebauter Trend, der die Oberschicht stark begünstigt und ihr Bildungsmonopol verstärkt. Professor P. C. Mahalanobis stellt fest: »Die Macht und die Privilegien einer kleinen Spitzengruppe werden nicht nur gewahrt, sondern noch verstärkt ... Dies schuf eine einflußreiche Gruppe von Leuten, die natürlich ihre privilegierte Position und ihre Macht behalten wollen.«

J. P. Naik folgert: »Die Entwicklung des Bildungswesens kommt den Besitzenden mehr zugute als den Habenichtsen. Dies ist eine Negation der sozialen Gerechtigkeit.«

Der ausgezeichnete indische *Report of the Education Commission (1964-1966)* stellte fest: »Die soziale Distanz zwischen den Reichen und den Armen, den Gebildeten und den Ungebildeten ist groß und nimmt noch zu ... die Ausbildung selbst ist geeignet, die soziale Trennung zu verschärfen und die Klassenunterschiede zu verstärken ... Und was noch schlimmer ist, diese Trennung tendiert dazu, die Kluft zwischen den Klassen und den Massen zu erweitern.«

In Pakistan ist die Situation nicht anders, ja noch schlimmer, auch wenn sie dort weniger Gegenstand der intellektuellen Diskussion ist. In beiden Ländern gibt es eine kleine, hochgebildete Oberklassen-Elite. Gleichzeitig erhielten die Massen in diesen

Ländern nur wenig oder gar keine Ausbildung, und auch heute noch haben sich die Verhältnisse nicht wesentlich gebessert. Die Unwissenheit der Massen bedingt einen Komplex schwerwiegender Hemmungen und Hindernisse für die wirtschaftliche Entwicklung, der diese Länder in ihrer Armut befangen hält. Gleichzeitig tendiert die scharfe Ungleichheit dieser Länder – die durch das Fortbestehen des praktischen Bildungsmonopols der Oberklasse stratifiziert und verstärkt wird – dazu, Reformen, welche das Bildungswesen demokratisieren würden, zu kastrieren.

In diesem und in den vorhergehenden Kapiteln sahen wir, wie dieser Mechanismus der Macht der Oberklasse über die Bildungspolitik arbeitet: Im Widerspruch zu den verkündeten Zielen wurde die Erwachsenenbildung vernachlässigt; die teurere Sekundär- und besonders die Tertiärausbildung konnte sich auf Kosten der Grundschulausbildung ausdehnen. Die Reformversuche, welche die Schulen aller Stufen weniger »allgemeinbildend« und auf den beiden höheren Stufen praktischer, technischer und berufsbezogener ausgerichtet hätten, wurden frustriert. Bevor wir zur Darstellung der wichtigsten politischen Schlußfolgerungen übergehen, welche wir bereits in der Feststellung der Mängel antizipierten, war es notwendig, daß wir die Wirksamkeit dieses Mechanismus der Oberklassen-Macht über das Bildungswesen in einer sehr inegalitären Gesellschaft, in der die Massen sehr arm sind, darstellten.

Dort werden Bildungsreformen am meisten benötigt, aber gerade dort treffen sie auch auf die größten Hindernisse. So sind die von Armut niedergedrückten Massen machtlos und bleiben unartikuliert und passiv. Weder individuell noch kollektiv sind sie sich der Notwendigkeit der Bildungsreform bewußt. Ähnlich wie die Idee der »Revolution der steigenden Erwartungen« ist ihr »Bildungshunger« weitgehend eine Rationalisierung, in der sich die Vorstellung wohlhabender Westler oder Südasiaten widerspiegelt, wie sie reagieren würden, wenn sie unter so elenden Bedingungen leben müßten.

Daraus folgt vor allem, daß eine radikale Veränderung des ganzen Bildungssystems notwendig ist. Der umfassende und eindringliche indische *Report of the Education Commission (1964–1966)* betont: »Das indische Bildungswesen bedarf einer drastischen Rekonstruktion, beinah einer Revolution ... Dies erfordert entschlossene und umfangreiche Aktionen. Durch ein Herumflicken an der bestehenden Situation und ein zögerndes Vorgehen ohne Selbstvertrauen können die Dinge nur verschlimmert werden.« Dies gilt für Pakistan und Burma wie für Indien und, wenn auch weniger nachdrücklich, für die Mittelgruppe, zu der Thailand, Indonesien und die Philippinen gehören.

Die gegenwärtigen Bemühungen, die Bildungspolitik in die Planung zu integrieren und damit der Nachfrage nach Graduierten der verschiedensten Berufsrichtungen Rechnung zu tragen, sind recht unzweckmäßig. Dadurch wird die Aufmerksamkeit von der wichtigsten Entwicklungsaufgabe abgezogen, die darin besteht, das Niveau der funktionalen Alphabetisierung der ganzen Bevölkerung schnell anzuheben. Die dringlichste Aufgabe ist heute die Bildungsplanung selbst als ein integriertes Ganzes.

Eine effektive Reform des Bildungswesens setzt notwendig eine feste Kontrolle der Regierung über die Bildungsinstitutionen voraus. Solange die Regierung nicht ihre Autorität einsetzt, um die Verwirklichung der Pläne zu gewährleisten, hat es keinen Sinn, umfassende Pläne für die Entwicklung des Ausbildungssystems aufzustellen. In der ganzen Region ist heute nur Ceylon auf dem Weg zur Lösung dieses Problems.

In erster Linie ist es notwendig, die Qualität der Ausbildung zu erhalten und noch zu verbessern sowie eine Expansion zu verhindern, die nicht real oder sogar dem Qualitätsniveau abträglich ist: denn eine solche Expansion war während der ganzen Epoche der Unabhängigkeit die Regel. Wie der Entwurf zum Vierten Jahresplan (1966) feststellt, »war die zahlenmäßige Expansion von einem gewissen qualitativen Verfall begleitet ... Es liegt auf der Hand, daß in der unmittelbaren Zukunft mehr und effektivere Aufmerksamkeit solchen Faktoren wie der Konsolidierung, Qualität, Diversifikation, Terminierung und Berufsorientierung zukommen muß, als bislang der Fall.«

In zweiter Linie – und dies deckt sich weitgehend mit der ersten Anforderung – ist es notwendig, ein Gleichgewicht zwischen den drei Ausbildungsstufen herzustellen und besonders der Grundschulausbildung wirklich die Priorität zu geben, die ihr in den programmatischen Erklärungen zugesprochen wird. Diese Anforderung impliziert, daß der schnellen Zunahme der Studentenzahlen auf der Sekundär- und Tertiärstufe Einhalt geboten oder diese sogar rückgängig gemacht wird.

Da die sekundären und tertiären Ausbildungsstätten ein Überangebot an »Allgemeingebildeten« hervorbringen, gibt es keinen Grund, warum nicht die technische, berufsvorbereitende oder berufliche Ausbildung innerhalb des gegenwärtigen oder sogar eines etwas reduzierten Sekundär- und Tertiärausbildungssystems wesentlich erweitert werden sollte – wodurch mehr Lehrer, Fachkräfte für den landwirtschaftlichen Aufbau oder medizinisches Personal herangebildet würden, um nur einige Gebiete zu nennen, auf denen mehr qualifizierte junge Menschen dringend benötigt werden. Geringere Zulassungsquoten auf den sekundären und tertiären Schulen würden es auch ermöglichen, verschärfte Aufnahmebedingungen einzuhalten, wodurch sich die Verschwendung in Form von Wiederholung, vorzeitigem Abgang und Scheitern im Examen auf dieser Stufe verringern ließe. Allgemein würde dadurch ein höheres Qualitätsniveau dieser Ausbildungsstätten möglich.

Der Ausbildung auf der Grundstufe sollten also mehr Mittel zur Verfügung stehen. Aber gleichwohl sollte, besonders angesichts des gegenwärtigen Mangels an gut ausgebildeten Lehrern, ernsthaft erwogen werden, für einige Zeit auf Bemühungen, mehr Kinder zum Eintritt in die erste Klasse der Grundschulen zu bewegen, zu verzichten. Damit ließen sich zwei Ziele leichter erreichen: die Steigerung der miserabel niedrigen Qualität und Quantität aller physischen Unterrichtseinrichtungen in den Grundschulen, sowie intensive Maßnahmen zur Verringerung der ungeheuren Verluste durch Abgänger und Wiederholer. Diese beiden Mängel wiegen auf dem Land am schwersten. Der indische *Report of the Education Commission (1964-1966)* stellt fest: »... das wichtigste Programm, das während der nächsten zehn Jahre auf der Grundstufe durchgeführt werden muß, ist die qualitative Verbesserung der Ausbildung und die Reduzierung der Stagnation und Vergeudung auf ein Minimum.«

Diese Drosselung der Neuaufnahmen an den Grundschulen sollte jedoch nur für einen gewissen Zeitraum gelten. Sie müßte von einer erneuten, energischen Expansion abgelöst werden, sobald die Konzentration und die Richtungsveränderung der sekundären und tertiären Ausbildungsstätten zu einer Vermehrung der Ressourcen für die Grundschulen, besonders zu einer größeren Zahl besser ausgebildeter Lehrer geführt hat, und sobald es wirklich gelungen ist, jenes enorme, durch »Drop outs« und Wiederholungen verursachte Leck im Grundschulsystem zu schließen. Andernfalls müßten viele ärmere Bezirke noch lange auf die Chance warten, ihre Kinder auf Grundschulen zu schicken.

Zur Bildungsreform gehören auch niedrigere Kursgebühren und eine verbesserte finanzielle Unterstützung für arme Studenten. Dies würde den Andrang zu den sekundären und tertiären Ausbildungsstätten verstärken. Folglich müßte die Aufnahme der Studenten nach verschärften Auswahlkriterien erfolgen – besonders wenn man gleichzeitig bestrebt wäre, die sehr rapide Zunahme der Gesamt-Studentenzahl an solchen Schulen zu drosseln. Die Bildungsreformer stehen daher vor dem Problem, anspruchsvollere Examina zu entwickeln und gleichwohl die Schulen vom lähmenden Einfluß des überkommenen Prüfungssystems zu befreien. Dementsprechende rationale Direktiven durchzusetzen, dürfte ungemein schwierig sein in Ländern, wo die artikulierten Schichten den durch Prüfungen erworbenen Statussymbolen – Diplomen, Titeln, akademischen Würden usw. – außerordentliche Bedeutung beimessen. Diese Aufgabe erfordert einen radikalen Geisteswandel in allen Bildungsinstitutionen und eine veränderte Einstellung zum Leben und zur Arbeit in der ganzen Gesellschaft. Dennoch ist eine Veränderung des Prüfungssystems absolut notwendig, nicht nur um ein demokratischeres Auswahlverfahren zu gewährleisten, sondern auch um die Orientierung und den Inhalt der Ausbildung auf allen Stufen zu reformieren.

In ganz Südasien, und nicht nur in jenem überwiegenden, sehr armen Teil Südasiens, in dem die Grundschulerziehung am wenigsten fortgeschritten ist, sind darüber hinaus energische Bemühungen um die Erwachsenenbildung notwendig, um die Verbreitung der funktionalen Alphabetisierung zu beschleunigen und um Vorsorge zu treffen, daß die Kinder auf den Grundschulen bleiben und nicht ins Analphabetentum zurückfallen. Diese Bemühungen sollten mit der Arbeit in den Schulen eng verbunden, ja eine Erweiterung derselben sein.

Zur Reform des Schulsystems gehört vor allem auch die Aufgabe, eine größere Zahl besser qualifizierter Lehrer auszubilden. Der Bericht der indischen Bildungskommission von 1966 betont immer wieder, daß es das vorrangige Ziel des Bildungswesens sei, die Einstellungen der Kinder und schließlich des ganzen Volkes – »die Wertungen der Gesamtheit des Volkes« – zu verändern. Dies wäre ein aussichtsloses Unterfangen, gäbe es nicht eine ausreichende Zahl von Lehrern, die nicht nur zufrieden mit ihren wirtschaftlichen und sozialen Verhältnissen und als intellektuelle und moralische Führer in ihren Gemeinden anerkannt sind, sondern auch mit Engagement, Begeisterung und dem Willen zum Fortschritt an die Aufgabe herangehen, nützliche und praktische Kenntnisse zu vermitteln.

Unter diesem Gesichtspunkt sind die Lehrerbildungsinstitutionen strategisch wichtig für die Bildungsreform. Sie sollten »Kraftwerke« sein, die ihren Studenten die moralische und geistige Energie vermitteln, das Volk auf die Entwicklungsaufgaben vorzubereiten. Es muß eine von populärem Enthusiasmus getragene »Bewegung« entstehen, wenn es gelingen soll, die Kraft für diese Verbesserungen aufzubringen. Die Führung müßten jene Angehörigen der artikulierten, gebildeten Oberschicht übernehmen, die schon die Vorkämpfer der Modernisierungsideale waren.

Es bedarf vieler solcher Führer, um die kurzsichtigen, eigennützigen Interessen der Oberschicht zu überwinden. Und schließlich müssen die Bildungsreformen durch den Druck der Massen erzwungen werden. Wird eine solche Wende in den armen, inegalitären Ländern möglich sein? Auch wenn es möglich sein sollte, in allen Punkten der oben skizzierten Reformprogramme allgemeine Übereinstimmung zu erzielen, ginge doch von der Machtstruktur dieser Länder ein fest verankerter Widerstand gegen Reformen aus.

Die bereits zitierte indische Bildungskommission von 1966 verlangte »entschlossene und umfangreiche Maßnahmen« nach den oben vorgetragenen Richtlinien: ». . . die Zukunft des Landes hängt weitgehend davon ab, was in den nächsten zehn Jahren für die Bildung geschieht.« Seit der Veröffentlichung des Berichts der Kommission bewegten sich die Planung und die Politik in Indien nicht in die dort empfohlene Richtung. Gleich vielen anderen in der großen, aus britischen Zeiten stammenden Tradition auf diesem und auf anderen Gebieten erarbeiteten und publizierten Berichten erhielt auch dieser Applaus und wurde dann beiseite gelegt. Der Trend der indischen Planungspolitik ging jedenfalls nicht dahin, das Bedürfnis nach einer radikalen Reform des Bildungswesens zu befriedigen. In den übrigen extrem armen Ländern Südasiens liegen die Dinge nicht viel anders.

27. Prämissen

In den voranstehenden Kapiteln dieses Buches haben wir die sozialen und ökonomischen Faktoren und Bedingungen dargestellt, welche von Einfluß auf die Bemühungen Südasiens sind, aus dem Stadium der Unterentwicklung in das der Entwicklung zu gelangen – und zwar durch die Planung dieser Entwicklung. »Entwicklung« bedeutet Überwindung der »Unterentwicklung«, Aufstieg aus der Armut; sie wird mittels der Entwicklungsplanung angestrebt und vielleicht tatsächlich erreicht. Was die Charakterisierung eines Landes als »unterentwickelt« wirklich besagt, ist, daß es in einem solchen Land eine bestimmte Konstellation zahlreicher unerwünschter Lebens- und Arbeitsbedingungen gibt: Erträge, Einkommen und Lebensstandard sind niedrig. Viele Produktionsweisen wie auch Einstellungen und Verhaltensformen sind nachteilig; und es gibt ungünstige Institutionen – von der staatlichen Ebene bis hinab zu jenen, welche die sozialen und wirtschaftlichen Beziehungen in der Familie und der Nachbarschaft regeln. Als unerwünscht oder ungünstig werden sie vom Standpunkt der Erwünschtheit einer »Entwicklung« aus eingeschätzt – eine Charakterisierung, die zwar etwas vage, aber gleichwohl definitiv genug ist, um ihre Verwendung zu rechtfertigen. Zwischen all diesen Bedingungen besteht eine allgemeine Kausalbeziehung, und insofern bilden sie ein soziales System. Entwicklung bedeutet mithin die Aufwärtsbewegung dieses ganzen Systems.

Eine Untersuchung der Unterentwicklung und Entwicklung hat die Aufgabe, das Verhältnis zwischen den einzelnen Bedingungen innerhalb dieses Sozialsystems zu bestimmen. Die gesellschaftlichen Systeme bestehen aus einer großen Zahl von Bedingungen, die insofern in kausaler Interrelation zueinander stehen, als eine Veränderung einer dieser Bedingungen Veränderungen der übrigen herbeiführt. Wir haben diese Bedingungen allgemein als Erträge und Einkommen, Produktionsverhältnisse, Lebensstandards, Einstellung zum Leben und zur Arbeit (Einstellungen), Institutionen und politische Maßnahmen charakterisiert. Die beiden ersten sind gewiß »ökonomische« Faktoren, während die Einstellungen zum Leben und zur Arbeit sowie die Institutionen

»nicht-ökonomischer« Art sind; Lebensstandard wird gewöhnlich aus den »ökonomischen« Plänen ausgeklammert, es sei denn als ein allgemeines Planungsziel. Die politischen Maßnahmen sind gemischter Natur, auch wenn sie darauf abzielen, Veränderungen jener ökonomischen Bedingungen einzuleiten, welche von ökonomischen Faktoren abhängig sind. In einem Sozialsystem gibt es jedoch kein Oben und Unten, kein Primäres und Sekundäres. Die ökonomischen Bedingungen haben dabei keinen Vorrang vor den übrigen. Die das ganze System beherrschende Interdependenz wäre ebensogut auch unter einem anderen Gesichtspunkt zu demonstrieren gewesen; und die Bedingungen hätten in anderen Kategorien und in einer anderen Ordnung klassifiziert werden können. Eine solche Klassifikation würde sich auf dieselbe soziale Realität beziehen und dieselben analytischen Inhalte aufweisen.

Diese verschiedenen Bedingungen werden als für Südasien *unerwünscht oder ungünstig* charakterisiert, denn eine Veränderung derselben in einer Richtung ist als wünschenswert anzusehen, wenn eine Entwicklung, eine Aufwärtsbewegung des ganzen Sozialsystems erreicht und aufrechterhalten werden soll. Aber »aufwärts« bedeutet zuträglich unter dem Gesichtspunkt der Entwicklung; unter »Abwärtsbewegung« verstehen wir eine der Entwicklung abträgliche Bewegung. Ferner unterstellten wir, daß die Veränderung einer Bedingung in einer bestimmten Richtung zumeist auch die übrigen in derselben Richtung – aufwärts oder abwärts – verändern wird.

In den vorhergehenden Kapiteln haben wir gezeigt, daß eines der wichtigsten allgemeinen Merkmale der Unterentwicklung in den südasiatischen Ländern die geringe durchschnittliche Arbeitsproduktivität ist. Folglich ist das Sozialprodukt pro Kopf der Arbeitsbevölkerung gering. Die Kehrseite dieser Situation ist ein geringes Volkseinkommen pro Arbeiter oder pro Kopf der Bevölkerung. Unter gewissen Vorbehalten kann dies als ein unvollkommener Indikator für die Unterentwicklung eines Landes gelten. Es ist jedoch weder eine Definition der »Unterentwicklung« noch läßt sich eine Veränderung »aufwärts« als Definition der »Entwicklung« verwenden.

Die Produktionsbedingungen sind ein weiterer Faktor, welcher die Struktur einer Wirtschaft sowie die Richtung und Intensität der Veränderung beeinflußt. Der Industriesektor ist, wie wir zeigten, klein, besonders was die organisierte Großindustrie betrifft. In allen übrigen Sektoren, besonders in der Landwirtschaft, im Handwerk und in der traditionellen Industrie, sind die Produktionstechniken primitiv und die Kapitalintensität gering. Auch das Verhältnis von Ersparnissen zum Einkommen ist schlecht. Die Ersparnisse pro Kopf der Bevölkerung sind noch niedriger. Es gibt wenig Unternehmertum, besonders auf dem Gebiet langfristiger produktiver Investitionen. Das Infrastruktur-Kapital in Form von Straßen, Eisenbahnen, Häfen, Kraftwerken usw. ist unzulänglich. Die Arbeitskräftenutzung ist gering hinsichtlich der Mitarbeit der Arbeiter, der Arbeitsdauer und auch der Arbeitseffizienz.

Diese Bedingungen sind direkt und in der oben beschriebenen einseitigen Form voneinander abhängig. So tendiert die geringe Ersparnisquote dazu, die Kapitalbildung in engen Grenzen zu halten. Die primitiven Produktionstechniken sind zum Teil die Folge eines geringen Pro-Kopf-Kapitals. Die Distribution der Arbeitskräfte ist mangelhaft, d. h. es sind zu viele mit relativ unproduktiven Tätigkeiten beschäftigt. Umgekehrt sind der geringe Input und die niedrige Effizienz der Arbeit teilweise eine Folge der primitiven Techniken und des Kapitalmangels.

Wir haben die niedrigen Lebensstandards der meisten Menschen in den Ländern Südasiens festgestellt. Diese niedrigen Standards manifestieren sich in spezifischen Mängeln: unzureichende Ernährung, schlechte Wohnverhältnisse, mangelhafte öffentliche und private Hygiene und medizinische Fürsorge, unzulängliche berufliche und akademische Ausbildungs- und Bildungseinrichtungen. Diese niedrigen Lebensstandards sind zumeist durch das niedrige Produktivitäts- und Einkommensniveau bedingt und verursachen wiederum eine niedrige Arbeitseffizienz.

Hinsichtlich eines anderen Segments dieses Ursachenkreislaufs wirken sich die südasiatischen Einstellungen zum Leben und zur Arbeit unter dem Gesichtspunkt der Entwicklung nachteilig aus. Der Grad der Arbeitsdisziplin ist gering; ebenfalls der der Pünktlichkeit und des Ordnungssinnes. Es gibt viele irrationale Auffassungen und abergläubische Meinungen, wie auch einen Mangel an Gewandtheit, Anpassungsfähigkeit und Ehrgeiz. Es gibt nur wenig Bereitschaft zum Experiment und zur Veränderung. In gewissen Schichten finden wir die Verachtung der physischen Arbeit und in anderen die passive Unterwerfung unter die

Autorität und die Ausbeutung. Hinzu kommt die fehlende Bereitschaft zur freiwilligen regelmäßigen Geburtenkontrolle. Der steile und noch zunehmende Bevölkerungszuwachs der meisten südasiatischen Länder ist eine Hauptursache der Armut, und die Geburtenkontrolle ist das einzige Mittel, um diesen Trend unter Kontrolle zu bringen.

Umgekehrt sind diese abträglichen Einstellungen sowie Lebens- und Arbeitsformen bis zu einem gewissen Maß alle eine Funkion des niedrigen Lebensstandards und folglich indirekt der Erträge und Einkommen, und zugleich sind sie deren Ursache. Hier finden wir eine weitere für die Erklärung der Unterentwicklung wesentliche Kausalbeziehung.

Wir unterstellten die Prämisse, daß die Probleme des Übergangs von der Unterentwicklung zur Entwicklung mittels der Entwicklungsplanung unter einem institutionellen Ansatz erörtert werden müssen. Doch in den südasiatischen Staaten gibt es eine Reihe von für die wirtschaftliche Entwicklung nachteiligen institutionellen Bedingungen. Das Pachtsystem beeinträchtigt Verbesserungen auf dem Agrarsektor. Die Behörden, welche das Unternehmertum, die Beschäftigungssitutation, den Handel und das Kreditwesen fördern könnten, sind unterentwickelt. Manche Nationen haben nicht einmal ihre verschiedenen Elemente zu einem einheitlichen Staat konsolidiert. In manchen Ländern fehlt den Regierungsbehörden die erforderliche Autorität. Und die öffentliche Administration zeichnet sich durch ein geringes Maß an Leistungsfähigkeit und Integrität aus, was alles zur Konstitution eines »weichen Staates« zusammenwirkt. Die Wurzeln dieser institutionellen Mängel liegen im geringen Maß der öffentlichen Beteiligung und in einer rigiden inegalitären sozialen Schichtung.

All diese Mängel stehen in einem Zusammenhang mit nachteiligen öffentlichen Einstellungen. Diese Einstellungen unterstützen im allgemeinen die Institutionen und werden gleichzeitig durch sie gestützt. Beide sind für den geringen Produktivitätsgrad und die niedrigen Einkommen verantwortlich. Diese letzteren beiden wiederum perpetuieren das niedrige Niveau der Alphabetisierung und Ausbildung, und diese verewigen wieder die Mängel der kommunalen Institutionen.

Wenn keine entsprechenden Maßnahmen ergriffen werden, dann dürfte ein Sozialsystem infolge primärer Veränderungen und der Interaktion all der oben diskutierten Bedingungen entweder stagnieren, sich auf ein höheres Niveau entwickeln oder auf ein niedrigeres Niveau zurückfallen. Wenn jedoch eine Planung stattfindet, dann gibt es koordinierte Maßnahmen zur Herbeiführung oder Beschleunigung der Entwicklung.

Unbeschadet der an früherer Stelle dargelegten Unterschiede zwischen und innerhalb der verschiedenen Gemeinschaften betrachten sich alle südasiatischen Länder als »unterentwickelt«. Dies ist zutreffend, denn das Verlangen der Völker oder zumindest ihrer Führer nach Entwicklung impliziert ein Interesse an der Veränderung jener Bedingungen, welche ihre Entwicklung beeinflussen. Anders als das Klima und die Bodenschätze sind diese Bedingungen nicht festgelegt. Sie lassen sich durch entsprechende Maßnahmen – Aktionen der Regierungen und der Institutionen – verändern.

In dieser Hinsicht handelt es sich immer um »soziale« Bedingungen. Die moderne Sozialwissenschaft geht nicht von angeborenen Unterschieden hinsichtlich der Fähigkeiten und Begabungen zwischen den Völkern Südasiens und jenen der reichen westlichen oder kommunistischen Länder aus. Hereditäre Unterschiede hinsichtlich der physischen und geistigen Ausstattung, welche zu einem geringen Entwicklungsstand beitragen könnten, sind nicht ganz auszuschließen. Doch bislang ließen sie sich nicht nachweisen. Unsere Untersuchung unterstellt, daß die Menschen in diesen Ländern sich nicht von Natur aus von jenen unterscheiden, welche ein glücklicheres wirtschaftliches Geschick haben. Ihre Lebensbedingungen sind einfach die Folge unterschiedlicher Lebens- und Arbeitsbedingungen in der Gegenwart und in der Vergangenheit.

Wenn wir diese Bedingungen als nachteilig für ein unterentwickeltes Land charakterisierten, dann taten wir dies einfach unter dem Gesichtspunkt der konkreten Entwicklungsziele dieses Landes – oder genauer gesagt der Ziele derjenigen Bürger eines solchen Landes, welche die Politik bestimmen. Vor allem war in unserer Untersuchung kein Platz für eine moralistische Haltung gegenüber den Vorstellungen über Leben und Arbeit in einem bestimmten Lande oder seinen sozialen Institutionen.

Obgleich unser Interesse sich auf die unterentwickelten Länder in der Region Südasien konzentrierte, ist die Interdependenz der verschiedenen Lebens- und Arbeitsbedingungen selbstverständlich ein allgemeines Merkmal der organisierten Gesellschaft und folglich in jeder nationalen Gemeinschaft vorhanden, ganz gleich wie hoch sie entwickelt sein mag. Aber ein niedriger Entwicklungsstand hat, wie wir zeigten, wichtige Konsequenzen nicht nur für die Natur, sondern auch für das Gewicht dieser Interdependenz. Unsere Unterstellung eines ganzen Sozialsystems interdependenter Bedingungen ist daher in Südasien von wesentlich größerer Relevanz.

Primäre Veränderungen eines Sozialsystems können durch äußere Faktoren bedingt sein – durch einen guten oder schlechten Monsun, der die Ernte beeinflußt, oder durch wirtschaftliche Maßnahmen, die ein fremdes Land einsetzt. Oder sie können intern eingeleitet werden, wobei sie durch politische Maßnahmen in diesem Lande eine Verbesserung einer oder mehrerer nachteiliger Bedingungen bezwecken. Wir haben die Entwicklung als eine Aufwärtsbewegung des ganzen Sozialsystems definiert. Aber für die Zwecke der Planung brauchen wir einen unmittelbaren Indikator der Entwicklung, der leichter feststellbar und meßbar ist als dieser ideale Index. Die Wahl eines solchen Indikators fällt ganz natürlich auf die Messung des Zuwachses des Sozialprodukts oder des Pro-Kopf-Einkommens der Bevölkerung. Alle Bedingungen innerhalb des Sozialsystems stehen in einer fundamentalen Interdependenz zueinander, und das persönliche Einkommen ist von überragender Bedeutung für die Feststellung des Lebensstandards. Wir gingen davon aus, daß diese Lebensstandards wichtig sind, da sie die Einstellungen, Verhaltensformen und Institutionen beeinflussen. Wenn letztere Bedingungen sich nicht verändern oder wenn sie sehr weit zurückbleiben, so wissen wir wiederum, daß dies einen Anstieg der Produktivität und der Einkommen verhindert. Doch die Veränderung des Sozialprodukts pro Kopf der Bevölkerung kann nie mehr sein als ein grober, pauschaler Indikator jener komplexeren Veränderung des gesamten Sozialsystems, welche wir in Wirklichkeit feststellen wollen. Auch sollten wir nicht zulassen, daß die Verwendung einer Größe wie des Pro-Kopf-Einkommens als Indikator eine unzulässige Beschränkung auf die leichter zugänglichen ökonomischen Bedingungen nach sich zieht, was eine einseitige Auswahl der in das System einzuführenden Bedingungen bewirken könnte. In letzter Konsequenz müssen wir darauf insistieren, daß die Entwicklung stets ein menschliches Problem ist.

Ein großer Teil der Arbeiten über die Entwicklungsplanung in Südasien wurde durch die Annahme beeinträchtigt, daß die Grundlagenforschung sich auf die ökonomischen Bedingungen – Output und Einkommen, Produktionsverhältnisse und Lebensstandard – sowie solche Maßnahmen, die lediglich jene Bedingungen beeinflussen, beschränken dürfte. Häufig wird sogar der Lebensstandard ignoriert. Oft wird auch unterstellt, daß die Kausalkette, welche diese ökonomischen Bedingungen miteinander verknüpft, unabhängig von den Einstellungen und Institutionen sei. Statt dessen wird häufig angenommen, letztere würden automatisch stark auf Veränderungen der ökonomischen Bedingungen reagieren.

In Wirklichkeit sind die Einstellungen und Institutionen hartnäckig und lassen sich nicht ohne weiteres verändern, zumal nicht indirekt. Andererseits stellen entsprechende politische Maßnahmen induzierte Veränderungen des Ursachenkreislaufs dar, welche auf eine oder mehrere ökonomische und soziale Kategorien angewandt werden; Planung bedeutet die Koordination solcher Maßnahmen zur Herbeiführung oder Beschleunigung der Entwicklung.

Prima facie scheint die kausale Interdependenz auf ein höchst instabiles Sozialsystem hinzuweisen, wobei eine in einer bestimmten Richtung wirkende verändernde Kraft die übrigen Bedingungen in dieselbe Richtung verschieben dürfte. Aber nicht nur die allgemeine Erfahrung eines auf niedrigem Niveau verharrenden Gleichgewichts in den unterentwickelten Ländern und die schwerwiegenden Behinderungen der Entwicklungspolitik, sondern auch ganz allgemein die erstaunliche Stabilität der meisten Sozialsysteme der Geschichte stehen in scharfem Kontrast zu dieser Erwartung. Das Gleichgewicht, alles andere als ein zufälliges Ergebnis einer scheinbar instabilen Kombination von Kräften, ist anscheinend die Regel, nicht die seltene Ausnahme. Alles, was wir wissen, deutet darauf hin, daß die soziale Stabilität und das Gleichgewicht die Norm sind und daß alle Gesellschaften, besonders die unterentwickelten, Institutionen von stark stabilisierender Natur besitzen. Angesichts dieser Befunde lautet die wirkliche Frage, wie sie aus diesem Gleichgewicht heraustreten und sich entwickeln können.

In vielen unterentwickelten Gesellschaften erfolgt die Reaktion der übrigen Bedingungen auf eine Veränderung einer unter ihnen selten augenblicklich. Für gewöhnlich verzögert sich diese, häufig um eine erhebliche Phase. Zuweilen gibt es bei manchen dieser Bedingungen überhaupt keine Reaktion, und dies ist um so bedeutsamer, wenn es in einem frühen Stadium geschieht, wobei der Ursachenkreislauf zum Stillstand gebracht wird. So wird ein Bauer, der die Chance hat, mehr Land zu bestellen oder durch technische Mittel seine Erträge zu steigern, von diesen Möglichkeiten keinen Gebrauch machen, wenn er nicht den Ehrgeiz hat, seinen Lebensstandard zu verbessern. Gewisse andere institutionelle Bedingungen, wie etwa die nachteiligen Pachtgesetze, bewirken mitunter, daß ein solcher Bauer keinen Anlaß hat, sich anzustrengen.

Die Existenz solcher genuinen Entwicklungshemmer in Südasien wurde in Frage gestellt. Es steht aber außer Zweifel, daß in der traditionellen Szenerie der südasiatischen Gesellschaften (eine gewisse Ausnahme bildet die chinesische Volksgruppe) viele Menschen nur nach dem Überleben trachten. Sie streben nach nichts anderem als der Erhaltung ihres gewohnten niedrigen Lebensstandards. Wie immer, unterstützen dabei die Einstellungen und Institutionen einander. Aber abgesehen davon gibt es auch andere Verzögerungen hinsichtlich der Wirkung von Veränderungen der Bedingungen. Eine bessere Ernährung zum Beispiel könnte die Arbeitseffizienz verbessern. Aber ihre wesentlichen Auswirkungen zeigen sich vielleicht erst nach Jahren, wenn eine neue Generation, welche seit der Kindheit in den Genuß dieser besseren Ernährung kam, in das Arbeitsleben eintritt. Selbst wenn das Bildungsniveau angehoben wird, können die Einstellungen und Gemeinschaftsinstitutionen unverändert bleiben, wenn die Ungleichheit weiterbesteht und die Nation ein »weicher Staat« bleibt. Diese Trägheitsfaktoren verhindern oder verzögern die Entwicklung, denn der Ursachenkreislauf mündet nur dann in eine Aufwärtsbewegung, wenn eine Interaktion aller Elemente des Sozialsystems stattfindet – wenn auf die Veränderung einer Bedingung eine Rückkoppelung sekundärer Impulse folgt, welche schließlich eine weitere Veränderung der Ausgangsbedingung bewirkt, die stark genug ist, um diese noch weiter zu entfalten.

Die Planung muß nicht nur Impulse geben und weiterführen, sondern auch die Reaktionen beschleunigen, wenn die Stabilität oder Stagnation sich in eine kumulative Aufwärtsbewegung transformieren soll. Aber die Chancen, daß dies geschieht, ver-

ringern sich auch dann, wenn es andere Veränderungen gibt, welche gleichzeitig in die entgegengesetzte Richtung arbeiten.
Alle südasiatischen Länder verfolgen mit variierender Effektivität eine Politik der Entwicklung. Die meisten erhalten Darlehen oder Subventionen aus den westlichen oder den kommunistischen Ländern oder von beiden Seiten. Wenn diese Unterstützung sowie auch andere, durch entsprechende Maßnahmen eingeleitete Veränderungen umfangreich genug sind, dann sollte eine Aufwärtsbewegung des Kreislaufs stattfinden. Doch dies geschähe eher dann, wenn die Regierungen Südasiens klug und mutig genug wären, etwas gegen die rigiden, inegalitären Sozialstrukturen und Einstellungen zu unternehmen. Denn wenn diese nicht verändert werden, dann können sie alle anderen Bemühungen, einschließlich der Hilfeleistungen, zunichte machen.
Neben diesen Trägheitskräften finden wir zur gleichen Zeit entwicklungspolitische Maßnahmen und unabhängig von diesen andere Kräfte am Werk. Manche tendieren dazu, das Sozialsystem hinabzuziehen. Der wichtigste unter diesen Faktoren ist die Bevölkerungsexplosion. Wenn diese in Südasien anhält, dann wird sie mit der Zeit zur dominierenden Kraft innerhalb des Sozialsystems werden. Sie könnte die ganze energische Verstärkung der entwicklungspolitischen Maßnahmen und der ausländischen Hilfsmaßnahmen, die womöglich ergriffen werden, zunichte machen. Eine weitere gegenläufige Kraft ist, wie wir feststellten, die sich verschlechternde Handelsposition der meisten südasiatischen Länder, bedingt durch die abnehmende Nachfrage nach ihren Exporten bei gleichzeitiger Steigerung ihrer Importnachfrage.
Die Möglichkeit einer Bewegung innerhalb eines verschachtelten Sozialsystems bietet die Voraussetzung für eine gewisse Hoffnung auf einen Aufschwung der unterentwickelten Länder Südasiens. Es gibt jedoch Ausnahmen von der allgemeinen Regel, bei denen die sekundären Veränderungen das System tatsächlich in eine Richtung lenken, welche jener, die von der primären Veränderung her zu erwarten wäre, entgegengesetzt ist. Es ist nicht schwer, sich die zahlreichen gegenläufigen Veränderungen vorzustellen, die sich aus der Entwicklung ergeben. Die Durchführung von Bewässerungsarbeiten zum Beispiel kann zur Zerstörung der Scholle führen, wenn die Drainage vernachlässigt wird. Die Schulbildung kann in der Tat negative wirtschaftliche Folgen

haben, wenn die Bildungspolitik nicht verhindern kann, daß die soeben Gebildeten sich für zu gut halten, um sich die Hände schmutzig zu machen. Regierungskontrollen können eine Zunahme der Korruption begünstigen, wenn keine Vorsorge dagegen getroffen wird. Wenn neue Gesetze nicht durchgeführt werden, so fördert dies den Zynismus

In den meisten Fällen, wo eine zuträgliche Veränderung eine abträgliche Veränderung anderer Bedingungen bewirkt, ließe sich ein solcher Rückfall jedoch durch eine sinnvollere Planung verhindern. Solche Sekundäreffekte sind recht unwahrscheinlich, wenn die Planer Umsicht walten lassen und die Regierung zu entschlossenem Handeln bereit ist.

Jeder allgemeinen Erörterung der Planung liegt die Vorstellung von einem idealen oder optimalen Plan zugrunde. In der Theorie sollte es uns möglich sein, den idealen Plan aufzustellen, indem wir jene politischen Maßnahmen auswählen, welche ein Maximum an Aufwärtsbewegung des Sozialsystems bewirken. Um diese zu bestimmen, benötigen wir die volle Kenntnis aller im System gegebenen Bedingungen, einschließlich der Einstellungen und der politischen Maßnahmen der Regierung. Auch benötigen wir sowohl die volle Kenntnis ihrer Interdependenz als auch eine nüchterne Beurteilung, welche Bedingungen vorteilhaft sein könnten. Wir müßten auch jenen Veränderungen der Bedingungen, welche direkt und indirekt eine Folge der Durchführung des Planes sind, einen definitiven, unabhängigen Wert zuweisen. Obwohl eine solche ideale Situation kaum zu erreichen sein wird, sollte dies doch nicht das Konzept eines idealen Planes ausschließen. Annäherungen und Vereinfachungen sind legitime Mittel der wissenschaftlichen Arbeit, und dies gilt auch für die Entwicklungsplanung. Eine Schwierigkeit besteht darin, daß die von uns vertretenen allgemeinen Wertprämissen – die Nachkriegsideale – nur sehr vage dargestellt werden können. Nichtsdestoweniger ermöglichen sie es uns, die Bedingungen und ihre Veränderungen eindeutig unter dem allgemeinen Gesichtspunkt der Entwicklung als »wünschenswert« oder »unerwünscht« zu klassifizieren.

Eine weitere Schwierigkeit besteht darin, daß ein Plan grundsätzlich ein politisches Programm ist. Er muß in Übereinstimmung mit den von der Regierung vertretenen Wertungen aufgestellt werden. Diese Wertungen können sich in manchen Punkten von den in dieser Studie vertretenen unterscheiden. Die Regierung selbst ist Teil des Sozialsystems, von dem der Plan nicht zu trennen ist. Außerdem kann ein Sozialsystem, einschließlich der Einstellungen der Regierung und der Bevölkerung, sich im Verlauf eines Planes infolge der Befolgung des Planes selbst verändern. Die Einstellungen der Menschen und ihre Institutionen können eine Behinderung des Planes darstellen. Keine Regierung verfügt über die völlige Freiheit, ihren subjektiven Wertungen zu folgen.

Aber die durch die Bevölkerung bedingten Hindernisse sollten keine logischen Schwierigkeiten aufwerfen. Im Prinzip unterscheiden sie sich nicht vom Klima oder anderen Hindernissen, welche die Planung in Rechnung stellen muß. Die Planung muß jedoch auch die Hemmungen der Regierungen und ihrer Führer berücksichtigen. Die für die Aufstellung der Pläne und die Durchführung der Planung Verantwortlichen sind niemals ganz ohne eigene Interessen oder sozial unparteiisch. Sie sind selbst ein Teil des Sozialsystems, welches reformiert werden soll. Dies wird meist ihren Gesichtskreis beeinflussen und manchmal beschränken. Aber das Entscheidende an der Verbreitung des Wunsches nach Planung und Entwicklung unter den artikulierten Angehörigen der südasiatischen Nationen ist nicht die Tatsache, daß sie unfähig waren, sich vollkommen von diesen Einstellungen und Hemmungen zu befreien, sondern daß sie sich völlig von den in ihren Gesellschaften herrschenden Einstellungen lösen können und daß sie überhaupt das Verlangen haben, sie zu verändern.

Wiederum wird die Planung selbst dazu beitragen, die Wertungen in Richtung auf eine bessere Übereinstimmung mit den Idealen zu rationalisieren, unter denen die Rationalität selbst an erster Stelle steht. Die der Entwicklung als einem erwünschten Ziel zugewandte Aufmerksamkeit wird die Menschen veranlassen, nicht nur einer Steigerung des Lebensstandards, die für viele Menschen in einem rückständigen, stagnierenden Land selbst einen völlig neuen Wert darstellt, sondern auch einer günstigen Veränderung aller übrigen Veränderungen des Sozialsystems einschließlich der Einstellungen und Institutionen einen unabhängigen Wert beizumessen. Im Verlauf der Planung erlangen positive Veränderungen der Bedingungen einen instrumentellen Wert, denn die Menschen realisieren, daß solche Veränderungen auch andere Verhältnisse verbessern werden. In gewisser Hinsicht besteht die Modernisierung einer traditionellen Volkswirtschaft weitgehend in der Schaffung und Erhaltung einer Sphäre instrumenteller Wertungen, dort wo vordem unabhängige Wertungen vorherrschten. Die Entwicklung führt also zu einer Erweiterung der Auswahl. Dies ist weniger eine Folge der größeren Chancen als vielmehr der veränderten Wertungen, wenn auch die Chancen eine Veränderung der Wertungen herbeiführen mögen. Es resultiert aus einem tieferen Verständnis des Ursachenkreislaufs und aus einer größeren Bereitschaft, Veränderungen als ein Mittel zum Erreichen von Zielen anzusehen. Dies wäre z. B. dann der Fall, wenn bestimmte Berufe und wirtschaftliche Aktivitäten von der Kaste getrennt und lediglich nach ihrem finanziellen Nutzen beurteilt würden; wenn zum Beispiel die von Moslem- und Hindufrauen der Oberschicht vertretenen Tabus hinsichtlich der Arbeit durch eine Abwägung der Vorteile der Muße gegen die der Arbeit ersetzt würden, oder wenn die heiligen Kühe – im buchstäblichen wie im übertragenen Sinn – zu Kotelett und Beefsteak verarbeitet würden.

Tatsächlich ist die ganze Diskussion um einen optimalen Plan sinnlos, solange es nicht gelingt, einen Bereich der unabhängigen und instrumentellen Werte abzustecken. Eine wohlerwogene, berechnete, rationale Wahl setzt voraus, daß entweder gewisse Gegebenheiten keinen Wert besitzen oder daß ihr jeweiliger Wert nicht absolut ist und durch das Erreichen konkurrierender Ziele kompensiert werden kann. In einer Welt, wo nichts einen Preis hat, kann es keinen optimalen Plan und tatsächlich überhaupt keine Planung geben. Die Planung muß voraussetzen, daß die Machthabenden – die Regierung – bei der Überwindung der Hemmnisse und der Freigabe der Entscheidungen gewisse Fortschritte gemacht haben und daß das Volk dazu bewegt wird, ihnen zu folgen. Sie setzt auch voraus, daß Planung und Entwicklung, einmal begonnen, von sich aus dazu tendieren, die Wertungen zu verändern, indem sie die durch die traditionellen Einstellungen und Institutionen geschaffenen Hindernisse und Hemmnisse niederreißen.

Der optimale Plan wäre daher eher als ein ständig sich vorwärtsbewegendes Pattern der politischen Maßnahmen anzusehen, welches andauernd im Licht der neu eingetretenen Ereignisse, der sich wandelnden Kausalbeziehungen und der sich wandelnden Wertungen der Regierungen wie der Regierten zu verändern wäre. Aber die Planung kann letzten Endes nie ein Ersatz für politische Entscheidungen sein. Im Gegenteil, ihre Wertprämissen müssen sich vom politischen Prozeß herleiten. Diese Wertprämissen dürfen nicht einfach und allgemein bleiben. Sie müssen ebenso spezifisch und komplex sein wie die Wertungen, welche den politischen Prozeß bestimmen und durch ihn bestimmt sind. Es wäre zum Beispiel unmöglich, in Indien einen Plan für die Viehzucht aufzustellen, der nicht die allgemeine Abneigung gegen das Schlachten von Kühen in Rechnung stellte. Eine Agrarpolitik, welche sich mit dem Landbesitz und der Landpacht auseinandersetzt, muß so gestaltet sein, daß die Regierung sie im Licht der aktuellen Machtsituation des betreffenden Landes sowohl für machbar als auch für wünschenswert erachtet.

Alle Planung impliziert also politische Entscheidungen. Diese Entscheidungen beziehen sich nicht nur auf allgemeine und abstrakte Ziele. Sie betreffen alle Stadien des Planungsprozesses und jeden durch die Planung bedingten spezifischen Schritt. Die Mittel müssen ebenso bewertet werden wie die durch sie zu erreichenden Ziele. Ein Entwicklungsplan ist daher notwendig ein politisches Programm, und die Planung selbst ist ein Teil des politischen Prozesses. Daraus folgt, daß die Planungsorgane, wenn sie ihre Aufgaben erfolgreich erfüllen sollen, weitgehend Verhandlungs- und beinah diplomatische Agenturen der Regierung sein müssen. Nur ein relativ geringer Teil ihrer Aktivität gilt der wissenschaftlichen Forschung.

In jenen Ländern Südasiens, wo die Planung nur in lockerer Verbindung zur Regierung steht, reicht sie – selbst in technischer Hinsicht – nicht sehr weit oder tief. Wo die Regierung nicht bereit oder imstande ist, die Planung in ihre Arbeit zu integrieren, dort ist die Versuchung stark, den technischen oder »objektiven« Charakter der Planung selbst zu betonen. Viele Pläne postulieren allgemein Gegenstände oder Ziele, welche mit den Nachkriegsidealen übereinstimmen. Man gibt sich aber nur wenig Mühe, deren Verhältnis zu den tatsächlichen politischen Anweisungen des Planes zu klären. Sie erscheinen als konventionelle Rationalisierungen, die in keinem Verhältnis zu den Wertungen stehen, aufgrund derer die Regierung handeln wird. Häufig dienen sie nur der Beruhigung der Intellektuellen und Radikalen. Sie gehören zur Traumwelt der Ideale, die nur wenig Beziehung zur unmittelbar praktischen Arbeit der Pläne haben.

Im Frühstadium eines jeden Planes muß eine Entscheidung hinsichtlich gewisser Hauptmerkmale stattfinden. Diese Entscheidung muß sich durch eine allgemeine Vorstellung von den Gegebenheiten eines Landes, seiner natürlichen Ressourcen und seiner Menschen, seiner Handelsposition auf dem Weltmarkt usw. leiten lassen. Sie muß auf die wichtigsten Bestrebungen und Wertungen der Regierung, einschließlich der Hemmungen seitens der Herrschenden, abgestimmt sein. Außerdem muß sie einen arbeitsfähigen Kompromiß zwischen den verschiedenen sozialen und politischen Kräften, Zwängen, begründeten Interessen, Idealen und den starken Hemmungen, welche durch die vorherrschenden Einstellungen und Institutionen gegeben sind, ermöglichen. Die engste Analogie zum Verfahren der Planung finden wir vielleicht in der Ausarbeitung eines Entwurfs für ein öffentliches Gebäude oder Rathaus durch einen Architekten. Der Architekt berücksichtigt den Zweck des Gebäudes, das verfügbare Geld, das ihm zur Verfügung stehende Grundstück und die Neigungen der Menschen, in deren Dienst er steht, welche wie seine eigenen von der jeweiligen Mode beeinflußt sind. In manchen Fällen weiß er, daß seine Ideen den ihren vorauseilen, und muß daher diese ihnen nahezubringen suchen. Er wird sowohl seinen Entwurf als auch seine späteren Pläne als rationale Reaktion auf die gegebenen Erfordernisse präsentieren. Ähnlich können die Planer, sobald einmal die Grundentscheidung hinsichtlich der Hauptmerkmale eines Planes getroffen und diese der Regierung vorgetragen ist, dazu übergehen, den Plan detaillierter auszuarbeiten. Diese Ausarbeitung wird immer in der durch die Hauptmerkmale festgelegten Richtung erfolgen. Der Plan wird, indem er Gestalt annimmt, vom ursprünglichen Entwurf abweichen, aber seine Hauptmerkmale werden die spätere Arbeit festlegen und ihr die Richtung weisen. Zu einem Plan gehören, wie zur Arbeit des Architekten, Spielraum und Ideale, Notwendigkeiten und Phantasie. Gleichzeitig muß den tatsächlichen materiellen Verhältnissen eines Landes Rechnung getragen werden und der Plan muß politisch fundiert sein.

Ist der Plan einmal aufgestellt, dann bedarf er eines gewaltigen Anstoßes; ist dieser Anstoß nicht energisch genug, dann wird keine Entwicklung stattfinden. Dieses Konzept eines kritischen Minimalaufwands, von dem Harvey Leibenstein in seinem Buch *Economic Backwardness and Economic Growth* spricht, wird heute von den Wirtschaftswissenschaftlern weitgehend anerkannt.

Aber nur zu oft bleibt die Diskussion um den »großen Anstoß« lediglich auf ökonomische Faktoren beschränkt. Statt dessen müßte diese Idee auf alle Teile des Sozialsystems ausgedehnt werden. Der große Anstoß muß das ganze System der Stagnation entreißen. Wenn die Verhältnisse nicht durch spezifische, energische und koordinierte Anstrengungen verändert werden, dann werden sie sich überhaupt nicht oder in der falschen Richtung verändern. Dies würde die Entwicklung zum Stillstand bringen oder sogar widerrufen. Die unternommenen Anstrengungen müssen groß genug sein, um einen positiven Feedback von Effekten sogar auf jene Bedingungen zu bewirken, die ursprünglich durch diese Anstrengungen nicht verbessert wurden. Wenn die Aufwärtsbewegung an Kraft gewinnt, dann lassen sich in der Folge größere Veränderungen mit weniger Aufwand erzielen. Aber zuerst muß die Masse einmal in Bewegung gesetzt werden. Aus diesem Grund dürfen unterentwickelte Länder nicht allmählich und in kleinen Schritten vorgehen. Die Rückständigkeit und Armut machen es einem Lande natürlich schwer, genügend Ressourcen für einen großen Plan zu mobilisieren, aber gerade sie sind der Grund, warum der Plan groß angelegt sein muß, um effektiv zu sein.
Das Prinzip des »großen Anstoßes« wird von vielen Planern anerkannt. Gleichwohl insistieren sie darauf, daß die Anstrengungen entweder auf eine beschränkte Reihe von Gebieten oder auf eine beschränkte Anzahl von Bedingungen konzentriert werden sollten. Sie sind der Auffassung, daß die Ergebnisse einer solchen Konzentration durch die Multiplikationseffekte auf das ganze System übergreifen werden. Aber die Multiplikationseffekte selbst sind eine Funktion der Entwicklungsplanung, und in Südasien sind sie meist schwach. Wirtschaftlich rationell ist tatsächlich nur ein großer, breit angelegter Anstoß. Geringere Bemühungen sind nur Verschwendung. Diese Anstrengungen müssen nicht nur über ein kritisches Minimum hinausgehen, sondern sie müssen, wie wir durch unsere allgemeine Kenntnis Südasiens wissen, simultan auf eine große Zahl von Bedingungen angesetzt werden, und dieser Kräfteeinsatz muß konzentriert in einem kurzen Zeitraum erfolgen und rational koordiniert werden. Ein System von breit angreifenden politischen Maßnahmen, in dem alle staatlichen Interventionen koordiniert sind, ist in den unterentwickelten Ländern viel wichtiger als in den entwickelten.
In der Literatur über die Entwicklungsprobleme der unterent-

wickelten Länder ist es ein Gemeinplatz, daß zwischen der Effektivität der Entwicklungsmaßnahmen auf ökonomischem Gebiet und den vorherrschenden Einstellungen und Institutionen ein enger Zusammenhang besteht. Wir müssen jedoch berechtigterweise feststellen, daß fast alle ökonomischen Untersuchungen zu diesen Problemen – gleichgültig ob sie von südasiatischen oder ausländischen Wirtschaftswissenschaftlern angestellt werden – diesen Zusammenhang und seine Konsequenzen so gut wie vollständig vernachlässigen. Selbst wenn die Pläne ein umfassenderes Verständnis dieser Probleme an den Tag legen und der Veränderung nicht-ökonomischer Faktoren viel Raum widmen, ist ihr Kernstück doch stets ein Investitionsprogramm, bei dem der Output als Funktion des Kapitalinputs – generell in Gestalt physischer Investitionen – behandelt wird. Sie beharren auf dem Glauben, daß Entwicklungsbemühungen, die auf eine Steigerung der Erträge durch Investitionen abzielen, vorteilhafte Veränderungen aller übrigen Bedingungen bewirken werden. Auch unterstellen sie, daß es schwierig oder unmöglich sei, die nicht-ökonomischen Bedingungen durch direkte Eingriffe zu verändern. Wie wir in den voranstehenden Teilen dieses Buches feststellten, sind »ökonomische« Maßnahmen zweifellos leichter durchzuführen als sozialpolitische, welche begründete Interessen bedrohen, tiefverwurzelte Hemmungen verletzen, hochgehaltene Traditionen und Glaubenssätze in Frage stellen und gegen die Kräfte der sozialen Beharrung anrennen. Aber wenn die entwicklungspolitischen Maßnahmen hauptsächlich auf die ökonomische Entwicklung im engeren Sinne beschränkt bleiben, dann werden sie sich als ineffektiv erweisen.

Die Mehrzahl der westlichen Ökonomen sind Planer, aber sie sind sich kaum bewußt, in welchem Maß sie von Marx beeinflußt sind. Für gewöhnlich unterstellen sie, daß wirtschaftliche Fortschritte starke, rasche Rückwirkungen auf die Einstellungen und Institutionen haben werden. Offensichtlich vertrauen aber nicht einmal die Kommunisten selbst auf Marx' optimistische Hypothesen über die rasche, effektive Ausbreitung der Impulse, die angeblich von der ökonomischen Sphäre auf den Überbau ausgehen. Vielmehr griffen sie wiederholt selbst direkt ein, um die sozialen Verhältnisse zu verändern, während sie – wie immer – an der uminterpretierten Marxschen Doktrin festhielten. Sie benutzten die Regierung, um die Gesellschaft umzuformen,

statt einer durch die Produktionsweise veränderten Gesellschaft zu erlauben, die Regierung zu bestimmen.
Wie wir bereits feststellten, wollen die südasiatischen Länder jedoch keine kommunistische Entwicklungsrichtung einschlagen. Sie streben die »demokratische Planung« an. Und wie wir schon sagten, dient der Ausdruck »demokratische Planung« oft nur der Rechtfertigung eines gefährlichen Mangels an Entschlossenheit bei der Durchführung bestehender Gesetze und bei der Schaffung neuer Bestimmungen. Das für die amerikanische Rechtsauffassung charakteristische Diktum »Recht ist Gewalt« würde der Mehrzahl der intellektuellen Elite Südasiens schwerlich zusagen und kaum von ihr verstanden werden. Ihre Regierungen gingen beim Erlassen und Durchsetzen von Verpflichtungen viel vorsichtiger vor als die reichen demokratischen Wohlfahrtsstaaten des Westens, welche den Einsatz von Gewalt im Dienst sozialer Ziele nicht für undemokratisch erachten. Diese Zurückhaltung erklärt nicht nur, warum es in Südasien vergleichsweise so wenig erfolgreiche Entwicklung gibt, sondern sie läßt sich auch selbst durch den Status der Unterentwicklung erklären. Gegenwärtig tut der »weiche Staat« nur wenig zur Beseitigung – und trägt sogar bei zur Schaffung – von nahezu unüberwindbaren Planungshindernissen und -hemmnissen.
Eine Beseitigung dieser in den südasiatischen Ländern bestehenden Schranken wäre viel aussichtsreicher, wenn zum Beispiel in einem Land wie Indien die Regierung wirklich entschlossen wäre, die vorherrschenden Einstellungen und Institutionen zu ändern, und wenn sie den Mut hätte, die dazu notwendigen Schritte zu unternehmen sowie die Konsequenzen zu tragen. Wir glauben, daß in mancher Hinsicht eine weitgehende, rasche Veränderung der Einstellungen und Institutionen nicht schwerer durchzuführen wäre als eine Reihe von kleinen graduellen Veränderungen, wie auch ein Sprung ins kalte Wasser weniger unangenehm ist als ein langsames Eintauchen.
Wie wir schon an früherer Stelle sagten, gab es bei der Entwicklungsplanung in den westlichen Ländern vielleicht gute Gründe, die Veränderung der Einstellungen und Institutionen zu vernachlässigen. Aber wir stellten auch ausdrücklich fest, daß diese Prämisse in Südasien nicht anwendbar ist. Dasselbe gilt für die Veränderung des Lebensstandards. In den reichen Ländern ist zum Beispiel das Ernährungsniveau der meisten Menschen im allgemeinen so hoch, daß eine quantitative oder qualitative

Verbesserung der verzehrten Nahrung keine Auswirkungen auf die Arbeitsproduktivität hat. Dies gilt jedoch nicht in den südasiatischen Ländern. In Indien und Pakistan und in geringerem Maß in den übrigen südasiatischen Ländern ist die Kalorienaufnahme der meisten Menschen zu niedrig, um ihnen eine optimale Gesundheit, Energie und Arbeitseffizienz zu ermöglichen. Ähnlich liegt das Niveau der Elementarschulbildung in den westlichen Ländern bereits so hoch, daß weitere Fortschritte keine unmittelbaren Auswirkungen auf die Arbeitsfähigkeit haben. In Südasien ist die geringe Arbeitseffizienz zum Teil Folge der unzureichenden Elementarbildung. Sie ist auch durch den Mangel an Personen mit einer brauchbaren Ausbildung bedingt. Es wird nicht nur mehr Ausbildung benötigt, sondern auch eine Ausbildung anderer Art. Die südasiatischen Schulen produzieren zu viele Absolventen, die weder fähig noch bereit sind, als angelernte oder qualifizierte Arbeiter oder Handwerker oder selbst als Buchhalter zu arbeiten. Statt dessen haben sie gelernt, die physische Arbeit zu verachten.

Diese Unterschiede bezüglich der Verhältnisse im Westen und in den südasiatischen Ländern haben wichtige Konsequenzen für die Planung. Wiewohl es in den reichen Ländern vernünftig ist, über die wirtschaftliche Entwicklung in Begriffen wie Ersparnis, Investition, Beschäftigung und Output zu sprechen und den Lebensstandard – außer insoweit, als die Konsumtion den gesparten Teil des Einkommens verringert – zu vernachlässigen, besteht in den unterentwickelten Ländern eine ganz andere Situation. Bei den breiten Massen Südasiens würde eine Vermehrung der Konsumtion die Produktivität steigern, mit Variationen je nach Richtung und Zusammensetzung dieser Vermehrung. Hinzu kommt eine weitere Komplikation. Während in den reichen Ländern des Westens die Erweiterung gewisser politischer Maßnahmen zur Erzielung eines höheren Lebensstandards, wie etwa Verbesserungen der Gesundheitseinrichtungen, heute im wesentlichen ein technisches Problem ist, das isoliert behandelt werden kann, sind in den südasiatischen Ländern alle den Lebensstandard beeinflussenden Maßnahmen voneinander abhängig. Der Grund ist, wie wir feststellten, daß dieser Lebensstandard so niedrig ist. Daher muß das westliche Denken, auf die südasiatischen Probleme angewandt, zu falschen Schlußfolgerungen führen. In Südasien ist es nicht möglich, die spezifischen Komponenten des

Lebensstandards als nur technische Probleme isoliert von anderen Komponenten zu behandeln. Sie stehen alle in einer engen Interrelation. Die Gesundheitsfrage zum Beispiel ist weitgehend ein Erziehungsproblem. Auch lassen sich die Maßnahmen zur Steigerung der Produktion und Produktivität nicht von jenen Maßnahmen trennen, welche eine Erweiterung bestimmter Sparten des Konsums bewirken. Daraus folgt, daß die entwicklungspolitischen Maßnahmen, wenn sie effektiv sein sollen, einen wesentlich größeren Bereich von Aktivitäten koordinieren müssen, zu denen auch gewisse Komponenten des Lebensstandards gehören, insofern sie sich produktionssteigernd auswirken.

Auch müssen wir hervorheben, daß nur in den reichen Ländern Ersparnis im Sinn von nicht konsumiertem Einkommen (welches *ex post* mit der Investition identisch ist) eine einigermaßen klare Bedeutung besitzt, und der Gesamtertrag als eine Funktion der Vermehrung des Kapitalbestandes angesehen werden kann. Doch in den unterentwickelten Ländern, wo eine weit verbreitete Unterkonsumtion die Norm ist, läßt sich die grundsätzliche Unterscheidung zwischen Investition und Konsumtion nicht aufrechterhalten, und Argumente, welche auf dieser basieren, sind irrelevant und ungültig. Eine höhere Konsumtion bedeutet »Investition«, d. h. sie steigert die Produktion – und bleibt zugleich Konsumtion.

Es verdient festgehalten zu werden, daß die Planer der Sowjetunion sich niemals mit der Marxschen Definition der Investitionen lediglich in Gestalt industrieller Anlagen und der Kapitalakkumulation als der einzigen Quelle von Produktivitätssteigerungen begnügten. Immer sahen ihre Pläne unter anderem gewaltige Aufwendungen für die Schaffung nichtphysischer produktiver Aktiva vor. Heute zeigt es sich, daß die Sowjetunion ihre hohen Wachstumsraten weitgehend diesen »Investitionen in den Menschen« verdankt.

Es trifft zu, daß die Sowjets über eine bessere Nahrungsmittelversorgung als die meisten südasiatischen Länder verfügten. Es war ihnen möglich, ein einigermaßen adäquates Ernährungsniveau aufrechtzuerhalten. So sparten ihre Planer Mittel ein, indem sie die Konsumtion von Wohnungen und Bekleidung drosselten, während sie ihre Bemühungen um die Ausbildung und das Gesundheitswesen verstärkten. Durch diese Konsumbeschränkung konnte die Regierung Mittel zur Investition freisetzen, während sie gleichzeitig die Konsumtion in der Weise verschob und umdirigierte, daß die Unterdrückung auf manchen Gebieten mit raschen und substantiellen Steigerungen auf anderen in Übereinstimmung mit den Erfordernissen des Wachstums kombiniert wurde. Da sie die unterschiedlichen Auswirkungen der verschiedenen Komponenten der Konsumtion auf die Produktivität kannten, wandten die sowjetischen Planer nicht die einfache Formel an, eine bestimmte Ersparnisrate zur Sicherung der Erweiterung der geplanten physischen Investitionen durchzusetzen. Die Streckung der Ersparnisse wurde durch eine Verschiebung des Konsums unterstützt.

Die unterentwickelten Länder Südasiens sollten der Konsumpolitik eine bedeutende, integrale Rolle in ihrer Wirtschaftsplanung einräumen. Sie sollten nicht lediglich den Konsum einschränken, um eine bestimmte Ersparnisrate zu erzielen, wie einheimische und ausländische Experten für gewöhnlich annehmen. Da ihre Lebensstandards so niedrig sind, daß eine Beschränkung der Konsumtion auf fast allen Gebieten die Produktivität verringert, und da es sogar schädliche Folgen hätte, wenn eine Steigerung der Konsumtion verhindert würde, müssen sie sorgfältig die Auswirkungen einer Veränderung der Komponenten der Konsumtion auf die Produktivität abwägen und dann versuchen, die Konsumtion in eine produktivste Richtung zu lenken.

Mit anderen Worten, sie müssen der westlichen Politik, welche der freien Wahl des Konsumenten die entscheidende Rolle zuweist, abschwören. Andernfalls werden sie nicht in der Lage sein, die für eine Steigerung der Produktion notwendigen Bedingungen zu schaffen – einschließlich der Bereitstellung ausreichender Ersparnisse für die erforderlichen Investitionen –, und werden ihre Völker übermäßigen Entbehrungen aussetzen. Jene Länder, die anders als die kommunistischen Länder keine enge Kontrolle der gesamten Produktion, der Preise und der Konsumtion kennen, sind offensichtlich nicht nur im Nachteil, wenn es darum geht, die Konsumtion generell zu drosseln, sondern auch, und dies ist noch wichtiger, wenn es gilt, sie in produktive Kanäle zu leiten. Gleichwohl müssen sie sich mit dem Problem auseinandersetzen. Ihre Steuerpolitik z. B. mag großzügiger sein, als dies ihren Zielen zuträglich ist. Sie müssen das erreichen, was die Sowjetunion erreichte, obgleich vielleicht über andere Methoden. Gelingt ihnen dies nicht, dann wird ihre Hoffnung auf Entwicklung frustriert werden.

Eine grundlegende Schwäche aller südasiatischen Entwicklungspläne besteht darin, daß sie sich auf die finanziellen oder – noch enger – nur auf die fiskalischen Aspekte der Planung konzentrieren. Obgleich ein fiskalischer Plan notwendig ist, um die Effizienz der Administration zu gewährleisten, und auch ein umfassender Finanzplan von beschränktem Nutzen sein mag, bilden diese beiden mitnichten *den* Plan als solchen. Ein Plan, der das enthält, was er zu enthalten vorgibt, muß auf einer bestimmten Art der physischen Planung basieren, die mit den Input-Erfordernissen und Output-Erwartungen der physischen Faktoren, Güter und Dienstleistungen in den verschiedenen Sektoren der Wirtschaft rechnet. Es wurde behauptet, daß die Festsetzung von Zielen für spezifische Kategorien des schließlich durch spezifische Investitionen erzielten Outputs und ihre Koordination zum Zweck der Minimisierung von Engpässen und des Brachliegens von Kapazitäten, wenn auch im Prinzip erwünscht, so doch nicht durchführbar sind, weil adäquate statistische Daten fehlen. Wenn dies der Fall ist, dann darf man wohl fragen, wie es möglich sei, einen gangbaren finanziellen Investitionsplan aufzustellen. Ein Unterschied zwischen finanzieller und physischer Planung besteht einfach darin, daß letztere nicht in der Lage ist, die spärlichen faktischen Informationen zu enthüllen, auf denen der Plan beruht, während erstere häufig die Funktion hat, diese zu verschleiern. Damit soll nicht geleugnet werden, daß jede Regierung ihre Investitionen und deren Koordination so gut wie möglich planen muß, auch wenn sie sich nicht auf adäquate Informationen stützen kann und sich weitgehend auf Schätzungen verlassen muß. Es geht lediglich darum, daß diese Schätzungen und Hochrechnungen sich letzten Endes auf konkrete physische Einheiten und deren Veränderungen beziehen müssen. Der fiskalisch-finanzielle Plan kann bestenfalls nur ein Überbau sein, der sich über dem Fundament einer materiellen Planung erhebt. Alle effektive Planung muß materielle, physische Planung sein. Dies ist außerordentlich schwierig, und häufig sind Pauschalurteile und Schätzungen nötig, besonders in Ländern, in denen ein extremer Mangel an relevanten Fakten herrscht. Wo es nur eine fiskalisch-finanzielle Planung gibt, da wird stillschweigend vorausgesetzt, daß der einzige Engpaß auf dem Gebiet der Finanzen vorliege und daß die physischen Ressourcen ausreichend und bei konstanten Kosten in die durch die monetären Aufwendungen bezeichnete Richtung fließen. Außerdem ist es, auch wenn der finanzielle oder fiskalische Plan nur die bescheidenere Rolle einer Reflexion des ihm zugrunde liegenden, physische Größen koordinierenden Planes spielt, unmöglich, die implizite Unterstellung zu vermeiden, daß alle Entwicklungshindernisse sich durch einen ausreichenden Aufwand physischer Mittel vermeiden ließen und daß, auch wenn keine Hindernisse nichtphysischer Art bestünden, die Effektivität der zu ihrer Beseitigung aufgewandten Mittel von den in diesem Prozeß eingesetzten Mitteln abhängig ist. Keine dieser Annahmen ist in den südasiatischen Ländern gerechtfertigt.

Eine weitere Schwierigkeit bei der Behandlung der Probleme Südasiens mit Hilfe der klassischen ökonomischen Begriffe des Westens liegt in der westlichen Auffassung von Inflation und Deflation begründet. Die für die unterentwickelten Länder Südasiens typische Situation ist eine substantielle Unterausnutzung von Kapital und Arbeitskräften bei gleichzeitigem Vorhandensein von Knappheit und Engpässen. Es ist fraglich, ob die Ausdrücke »Inflation« und »Deflation« auf eine solche Situation anwendbar sind. Wenn wir unter Inflation die steigende Tendenz der Preise bei gleichzeitiger Wahrscheinlichkeit von Knappheit und Rationierung verstehen, dann gibt es in Südasien eindeutig eine Inflation. Wenn wir jedoch mit Deflation einen Zustand bezeichnen, bei dem die Kapazitäten und Arbeitskräfte nicht voll genutzt sind, dann gibt es dort zweifellos auch die Deflation. Die inflationistischen Tendenzen in den unterentwickelten Ländern stehen im Zusammenhang mit den Engpässen sowohl auf dem Markt als auch auf dem Sektor der öffentlichen Einrichtungen, des Transportwesens, der Distribution und des Kreditwesens. Die Reaktion darauf kann nicht in einer unterschiedslosen Reduktion der Nachfrage bestehen. Vielmehr muß versucht werden, das Angebot jener Güter zu steigern, bei denen ein Engpaß besteht. Dies könnte manchmal geschehen, indem man ihren Preis steigen läßt und damit bei ihrer Produktion größere Profite ermöglicht. Wahrscheinlich werden in Südasien doch andere Maßnahmen notwendig sein, denn nur zu oft wird ein Preisanstieg das Angebot und ganz gewiß die Nachfrage verringern. Ein Ansteigen der Nahrungsmittelpreise wird einem südasiatischen Farmer, der nicht selbst Besitzer seines Landes ist, kaum veranlassen, mehr zu produzieren. Aber er könnte ohne weiteres einen südasiatischen Arbeiter veranlassen, weniger zu kaufen. Die Planer müssen danach streben, die Nachfrage nach Gütern, bei denen ein Engpaß besteht, auf Ersatzartikel umzulenken, bei denen ein Überschuß besteht. Und gewiß müssen sie versuchen, die Preissteigerungen auf jene Sektoren zu beschränken, die tatsächlich das Wachstum fördern, und sie müssen bestrebt sein, künftige Engpässe in ihrer Planung zu antizipieren.

Bei der Entwicklungsplanung der südasiatischen Länder müssen schließlich die Pläne selbst, wenn sie in Angriff genommen werden, für einen bestimmten festen Zeitraum aufgestellt werden – etwa für drei, vier, fünf oder mehr Jahre. Dies vereinfacht die Dinge und ermutigt die Regierung und die Bevölkerung, einen einmal eingeschlagenen Weg weiterzuverfolgen. Aber wenn man einmal begonnen hat, sollte man höchst flexibel sein, vor allem sollte man die Möglichkeit der Anpassung an Veränderungen und Reaktionen vorsehen. Der Sinn der Planung liegt darin, eine rationale Anpassung der Mittel an die Zwecke im Licht der sich wandelnden Verhältnisse zu ermöglichen. Zu diesen Veränderungen sollte auch das Eingehen auf neue Ideen und neue Erfahrungen aus dem Prozeß der Planung selbst gehören.

Um aus diesem Prinzip die größten Vorteile zu ziehen, wären die südasiatischen Länder gut beraten, »gleitende« Pläne einzuführen. Dabei sollten jedes Jahr drei neue Pläne aufgestellt und eingehalten werden. Der erste sollte der Plan für das laufende Jahr sein, er sollte einen Jahreshaushalt und einen Devisenhaushalt beinhalten. Der zweite sollte sich auf eine Reihe von Jahren – drei, vier oder fünf – erstrecken und jedes Jahr entsprechend den eingetretenen Veränderungen abgewandelt werden. Und schließlich sollte jedes Jahr ein Perspektivplan für die nächsten 10, 15 oder 20 Jahre erarbeitet werden, in welchem die künftige Entwicklung vorgezeichnet würde. Der jährliche Einjahresplan sollte ein Teil des jedes Jahr revidierten Drei-, Vier- oder Fünfjahresplanes sein und so fort. In gewissem Sinn beinhalten alle Pläne, seien sie festgelegt oder flexibel, eine »gleitende« Planung, weil sie sämtlich Veränderungen unterworfen sind. Aber wenn ein gleitender Plan formell eingeführt wird, dann würde dies seine Effektivität und Rationalität vermehren. Dies wiederum würde die Enttäuschung und den Zynismus verringern, die sich einstellen, wenn ein Plan seine gesteckten Ziele nicht erreicht.

Register